하나의 수어에 다의어가 포함된

수어국어사전

하나의 수어에
다의어가 포함된

수어

국어

김영미 지음

사전

좋은땅

프롤로그

    우리 농인에게 제1 언어는 수어입니다. 한국어를 제2 언어로 사용하고 있음에도 불구하고 한국어 교육을 정식으로 받지 못한 비문해·저학력 농인은 청인 사회에서 의사소통에 상당한 어려움을 겪고 있습니다. 이를테면, 코 앞에서 주먹을 좌우로 흔드는 하나의 수어는 대화 장면에 따라서 '능청스럽다', '모르쇠', '오리발', '태연하다' 등 다의어가 생성되는데, 어떤 농인은 오직 '뻔뻔하다'라는 의미로만 알고 대화 장면에 한정적으로 쓰입니다. 청인 교육에서 영어를 필수과목으로 채택하여 외국어를 배움으로서 교육의 기회를 넓히는 데 반해, 우리 세대의 농인은 그 당시 구화주의 교육과정으로 한국어를 배우지 못하였습니다. 그로 인해 국어 표현의 어려움으로 교육 수준은 낮고 결국은 직업 선택에 제한받게 되었습니다.

'기다리다' 수어의 경우 눈썹을 치켜세우고 수어를 하면 "기다려!"라는 명령 또는 지시를 의미하는 문장이 되고, 눈썹을 아래로 내리고 고개를 끄덕이면서 하면 "기다릴게."라는 약속의 긍정적 표현이 됩니다. 오만상을 짓고 손을 살짝만 돌리면 "많이 기다렸어." 또는 "목 빠지게 기다렸잖아!"라는 의미로도 다양하게 표현될 수 있습니다.

이처럼 수어는 표현의 다양성을 가진 아름다운 언어라는 점을 대중에게 어필하고, 농인들의 소통에서 폭넓게 활용할 수 있는 다의어와 예문을 공유하고 싶었습니다.

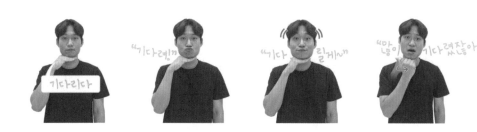

지금까지 청인(聽人) 위주의 수어 교재가 꾸준하게 출판되고 있지만, 정작 농인에게 필요한 외국어로서의 한국어를 학습할 수 있는 수어 교재는 거의 전무합니다. 진작 그 필요성을 절감하였지만, 저도 한국어를 외국어로 배우고 있는 학습자이기 때문에 어찌 보면 저한테는 무모한 도전이었습니다. 홀로 시작한 집필 과정이 힘겹고 고달팠지만, 가족과 농인 친구들의 전폭적인 지지가 있었기에 포기하지 않고 이 사전을 출판하여 오랜 마음의 빚을 다소나마 갚을 수 있게 되었습니다.

이 사전이 청인에게는 농인의 제1 언어인 수어를 깊이 이해하는 계기가 되고, 농인에게는 다의어와 문장 구성을 학습함으로써 소통의 물꼬가 트이기를 소망합니다. 수어 감수를 맡아주신 부산배화학교 동문에게 감사의 말씀을 전합니다. 수어 모델에 응하여 사진 촬영 및 포토샵 편집 등 모든 과정을 디자인하고 수고해 준 학교 제자였던 김승수, 김지수, 노유리의 헌신적인 노고에 고마움을 표합니다. 마지막으로 우리 어머니와 동생, 그리고 소통의 사각지대에 있는 소외계층 농인들에게 이 책을 바칩니다.

2024년 1월 전주에서 부산으로 향하는 버스에서

저자 **김영미**

일러두기

1. 이 사전은 외국어로서의 한국어를 학습하는 데 이용할 수 있도록 만든, 한국수화언어(이하 '한국수어'라 함)를 사용하는 농인(聾人, deaf)을 위한 수어국어사전입니다. 초판 출간 이후 청인(聽人) 독자 요청에 따라 초판(p.374)의 수어 사진을 확대하고 수어와 예문, 각주를 새로 추가하여 개정판(p.448)을 출간하게 되었습니다.

2. 이 사전에 수록된 한국수어는 특히 부산지역에서 통용되는 수어이며 농인이 일상대화에서 사용 빈도가 높은 여러 가지 의미가 포함된 수어를 중심으로 구성한 것으로, 일부는 전국적으로 통용되는 수어가 아닐 수 있습니다.

3. 한국수어는 하나의 수어 단어에 비수지 신호(non-manual signals)를 다양하게 표현하면 보기처럼 '다의어(多義語)'가 다양하게 생성되는 고유의 특성이 있습니다.

4. 여기서 언급한 '다의어(多義語)'는 한국어가 정의하는 '서로 관련이 있는 두 가지 이상의 뜻을 가진 단어'가 아니라 '대화 상황과 비수지 신호에 따라서 의미가 달라지는 단어'를 의미합니다. 즉 한국어가 정의하는 '동음이의어'와 '다의어'를 포괄하는 단어라고 할 수 있습니다. 따라서 한국수어와 반드시 대응되는 일차적 개념이 아닐 수 있으며, 대화 상황과 비수지 신호에 따라 다양하게 확장할 수 있는 부수적인 개념이므로 논쟁의 여지가 있을 수 있음을 밝힙니다.

5. 한국수어는 국어와 달리 거의 조사를 사용하지 않으며, 목적어 여부에 따라 자동사와 타동사를 구분하지 않고 하나로 포괄하여 표현하기도 합니다.

6. 이 사전에 수록된 '표제어'는 한국어 화자들이 사용하는 표준어(어미, 형용사, 동사, 속담, 관용표현)를 중심으로 선정하고 사용 빈도가 높은 명사와 관용어도 포함하였습니다. 한국수어와 바꿔 응용할 수 있는 표제어(6,914개)와 예문(8,286개)을 오른쪽 칸에 가나다순으로 찾아보기 쉽도록 배열했습니다.

7. '표제어' 앞의 박스에 사용된 [어미], [속], [관], [관]의 정보는 다음과 같이 구분합니다.

[어미] 문장을 연결하거나 종결되게 하는 연결, 종결 어미
[속] 국어사전에 수록된 속담
[관] 국어사전에 수록된 관용표현(관용구, 숙어)
[관] 국어사전에 수록되지 않지만 자주 쓰이는 관용표현

8. '표제어' 뒤의 기호(*)는 해당 수어에 또 다른 수어 동작이 중복되어 있음을 의미합니다. 수어가 중복된 사진을 지면에 전부 다 실을 수 없어 가장 많이 통용되는 수어를 우선배 치하였습니다. 수어교실 또는 교재, 인터넷 검색을 활용하면 어렵지 않게 독학할 수 있 습니다.

거절|거절되다|거절하다*	마음 굳게 먹고 거절하는 게 모두를 위해 좋겠어.

표제어 '**거절하다**'의 경우 왼손바닥에 오른손가락 끝을 붙인 채 앞으로 살짝 내미는 수어와 왼손 바닥에 오른손가락을 댔다가 바깥으로 튕기는 수어 두 가지가 중복되어 있음을 의미합니다.

9. 두 개의 수어 단어가 들어간 수어의 경우 인과 관계가 필요한 초기 대화 장면의 경우 두 개의 수어 단어를 사용하나, 다음 대화 장면에서 둘 중 하나를 생략하여 사용합니다.

돌리다	에둘리다 말 에둘러서 하는 거 정말 싫거든.

표제어 '**에둘리다**'의 경우 처음 대화 장면에서 '**말**' + '**돌리다**'의 수어 단어를 두 번 사용하지만, 다음 대화를 이어갈 때 '**돌리다**'의 수어 단어를 한 번 사용합니다.

10. 이 사전에 수록된 예문에는 농인들이 실제로 일상에 사용되는 대화 내용을 가감 없이 인용하여 단문 형식으로 구성한 것으로, 최대한 농문화(deaf culture)를 반영했습니다. 더불어 농문화와 관련된 수어의 이해를 돕고자 보충 설명을 각주(180개)에 넣었습니다.

11. 찾아보기는 독자 편의를 고려하여 사전에 수록된 표제어(총 6,914개)를 표기해야 함이 마땅하나, 표제어가 부수적인 개념으로서 논쟁의 여지가 있으므로, 음영색의 글상자에 수록된 표제어(1,078개)를 가나다순으로 나열했습니다.

12. 끝으로, 전자책(e-book)으로 보시면 스마트폰 또는 컴퓨터로 본문과 사진의 크기를 조 절하여 더 편안하고 정확하게 학습할 수 있습니다.

목차

어미~기 일쑤다 · 어미~기가 무섭게* · 어미~기에 망정이다 · 가난하다 · 가능하다 · 관가닥(이) 잡히다 · 가로채다 · 관가리는 것 없이* · 가리다 · 가만있다* · 관가면(을) 벗다 · 관가지가지하다* · 가지다 · 가치 · 각오하다* · 관각광(을) 받다* · 간단하다* · 속간에 붙었다 쓸개에 붙었다 한다* · 간절하다* · 간접적 · 갈구다 · 갈다* · 갈라서다 · 갈리다 · 감 · 감감무소식 · 감봉하다 · 감싸고돌다 · 감옥* · 관감(을) 잡다* · 감추다 · 감히 · 강요하다* · 강하다* · 같다* · 갚다* · 개망신 · 개불 · 개운찮다 · 관개입(을) 하지 않다 · 개털 · 거두다 · 거뜬하다* · 거르다* · 관거리를 두다 · 관거울로 삼다 · 거절하다* · 관거절(을) 당하다* · 거짓말하다* · 건들다 · 건방지다 · 건성건성* · 속겉 다르고 속 다르다* · 겉돌다* · 관게임(이) 안 되다 · 결례하다* · 결백하다* · 결재하다* · 겸비하다* · 겸손하다 · 경쟁하다 · 계산하다 · 계속하다* · 관고개를 갸웃하다 · 고급 · 고기 · 고단수 · 고맙다 · 관고생문(이) 훤하다 · 고의적 · 고작 · 고장나다* · 골라내다 · 관골치(가) 아프다 · 관골탕(을) 먹이다* · 공들다 · 공격하다* · 공짜* · 공치다* · 과묵하다 · 과시하다* · 과장하다* · 관심* · 괄목상대(刮目相對)하다 · 괜히 · 괴롭다 · 교육하다 · 구걸하다 · 관구미(가) 당기다 · 구경하다* · 구박하다* · 구속하다* · 구슬리다* · 구식 · 구제불능(救濟不能) · 구애하다 · 구하다* · 관굴레(를) 벗다 · 궁금하다 · 궁여지책(窮餘之策) · 권력 남용 · 권태* · 관귀(가) 따갑다 · 관귀(가) 얇다 · 관귀신이 곡하다 · 귀찮다* · 속그 나물에 그 밥 · 관그건 그렇고 · 그냥* · 관그대로 따라 하다* · 관그래 봤자* · 관그러거나 말거나 · 그럭저럭 · 그렇다* · 그르다 · 그만두다* · 극복하다 · 근질근질하다 · 속긁어 부스럼 · 금기하다* · 금시초문(今始初聞) · 관급물살을 타다 · 관급한 불을 끄다 · 긍정적 · 기름 · 기분 · 기싸움 · 기억하다 · 기진맥진(氣盡脈盡)하다 · 기형적 · 기회 · 관긴말할 것 없다* · 긴장하다 · 관길게 늘어놓다 · 관길(이) 막히다 · 김새다* · 까놓다* · 까먹다1 · 까먹다2 · 까발리다1 · 까발리다2 · 깍듯하다* · 깜깜* · 관깜빡가다* · 깜짝 · 깔아뭉개다 · 깡패 · 깨달다 · 꼬붕 · 꼬이다* · 관꼬투리(를) 잡다 · 관꼭지(가) 돌다* · 꼰지르다* · 관꼼짝달싹 못 하다* · 관꽁무니를 빼다 · 꽁하다1 · 꽁하다2 · 꽂히다* · 꽐라* · 꽝* · 꿀꺽하다* · 관꿈에도 생각지 못하다 · 꿰다* · 끄떡없다* · 끈적하다* · 끊다* · 끌려가다 · 끌려다니다 · 끝내주다* · 관끼고 살다 · 끼어들다 · 관낚소리(도) 못하다* · 낑낑대다

| 어미 ~기 일쑤다 | 꺼내지도 않고 묵혀두다가 버리기 일쑤였어. |

거듭[*]
거듭 사과 말씀드립니다.

누누이
누누이 설명했는데 그새 또 까먹었어?

누차
내가 누차 경고했잖아.

매번
넌 매번 이런 식이야.

관 밥 먹듯이[*]
신입인데 지각을 밥 먹듯이 해.

비일비재(非-非再)|비일비재하다[*]
이런 일이 비일비재해.

빈번히|빈번하다
할 때마다 빈번히 물어보기도 좀 미안해서.

뻔질나다[*]
그렇게 뻔질나게 들락거리면 창피하지도 않나?

수시로[*]
몸에 좋다고 하니까 수시로 마시고 있어.

수차례
수차례 닦아도 얼룩이 안 없어져.

심심찮다[*]
주변에서 심심찮게 봐서 이제 아무렇지도 않아.

관 여러 번
여러 번 가봐서 별로 안 가고 싶다.

잦다|잦아지다[*]
신랑 요즘 회식 너무 잦아지니까 화가 나려고 해.

관 한두 번도 아니고
하, 한두 번도 아니고 너무 화가 나네.

| 어미 ~기가 무섭게^{1)*} | 말 끝나기가 무섭게 쌩~ 하고 나가버렸어. |

어미 ~대로[*]
집에 도착하는 대로 문자 해.

어미 ~자마자[*]
보자마자 누구 자식인지 알 만큼 닮았어.

냅다[*]
탈주범이 형사를 보자마자 냅다 달아났어.

다짜고짜[*]
보자마자 다짜고짜 멱살 잡고 따귀를 막 때려.

---

1) '말하기가 무섭게', '말을 끝내자마자' 등을 표현할 때는 찰나와도 같은 순간을 의미하는 '1초' 또는 '지금'의 수어를 사용하거나, 이를 병용하여 순서를 바꿔 쓰기도 한다.

단박에[*]
들어보지도 않고 단박에 안 된다고 하더라.
단숨에[*]
담배는 단숨에 확 끊어버려야 해.
망설임 없이[*]
1초의 망설임도 없이 나를 선택하겠대.
순식간[*]
소문이 순식간에 퍼졌어.
잽싸다[*]
파전 먹고 싶다고 하니까 신랑이 잽싸게 만들어줬어.
족족[*]
버는 족족 다 쓰고 이제 빈털터리야.

어미 ~기에 망정이다

서로 아는 사이였기에 망정이지.

관 그 정도는 약과
그 정도는 약과인 줄 알아.
다행|다행스럽다|다행하다
그만하면 다행이지.
관 불행 중 다행
정말 불행 중 다행이야.
용케도[*]
안 버리고 용케도 잘 갖고 있었네.
용하다[*]
아들이 용하게도 음식을 가리는 게 없어.
천만다행(千萬多幸)|천만다행하다
사람 안 다친 게 진짜 천만다행이야.

가난|가난하다

가난 물려주고 싶지 않아서야.

가난하게 살아서 하루라도 부자처럼 살아보고 싶다.
거지[*]
네가 무슨 거지야?
옷차림이 남루하다고 거지 취급하면 안 돼요.
구차하다
구차하게 살고 싶지 않아.
궁색하다
당신, 궁색한 살림 일으키느라 고생 많았어.
궁핍하다
경제적으로 궁핍해지면 사람이 위축되지.
빈곤|빈곤하다
물질적으로 풍요해 보여도 정신적으로는 빈곤해.

| 가능 | 가능하다 | 모바일로도 소액 대출이 가능해. |

설마 이게 가능한 일이라고 생각해요?

관 ~만하다
응, 참을 만해.

가능성
너의 무한한 가능성을 믿고 시도해 봐.
가능성을 따진다면 난 거의 없다고 봐.

문제없다*
난 문제 없어.

소지*
오해의 소지가 있으니까 미리 말해두려고.

여지*
얘는 훈련 시키면 개선의 여지가 있어.

관 할 수 있다*
넌 할 수 있어. 좀만 힘내.

확률*
비 올 확률이 60%이면 비가 거의 온다는 거지.

| 관 가닥(이) 잡히다 | 이제 가닥이 좀 잡혀가. |

관 가닥을 잡다
어떻게 하면 가닥을 잡을 수 있을까.

관 감(이) 오다*
여러 번 시도해 보니까 이제 감이 좀 와.

관 공부한 만큼 보인다
다른 건 공부하면 공부한 만큼 보인다는데, 국어는 아무리 해도 왜 안 늘지?

관 기억을 되살리다*
기억을 되살리는 게 꼭 좋은 것만은 아닌 거 같아.

밝혀지다*
진실이 꼭 밝혀졌으면 좋겠어.

관 시행착오를 거치다*
시행착오를 거치다 보니 어느 정도 숙달돼서 이젠 혼자서도 뚝딱이네.

관 실마리(가) 보이다
조금이나마 실마리가 보인다고 하니 잘되겠지?

관 실체(가) 밝혀지다
실체가 밝혀지면 깜짝 놀랄걸?

알다*
아, 난 알 것 같다!

관 알면 알수록*
알면 알수록 재미있는 게 진짜 공부인 거야.
관 윤곽(이) 나오다
기다리면 조만간 윤곽이 나올 거야.
관 윤곽(이) 잡히다
언제쯤 윤곽이 잡힐 거 같아?
관 하나둘씩 보이기 시작하다
이제 단점이 하나둘씩 보이기 시작해.

가로채다

공은 싹 가로채고 난 없는 사람 취급이야?

꿰차다
내가 네 자리 꿰찰 텐데?
낚아채다
오토바이가 다가오더니 가방을 낚아채 갔어.
발라먹다
전부 다 발라먹을 거야.
빼돌리다
돈 빼돌리다 딱 걸린 거야.
빼앗다
강제로 돈 빼앗아 가면 그게 강도지.
나 도망갈까 봐 친구가 내 가방 빼앗아 버렸어.
탈취 | 탈취하다
신병이 총기를 탈취해서 도망가려다 붙잡혔어.
횡령 | 횡령되다 | 횡령하다*
공금을 말없이 가져가 쓰면 그게 횡령이지.

관 가리는 것 없이*

가리는 것 없이 다 잘 먹네.

뭐든지*
네가 하라면 뭐든지 다 할게.
별의별*
오늘따라 별의별 생각이 다 들어.
시시콜콜 | 시시콜콜하다
시시콜콜한 과거에 왜 목을 매는지 모르겠어.
친구의 시시콜콜한 얘기까지 들어주느라 힘들었어.
아무거나*
아무거나 다 좋아.
자잘하다
청소 등 자잘한 업무는 내가 도맡고 있어.
자질구레 | 자질구레하다
안 쓰거나 자질구레한 거 다 버려.

잡다하다
시간 있을 때 잡다한 것 전부 다 싹 정리해.
잡식성[*]
우리 아들은 잡식성이라 아무거나 잘 먹어.

가리다

가려서 잘 안 보여.

안 보이게 잘 가리면 문제없어.
산 정상이 구름에 가려서 사진에 못 담았어.
관 **베일에 가리다 | 싸이다**[*]
베일에 가려졌던 비밀이 드디어 드러난다!
관 **안 보이다**[*]
나는 보이는데 넌 안 보여?
내 눈에는 하나도 안 보이는데.
너만 안 보이길래 무슨 일 있나 했다.

가만있다[2)*]

가만있는 게 도와주는 거야.

관 **꼼짝(도) 못 하다**
회장님 한마디면 우린 꼼짝도 못 해.
우리 아빠도 엄마한테 꼼짝 못 하셔.
관 **보고만 있다**[*]
그냥 보고만 있을 거야?
보고만 있지 말고 뭐라도 좀 해봐!
요지부동(搖之不動) | 요지부동하다[*]
나가래도 몇 시간째 요지부동이야.
정지 | 정지되다 | 정지하다[*]
저거 정지 화면 아니야?
정체 | 정체하다[*]
전성기에도 한 번씩 정체기가 찾아오기 마련이야.

관 **가면(을) 벗다**

가면 벗으니 완전히 다른 사람이다.

돌변 | 돌변하다
갑자기 돌변해서는 길길이 날뛰더라고.
딴판[*]
어제하고는 완전 딴판이었어.
지금은 그때랑 완전 딴판이야.
관 **본성을 드러내다**
결혼하니까 슬슬 못된 본성을 드러내고 있어.
관 **정체(가) 드러나다**
결국 만천하에 범인의 정체가 드러났다.

---

2) 미동도 없는 돌부처의 가만있는 모습을 형상화한 것으로, 대상이 꼼짝하지 않거나 상대방이 도움이 필요한 상황에 처했을 때 가만히
보고만 있는 경우에 쓴다.

관 가지가지하다[*]

너희 둘이 참 가지가지한다.

거칠다
오빠는 입이 좀 거칠어.

고약하다[*]
참 술버릇 한번 고약하네.

괴상하다
괴상하게 생겼는데 난 안 먹을래.

괴짜
직업은 의사인데, 알고 보면 괴짜야.

괴팍하다
성격이 괴팍해서 사람들이 꺼려 해.

난폭하다
술만 마시면 난폭해져.

막되다[*]
우리 가족에 대해 막되게 말하지 마.

말썽[*]
우리 반에 유독 말썽 피우는 아이가 있어.
산 지 일 년도 안 됐는데 스마트폰이 자꾸 말썽이네.

망나니
저런 망나니는 상종도 하지 말아야지.

몹쓸
세상에, 이런 몹쓸 사람을 봤나?

별나다
사람이 원래 좀 별나.

별다르다 | 별스럽다
사람이 좀 별스럽지.

악랄하다
범인의 살인 수법이 정말 악랄해.

악질
너 진짜 악질이야!

잔인하다
너는 말을 왜 그렇게 잔인하게 해?
사람이 어떻게 그렇게 잔인할 수가 있지?

잔혹 | 잔혹하다
무슨 잔혹 동화 같아.

포악하다
술만 마시면 성질이 포악해져서 다들 피해.

해괴하다
이게 무슨 해괴한 소리야.

험하다[*]
운전을 왜 그렇게 험하게 해.

희한하다[*]
그거 참 희한한 일이구먼.

가지다

가지고 싶으면 다 가져가든가.

것
네 것 내 것 그렇게 꼭 구분해야 해?
보유ㅣ보유되다ㅣ보유하다
세계 바리스타 자격증 보유한 사람이야.
소유ㅣ소유되다ㅣ소유하다
얘는 소유욕이 강하고 게다가 집착도 심해.
소지ㅣ소지하다
신분증 하나는 꼭 소지하고 다녀야 해.
지니다[*]
현금은 조금이라도 지니고 다녀야 안심이지.
차지ㅣ차지하다[*]
무슨 수를 써서든 차지해.

가치

논할 가치도 없어.

관 값(을) 하다
역시 비싼 값 하네.
값지다
참 값진 경험이었어.
관 수중에 돈(이) 있다
수중에 돈이 있으면 무조건 다 써버려.
자산[*]
지금의 경험이 미래에 큰 자산이 될 거야.
재산[*]
위자료는 못 받아도 재산 분할은 가능해.

각오ㅣ각오하다[*]

욕 먹을 각오하고 있어.

감수ㅣ감수되다ㅣ감수하다[*]
너를 위한 일이라면 어떤 희생도 감수할게.
무릅쓰다[*]
위험을 무릅쓰고 나서다간 너만 손해야.
무모하다[*]
무모한 도전일까?
무작정[*]
무작정 가지 말고 약속 잡고 출발해.

무조건*

무조건 오리발로 나가면 돼.

불사하다

협상이 결렬되면 파업도 불사하겠대.

관 **이 한 몸 바쳐***

하아, 이 한 몸 바쳐 하얗게 불태웠어.

필사적*

끝까지 필사적으로 반대할 거야.

관 **각광(을) 받다**[3]*

앞으로 더욱 각광받을 거야.

내로라하다*

내로라하는 전문가가 집필한 책이라 역시 다르네.

관 **두각을 나타내다***

두각을 나타내고 싶어 너무 애쓴다.

떠오르는 별*

너는 떠오르는 별이고 나는 지는 해 같다.

부각 | 부각되다 | 부각하다*

장점을 부각해서 이야기하는 것도 괜찮아.

관 **스포트라이트(를) 받다***

혼자만 스포트라이트 받고 싶어?

알려지다*

얼굴 알려져서 알아보는 사람 많아졌어.

유명세*

유명세에 비해 팬이 많이 없네?

관 **유명세(를) 치르다***

유명세 치르니까 어때?

인지도*

우리 농사회에서 어느 정도는 인지도가 있는 분이야.

관 **잘 나가다***

나도 한때는 잘 나갔었어.

한창 잘 나가던 배우였는데 어느 순간 사라졌네.

전성기*

지금이 네 전성기라고 해도 되겠다.

너의 전성기는 이제 끝인 거 같은데, 어깨 힘 빼.

조명받다*

원래 무명 배우였는데 드라마 나오면서 조명받기 시작했어.

주홍글씨

주홍글씨 평생 새기고 살아야 해.

---

3) 각광은 사회적으로 주목의 대상이 되거나 관심을 받는 경우에 주로 쓴다.

간단하다[*]

간단하게 구색만 맞추면 돼.

간략하다
요점만 간략하게 말해.
어떻게 해야 하는지 핵심만 간략하게 알려줘.

간소하다[*]
다과회에서 음식을 간소하게 준비했어.

간소화 | 간소화되다 | 간소화하다[*]
양식이 많이 간소화돼서 좋네.

간편하다
요리 방법이 되게 간편해.
대출 심사가 예전보다 많이 간편해졌어.

단순하다
단순해서 좋아.
소통이 필요 없는 단순 업무라면 하고 싶어.

편리하다
앱으로 쇼핑하면 여러 가지로 편리해.

편의[*]
가성비 좋고 편의성까지 다 갖췄네.
이용자 편의까지 생각해서 설계했어.

속 간에 붙었다 쓸개에 붙었다 한다[*]

의리 없이 간에 붙었다 쓸개에 붙었다 하지 마.

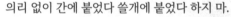

간사하다[*]
입이 참 간사하다.
간사한 게 사람 마음이라.
사람 마음이란 게 참 간사하기도 하지.
사람 마음이 아무리 간사하다고 해도 그러면 안 돼.

기회주의 | 기회주의자[*]
기회주의자처럼 행동하지 마.
그런 기회주의자랑 엮이면 너만 손해야.

관 **달면 삼키고 쓰면 뱉는다**[*]
달고 삼키고 쓰면 뱉는 그럼 부류 많아.

바람잡이[*]
바람잡이 하다가 들켜서 몰매 맞았어.

관 **여기 붙었다 저기 붙었다**
맹세코 여기 붙었다 저기 붙었다 한 적 없어.

이간질 | 이간질하다[*]
왜 너는 나랑 내 친구 사이를 이간질해?
여기저기 이간질하고 없는 말 옮기고 다녀.
저 사람이 이간질해서 두 사람 헤어졌잖아.

간절히 원하면 이루어진다고 하잖아.

굴뚝같다
먹고 싶은 마음은 굴뚝 같지만 참았어.
관 **그랬으면 좋겠다**
정말 그랬으면 좋겠어.
관 **그러고 싶다**
나도 그러고 싶어.
껄떡거리다
여자 앞에서 껄떡거리기나 하고, 예의 좀 갖춰.
목마르다
아, 목말라. 물 없나?
목마른 사람이 우물 판다.
관 **변태 | 변태 같다**
그런 건 변태나 하는 행동이야.
욕구
요즘은 뭘 하고 싶은 욕구가 안 생겨.

간접적

간접적으로 얘기하지 말고 직접 만나 얘기해.

친구를 통해 간접적으로 들은 거라 확실치 않아.
우회 | 우회되다 | 우회하다
공사 중이니 우회하시오.
저기서 우회전해서 한 백 미터 정도 가면 있어.
우회적
우회적으로 얘기하니까 못 알아듣는 거 같은데.
통하다
친구를 통해 들었어.

갈구다

부하직원 갈구다가 역공 당하는 수 있어.

괴롭히다
넌 사람 괴롭히는 재주가 있어. 칭찬 아니거든.
관 **달달 볶다**
야, 사람 달달 볶는 게 네 취미야?
들볶다
그만 좀 들볶아!
들쑤시다
가만있는 사람 들쑤시지 말고 제발 내버려둬.
못살다
사람들은 왜 나만 못살게 굴까?

관 염려(를) 끼치다
염려 끼친 점, 죄송하게 생각합니다.
잡아먹다[*]
왜 못 잡아먹어 안달이야?
관 폐를 끼치다
폐를 끼쳐서 죄송합니다.

갈다[*]
새 걸로 갈면 되잖아.

갈아치우다[*]
갈아치우고 나니 마음이 힐링된 기분이다.
갈음 | 갈음하다[*]
12월 행사는 사진으로 갈음할게.
경질하다
감독 경질 소식에 팬들의 항의가 연일 폭주하는 바람에 홈페이지가 마비됐어.
고치다[*]
사람 고쳐 쓰는 거 아니라고 여러 번 말했잖아요.
교체 | 교체되다 | 교체하다[*]
저 감독은 늘 선수 교체 타이밍이 한 박자 늦어.
교환 | 교환되다 | 교환하다[*]
사이즈가 안 맞으면 당일 교환 가능하댔어.
대리 | 대리하다
술 마셨으면 대리운전 불러.
대신하다[*]
내가 대신해 줄까?
바꾸다[*]
천만 원만 보태면 2층도 전부 싹 바꿀 수 있어.
바뀌다[*]
왜 마음이 바뀌었어?
변경 | 변경되다 | 변경하다[*]
출발 시간을 12시에서 1시로 변경했어.
변신 | 변신되다 | 변신하다[*]
여자의 변신은 무죄!
변하다[*]
나이 들면 사람도 조금씩 변하나 봐.
수정 | 수정되다 | 수정하다[*]
수정한 거 게시판에 올려.
전환 | 전환되다 | 전환하다[*]
이번 계기가 좋은 전환점이 됐어.
어디서 다 본 거 같잖아. 생각의 전환이 필요해.

갈라서다

애들만 아니었으면 진작 갈라섰어.

관 금(이) 가다
두 사람 우정에 금이 갔나?
돌아서다*
난 한번 돌아서면 끝이야.
돌아선 사람 붙잡아 봐야 소용없어.
관 등을 돌리다*
동고동락하던 친구에게 등을 돌리고 배신한 놈이야.
등지다
유산 문제로 가족과 등진 지 벌써 30년이 지났어.
관 쫑나다*
친구랑 완전히 쫑났다며?

갈리다

의견이 한 끗 차이로 갈렸어.

관 ~에 반해*
언니는 외향적인 데에 반해 동생은 내성적이야.
관 결이 다르다*
결이 다른 사람하고 엮이고 싶지 않아.
관 극과 극
극과 극은 통한다는 말, 어떻게 생각해?
서로 성격이 극과 극인데, 의외로 잘 통하던데.
남다르다*
얘들이 식성이 남달라서 밥상을 여러 번 차려줘.
다르다*
우린 매번 생각이 달라.
대립 | 대립되다 | 대립하다*
이사 문제로 남편과 한 달째 의견 대립 중이야.
반대 | 반대되다 | 반대하다*
내가 어떤 말을 해도 무조건 반대할 거지?
반박 | 반박되다 | 반박하다*
네 말에 반박 안 해.
상극
너랑 나는 상극인 거 알지.
상반 | 상반되다 | 상반하다
주장과 완전히 상반되는 행동이라 당황스럽네.
상이하다
쌍둥이인데 외모랑 성격이 너무 상이해.
엇갈리다*
길이 엇갈려서 만나지 못했어.

진술이 너무 엇갈리니까 누구를 믿어야 할지?
판이하다
10년 만에 찾은 고향은 예전과 판이하게 달라졌어.

감[*]

감이 안 좋아.

[어미] **~ 감(이) 있다**[*]
조금 늦은 감이 있지만, 해보자.
감각
패션 감각이 형편없어.
한쪽이 감각이 마비된 것 같아.
뉘앙스
말의 뉘앙스가 좀 기분이 나빴어.
느끼다
체력이 예전 같지 않음을 느꼈어.
느낌
오늘따라 느낌이 싸하다.
검색해서 갈까? 그냥 느낌대로 갈까?

감감무소식

한 달 전에 신청했는데 아직도 감감무소식이야.

[관] **듣도 보도 못하다**
듣도 보도 못한 얘기라고 하던데.
[관] **들어본 적 없다**[*]
그런 얘기는 한 번도 들어본 적 없어.
[관] **들은 바 없다**[*]
난 들은 바 없어.
무소식(無消息)[*]
무소식이 희소식이겠거니 하고 살아.

감봉ㅣ감봉되다ㅣ감봉하다⁴⁾

아마 타지역 이동 아니면 감봉 중에 하나겠지.

깎다[*]
복지카드 갖고 가면 만 원 깎아준대.
깎이다[*]
지각 자주 하면 급여가 깎일 수 있어.
삭감ㅣ삭감되다ㅣ삭감하다[*]
회사에서 임금을 10% 삭감한대.
수당이 3만 원에서 만 원으로 삭감됐어.
차감ㅣ차감되다ㅣ차감하다[*]
펀드가 수익이 났는데 수수료 차감하니 얼마 안 돼.

---

4) 타인의 등에 기대하여 의지하는 모습을 형상화한 수어로, 주로 채무 이행 관계에 널리 쓰이며, 오른손을 아래로 내리면 빚을 갚아 변제한 것으로 풀이된다.

탕감 | 탕감되다 | 탕감하다
개인 파산 신청하면 빚을 다 탕감해 주는 거야?

감싸고돌다

감싸고돌기만 하면 버릇 나빠져.

감싸다*
무조건 감싸는 게 능사는 아니야.
감싸주지는 못할망정 욕설이나 하고, 네가 친구야?
끼고돌다*
엄마가 매번 끼고도니까 얘 버릇이 더 나빠지잖아.
덮다*
덮는다고 진실은 사라지지 않아.
후배 잘못을 이런 식으로 덮어주면 너도 같이 잘려.
두둔 | 두둔하다*
왜 두둔했어?
어려서 그런 거라 두둔한 네 잘못도 있어.
보완 | 보완하다
티 나지 않게 보완해 줄 수 있어?
싸고돌다
아이 잘못해도 매번 싸고돌면서 키운 것도 문제야!
관 제 식구 감싸기
이거 제 식구 감싸기 아니야?

감옥*

평생 감옥에서 썩고 싶어?

갇히다*
감옥에 갇힌 기분이었어.
너 이렇게 갇혀만 있으니까 머리 이상해진 거야.
감옥살이*
바깥 생활보다 감옥살이가 더 편하다는 사람 있어.
교도소*
대회 장소라고 갔더니 교도소인 거야.
진짜 교도소 아니라 드라마 세트장이야.
옥살이 | 옥살이하다*
누명을 쓰고 옥살이를 했으니 얼마나 억울할까!
철창신세*
철창신세 지기 싫으면 정신 차려.
관 콩밥을 먹다*
요새는 교도소에서 콩밥이 아니라 쌀밥 먹는다며?
투옥 | 투옥되다 | 투옥하다*
이 분도 일제에 항거하다 투옥됐다는 기록이 있어.

관 **감(을) 잡다**[*]

금방 감 잡을 거야.

감[*]
감이 왔다.
어때? 너도 이제 감이 오지?
그러다[*]
아하, 그렇구나.
그래서 그랬구나.

관 **무슨 말인지 알겠다**[*]
무슨 말인지 알겠어.
아하[*]
아하, 알 것 같다.
아하, 그래서 색이 변한 거구나.
알다[*]
난 알 것 같다.
뭔지 알겠더라.
이해|이해되다|이해하다[*]
아, 이해했다.
이해는 되는데, 막상 하려니 또 안 되는 거 있지.

감추다

애써 감출 필요 없어.

꿍치다
꿍쳐놓고 너만 먹냐?
숨기다
뭐 숨기는 거 있어?
사람이 허술해서 끝까지 못 숨기고 들켰어.
숨다
어디에 꽁꽁 숨었는지 못 찾았어.
은닉|은닉되다|은닉시키다|은닉하다[*]

배우자 몰래 재산을 은닉하거나 처분하면 처벌받을
수 있어.
은둔|은둔하다
은둔생활 청산하고 내려온 지 4년 됐나?
은신|은신하다
그동안 어디에 은신해 있었어?
은폐|은폐되다|은폐시키다|은폐하다[*]
사과 한마디 없이 진실을 은폐하려고만 해.
짱박다
어디다 짱박아 뒀어?
쓰지도 않으면서 짱박아 놓기만 하면 뭘 해.

감히

감히 네가 나에게 덤벼?

제가 감히 어떻게 그 자리를 넘볼 수 있을까요?
판 네가 뭔데*
네가 뭔데 나한테 이래라 저래라야.
판 어디에다 대고
얻다 대고 반말이야?
주제넘다*
또 주제넘게 나서면 나도 가만 안 둬.
아까 멱살 잡고 쌍욕 한 거 주제넘은 행동이었어.

강요	강요하다*

내가 강요한 적 없는데?

답 정해놓고 강요하지 마!
우리도 가입하라고 강요받았어.
그렇다고 무작정 강요할 수도 없고.
강요는 없다고 해놓고 지금 와서 다른 말 한다.
강권 | 강권하다*
이것저것 사라고 강권하면 나 나간다?
한약이 몸에 좋다고 먹으라고 강권하니까 마지못해
샀어.

강하다*

여자는 약하지만, 어머니는 강하다는 말이 있어.

어미 ~지 않다
힘껏 내리쳐도 절대 부서지지 않아.
강력 | 강력하다
태풍의 힘이 더 강력해졌다고 하니 잘 대비해.
강인하다
몸과 마음이 드물게 강인한 사람이야.
강화 | 강화되다 | 강화하다*
킥보드 음주 운전 처벌을 강화할 필요가 있어.
견고하다
의자 견고하게 잘 만들었네.
굳다
두부가 굳어서 데워도 맛이 이상할 거 같아.
굳어지다*
루게릭병에 걸리면 몸이 굳어진다고 해.
판 꿈쩍(도) 안 하다
아무리 힘을 줘서 열어봐도 꿈쩍도 안 해.
끄떡없다*
세탁기에 막 돌려도 끄떡없어.

다지다
넌 처음부터 다시 기초를 다질 필요가 있어.
단단하다
여기를 눌러보면 단단한 덩어리가 만져지는데 병원
가야겠지?
딱딱하다[*]
오징어 너무 딱딱해서 씹기도 힘들어.
세다[*]
술이 세서 절대 취하지 않아.
질기다
고기가 왜 이렇게 질기냐.
탄탄하다
만져보니까 정말 탄탄하네.
튼튼하다[*]
하체가 튼튼한 사람은 건강하대.
확고하다[*]
내 마음은 이미 확고해.

같다[*]	술은 같이 마셔야 제맛이지.

이런 말 하기 좀 그렇지만 너 꼰대 같아.
같은 회사에 나이도 같고 심지어 사는 데도 같아.
다름없다[*]
포장 안 뜯고 보관해서 새거나 다름없거든?
동일 | 동일하다
동일 인물이었어?
똑같다[*]
사람 마음이 다 똑같은 줄 알아?

갚다[*]	우선 급한 데부터 갚아.

돌려주다[*]
난 돌려줄 생각 없어.
배상 | 배상되다 | 배상하다
손해배상금 항목 체크해서 청구하면 돼요.
보답 | 보답하다
맛있는 커피로 보답할게.
보상 | 보상되다 | 보상하다
밀린 월급까지 다 보상받을 수 있어?
관 **본전(도 | 을) 뽑다**[*]
본전 뽑으려면 만 부를 팔아도 안 돼.

개망신[5]

그러다 개망신당하는 수가 있다.

ᄀ **망신살(이) 뻗치다**
나 때문에 망신살 뻗쳤다나 뭐라나.
ᄀ **망신(을) 당하다**
망신당하기 싫으면 당장 손 떼.
무안하다[*]
잘못 알고 아침부터 잔소리한 게 무안해지네.
ᄀ **체면(을) 구기다**[*]
너 때문에 체면 구겼다!

개뿔

사랑은 개뿔, 다 시간 낭비야.

ᄀ **가치(가) 없다**[*]
논할 가치도 없어.
꺼지다[*]
너도 내 인생에서 꺼져줘.
나발
돈이고 나발이고 다 필요 없고, 여기서 손 떼자.
한물가다
이거 한물가서 잘 쓰지도 않아.

개운찮다

합의 잘 끝냈지만, 뭔가 개운치 않아.

뭔가 개운치 않아서 마음이 내내 뒤숭숭했어.
ᄀ **미련(이) 남다**[*]
미련이 계속 남아.
ᄀ **성에 안 차다 | 차지 않다**
성에 안 차서 그런 거야?
찜찜하다[*]
서명했는데 뭔가 찜찜해. 사기 아닐까?
정작 하고 싶은 말은 못 하고 끝내서 찜찜하네.

ᄀ 개입(을) 하지 않다[6]

너무 깊이 개입하지 않는 게 좋아.

객관 | 객관적[*]
객관적으로 봤을 때 너도 잘못 있어.
ᄀ **관여하지 말다 | 않다**[*]
이미 끝난 일이야. 더 이상 관여하지 마!
자기중심[*]
얘는 너무 자기중심적이야.
중립 | 중립적[*]
공무원은 정치에 개입하면 안 되고 정치적 중립을 지
켜야 한다는 의무가 있어.

---

5) '얼굴'과 '깨지다'의 수어를 합친 관용표현으로, 얼굴은 당사자의 명예, 위신, 체면 등을 의미하며, 그것들이 깨지고 이미지가 실추되어 망신당하는 것을 나타낸다.

6) 남보다 자기를 먼저 생각하는 '이기심'이라는 의미에서 유래되었다. 타인의 문제에 개입하지 않거나, 말려들고 싶지 않다는 의지 또는 어느 한쪽에 치우지지 않고 중립을 지키고 싶은 의지를 표명할 때도 널리 쓰인다.

| 개털 | 위약금 물어주고 완전 개털 됐어. |

거덜나다
이러다 집안 거덜나겠어.
날리다
도박 때문에 집도 날렸잖아.
말아먹다
사업해서 이번에도 말아 먹으면 어쩌려고.
무일푼
생활비 다 떨어져서 지금은 무일푼이야.
관 **밑천(이) 드러나다**
밑천 드러나면 그땐 어떻게 수습할 거야?
벌거벗다*
왠지 발가벗은 기분이야.
빈털터리
만나는 사람 알고 보니 빈털터리였어.
관 **실오라기 하나 안 걸치다**
얘 아빠가 밤에 실오라기 하나 안 걸치고 자.
털리다
전재산 다 털렸어.
너도 잘못하면 홀랑 다 털릴 수 있어.
관 **한 푼 없다***
나도 한 푼 없다고.
관 **홀딱 벗다***
홀딱 벗고 뛰어들자.
홀라당
아무리 더워도 홀라당 다 벗을 수 없지.
홀랑
팬티까지 홀랑 벗고 막 돌아다녀.

| 거두다 | 한 달에 회비 얼마씩 거둘까? |

걷다
외부에서 후원금 거두는 건 불법인데!
끌어모으다
다 끌어모아도 백만 원도 안 될걸?
수렴 | 수렴되다 | 수렴하다*
찬반에 대해 의견 수렴이 필요해.
수집 | 수집되다 | 수집하다*
자료 수집 다 했어?
수확 | 수확되다 | 수확하다*
수확 철에는 내내 섬에 있어야 해.

회수 | 회수되다 | 회수하다*
회수된 시험지를 몰래 빼내려다 걸렸나 봐요.

거뜬하다*

이 정도는 나 혼자 거뜬하게 후딱 해치울 수 있어.

(속) 땅 짚고 헤엄치기*
아이 재우는 일쯤은 이제 땅 짚고 헤엄치기지.
손쉽다*
금방 손쉽게 만들 수 있는데.
쉽다*
되게 쉬운데?
이보다 더 쉬운 방법은 없을까?
(속) 식은 죽 먹기
이까짓 것 식은 죽 먹기지.
(관) 이 정도는 껌이다
이 정도는 껌이지.
호락호락 | 호락호락하다*
세상이 그렇게 호락호락하지 않아.

거르다*

체에 걸러진 것만 버리면 돼.

엿기름 걸러서 식혜 만들었어.
자기네들 입맛대로 걸러서 사람을 뽑잖아.
거름망
거름망에 때가 많이 끼었어.
걸러내다
내 편 아닌 사람 다 걸러내면 되지.
여과 | 여과되다 | 여과시키다 | 여과하다
여과시켜서 불순물 제거하면 돼.

(관) **거리를 두다**

왜 자꾸만 거리를 두려고 하는지 모르겠어.

사이*
아무 사이도 아니야.
길게 볼 사이도 아닌데 뭘.
(관) 선(을) 긋다*
누가 먼저 선 그었어?
이쯤에서 선 긋고 마무리해.
(관) 철벽(을) 치다
너무 들이대니까 내가 철벽 쳤어.
네가 자꾸 철벽을 치니까 사람이 안 다가오지.

관 거울로 삼다*

이번 경험을 거울삼아 다음에는 실수 안 하면 돼.

속 두 눈으로 똑똑히 살펴보다*
두 눈으로 똑똑히 살펴봐야겠다.
속 모르고 한번 알고 한번*
모르고 한번 속고 알고 한번 속고, 참 어이없더라.
속 아는 길도 물어가랬다*
아는 길도 물어가랬다. 이거 사기일 수도 있으니 잘
알아봐.
관 한 번 속지 두 번은 안 속는다*
내가 한 번 속지 두 번 속겠니?

거절 | 거절되다 | 거절하다*

마음 굳게 먹고 거절하는 게 그렇게 어려워?

어떻게 하면 기분 좋게 잘 거절하는 방법 있을까?
마다하다*
수고비 드리겠다고 해도 끝까지 마다하셨어.
귀찮은 일도 마다하지 않고 열심히 해줘서 정말 고
마워.
물리치다*
나도 사람인지라 돈의 유혹을 물리칠 수 없었어.
사절 | 사절되다 | 사절하다
눈팅만 하시는 분은 사절합니다.

일축 | 일축되다 | 일축하다
위에서 분명히 쓸데없는 소리라고 일축할 것 같아.
커트 | 컷*
쓸데없는 소리 또 하면 커트해 버린다.
네가 알아서 못 하겠다고 그냥 컷해 버려.
퉁기다*
그냥 들어주지, 참 너 되게 퉁기네.

관 거절(을) 당하다[7]*

거절당한 기분 어떤지 이제 알겠나?

관 거부(를) 당하다
또 거부당하면 얘기해.
신분증 없다는 이유로 진료 거부당했어.
관 킬(kill) 당하다*
또 킬(kill) 당했어.
관 퇴짜(를) 맞다
데이트 신청 또 퇴짜 맞았어.
이렇게 하면 퇴짜 맞을 수도 있다니까.
회사에 원서를 넣는 족족 퇴짜를 맞았어.

---

7) 엄지손가락을 자기 얼굴 쪽으로 튕기는 동작을 취하면 '거절을 당하다'라는 의미로 쓰이며, 그 반대로 바깥쪽으로 튕기면 '거절하다'
라는 의미로 쓴다.

거짓말 | 거짓말하다*

거짓말하지 말고 사실대로 말해.

가식 | 가식적
난 그 사람 하는 말이 다 가식처럼 들려.
가식이 아니라 진심이었다는 걸 알아주세요.
가짜*
가짜인 줄 알았는데 진짜네?
싼 게 왠지 가짜일 것 같아서 비싼 거 골랐어.
뻥치다*
뻥치지 마.

건들다

나 건들지 마.

또 건들기만 해봐.
건드리다*
건드려 놓고 딴소리해?
털끝 하나라도 건드리면 너 가만 안 둬.
나 또 건드렸다간 네 인생 작살날 수 있어.
살짝 건드리기만 해도 아프다고 막 소리 질러.
관 심기를 건드리다*
누가 자기 심기를 건드리면 밥상 엎어버려.

건방 | 건방지다

애가 원래 좀 건방져.

관 거드름(을) 피우다
잘난 척 거드름 피우는 걸 보니 정이 뚝 떨어졌어.
거만하다
거만한 저 태도가 마음에 안 들어.
교만 | 교만하다
사람이 너무 교만하기 짝이 없어.
오만 | 오만하다
인상이 오만해 보여.

건성건성*

너 너무 건성건성 보는 거 아니야?

간과 | 간과되다 | 간과하다*
간과해서는 안 될 문제였어.
중요한 문제인데, 내가 왜 그걸 간과했을까.
건성
건성으로 대답하고 소통이 안 되니 답답해.
귀차니즘*
귀차니즘 때문인지 이상하게 잘 안 하게 되더라.

귀찮다[*]

만사가 다 귀찮아.

밥하기 귀찮으니까 배달시킬까?

대충[*]

혼자 먹으니 매번 대충 때우게 돼.

내가 가장 싫어하는 단어가 '대충'이거든.

자막 없어도 대충 맥락으로 이헬 수 있어?

등한시 | 등한시되다 | 등한시하다[*]

한동안 살림을 등한시했더니 이혼하자 하네.

무성의 | 무성의하다[*]

이렇게 무성의하고 불친절한 의사는 살다 처음이다.

소홀 | 소홀하다

가정에 소홀한 사람 잘못이지.

공부에 매진하느라 건강에 소홀했던 것도 있고.

주먹구구 | 주먹구구식

주먹구구로 알려주니 이해가 안 되는 거지.

이렇게 주먹구구식으로 처리해도 되는 건지.

(속) 겉 다르고 속 다르다[*]

겉 다르고 속 다른 사람이니 조심해.

(속) 겉과 속이 다르다[*]

겉과 속이 다른 이중인격자야.

(관) 두 개의 얼굴

얘는 두 개의 얼굴을 가진 사람이야.

(관) 두 얼굴

두 얼굴을 가진 사람, 정말 싫어.

(관) 얼굴이 두 개다

얼굴이 두 개야.

이중인격 | 이중인격자[*]

저 사람, 이중인격자야. 웃는 얼굴에 속지 마.

겉돌다[*]

나만 겉도는 느낌이야.

저렇게 겉돌지 말고 같이 어울리면 좋을 텐데.

고립 | 고립되다 | 고립하다[*]

같이 살아도 나만 외딴섬에 고립된 느낌이야.

외톨이[*]

예전에는 같이 잘 놀았는데 어느 날 갑자기 외톨이가

됐어.

(관) 혼자 다니다[*]

얘는 늘 혼자 다녀.

무리에서 이탈해서 혼자 다니면 위험해.

관 게임(이) 안 되다

넌 그 사람과는 게임이 안 돼.

관 근처도 못 가다
그 사람 근처도 못가.

능가하다*
상상을 능가할 정도야. 말로 표현 못 해.
미슐랭 쓰리스타를 능가하는 맛이었다니까.

관 비교(가) 안 되다*
비교 대상도 안 된다니까.
국가대표에는 비교가 안 되지.

관 상대(도) 안 되다*
넌 내 상대가 안 돼.

관 저리 가라
얼굴이 연예인 저리 가라 할 정도던데.
프로선수 저리 가라 할 정도로 운동을 잘해.

결례ㅣ결례하다*

제가 결례를 범했습니다.

관 매너(가) 없다
왜 그렇게 매너가 없어?
매너 없는 사람 절대 들이지 마.

무례ㅣ무례하다
무례함의 끝판왕이야.
무례한 사람한테 화 안 내고 말하는 게 어디 쉽나.

무엄하다
임금 앞에서 무엄하고 방자하기가 끝이 없구나!

관 버릇(이) 없다*
요즘 애들이 버릇이 없어.
내가 너무 버릇없이 말한 건가?

관 예의(가) 없다*
그렇게 하고 가면 너무 예의 없는 거지.

결백하다*

난 결백해!

나 진짜 결백한데.
아무리 결백하다 해도 아무도 안 믿어.
결백함을 증명할 수 있는 방법을 찾아보자.
넌 적어도 나의 결백함을 믿어주길 바랐는데.

관 까놓고 말하다
톡 까놓고 다 말할 수 있어.
까놓고 말하자니까 바로 꽁무니를 빼는 거야.

떳떳하다[*]
난 떳떳해!
떳떳하면 대답해!
이제는 떳떳하게 말할 수 있어.
본인이 떳떳하면 공개적으로 다 얘기하지?
떳떳하다면 당당히 나와야지. 왜 숨어 있어?
관 **자신(이) 있다**[*]
난 정말 자신 있거든?
나는 자신 있으니까, 전부 까놓고 얘기해 보자고!

결재 | 결재되다 | 결재하다[*]
쉽게 결재가 될 줄 알았는데.

결재 절차가 좀 복잡해서 아직은 보류 상태야.
날인 | 날인하다
이혼 서류에 날인했는데, 누가 버렸나?
관 **도장(을) 찍다**
두말없이 도장 찍었다고?
재산 분할이고 뭐고 다 필요 없고 도장만 찍으면 돼.
승인 | 승인되다 | 승인하다[*]
신청하고 5분 만에 바로 승인됐어.

겸비하다[*]
패키지여행이 관광과 휴양을 겸비하면 더 좋고.

겸사겸사[*]
얘기할 것도 있고 네 얼굴도 보고, 겸사겸사 왔어.
겸하다[*]
식당과 펜션을 겸하고 있어.
이중 | 이중성 | 이중적[*]
그런 이중적인 모습 정말 싫어.
중복 | 중복되다 | 중복적 | 중복하다[*]
중복되는 과목이 많아서 이번 학기는 쉬려고.

겸손 | 겸손하다
겸손이 지나치시네요.

겸허 | 겸허하다 | 겸허히
겸허히 받아들이고 스스로 돌아보는 계기가 되길.
관 **고개(를) 숙이다**[*]
여러 번 찾아가서 고개 숙여 부탁했었어.
공손하다
자신을 낮추면서 공손하게 말하는 모습에 반했어요.
낮추다

본인은 낮추고 상대방을 띄워주는 센스, 굿!

두말없이*

선배 말이라면 두말없이 잘 따르더라.

분수껏

돈 막 쓰지 말고 분수껏 살아.

수수하다

오늘은 옷을 수수하게 입었네.

순박하다

사람이 순박하고 다 좋은데, 일을 너무 안 해.

순진하다

왜 순진한 척을 해?

내가 그때는 순진했던 건지 멍청했던 건지.

관 **여유(를) 부리지 말다***

여유 부리지 말고 미리 출발해서 좀 빨리 오지?

관 **제 분수에 맞게***

제 분수에 맞게 살아야지.

관 **제 주제를 알다***

제 주제를 알면 얼마나 좋을까.

차라리*

차라리 입 다무는 편이 더 낫지.

착하다*

나 얼굴은 이래도 매너 좋고 착한 사람이야.

속 **천리길도 한 걸음부터**

천 리 길도 한 걸음부터라고, 시작이 중요해.

초심자*

초심자 자세로 정성 들여서 음식을 만들어야 해.

최소한*

쓸데없이 막 사지 말고 최소한 필요한 것만 사와.

경쟁	경쟁하다

어차피 경쟁 상대가 안 돼요.

겨루다

너하고 겨루고 싶지 않아.

12팀하고 겨뤄서 결승전까지 갔는데 떨어졌어.

경기 | 경기하다

좋은 경기였습니다.

우리가 경기에 아쉽게 졌지만, 정말 최선을 다했어.

시합 | 시합하다

중요한 시합 앞두고 부상당하면 어떡해요.

시험 | 시험하다

매번 시험에 떨어지니까 이제는 미안한 기색도 없어.

계산 | 계산되다 | 계산하다

계산하고 따지면 나 너 못 만나.

세다[*]
너 돈 셀 줄 모르는구나?
세어봤는데, 만 원이 모자라는 거 있지.
정산 | 정산되다 | 정산하다
이번 연말정산 오십 만원 토해냈어.
헤아리다[*]
자기 마음 제대로 헤아리지 못해 미안해.
횟수[*]
횟수는 중요하지 않아. 내용이 중요하지.

계속 | 계속되다 | 계속하다[*]

알면서도 계속 그러기야?

그러면서
그러면서 양쪽 얘기를 다 들어봐야 된다고 했어.
내내
방학 동안 내내 집에만 있었어요.
연속
삼일 연속으로 계속 술 마셨어.
이사 오고 한 달 내내 정리의 연속이었어.
이어지다
여기서 또 만나다니 우리 인연이 이어지네요.
지속 | 지속되다 | 지속적 | 지속하다
지속적으로 일할 수 있는 직장을 구해요.
좋은 관계를 지속하려면 이해와 인내심이 필요해.
쭉[*]
이번 달까지 쭉 지내다 가려고.
앞으로도 쭉 네 편 할 테니까 걱정 마.

관 고개를 갸웃하다

이해가 안 되는지 고개를 갸웃하더니 말없이 나갔어.

갸우뚱하다
아까 사진 찍을 때 왜 얼굴을 갸우뚱했어?
관 고개(를) 젓다
아까 왜 고개 저었어?
도리도리 | 도리도리하다
아니다 싶으면 도리도리해.
도리도리하길래 그게 싫다는 의사인 줄 알았지.
도리질 | 도리질하다
그렇게 세게 도리질하면 머리가 안 아파?

미심쩍다[*]
뭔가 조금 미심쩍기는 했어.
둘 사이가 좀 미심쩍지 않아? 뭔가 내연 관계 같아.
석연찮다[*]
몰래 뒤처리한 게 석연찮았어.
의아하다[*]
나도 얘길 듣고 좀 의아해하긴 했어.
의외의 행동이어서 의아해하는 사람 많았어.
관 이상하네[*]
거 참, 이상하네. 분명 여기 있었는데.
절레절레|절레절레하다
아버지는 말없이 고개만 절레절레하였다.

| 고급 | 고급이 가격이 저렴하긴 어렵지. |

고급스럽다
실물이 더 고급스럽긴 해.
고급지다
고급지고 괜찮은 곳 있어?
고등
고등학교 어디 나왔어?
두통[*]
두통이 심해서 약 먹었는데 차도가 없어.
띵하다[*]
어제 잘못 잤는지 머리가 띵해.
차 사고 이후에 머리가 띵하고 계속 울려.
아찔하다
벼랑 끝에서 아래를 내려다보니 정말 아찔했어.
어마어마하다[*]
대기 줄이 어마어마했어.
어지럼[*]
어지럼증 원래 어릴 때부터 자주 있어 왔어요.
어지럽다[*]
어지러우면 약 먹어.
어지럽다며 맥없이 주저앉길래 119 불렀어.
어질어질|어질어질하다[*]
빈속이라 그런지 머리가 어질어질해.
어찔하다
순간 앞이 안 보이고 어찔했어.
현기증[*]
갑자기 현기증이 나서 그래.

| 고기 | 김장했으니 돼지고기 삶아서 먹자. |

가죽
이거 가죽 최상급이라고.
동침 | 동침하다*
전처와 동침한 걸 누구한테 들켰다고?
살
살쪄서 못 입는 옷 많아.
갑자기 살이 확 쪄서 허벅지에 튼살 생겼어.
성관계 | 성관계하다*
성관계는 상대방의 동의를 얻어야 해.
육식*
나는 채식, 얘는 육식, 그래서 식당에서 맨날 싸워.
자다*
잤지? 잤구나. 상대가 누구야?

| 고단수 | 완전 연애 고단수인데? |

고수*
여자 밝히는 애가 있는데, 그쪽으로 완전 고수야.
교활하다*
교활하게 사람 속여 놓고 용서해달라고?
노련하다*
손놀림이 참 노련하시네.
능수능란(能手能爛) | 능수능란하다*
수어도 능수능란하게 잘하지?
베테랑*
베테랑도 실수는 해.
실력이 베테랑급이야.
선수*
그 사람 선수야. 조심해.

관 수완(이) 좋다*
수완이 좋고 수어도 잘해요.
입담 좋고 수완도 좋아서 매출이 계속 상승세야.
숙달 | 숙달되다 | 숙달하다*
첨엔 서툴렀는데, 이제는 숙달돼서 5분이면 끝나.
완벽하다*
우는 연기 완벽하게 잘 해내던데?
아까 울분을 토하는 연기, 진짜 완벽했어!
관 재주(가) 좋다*
손재주 좋고 품성도 좋아.
천연덕스럽다*

수어 가사가 틀렸는데 다음 가사로 천연덕스럽게 잘
도 넘어가던데? 완전 자연스러웠어.
관 티(가) 나지 않다[*]
수술한 티가 전혀 나지 않은데?
벽에 못을 잘못 박은 걸 티가 나지 않게 마감했네.

고맙다

고맙긴 뭘.

도와준다는 말만이라도 고마워.
감사 | 감사하다
하루라도 빨리 받으면 저야 감사하죠!
수도 없이 감사하다고 속으로 되뇌었어.
감지덕지(感之德之)하다
김장 김치만도 감지덕지한데, 반찬통까지.
땡큐[*]
나야 언제나 땡큐지.

관 고생문(이) 훤하다

아무 준비도 없이 결혼해서 고생문이 훤하다.

고생길[*]
너 고생길 훤히 보인다.
가봤자 고생길인데 굳이 가야겠어?
이 상태에서 결혼하면 고생길이 될 게 뻔하지.
고생문[*]
이제 진정한 고생문이 열릴 거다.
너 하는 거 보니 고생문이 훤하다.
결혼하고 애 낳아봐라. 정말 고생문 시작이야.
고생문 훤한 거 알면서 왜 이리 고생을 사서 해.

고의 | 고의적

고의는 아니지?

고의성이 성립되면 처벌받을 수 있어.
농담 | 농담하다
농담도 정도껏 해야지.
그런 웃기지도 않고 썰렁한 농담은 됐거든.
관 늑장(을) 부리다[*]
왜 이렇게 늑장을 부려?
뭉개다
너희들 그렇게 뭉개고 있을 거야? 어서 일 안 해?
미적거리다
일하기 싫다고 미적거리면서 시간만 보내고 있어.
쇼맨십[*]
쇼맨십의 달인이라던데.

우스갯소리[*]

우스갯소리 같지만 실제로 있었던 일이야.

일부러[*]

일부러 떨어뜨렸어?

일부러 여기까지 마중 나온 거야?

| 고작 | 고작 이 정도밖에 못 받는다고? |

겨우

네 실력이 겨우 이 정도밖에 안 돼?

겨우 이 정도 일 가지고 삐치면 어떡해.

깔보다[*]

사람을 그렇게 깔보면 안 돼.

낮잡다[*]

넌 신입을 낮잡아 대하는 경향이 있어.

관 **대수롭지 않다**[*]

너도 그때 대수롭지 않게 넘겼잖아.

관 **별 것 아니다**[*]

난 또 뭐라고, 별것도 아니네.

관 **별 볼 일 없다**[*]

소문에 비하면 별 볼 일 없는 사람이야.

보잘것없다

보잘것없지만, 필요한 사람에게 주고 싶어.

관 **볼 것 없다**

뭐 볼 것 없네.

빈약하다[*]

근거가 빈약해서 승인이 안 될 거야.

시시하다

영화가 시시해서 중반에 잠들었어.

업신여기다[*]

못 배웠다고 업신여기지 마.

저따위[*]

누가 저따위로 만들어 놨나!

쩨쩨하다[*]

아주 쩨쩨한 거야.

찬밥

가족도 나를 찬밥 취급해.

딸은 대접해 주고 사위인 나는 뭐 찬밥 취급이지.

하찮다[*]

직업이 하찮다고 막 대하지는 마.

선풍기 하나가 고장났는데 그냥 버려?

고구마[*]
군고구마가 먹고 싶다.
구부러지다
산 지 얼마 안 됐는데 접으려다 구부러졌어.
꺾다
나뭇가지 꺾어서 젓가락으로 쓰면 되지.
꺾어지다
엊그제 태풍으로 꺾어진 나뭇가지만 주워.
대박
둘이 결혼한다고? 진짜 대박이네.
🔲 **대박(이) 나다**
그때 가게 차렸으면 지금쯤 대박 났겠지?
동강나다
이미 동강나 버렸어. 아주 귀한 건데.
🔲 **두 동강(이) 나다**
컴퓨터가 이렇게 두 동강이 났다니까.
반토막
주식이 반토막이 나버렸어.
부러뜨리다[*]
누가 내 안경 부러뜨렸어?
부러지다[*]
살짝 넘어졌는데 발목이 부러진 거 있지.
부서지다[*]
받침대가 오래돼서 삭았는지 다 부서졌어.

골라내다

상한 것만 골라내 버렸어.

가려내다[*]
불량품 귀신같이 잘 가려내.
옥석을 가려내는 분별력 갖춘 사람이어야 해.
고르다[*]
나름 고르고 고른 건데 오빠가 바꿔 오래.
골고루
이젠 반찬도 골고루 잘 먹어.
🔲 **골라 골라**
골라 골라 저렴한 것만 담았는데도 지갑은 텅.
선별|선별되다|선별하다[*]
선별 과정이 까다로웠어.
고모가 직접 선별하여 보내주셨어.

관 골치(가) 아프다*

너무 착하면 그것대로 골치 아파.

관 골머리(를) 앓다
자식 때문에 골머리 앓는 부모 많아.

골치
얘가 참 골치야.

골칫거리*
이래저래 골칫거리야.

골칫덩이
이 골칫덩이를 어찌할까.

난감하다*
이러지도 못하고 저러지도 못하니 난감하네.

관 골탕(을) 먹이다*

누가 골탕 먹이려고 준 거 아니야?

기만 | 기만하다*
고객을 이렇게 기만해도 되는 거야!

관 덤터기(를) 쓰다
혼자 가면 덤터기 쓸 수 있어.

덮어씌우다*
덮어씌울 생각 마.

떠넘기다*
나중에 못 하겠다고 또 떠넘기면 확 받아버릴 거야.

떠밀다*
자기 책임 아니라고 나한테 떠밀고 가버렸어.

관 뻥치다*
또 뻥치지 마.

사기치다*
또 사기 쳤다가 죽을 줄 알아.

속이다*
한번 속여 볼까?
이럴 수가, 감쪽같이 나를 속이다니!
어떻게 이렇게 속일 수가 있는지 말이 안 나와.

전가 | 전가되다 | 전가하다*
이건 무슨 말도 안 되는 책임 전가야!

관 책임을 돌리다*
너 잘못인데, 책임을 왜 다른 사람에게 돌려?

관 화살(을) 돌리다
왜 나한테 화살을 돌려?
남한테 화살을 돌려 버리고 자신은 책임을 회피하고
있어요.

공들다

이건 좀 더 공을 들여야 되지 않을까?

관 심혈을 기울이다 | 쏟다
심혈을 기울여 만들었어.
관 정성(을) 들이다[*]
정성 들여 화장하고 나왔는데, 이게 뭐야.
지극정성[*]
참 정성도 지극정성이네.
핸드 메이드[*]
핸드 메이드 코트인데 가격이 많이 내렸어.
관 혼을 담다 | 쏟다
혼을 담아 며칠을 고아낸 사골이니 많이 먹어.

공격 | 공격하다[*]

떼거지로 공격하는 건 반칙이잖아!

격파하다[*]
왜군에게 격파하고 크게 패배했어.
공세[*]
정치 공세에 시달리다 자진 사퇴했어.
공습 | 공습하다[*]
드론 공습에 민간인 수 백명이 사망했어.
돌격하다[*]
돌격 앞으로!

공짜[*]

세상에 공짜는 없다.

거저[*]
거저 준대도 안 받아.
면제 | 면제되다 | 면제하다[*]
소득이 있으면 면제받을 수 없어.
차상위계층이면 각종 세금 면제를 받지.
무료[*]
명절 전에 무료로 차량 점검해 준대.
사전 등록을 하면 무료로 입장이 가능해.

공치다[*]

하루 장사, 공쳤다.

공치는 날이 더 많아.
오늘도 장사 공치겠는걸.
꽝
또 꽝이 나왔다.
경품 응모권 열 장도 넘었는데 결과는 전부 꽝.
관 본전도 못 찾다
본전도 못 찾았어.
본전도 못 찾을 것 같은 예감 들어.

과묵하다	선배가 과묵한 사람인데, 말은 참 웃기게 잘해.

굳어지다[*]
왜 갑자기 표정이 굳어졌어?
딱딱하다[*]
표정이 너무 딱딱해. 긴장 좀 풀어.
말투가 좀 딱딱하지만 정 많은 사람이야.
무뚝뚝하다
좀 무뚝뚝해도 괜찮은 사람이야.
엄숙하다[*]
다들 엄숙하게 이러니까 내가 다 떨리네.

과시 ┃ 과시하다[*]	쟤는 자신을 과시하고 싶어 해.

떵떵거리다[*]
돈 많이 벌어서 떵떵거리며 살고 싶지.
보란 듯이
보란 듯이 재기할 거야.
⟨관⟩ **목에 힘을 주다**
목에 힘주지 마.
⟨관⟩ **무게를 잡다**
너답지 않게 왜 무게를 잡고 그래?
뻐기다[*]
좀 배웠다고 뻐기지 마!
뽐내다[*]
돈 많다고 뽐내고 다니던데?
⟨관⟩ **잘 보이다**[*]
잘 보이고 싶어 그러는 거겠지.
주목받다[*]
원래 주목받기를 좋아해.
척하다[*]
너무 척하는 사람 싫어.
⟨관⟩ **티(를) 내다**[*]
티를 내봐야 좋을 거 없다고.
⟨관⟩ **폼(을) 잡다**
카메라 앞에서 폼 잡고 있네.
허세[*]
딱 봐도 허세가 심해.
⟨관⟩ **허세(를) 부리다**[*]
똘마니들 앞에서 온갖 허세 부리다가 형님 앞에서는
굽실거리고, 진짜 못 봐주겠다.

과장|과장되다|과장하다[*]

과장하는 거 아니야.

과대|과대하다[*]
이런 거 다 과대광고야.

보태다[*]
거짓말 조금 보태자면, 대학생 같아.

부풀리다[*]
알지도 못하면서 남의 얘기 부풀리지 마.

뻥튀기|뻥튀기하다
너무 뻥튀기해서 얘기하지 마.

오버하다[*]
너무 오버하지 마.

관 **허풍(을) 떨다**[*]
허풍 좀 떨지 마.

관 **허풍(을) 치다**[*]
허풍 치지 말고 사실대로 말해.

관심[*]

관심 끌고 싶어 저러니까 신경 쓰지 마.

관계|관계되다|관계하다
앞으로는 일적인 관계로만 지내자.

관련|관련되다|관련하다
무엇에 관련된 문제인지 아는 사람 없어?

관여|관여되다|관여하다
제발 부부 문제는 관여하지 말아 주세요.

맺다[*]
성격이 맺고 끊는 거 하나는 확실한 사람이야.

상관|상관되다|상관하다
이대로 끝나도 상관없어.

엮이다
웬만하면 얘랑 엮이지 마.

연결|연결되다|연결하다
어떻게 연결된 사이야?

연계|연계되다|연계하다
다른 업체와 연계해서 사업을 확장하려고 해.

연관|연관된다|연관하다
너하고 무슨 연관이 있다는 거지?

연락|연락되다|연락하다
그 사람과는 다시 연락하고 싶지 않아.

잠그다[*]
퇴근할 때 문 잠그라고 몇 번을 말해!

통하다*

누구 통해서 얘기 들었어?

괄목상대(刮目相對)하다

대학생 되고 수어를 열심히 배우더니 괄목상대했네.

거세다*

바람이 거세게 불어.

거세지다

바람 불면서 불길이 더 거세졌어.

겁나게*

밖이 겁나게 추워. 오늘은 집에 있자.

격렬하다

몸싸움이 격렬했어.

격하다

아까보다 감정이 더 격해지는 것 같아.

과하다*

과하면 독이 될 수 있어.

급격하다

주말이 되니까 환자가 급격하게 늘어난 것 같아.

급속 | 급속하다*

시스템이 급속하게 발전하니까 노인들은 못 따라가.

급증 | 급증되다 | 급증하다*

독감 환자가 급증하고 있다니까 시간 될 때 접종해.

급진적

짧은 시간에 비해 급진적으로 많이 변화됐어.

많아지다*

가게 확장하고 손님들이 두 배는 많아진 것 같아.

관 봇물(이) 터지다

사람들이 봇물 터지듯 막 몰려들어.

부쩍

예능 보면 혼밥 프로그램 부쩍 많이 하는 것 같아.

엄청나다*

홈팀의 응원 열기가 엄청났어.

콘서트에 사람들이 엄청나게 몰렸어.

요동치다*

눈보라가 요동치고 있잖아.

일취월장(日就月將) | 일취월장하다

친구가 원래 수어 잘못했는데, 그사이 일취월장했네.

관 장난(이) 아니다*

바람이 장난 아니게 부네?

커지다[*]

상상도 못 할 만큼 일이 커졌어.

혹이 처음에 작았는데 주먹만큼 커졌어.

폭증 | 폭증하다[*]

확진자가 폭증하고 있다고 하니 애를 학교에 보내지
말아야겠어.

한창

한창 바쁠 때야.

확

살이 확 찐 거야? 천천히 찐 거야?

며칠을 폭식했더니 배가 확 나왔어.

괜히

괜히 말했네!

관 **무덤(을) 파다**

자기 무덤을 판 꼴이 됐지.

관 **발등(을) 찍다**

내가 내 발등을 찍었지.

아차[*]

아차 싶은 순간이면 이미 늦은 거야.

자살 | 자살하다[*]

자살 징후 보이면 즉시 얘기해.

자업자득(自業自得) | 자업자득하다

이게 다 자업자득이지.

자초 | 자초하다

네가 자초한 일이야.

알면서 왜 화를 자초했어?

자폭 | 자폭하다

자폭하는 거나 마찬가지지.

괴롭다

너 사람 괴롭히는 재주 있어.

가슴앓이 | 가슴앓이하다

실연당하고 가슴앓이했어.

걱정 | 걱정되다 | 걱정하다

연락도 없고 아픈 건가, 걱정했어.

고역

매일 아침상 차리는 게 얼마나 고역인데.

여름에 불가마 청소하는 건 정말 고역이야.

괘념 | 괘념하다

너무 괘념치 마시고 볼일 보세요.

근심

무슨 근심 있어?

관 냉가슴(을) 앓다

혼자 냉가슴 앓지 말고 얘기해.

관 상심(이) 크다

어머님 일로 상심이 크시겠네요.

관 속(이) 타들어 가다

속이 까맣게 타들어 가네.

애타다

종일 연락 안 되니 기다리는 사람 마음만 애타네.

관 억장이 무너지다

억장이 무너졌을 거야.

염려 | 염려되다 | 염려하다

너무 염려 마세요.

우려 | 우려되다 | 우려하다

지나친 폭력 장면은 아이들의 정서를 해칠 우려가
있다.

자책 | 자책하다*

왜 나만 이 정도도 못 참을까, 자책했어.

쪼들리다*

빚에 쪼들리지 않고 살면 얼마나 좋을까.

폐

폐가 된다면 나갈게.

폐 끼친 점 죄송하게 생각합니다.

관 피(를) 말리다*

매번 사람 피 말리네.

한시름

덕분에 한시름 놓았어.

후환

후환이 두려워서 말도 못 했어.

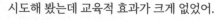

| 교육 | 교육되다 | 교육하다 | 시도해 봤는데 교육적 효과가 크게 없었어. |

가르치다

너 지금 나 가르치는 거야?

가르침

사랑으로 다스리라는 가르침, 잊지 않겠습니다.

교훈*

경험만큼 좋은 교훈은 없어.

지도 | 지도하다

주말에 지도교수와 면담 약속 있거든.

구걸 | 구걸하다

사랑 구걸하지 마.

거지[*]
하루아침에 거지 됐어.
보아하니 거지 근성 좀 있는 것 같아.
동냥 | 동냥하다[*]
요새는 동냥하는 거지가 전철역에 많이 있더라.
옛날에 네 아빠가 널 업고 젖동냥해서 키우셨지.
(관) **손(을) 벌리다**
자식한테 손 벌리고 싶지 않아.

(관) 구미(가) 당기다

먹을수록 자꾸 구미가 당겨.

구미는 당기는데, 가격이 너무 비싸 엄두가 안 나네.
(관) **군침(이) 돌다**[*]
보고 있으니 군침 도네.
맛있다[*]
김밥이 이렇게 맛있을 수가!
너무 맛있다. 이제 폭풍 흡입!
(관) **입맛 다시다**
이거 자꾸만 입맛 다시게 돼.

구경 | 구경하다[*]

저기 뭔 재미난 구경났나?

경치
경치에 반해 매주 한 번씩 여길 오거든.
관람
관람 매너 없는 사람 왜 이리 많아. 흥이 안 생겨.
돌아보다
여기를 구석구석 돌아보고 가자.
둘러보다
다 둘러봤으면 다음 장소로 이동할까요?

구박 | 구박하다[*]

몸치라고 구박하기 없기야.

괄시하다
사장이 외국인 직원을 괄시하고 욕설 퍼붓기도 해.
몰아치다[*]
내가 너무 몰아쳤나?
타박 | 타박하다
신입이라고 너무 타박하지 마.
핀잔 | 핀잔주다 | 핀잔하다
왜 이리 못하냐고 핀잔줬더니 안 한다네.

하대 | 하대하다
하대하는 사장, 어떻게 골탕을 먹일까.
홀대하다
장애인을 이런 식으로 홀대했다니 화나.

구속 | 구속되다 | 구속하다*　　회장이 어제 구속됐어.

쇠고랑*
야, 너 쇠고랑 차고 싶어?
쇠고랑만 보면 무서워서 빌어.
수갑*
현장에서 경찰이 수갑 채우고 경찰차에 태웠어.
연행 | 연행되다 | 연행하다*
경찰관 불러서 너희 연행해 버릴 거다!
시위에 가담한 사람 모두 경찰에 연행됐어.

구슬리다*　　잘 구슬려서 우리 편으로 만들어.

구슬려 보다*
좋아하는 거 사주고 살살 구슬려 봐.
꾀다*
한번 꾀어 볼까?
관 미끼(를) 던지다*
미끼 던져 놓고 줄행랑치는 건 무슨 경우야!
속이다*
원산지 같은 것도 이렇게 감쪽같이 속일 수 있구나.

구식　　대화 멘트, 너무 구식이다.

고리타분하다*
사람이 너무 고리타분하고 재미없어.
고전 | 고전적
그러니까 고전적인 방법이지.
구닥다리
방식이 구닥다리 같아.
구시대 | 구시대적
구시대적 발언만 계속하고 있어.
구형
구형이라도 쓸모가 많아.
관 예로부터*
예로부터 유명했어.
옛날
너 이러니까 무슨 옛날 사람 같다.

재래

재래식 된장이 입맛에 딱 맞아.

재래시장 가면 각설이가 춤추면서 엿 팔잖아.

진부하다

진부한 말이지만, 건강이 최고인 거 알지.

클래식하다

무슨 중세 시대처럼 클래식하게 꾸며 놨구먼.

구제불능(救濟不能)

넌 참 구제불능이구나.

닭대가리

얘가 닭대가리야. 어제 얘기한 것도 기억을 못 해.

팬 **머리(가) 굳다**

나 이제 머리가 굳었나 봐.

팬 **머리가 돌이다**

네 머리 돌이야? 몇 번을 설명해도 이해를 못 하냐.

팬 **머리가 안 돌아가다**

머리가 잘 안 돌아가네. 나이 먹어서 그런가.

속 **쇠귀에 경 읽기**

쇠귀에 경 읽기지.

구애 | 구애하다

끈질긴 구애 끝에 둘이 커플 됐어.

구애 행위가 너무 노골적이면 싫어해.

팬 **꽁무니를 따라다니다**

매일 걔 꽁무니만 따라다녀.

대시하다

고민하지 말고 한번 대시해 봐.

야, 길거리에서 대시 많이 받아 봤다며?

팬 **졸졸 따라다니다**

짝꿍이 내 뒤만 졸졸 따라다녀.

쫓아가다

걔가 좋아서 맨날 쫓아가고 그랬어.

당장 쫓아가 붙잡지 않으면 너 후회한다.

쫓아다니다

쫓아다니면서 나 좋다고 내 손을 자꾸 만져.

찝쩍거리다 | 찝쩍대다

그녀 곁을 맴돌며 계속 찝쩍대고 있어.

추근거리다

추근거리지 말고 그만 가라고.

전생에 나라를 구하셨나?

건지다
죄악에서 건져 주옵소서.
구원ㅣ구원되다ㅣ구원하다
하느님 믿으면 구원받을 수 있어.
구제ㅣ구제되다ㅣ구제하다
소비자 피해구제 신청해서 돈 돌려받았어.
구조ㅣ구조되다ㅣ구조하다
다치는 사람 하나 없이 전원 구조되면 좋겠어.
쓰러져 있는 개를 구조하러 갔다가 크게 물렸어.
구출ㅣ구출되다ㅣ구출하다
모두 무사히 구출되면 좋겠어.
산사태로 고립된 학생 전원 구출됐대.

관 굴레(를) 벗다

이렇게 살면 평생 빚의 굴레를 못 벗어나.

내려놓다[*]
마음의 짐을 내려놓고 싶다.
모면ㅣ모면되다ㅣ모면하다[*]
네 덕분에 위기 모면했어.
그저 불편한 상황을 빨리 모면하고 싶었을 뿐이야.
벗어나다[*]
벗어난 것만으로 행복해.
하루빨리 벗어나고 싶어.
그러면 평생 악덕 업자한테서 절대 못 벗어나!
벗어던지다
모든 걸 벗어던지고 싶다.
족쇄를 벗어던진 기분이 이렇게 좋을 줄이야.
관 짐을 벗다
마음의 짐을 벗고 훨훨 날아가고 싶다.

궁금하다

궁금하지도 않아.

어떻게 사나 궁금했어.
궁금할까 봐 알려주는 거야.
호불호 없는 맛인지 궁금하다.
누가 일등으로 들어올지 궁금하다.
궁금하네요. 뭔 말을 하려고 했는지.
호기심
그냥 호기심에 그랬어.
한창 호기심 많을 나이야.

궁여지책(窮餘之策)

내가 궁여지책으로 생각해 낸 거야.

🄶 **방법을 생각해 내다**[*]
이런 방법을 생각해 내다니, 대단해.

🄶 **어떻게 찾아내다**[*]
야, 어찌 귀신같이 찾아냈지?
어떻게 찾아냈어? 아무도 못 찾고 있는데.

짜내다[*]
아이디어를 얼마나 힘들게 짜냈는데.
내가 며칠 동안 머리 쥐어짜서 나온 거야.

권력 남용[8]

권력 남용의 전형적인 예야.

갑질
갑질 문화 뿌리째 뽑아야 해.
당하고만 있지 말고 갑질 신고 센터에 신고해.

🄶 **권력을 쥐다**[*]
권력 좀 쥐었다고 자기가 뭐 높은 사람이라도 되는 줄
아나 봐.

부리다[*]
회장 됐다고 막 권력 부리는 거 아니야?

월권|월권하다
이건 명백한 월권행위야!
이렇게 월권하고 어떻게 책임지려고 그래요?

🄶 **칼자루(를) 잡다|쥐다**
내가 칼자루를 쥐고 있지.

판치다
그러게. 을이 판치는 세상이네.

권태

우리 권태기 아닐까?

🄼 **땅 짚고 헤엄치기**[*]
이 정도는 땅 짚고 헤엄치기지.

시들다[*]
사랑이 시들었나 봐.

식다[*]
어떻게 사랑이 식을 수 있어?
이유없이 훅 식어버리는 타입 같아.

식상하다[*]
글쎄, 식상하고 별로인데.
이거 너무 식상한데 뭐 재미있는 거 없을까?

---

8) 지위나 권력을 상징하는 완장을 전제로 한 수어로, 완장을 두른 사람은 높은 지위에 있기 때문에 모든 사안을 자기 입맛대로 마음대
로 주무를 수 있는 데서 유래되었다.

싫증나다[*]
왠지 나중에 싫증날 것 같아.

| 관 **귀(가) 따갑다** | 하도 많이 들어서 이제 귀가 따가울 정도야. |

관 **귀에 딱지가 앉다**
귀에 딱지가 앉도록 많이 들어봤어.
관 **듣기 싫다**[*]
가장 듣기 싫은 말이 뭐야?
속 **듣기 좋은 이야기도 늘 들으면 싫다**
아무리 듣기 좋은 이야기라도 여러 번 들으면 누구나
싫은 법이야.
시끄럽다[*]
시끄럽다고, 제발 좀 자.
시끄러워서 진짜 집중 못 하겠어!

관 **귀(가) 얇다** | 내가 원래 귀가 얇아.

얘가 귀가 얇아서 큰일이야.
관 **귀가 솔깃하다**
솔깃한데? 나도 살래!
관절에 좋다고 하니 귀가 솔깃해져서 바로 질렀어.
속 **남의 장단에 춤춘다**
누구 장단에 춤을 추라는 건지.
어느 장단에 맞춰야 하는지 모르겠어요.
남의 장단에 춤추지 말고 본인 장단에 맞춰.

관 **귀신이 곡하다**⁹⁾ | 참, 귀신이 곡할 노릇이네.

귀신
뭐든 찾는 데는 귀신이네.
귀신같다
귀신같이 숨어 있었구나.
귀신도 모르게
귀신도 모르게 흔적도 없이 사라졌어.
관 **눈 깜짝할 사이**
눈 깜짝할 사이에 다 먹었네?
관 **도깨비에 홀린 것 같다**
분명히 여기다 뒀는데, 도깨비에 홀렸나.
사라지다[*]
어디로 사라졌지?

---

9) 시공을 초월하여 홀연히 나타났다 사라지는 귀신 모습을 형상화한 것이다.

⚐ 소리 소문도 없이
아이들이 소리 소문도 없이 다 사라졌어.
없어지다[*]
어제 올린 글이 없어져서 이상하다 했어.
너라는 인간 뿅! 하고 없어졌으면 좋겠다.
온데간데없다
비상금 여기 뒀는데, 온데간데없이 사라졌어.
⚐ **자취 없이**[*]
자취 없이 사라진 지 오래됐어.
⚐ **자취를 감추다**[*]
메모 하나 남기고 홀연히 자취를 감췄어.
⚐ **쥐도 새도 모르게**[*]
쥐도 새도 모르게 처리해.
증발 | 증발되다 | 증발하다[*]
그냥 증발하고 싶어.
비상금이 어디로 증발했지?
행방불명(行方不明) | 행방불명되다[*]
옆집 치매 할아버지가 며칠째 행방불명이야.

귀찮다[*]

너 귀찮게 안 하려고 나 혼자 다 했어.

등쌀
마누라 등쌀에 못 이겨서 집을 나왔어.
번거롭다
이런 식으로 번거롭게 해드려 죄송해요.
불편 | 불편하다
내가 잘못한 것처럼 얘기하니 마음이 불편했어.
성가시다
나 싫고 성가시면 떠나라고. 안 잡을 테니까.
성화
결혼하라고 매번 성화여서 올해 안에 가려고.

㈜ 그 나물에 그 밥

그 나물에 그 밥이겠지.

⚐ **그 아버지에 그 아들**
그 아빠에 그 아들이라더니, 부자가 너무 똑같아.
⚐ **그 어머니에 그 딸**
그 엄마에 그 딸이라는 말이 절로 나올 만해.
⚐ **둘 다 잘못하다**[*]
누구 한 사람의 잘못이 아니라 둘 다 잘못했다고.
⚐ **둘이 똑같다**[*]
너희 둘이 똑같아! 쯧.

관 그건 그렇고

그건 그렇고, 동생 일은 어떻게 됐어?

각설하다

자, 각설하고 본론으로 들어가자고.

관 둘째(로) 치다

반찬은 둘째 치고 밥부터 지어.

뒤로 하다

아쉬움을 뒤로 하고 헤어졌는데 벌써 보고 싶다.

어쨌든

어쨌든 밥부터 먹고 일하자.

이러나저러나

이러나저러나 저 아이 불쌍해서 어쩐대.

하여튼

하여튼 다 잊고 이제 행복했으면 좋겠어.

한편

걱정되기도 하지만, 한편으로 잘됐다는 생각도 들어.

화제 전환*

이쯤에서 화제 전환해도 될까?

그냥[10]*

그냥 흘려들어.

오늘은 그냥 가자.

나라면 그냥 그렇게는 못 하지.

~이나*

커피 없으면 물이나 마시자.

관 그냥 해본 소리*

그냥 해본 소리인 줄 알았는데 진짜 와줬네?

그냥 해본 소리였어. 넌 매번 진지하게 받아들이네.

관 그러려니 하고

그러려니 하고 넘어가.

관 그저 그렇다

그저 그래.

내버려두다*

냅둬. 알아서 하게.

신경 쓰지 마. 내버려두면 제풀에 꺾일 테니까.

관 대충 하다*

좀 대충 하라니까.

관 아쉬운 대로

아쉬운 대로 제주도라도 다녀오려고.

오픈 마인드

나는 워낙 오픈 마인드라 그런 거 신경 안 써.

---

10) 막힌 콧속이 뻥 뚫리는 모습을 형상화한 것으로, 다른 표현으로는 상대방에게는 관대하게 대하거나, 상대방의 잘못을 열린 생각으로 받아들이는 상황에 쓰인다.

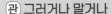

관 그대로 따라 하다[11]*

그대로 따라 해봐.

덩달다*
영문도 모른 채 덩달아 웃은 것뿐이야.
남들이 한다고 덩달아 막 따라 하면 되나!
관 **따라 하다***
너도 그대로 따라 해봐.
남들이 하는 대로 무작정 따라 하지 말고.
따르다*
요즘 대세를 따라야지.
연예인이 뭐 입었다고 하면 너도나도 따라 하잖아.
좇다*
명예만 좇으면 뭐 얻을 게 있어?
유행만 좇으면 나중에 부질없다 이럴걸.
속 **친구 따라 강남 간다***
친구 따라 강남 간다더니 진짜 이사 갔네.

관 그래 봤자

그래 봤자 소용없어.

어미 **~아봤자**
싸워봤자 아무런 승산이 없어.
가봤자 우리한테 뭐 이득 될 게 있어.
관 **그게 그거다**
그게 그거다.
기왕 | 기왕이면*
기왕 시킨 거 그냥 먹자.
어차피
어차피 알게 될 일이었어.
이왕 | 이왕이면*
이왕 이렇게 된 거 그냥 즐기고 가자.

관 그러거나 말거나

사람들이 그러거나 말거나 넌 할 일만 하면 돼.

어미 **~고 뭐고 간에**
보너스고 뭐고 간에 어디 가서 쉬고 싶다.
관계없다
너하고 관계없는 일이야.
막론하다
제 맘대로 안 되면 누구를 막론하고 때리기도 해.
무관하다
나랑 무관한 일이야.

---

11) 본보기를 머리에 집어넣는 모습을 형상화한 '**모범**'의 수어를 단독으로 사용하거나, 혹은 흉내를 잘 내는 '**원숭이**'의 수어와 병용하여 쓰기도 한다.

불문하다
남녀노소를 불문하고 모두 신청 가능해.
상관없다[*]
이대로 끝나도 상관없어.
판 **알 게 뭐야**[*]
남 일이야 어찌 되든 내가 알 게 뭐야.
판 **알 바 아니다**[*]
그건 내 알 바 아니야.

| 그럭저럭 | 나야 뭐 그럭저럭 잘 지내고 있어. |

규칙 | 규칙적[*]
생리가 규칙적이면 불안하지 않지.
그렇다[*]
항상 그렇지 뭐.
꾸준하다[*]
효과야 사람마다 다르겠지만, 꾸준히 먹어보면 좋지
않겠어?
여전하다[*]
너도 참 여전하구나.
판 **예전이나 지금이나**
예전이나 지금이나 변함없네.
일관 | 일관되다 | 일관하다[*]
얘는 일관성이 있어서 좋아.
일정 | 일정하다
생리 주기가 일정한 편이야.
한결같다[*]
어쩜 사람이 저렇게 한결같을 수 있을까.

| 그렇다[*] | 내가 그랬어. |

그래[*]
그래. 너 원하는 대로 해.
그러니까[*]
그러니까 내 말이 그 말이야.
판 **그럼 그렇고**
그럼 그렇고말고.
그렇다[*]
자기가 그랬다며?
판 **맞고말고**[*]
아무렴, 네 말이 맞고말고.

맞다*

저번엔 내가 먼저 사과하는 게 맞다며?

그땐 맞다더니 지금은 왜 아니라고 말 바꿔?

그르다[12]

오늘 만남은 글렀으니까 다음을 기약하자.

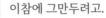

판 **그렇게 못 하다***

나는 그렇게 못해.

못하다*

왜 못해?

나는 그렇게는 못하지.

아웃*

넌 아웃이야.

안되다*

우린 어차피 안 될 사이였어.

판 **엄두가 안 나다**

여행 일정 짜야 하는데 엄두가 안 나.

판 **자신(이) 없다***

정말 자신 없어.

잘리다*

회사 잘렸어.

또 잘린 거야? 가는 회사마다 한 달도 못 넘기고.

판 **킬(kill) 당하다***

제안하자마자 바로 킬 당했어.

틀려먹다

이미 틀려먹었어. 더 미련 두지 말고 잊어.

틀리다*

너라도 가. 난 이미 틀렸어.

그만두다*

이참에 그만두려고.

도중하차(途中下車)|도중하차하다*

도중하차하면 다시는 나랑 일 같이 못 해.

때려치우다*

그냥 다 때려치울까 봐.

판 **무대에서 내려오다**

무대에서 내려오기는 너무 이르지 않나.

물러나다*

이쯤에서 물러나서 유종의 미를 거두라고.

사직|사직하다*

사직서는 내일 오전 중으로 수리될 예정입니다.

---

12) 목이 잘리는 모습을 형상화한 것으로, 일이 잘 풀리지 않거나 잘 되기는 틀렸을 때나 무엇을 하려는 엄두가 나지 않을 때의 부정 표현에 쓴다.

| 극복 | 극복되다 | 극복하다 | 성격 차이 어떻게 극복했어? |

이겨내다＊
우리 온갖 시련을 이겨내고 여기까지 잘 왔잖아.
이기다＊
어차피 못 이겨.
이기려고만 하지 말고 한 번씩은 져주는 것도 좋아.
헤치다＊
우리 함께 헤쳐 나가 보아요!
이 난관을 어찌 헤쳐 나가야 할지 모르겠어.

| 근질근질 | 근질근질하다 | 선물 뜯고 싶어서 손이 근질근질해 죽겠어. |

가렵다
등에도 포진이 퍼져 가려워서 미치겠어.
간지럽다
간지러운 거 못 참아.
긁다
긁지 말랬지. 피나잖아.
알레르기
원래 갑각류 알레르기 있어 해산물은 못 먹어.

(속) **긁어 부스럼**[13]

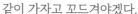

괜히 긁어 부스럼 만들지 마.

꼬드기다
같이 가자고 꼬드겨야겠다.
문지르다＊
세게 말고 살살 문질러 봐.
(관) **바람(을) 넣다**
남편이 캠핑 가자고, 아침부터 계속 바람 넣어.
(관) **바람(을) 잡다**
괜히 바람 잡지 마.
부채질하다＊
불난 데 부채질하지 마.
불난 집에 부채질하는 격이다.
부추기다
가만히 있는 사람 괜히 부추기지 마.
구매욕 부추기면 사람들이 사재기할까 겁나는데.
(관) **불을 붙이다**
삼촌이란 사람이 도박하라고 불을 붙이질 않나.

---

13) 약을 빻아서 가루로 만드는 모습을 형상화한 것으로 원뜻은 '약'이다. 오늘날에 와서는 '꼬드기다', '부추기다', '사주하다' 등으로 다양하게 파생되어 남을 부추겨 좋지 않은 일을 하게 만드는 상황에 널리 쓰인다.

사주 | 사주되다 | 사주하다
누가 사주했어?
사주한 놈 싹 다 잡아내.
선동 | 선동되다 | 선동하다
집회 가자고 막 선동했다는데, 쌍방 얘기가 다르네.
세뇌 | 세뇌되다 | 세뇌하다[*]
무학자 모아놓고 누구 찍어야 한다고 막 세뇌해.
약
뭐라도 먹어야 약을 먹지.
내성이 생겨서 그런지 약발 없어.
관 자극(을) 주다[*]
이젠 자극 줘도 반응도 없어.
조장 | 조장되다 | 조장하다
괜히 분위기 살벌하게 조장하지 마.
관 찬물을 끼얹다
찬물 끼얹는 행동만 골라 골라 하니까 얄밉다.
관 초(를) 치다
열심히 하는데 옆에서 초 치면 사람이 확 치지.

| **금기 | 금기되다 | 금기하다**[*] | 이것도 금기사항일 수 있겠다. |

그만 | 그만하다[*]
그만 못 해!
너 그만하랬다.
언제 적 이야기인데, 좀 그만해.
금지 | 금지되다 | 금지하다[*]
집에 외출 금지령 내려서 한 발짝도 못 나가.
유해 성분이 발견돼서 판매가 전면 금지됐어.
금하다[*]
음식 반입을 금하고 있어서 다른 데 가자.
저지 | 저지되다 | 저지하다[*]
강제로 저지하는 것 말고는 다른 방법이 없을까?

금시초문(今始初聞)   친구는 봤다는데, 난 금시초문이야.

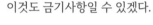

난생처음[*]
난생처음 가보는 곳이거든.
관 머리에 털 나고 처음이다
이런 건 머리에 털 나고 처음 먹어보거든.
처음[*]
난 처음이었거든.
나도 이런 거 처음 봐.
관 처음 보다[*]
난 처음 보는 건데.

관 급물살을 타다

프로젝트 사업이 급물살을 타기 시작했어.

급물살을 타는 바람에 이번 달 안에 끝낼 예정이야.
일사천리(一瀉千里)
일 맡으면 일사천리로 끝낼 수 있어?
일사천리로 끝내려 하지 말고 천천히.
공사가 일사천리로 하루 안에 착착 진행됐어.
이렇게 일사천리로 진행하면 내일 끝나겠는데.
일 시작하고 일사천리로 승인 나더니 바로 끝났지.
한순간에 일사천리로 진행이 돼서 아직도 얼떨떨해.

관 급한 불을 끄다

덕분에 급한 불 껐어.

일단 급한 불부터 끄자.
우선 급한 불은 잘 끈 것 같아.
급한 불 끄려다 도리어 큰 화를 당했어.
대충 급한 불만 끄고 나머지는 생각해 보자.
해치우다*
들키기 전에 후딱 해치워.
오기 전에 얼른 해치우자.
시간도 없는데, 하루에 다 해치워야지.

긍정|긍정적

긍정 기운 좀 얻어가고 싶다.

너의 긍정 마인드를 본받고 싶다.
긍정적으로 말은 하는데, 속마음은 안 그럴걸?
낙천|낙천적|낙천주의
낙천적인 성향이 마음에 제일 들어.
지성과 유머를 겸비한 낙천주의자 같아.
플러스|플러스하다*
잘하면 플러스 요인이 될 수 있어.
기본 수당에 플러스알파 해서 200만 원 받았어.

기름

들기름은 실온 보관하면 산패되기 쉬워.

거침없다
거침없이 말하는 언변이 부럽다.
구사하다
농식 수어를 구사하는 분이면 대환영.
기름지다
기름져서 못 먹겠어.

기름진 거 별로 안 좋아해.

길들이다[*]

맥심 노랑이에 길들어져 있어 원두커피는 안 마셔.

능숙하다[*]

수어는 아주 능숙하고 잘해.

능통하다[*]

컴퓨터에 능통하고 일 처리도 빨라.

막힘없다

언변이 막힘없지. 인물도 좋지. 친절도 하지.

매끄럽다

뭔가 매끄럽지 못한 느낌이 들었어.

미끄럽다[*]

바닥이 미끄러우니까 조심해.

수월하다[*]

많이 도와줘서 일이 수월했어.

순조롭다

내일 행사가 제발 순조롭게 진행되었으면 좋겠어.

순탄하다

아무런 돌발 상황 없이 순탄하게 지나갔으면.

술술

오늘따라 술이 술술 들어가네?

원만하다

문제가 원만하게 해결되었어.

원활하다

요즘 배변이 원활하지 않아.

유연하다

동작이 유연해.

유창하다

수어가 유창하진 않지만, 대화는 어느 정도 가능해.

익숙하다

필기보다 컴퓨터 타자가 더 익숙해서.

익숙해지다[*]

이제 혼자 사는 것에 익숙해졌어.

익히다[*]

유튜브 보고 익히면 좀 잘할 수 있으려나.

🔳 **잘 돌아가다**[*]

네가 없으니까 일이 잘 안 돌아가긴 해.

잘되다[*]

나만 잘되면 무슨 소용이야. 서로 같이 잘 돼야지!

잦다[*]

요새 소변보는 횟수가 너무 잦아진 것 같아.

적응|적응되다|적응하다
사람은 적응의 동물이라는 말이 있어.
통하다[*]
수어가 잘 통하니까 일하기도 편해.
풀리다[*]
요즘 잘 풀리는 일이 하나도 없어.
형통하다
선생님의 가정에 만사가 형통하시기를 바랍니다.
활성화|활성화되다|활성화하다
이번 기회에 수어 문학이 널리 알려져서 활성화되면
좋겠어.

기분

그럴 기분 아니야.

감정
넌 말도 많고 감정도 과해.
넌 감정이라는 게 있긴 해?
심기
어쩐지 심기가 불편해 보였어.
지금 반장 심기가 매우 안 좋아. 안 찍히게 조심해.
정서
아이들 정서상 안 좋을 것 같은데.

기싸움

기싸움에서 절대 밀리면 안 돼.

대치|대치되다|대치하다[*]
둘이 대치되는 상황 닥치면 누구 편도 들지 마.
맞서다[*]
끝까지 남아서 맞서야지!
맞서 싸워봤자 승산 없을걸.
박빙[*]
초반에는 박빙이었는데, 막판에 가서는 차이가 크게
났어.
관 **불꽃(이) 튀다**
불꽃이 튀는 시합, 진짜 볼 만했어.
접전
선거에서 접전 끝에 무소속이 역전했어.
치열하다
선거 기간에는 경쟁이 더 치열하겠지.
관 **피(가) 튀기다**[*]
피 튀기는 장면 왜 이리 많냐.

기억 | 기억되다 | 기억하다

혹시 어제일 기억 못 해?.

글쎄, 난 기억 하나도 안 나는데.
나도 가끔은 기억이 뒤죽박죽일 때가 있어.
암기 | 암기하다[*]
난 암기에 약하거든.
순간적으로 통째로 암기할 수 있다니 놀랍네.
외우다[*]
다 외울 수 있어?
외워서 아는 것 같아.

기진맥진(氣盡脈盡)하다[14]

대청소에 이불 빨래까지 하느라 기진맥진이다.

관 **녹초(가) 되다**
지금 녹초가 돼서 손가락 하나 움직이기도 힘들다.
늘어지다
몸이 갈수록 늘어져서 운동이 절실히 필요해.
다운 | 다운되다[*]
체력 다운돼서 오늘 밤은 쉬어야겠어.
관 **떡(이) 되다**
술이 떡이 되도록 마셨어.
관 **맥(이) 풀리다**
맥이 풀려서 그저 멍하니 누워만 있어.
번아웃[*]
번아웃 오는 것 같아.
관 **진(이) 빠지다**
진이 다 빠져 버렸어.
천근만근(千斤萬斤)
몸이 천근만근이야.
파김치
이틀 연속 특근했더니 지금은 파김치 상태야.

기형 | 기형적

수질오염으로 기형적인 생물들이 많이 생겨나.

꼬이다[*]
하아, 일이 꼬일 대로 꼬여버렸다.
관 **답이 안 나오다**[*]
참 답이 안 나오네.
반신불수(半身不遂)
신경 잘못 건드리면 반신불수 될 수 있어.
병신
병신 같은 놈.

---

14) 아주 맥이 풀려져 힘을 못 쓰고 늘어진 상태를 가리킬 때 쓴다. 비슷한 말로는 '녹초 되다', '파김치 되다' 등이 있다.

비정상 | 비정상적*
사람이 살짝 비정상이긴 해.
뽀록나다*
금방 뽀록날 텐데 이 문제 네가 책임질 수 있어?
삐다*
내가 잠시 눈이 삐었었나 봐.
관 산통(이) 깨지다*
얘가 다 일러바치는 바람에 산통 다 깨졌어.
관 스텝(이) 꼬이다*
나름 공들여 준비했는데 스텝 다 꼬였어.
안되다*
난 왜 매번 안 되지?
관 이게 아닌데*
내가 생각했던 그림은 이게 아닌데.
차질*
계획에 차질이 생겨 잠정적으로 보류됐어.
틀어지다*
그만한 일로 사이가 틀어지겠어?
파행 | 파행하다*
파행의 장본인이 너잖아!

기회

기회 줄 때 잡으라고.

언제 얘기할 기회 줬어?
좋은 기회였는데, 허무하게 놓쳤어.
단김에*
단김에 가서 기회 잡으라고.
관 이때다
이때다 싶어 얼른 채널 돌렸어.
찬스
이럴 때 주어진 찬스를 잘 써야지.

관 긴말할 것 없다*

긴말할 것 없다.

닥치다*
닥치고 그냥 하겠다고 해.
관 여러 말 할 것 없다*
여러 말 할 거 없고, 너 그 말 했어? 안 했어?
관 입(을) 다물다*
너 제발 입 좀 다물어.
관 입(을) 닥치다*
입 좀 닥치라고.

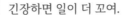

관 잔말 말고
잔말 말고 시키는 대로 해.

긴장|긴장되다|긴장하다

긴장하면 일이 더 꼬여.

두근거리다|두근두근|두근두근하다
맞선 처음이라 심장이 막 두근거려.
떨리다
이게 뭐라고 가슴이 다 떨려.
불안|불안감|불안하다
어쩐지 불안하다 했어. 입술 부르르 떠는 것 봐.
불안정|불안정하다
정서적으로 많이 불안정해.
설레다*
오랜만에 얼굴 볼 생각하니 설레요.
조마조마하다
찍힐까 봐 조마조마했어.
초조하다
발표 9시부터라서 초조하게 기다리고 있어.

관 길게 늘어놓다

길게 늘어놓지 말고 요점만 말해.

관 (강의|내용|설명이) **장황하다**
장황하게 설명하지 말고 요점만 말해.
깐족대다
깐족대지 마.
관 바가지를 긁다*
내가 바가지 긁으면 또 집 나갈 거야?
잔소리|잔소리하다
이놈의 잔소리 더 이상 듣기 싫다.
따발총처럼 다다다다 잔소리를 쏟아내기 시작해.

관 길(이) 막히다[15]

길 막힐지 모르니까 일찍 출발해.

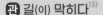

정체
오늘따라 정체 구간이 왜 이리 많나?
사고인지 공사인지 정체가 너무 심해.
관 차(가) **밀리다**
너무 밀리면 차 돌리자.
차가 너무 밀려서 샛길로 빠져나왔어.
체증
오후 3시부터 5시까지 체증이 심한 시간대야.

---

15) 도로에서 차가 막혔을 때 많이 쓰이는 관용표현으로, '차'의 수어를 의미하는 양손을 나란히 놓고 한 손이 뒤로 가는 동작을 취한다.

김새다^{16)*}

아, 외출 준비 다 했는데 김새네.

관 기분 잡치다
너 왜 매번 기분 잡치게 만들어?
김빠지다*
잘 나가고 있는데 왜 김빠지는 소리 해?
보기도 전에 결말 알아버렸으니 김 다 빠지네.
식다*
사랑이 완전히 식었어.
정떨어지다
그 인간 면상 보니까 정말 정떨어지네.
관 확 깨다*
분위기 좋았는데, 갑자기 질질 짜니까 확 깨네.
관 흥(이) 깨지다
너 때문에 흥 다 깨졌잖아.

까놓다

솔직히 까놓고 얘기할까?

발설 | 발설되다 | 발설하다
이 사건에 대해 일체 발설하지 않기로 약속했어.
불다
사실대로 다 불어!
자백 | 자백하다
어제 당사자한테 자백받았어.
털어놓다
진작 털어놨어야 했어.
우리 그냥 털어놓자. 언제까지 계속 숨길 수 없잖아.
토로하다
부부생활의 불만을 자식에게 토로하는 부모 많아.
하소연 | 하소연하다*
어디 하소연할 데가 없어 답답해.

까먹다1

어제 배운 거 벌써 까먹었어?

깜빡 | 깜빡깜빡 | 깜빡깜빡하다
또 깜빡한 거야?
망각 | 망각되다 | 망각하다
사람은 망각의 동물이라 했던가.
잊다*
지난 일은 쉽게 잊고 털어내는 편이야.
잊어버리다*
그새 또 잊어버린 거야?

---

16) 목을 가리키는 동작은 '하고 싶다'의 수어가 변이된 것이다. 왼손 엄지와 검지 사이에서 오른손을 아래로 내리는 동작을 취하면 흥이
깨지거나 하고 싶지 않다는 생각이 들거나 또는 어떤 일에 대한 열정이 식었을 때 쓴다.

| 까먹다2 | 아내 몰래 숨겨둔 비상금 다 까먹었다. |

관 돈을 날리다
투자한 돈 다 날렸다며?
관 돈을 뿌리다*
어떤 미친놈이 길거리에 돈을 막 뿌려.
탕진 | 탕진되다 | 탕진하다
전재산 탕진하고 빚까지 있어.
이번 달 받은 보너스마저 다 탕진할 것 같아.
헤프다*
너 씀씀이가 너무 헤픈 것 같아.
흥청망청 | 흥청망청하다*
앞으로도 흥청망청 이렇게 쓰면서 살 거야?

| 까발리다1 | 바꿔치기하고 거짓말한 거 전부 다 까발릴 거야. |

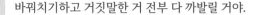

밝혀지다*
너의 이중성이 세상에 밝혀지면 어떻게 될지 두고 봐.
소문*
소문 출처 찾아봐!
거짓 소문 같던데 그냥 흘려들어.
소문내다*
누가 소문낸 거야?
관 소문(이) 퍼지다
소문이 다 퍼졌어.
알려지다*
알려지면 그땐 우리 끝장이야.
퍼뜨리다*
누가 의도적으로 일부러 퍼뜨린 것 같아.
폭로 | 폭로되다 | 폭로하다
여태껏 네가 한 짓, 다 폭로해 버릴 거야.

| 까발리다2 | 네가 나의 가정사를 다 까발렸어. |

발매 | 발매되다 | 발매하다
발매된 지 일 년도 안 됐어.
판매 | 판매되다 | 판매하다
유해 성분이 발견돼서 판매가 중단됐대.
팔다
주식 팔아서 차 사준대.
당근에 팔아서 소소하게 용돈도 벌고 좋잖아.

팔리다
다 팔리고 없대.
팔아먹다
가족도 집도 다 팔아먹고 도망갔다니까.

깍듯이|깍듯하다*

누님이니 깍듯하게 예우해 드리죠.

매너
어른 앞에서 매너 없이 담배 물고 뭐 하는 짓이야.
에티켓
대화에 기본적인 에티켓을 지키는 것이 중요해.
예의
부부 사이여도 예의가 필요해.
정중하다*
정중하게 맞이해 주시니 기분 좋았어.

깜깜*

나만 깜깜 모르고 있었네.

관 **눈 딱 감다***
눈 딱 감고 산 내가 바보야.
관 **눈에 콩깍지가 씌이다**
연애할 땐 콩깍지가 씌여서 사람이 다 좋았었는데.
관 **눈치(가) 없다***
아까 내가 눈치 없이 끼어들어서 미안해.
속 **등잔 밑이 어둡다**
등잔 밑이 어둡다더니 가까운 데서 팔 줄이야.
멋모르다
멋모르고 주식 투자를 했다가 피 봤어.
관 **묻지도 따지지도 않고***
묻지도 따지지도 않고 계약서에 도장부터 찍다니.
시각장애인
제가 시각장애인 도우미입니다.
관 **한 치 앞을 못 보다**
한 치 앞도 못 보나?

관 **깜빡 가다***

너 월드컵 축구라면 깜빡 가잖아.

관 **깜빡 죽다**
오빠 스포츠카라고 하면 깜빡 죽잖아.
관 **떼를 쓰다**
한번 떼쓰기 시작하면 정말 대책 없어.
떼쓰면 주는 걸 알아서 더 그러는 거 같아.

매달리다[*]

울고불고 매달려도 소용없어.

먼저 여행 가자고 매달릴 땐 언제고!

관 **미쳐 날뛰다**

거의 미쳐 날뛰기 직전이야.

발버둥치다[*]

아무리 발버둥 쳐도 누구 하나 도와주는 사람 없어.

발악 | 발악하다

잘 보이려고 저렇게 발악하는 거 너무 티 나는데.

보채다

애가 울고 보채면 이 영상 보여주면 돼.

악쓰다[*]

안 사주면 악쓰고 막 울어.

안달 | 안달나다 | 안달하다[*]

대우받고 싶어 아주 안달난 사람 같다.

연연하다[*]

돈에 너무 연연하지 마.

왜 사소한 일에 연연해?

쿠폰에 너무 연연하면 없어 보여.

열광 | 열광되다 | 열광하다

옛날에 저 가수만 보면 미친 듯이 열광했었어.

조르다[*]

신랑을 조르고 졸라 겨우 외출 허락받았어.

관 **죽고 못 살다**[*]

치킨이라면 죽고 못 살아.

집착 | 집착되다 | 집착하다[*]

별것도 아닌데 왜 이렇게 집착해?

환장하다[*]

돈에 환장했나?

치킨만 보면 그렇게 환장한다니까.

깜짝¹⁷⁾

어이쿠, 깜짝이야!

관 **간(이) 떨어지다**

간 떨어지는 줄 알았어.

경악 | 경악스럽다 | 경악하다[*]

보고 경악했어.

기겁 | 기겁하다

바퀴벌레 나와서 기겁해서 약을 엄청 쳤어.

놀라다[*]

깜짝 놀랄 만한 소식이 있어.

17) 간이 오그라드는 모습을 형상화한 것으로, 어떤 일에 충격을 받거나 놀라는 경우에 주로 쓴다.

이렇게 불쑥 나타나서 깜짝 놀랐잖아!

관 **마음 졸이다**

마음 졸일 필요 없어.

쇼크

끼니 거르면 저혈당 쇼크 와.

쇼킹하다

이거 정말 쇼킹하지 않니?

식겁하다

누구라도 보면 식겁하지!

관 **심장(이) 쫄깃쫄깃하다**

보기만 해도 심장이 쫄깃쫄깃해.

아연실색(啞然失色) | 아연실색하다

보면 아연실색할걸?

조바심 | 조바심치다 | 조바심하다

얼마나 조바심이 났는지 알아?

쫄다

진짠 줄 알고 순간 쫄았어.

철렁하다

심장이 철렁했어!

충격*

뭔 충격을 받았다고 그래?

얘기하면 충격이 클까 봐 여태껏 말 못 했어.

깔아뭉개다[18]

그냥 깔아뭉개버려!

너희들 다 깔아뭉개겠다.

넌 내 자존심을 깔아뭉갰어.

갈다

갈아서 먹을까? 그냥 생으로 먹어?

갈아엎다*

공산주의식 정치 풍토를 갈아엎어야지!

결딴나다

노름으로 집안을 결딴냈으면서 온라인 도박에 손을 대?

깔다

그냥 차로 확 깔아버린다.

말살 | 말살되다 | 말살시키다 | 말살하다

일제강점기에 일본은 우리나라 문화를 말살시키기 위한 정책을 폈다.

관 **묵사발을 만들다**

너희 다 묵사발을 만들 거야.

---

18) 덩어리로 된 물건을 짓누르는 모습을 형상화한 것으로, 어떤 압력에 의해 물건이 바스러지거나, 어떤 세력의 기세를 억누르는 경우에 표현한다. 한편 저장된 정보를 지워내고 처음의 상태로 되돌린다는 의미의 '초기화' 또는 '포맷' 등으로도 바꿔 쓸 수 있다.

박살 | 박살나다 | 박살되다 | 박살하다[*]

너 또 그러면 폰 박살 내버린다.

소탕 | 소탕되다 | 소탕하다

벌레 소탕 작전 실패라며?

으깨다[*]

두부를 으깨서 나물이랑 버무리면 돼.

으스러지다

너무 익히면 생선이 다 으스러질 거 같은데.

작살 | 작살나다 | 작살내다 | 작살하다[*]

날라 온 바위에 차가 작살났는데.

죽이다[*]

당장 패서 죽이고 싶다.

평소에 죽이고 싶다는 말도 많이 했어.

초기화 | 초기화하다

스마트폰 비밀번호 패턴을 잊어버려서 서비스센터
가서 초기화했어.

초토화 | 초토화되다 | 초토화하다

산불 나서 온 시골 마을이 초토화됐어.

콩가루 집안

이보다 더한 콩가루 집안도 많아.

관 **콩가루(가) 되다**

하루아침에 집안이 콩가루가 됐어.

포맷 | 포맷되다 | 포맷하다

우리 사이의 일을 포맷해 버리고 싶어.

풍비박산(風飛雹散) | 풍비박산되다 | 풍비박산하다

누나 집안을 풍비박산 만든 사람, 어떤 놈이야?

사업 부도에 위장 이혼까지 집안이 풍비박산 났어.

| 깡패 | **하는 짓이 깡패가 따로 없네.** |

저 사람 정체가 뭐야. 깡패야?

갱단

갱단 범죄에 연루돼서 밤샘 조사 받았어.

바가지[*]

바가지요금 때문에 아침부터 기분 잡쳤어.

너무 비싸서 허걱! 했어. 바가지 쓴 기분이었어.

불량배

동네 불량배하고 어울리더니 집에는 아예 들어오지
도 않아.

불한당

불한당한테 돈 빼앗겼다며?

관 터무니없이 비싸다[*]

아니 무슨 대여비가 이렇게 터무니없이 비싸.

깨닫다

이번 일로 깨달은 게 많았어.

각성 | 각성되다 | 각성하다
잘못을 각성하고 개과천선할 의지가 있어야 해.
깨다
자다가 화장실 간다고 몇 번씩 깨기도 해.
깨어나다
나는 마취에서 깨어나는 데 오래 걸려.
깨우치다
이제야 잘못을 깨우친 거 같아.
관 눈(을) 뜨다
아침에 눈 뜨면 사방이 뿌옇게 보여.

꼬붕

나 니 꼬붕이야?

꼭두각시
회장이라고 회원을 꼭두각시처럼 부리지 마.
노예
나 니 노예야?
똘마니
두목은 못 잡고 똘마니만 잡았네.
시중들다
시아버지 시중드는 게 보통 일이 아니야.
심부름
직장내 커피 심부름은 이제 없어져야지.
졸개
이번 연극에서 주인공의 졸개 역할 맡았다며?
하수인
내가 왜 당신 하수인이야?

꼬이다[*]

꼬여버린 내 인생 어떻게 풀어야 할까.

너 때문에 일이 얼마나 꼬였는 줄 알아.
꽈배기
엄마가 좋아하는 찹쌀 꽈배기 사 왔어.
비틀다
일이 다 비틀려 버렸다.
비틀어지다
골반이 비틀어져서 아프다는 소리 맨날 해.

삐걱대다[*]
둘 사이가 최근에 좀 삐걱대는 거 같은데.
삐끗하다
나도 삐끗했던 경험이 있어.
삐다[*]
손목 살짝 삐었어.
어그러지다
서로 오해하더니 그때부터 관계가 어그러져 버렸어.
얽히고설키다
일이 얽히고설켜서 단번에 풀기가 어려워.
접질리다
계단 내려오다 발목을 접질렸어.
차질[*]
차질 없이 잘 진행할 수 있겠지?
틀어지다[*]
내일 가려고 했는데 일정이 틀어졌어.
척추가 틀어지면 골반도 틀어지게 돼.

관 **꼬투리(를) 잡다**[19)]

뭐 하나라도 꼬투리 잡을 거 없나?

걸고넘어지다[*]
또 걸고넘어지면 나도 가만 안 있을 거야.
관 **말꼬리(를) 잡다**
집요하게 말꼬리 잡고 늘어지니까 결국 실토하더라.
관 **약점(을) 들추다**
약점 들추지 말고 좀 감싸주지.
책잡다[*]
책잡힐 행동 하지 마.
관 **트집(을) 잡다**
과거 가지고 트집 잡지 마.
흠잡다
뭐 크게 흠잡을 거 없어.
저 사람, 흠잡는 데는 선수야. 조심해.
흠집[*]
뭐 크게 흠집 잡을 게 없네. 어떡하지.

관 **꼭지(가) 돌다**[*]

우리 가족 욕하는데 내가 어떻게 꼭지 안 돌겠나?

관 **꼭지(가) 돌아버리다**
너 때문에 꼭지가 돌아버리겠다!
노발대발(怒發大發) | 노발대발하다[*]
아시면 노발대발하실 거야.

---

19) 사람에게서 문제가 될 만한 약점이나 어떤 꼬투리를 찾아내려고 샅샅이 살펴보는 모습을 형상화한 것이다. '**사람**'을 의미하는 엄지
손등을 향해 엄지와 검지로 집어내는 동작을 취한다.

㉿ 눈을 뒤집다
화가 나서 방방 뛰더니 눈까지 뒤집더라고.
㉿ 눈이 뒤집히다
그때 눈이 확 뒤집혀서 후배한테 손찌검까지 했어.
돌아버리다*
보면 정신이 완전히 돌아버릴걸?
㉿ 미쳐 날뛰다
미쳐 날뛰고 난리도 아니었어.
빡치다
나 지금 너무 빡쳐!
뭐 때문에 빡쳤는데?
실성하다
마치 실성한 사람 같았어.
울컥하다*
아니, 너 뭐 때문에 울컥해?
저지르다*
확 저질러 버리고 싶다.
㉿ 화가 머리끝까지 나다*
아침부터 이 말 듣고 화가 머리끝까지 났어.
환장하다*
실수한 게 한두 번이 아니라서 환장하겠어.
㉿ 홧김에*
그러다 홧김에 너까지 해코지 당할까 봐.
홧김에 마음속에 담아두고 있던 말까지 해버렸어.
회까닥 | 회까닥하다
머리가 회까닥해서 정신병원에 입원됐어.
순간 머리가 회까닥 돌면서 사람 죽일 듯 막 팼어.

| 꼰지르다 | 다 꼰지를 거야. |

고발 | 고발되다 | 고발하다
허위로 세금계산서 발행하는 거, 국세청 고발 사유가
된다는 걸 처음 알았어.
고소 | 고소되다 | 고소하다
고소할 테면 해봐.
고자질 | 고자질하다
엄마한테 집안일 시킨다고 고자질할 거야.
밀고 | 밀고하다
누가 밀고했는지 혹시 짐작 가는 사람 있어?
실토 | 실토하다*
네가 실토했지?

이르다[*]

선배에게 다 일렀어.

이실직고(以實直告) | 이실직고하다

이실직고했다고 혼났어.

일러바치다

내가 다 일러바쳤다.

관 꼼짝달싹 못 하다[20][*]

지금도 꼼짝달싹 못 하고 누워만 있어.

관 꼼짝(도) 못하다

마눌님한테 꼼짝 못 해.

관 발이 묶이다

폭설이 와서 우리도 발이 묶였어.

나도 바로 가고 싶은데 발이 묶여있는 상황이라.

관 옴짝달싹 못 하다

폭우로 옴짝달싹 못 하고 있는 상황이야.

대상포진 같아. 아파서 옴짝 달싹 못 하겠어.

관 꽁무니를 빼다

불리해지려니까, 이제 와서 꽁무니 빼려고 해.

기죽다

그렇다고 기죽을 필요 없어.

내성적[*]

워낙 내성적이라 말을 거의 안 해.

소심하다

얘가 소심하다 보니 낯을 많이 가려요.

움츠러들다 | 움츠리다

전보다 많이 움츠러든 것 같은데 뭔 일 있었어?

의기소침(意氣銷沈) | 의기소침하다

아까 보니까 약간 의기소침해진 것 같아.

꽁하다1

아직 그 일로 꽁해있는 거야?

뒤끝

은근히 뒤끝 있네.

원래 뒤끝이 좀 오래 가.

관 맺힌 데가 있다

가슴에 맺힌 게 있다면 그만 풀어.

앙금

여전히 앙금이 남아 있어?

앙심

앙심 품고 또 찾아올까 봐.

---

20) '행동'과 '사라지다'의 수어가 합쳐진 관용표현으로, '행동'은 사람이 활개 젓는 모습을, '사라지다'는 돈이 없어지는 것을 형상화한 것에서 유래되었다. '꼼짝도 못 하다'의 관용표현과 일맥상통한다.

앙심 품을까 봐 하고 싶은 말도 제대로 못 해.
여한
이제 죽어도 여한이 없겠다.
원한
원한 같은 거 안 품어.
원한은 쉽게 사라지지 않아.
응어리
속에 있는 응어리들 다 쏟아내고 싶다.
천추의 한
그래서 천추의 한으로 남았나 보지.
한
한 맺히면 오래가.

| 꽁하다2 | 내 기분이 아직 꽁해있다고! |

꿍하다
돈 문제로 계속 꿍해 있는 거 정말 보기 싫다.
뚱하다
왜 그래? 아까부터 계속 뚱하잖아.
뾰로통하다
너 왜 뾰로통하고 그래?
삐죽거리다
어른 앞에서 입 삐죽거리는 거 아니야.
삐죽이
입을 삐죽이 내밀고 왜 그래?
삐죽이다
입 삐죽이지 마.
시무룩하다[*]
동생만 사준 거 알면 시무룩하겠지?
토라지다[*]
툭하면 토라지고 심하면 며칠씩 말을 안 해.

| 꽂히다 | 나 너한테 팍 꽂혔어. |

겨냥하다
특정인을 겨냥한 비방글 보는 즉시 삭제해.
매진 | 매진하다[*]
다음 학기부터는 학업에 매진하려고.
몰두 | 몰두하다
뭔가 몰두하게 되면 주변이 잘 안 보이거든.

몰아가다
난 아니랬는데, 왜 얘를 도둑으로 몰아갔어?
몰아붙이다
왜 나만 이상한 사람으로 몰아붙여?
몰입 | 몰입되다 | 몰입하다
첫 회부터 몰입해서 다 봤어.
너무 몰입했나? 나도 모르게 눈물이 막 나.
바라기
엄마는 오로지 아들만 봐. 아들 바라기라 더 속상해.
열중되다 | 열중하다
스마트폰에 얼마나 열중하던지 앞을 보지도 않아.
올인(all in)
너한테 올인한 게 일생 최대 실수였어.
전념 | 전념하다
아르바이트 좀 줄이고 오롯이 공부에만 전념하려고.
주시 | 주시하다[*]
끝날 때까지 예의 주시하고 있어.
집중 | 집중되다 | 집중하다
내 말에 좀 집중해.
집중 공세
집중 공세에 시달렸는지 사퇴하겠다고 하더라.
치중 | 치중되다 | 치중하다
디자인에만 치중하지 말고 실용성도 같이 따져봐.
관 **표적(이) 되다**
네 사생활이 알려지면 비난의 표적이 될 수 있어.
관 **한 우물(을) 파다**[*]
계속 한 우물만 파는 게 맞을까?

꽐라[21]

술 마시고 꽐라된 거 다 봤어.

꽐라 돼서 지금 변기 붙들고 막 울어.
과음 | 과음하다
넌 과음하면 주정 심하더라.
만취 | 만취되다 | 만취하다
어제도 만취할 정도로 먹었다며?
관 **술을 처먹다**
술 처먹고 어디서 뻗었겠지.
관 **잔뜩 취하다**
오빠가 술에 잔뜩 취한 것 같던데.
관 **취기가 오르다**
이제 취기가 오르네.

---

21) 술에 취하여 취기가 오르는 모습을 형상화한 것으로, **취기가 오르려 한다**'는 현재진행형 또는 '**과음했다**'라는 과거형으로 표현하기도 한다.

꽝[22]

가방 봤는데 싸구려 같고 꽝이었어.

떨어지다[*]
떨어지면 좋겠다는 생각 있어.
별로[*]
실물이 별로였어.
지다[*]
한 마디를 안 지네?
패배 | 패배하다
뭔가 패배당한 기분인데.
패소 | 패소되다 | 패소하다[*]
소송에서 패소하면 지위가 박탈될 수 있어요.
패하다
처참하게 패해서 마음이 착잡하다.

꿀꺽하다[*]

친구가 내 돈 꿀꺽했다.

거저먹다
노력 없이 거저먹으려고?
공으로 | 공먹다
공으로 얻어먹을 생각도 마.
관 날로 먹다
남의 걸 날로 먹어?
얻다[*]
싸워서 얻을 거 하나도 없어.
잇속
저런 부류는 남 생각 안 하고 자기 잇속만 챙기려고
하지.

관 꿈에도 생각지 못하다

정말 꿈에도 생각지 못했어.

관 그렇게 안 보다
사람 그렇게 안 봤는데, 정말 실망이네.
그렇구나[*]
그렇구나. 둘이 사귀는 사이였구나.
기상천외(奇想天外) | 기상천외하다
기상천외한 일도 참 많네.
놀라다[*]
너무 놀라서 말이 안 나올 지경이야.
대반전
마지막이 대반전이라서 우와~ 했어.

---

22) 수어의 원뜻은 '**떨어지다**'이다. 엄지를 치켜세우고 위로 올리면 '**이기다**' 또는 '**낫다**'라는 의미가 된다. 어떤 대상에 실망하여 기대보다 별로일 때 표현한다.

딴판*
내가 생각했던 거랑 너무 딴판이라서.

뜻밖*
개명했다고? 뜻밖이네.

관 **상상 초월**
가격이 생각했던 것보다 상상 초월이야.

관 **상상도 못하다***
네가 팀장의 친동생인 줄은 정말 상상도 못 했어.

세상에
세상에 이런 우연이 있네.

관 **예상도 못 하다***
그건 정말 예상도 못 했어.

관 **오 마이 갓***
오, 마이 갓!

관 **웬일이래***
어머, 웬일이래.

의외*
너무 의외인데?

이럴 수가
이럴 수가, 말도 안 돼. 너무 싸잖아.
정말 믿었는데 어쩜 이럴 수가 있나.

관 **전혀 예상치 못하다***
정말이지, 일이 그렇게 될 줄은 전혀 예상치 못했어.

청천벽력(靑天霹靂)*
건강검진 받았는데 말기암이라니, 청천벽력이었어.

충격*
사람이 그렇게 확 변하다니 정말 충격이야.

관 **해가 서쪽에서 뜨다**
네가 밥을 했다니, 해가 서쪽에서 뜰 일이다.

꿰다²³⁾   네 취향은 내가 꿰고 있는데, 오빠는 모르겠어.

꿰뚫다*
우리 집안 사정까지 다 꿰뚫고 있어.

꿰차다
회사 내부 사정을 꿰차고 있는 정보통이어야 해.

관 **속속들이 잘 알다**
나보다 더 속속들이 잘 알고 있네.
네가 왜 그리 속속들이 잘 알아? 무슨 관계야?

관 **손금(을) 보듯 하다**
부산 토박이라 부산 지리는 손금 보듯 너무 잘 알아.

정통하다
컴퓨터에 정통한 사람만 뽑을 거랬어.

---

23) '냄새'와 '파리'를 합친 관용 수어로, 어떤 내부적인 사정뿐만 아니라 그 분위기까지도 속속들이 다 알고 있다는 의미로 표현된다. 어떤 분야에 대한 지식과 경험을 가진 전문가의 자질을 표현할 때도 쓴다.

훤하다[*]

부산 토박이라 부산 지리에 아주 훤해.

끄떡없다[*]

웬만한 추위는 끄떡없어.

괜찮다[*]

난 괜찮은데?

관 **눈도 깜짝 안 하다**

어떻게 눈도 깜짝 안 할 수 있어?

관 **눈썹 하나 까딱하지 않다**

막 꼬집어도 눈썹 하나 까딱하지 않아.

아무렇지 않다[*]

아무렇지도 않은데?

끈적하다

알로에는 벗기면 점액이 아주 끈적해.

걸쭉하다

막걸리가 너무 걸쭉해서 이상한데.

끈끈하다[*]

끈끈해져서 자꾸만 들러붙어.

끈적거리다

로션 맞아? 너무 끈적거리는데?

진득하다[*]

밥이 진득해서 맛있어.

차지다

차진 밥보다 꼬들꼬들한 밥이 더 좋거든.

찰지다

떡이 찰져서 맛있네.

끊다^{24)*}

단번에 다 끊기는 어렵지.

그만두다[*]

정말 그만둘 자신 있어?

단절|단절되다|단절하다

세상과 단절된 느낌이라 우울해지네.

두절|두절되다|두절하다

연락 준다더니만 지금까지 연락 두절 상태야.

관 **손(을) 떼다**

진작 손을 뗐어야 했어.

관 **손(을) 씻다**

도박에서 정말 손을 씻고 싶다.

---

24) 자신이 습관처럼 하던 것을 더 이상 하지 않겠다는 각오나 결의를 표현할 때 자신 손목 위에서 가위로 자르는 동작을 취한다.

관 연을 끊다

빌려준 돈 안 갚은 사람이랑은 죄다 연을 끊었어.

후배와 연을 끊었으니까 후배 얘기는 일절 하지 마.

의절ㅣ의절하다[*]

조용히 의절하고 싶은데 방법 없을까.

절교ㅣ절교하다[*]

넌 절교하자는 말을 너무 자주 해.

끌려가다

끌려가지 말고 네가 끌고 가라고.

끌리다

내가 그런 사람에게 끌리는 취향이었나 봐.

끌여들이다[*]

친구 일에 끌어들이게 해서 미안해.

넘어가다[*]

누가 그런 꼬임에 넘어갈 줄 알아?

당기다[*]

내 마음을 당기는 매력이 있어.

매이다[*]

집안일에 매여 사는 내가 불쌍해 보였나 봐.

관 발목(을) 잡히다

주말에는 아이들에 발목 잡혀 쉬지도 못해.

얽매이다[*]

한 사람한테만 얽매이는 거 싫어.

잡혀 살다[*]

너 와이프한테 잡혀 산다며?

질질

넌 왜 남이 하자는 대로 질질 끌려가기만 해?

휘둘리다

타인에게 휘둘리지 말고 주관대로 살아.

끌려다니다[25)]

끌려다니지 말고 소신껏 해.

이리저리 끌려다니면서 평생 그렇게 살래?

관 줏대(가) 없다

귀가 얇아서 줏대도 없어.

줏대 없이 끌려다니는 네가 더 불쌍해.

팔랑귀

팔랑귀인 게 여전하구나.

너 팔랑귀 기질이 있구나. 내가 못 살아.

그래서 별명이 그냥 못 지나가는 팔랑귀란다.

---

25) 누군가에게 이끌려 자기 주관 없이 휩쓸리거나 남의 말에 잘 흔들리는 팔랑귀에 빗대어 쓴다.

끝내주다*	국물 맛 진짜 끝내준다.

고수*
알고 보면 연애 고수야.

그만이다
국물 맛이 그만이야.

극단적
넌 왜 이렇게 극단적이야?

㉮ **극에 달하다**
인내심이 이제 극에 달했다.

기똥차다
너 머리 기똥차게 잘 돌아간다.

끝판왕
우아함의 끝판왕이야.

내로라하다*
내로라하는 대표선수만 모였네.

능통하다*
국제 수어도 능통하면 더 좋아.

다다르다*
단풍 절정에 다다를 때 날 잡고 가자.

달성|달성되다|달성하다
목표 달성했어?

달인
저기 식당, 생활의 달인에 나왔어.

이루다
우린 이룰 수 없는 사랑이었어.

이루어지다
꿈이라는 것도 계속 노력해야 이루어지는 거야.

잘나다*
그래, 너 잘났어.

절정
이번 주가 절정이라고 하니까 주말에 나들이 가자.

죽여주다*
맛이 진짜 죽여주네.

초월|초월되다|초월하다
정말 상상 초월이다.

최고*
오늘 평생을 통틀어 최고로 행복해.

치닫다
상황이 파국으로 치닫기 직전이야.

㉮ **한 수 위**
머리 쓰는 건 너보다 한 수 위네.

관 끼고 살다[26]

스마트폰을 아주 그냥 끼고 살아.

간직 | 간직하다*
너만 주는 거야. 잘 간직하고 있어.
관 계속 가지고 있다
아직 안 버리고 계속 가지고 있었네?
관 뒤끝(이) 있다
은근히 뒤끝 있으시네.
지니다*
부적을 몸에 지니고 다니는 게 습관이 돼서.
휴대 | 휴대하다
휴대하기에 참 좋은 거 같아.

끼어들다[27]

여자 일에 남자가 왜 껴들어?

말씀 중에 끼어들어서 죄송한데요.
왜 사사건건 내가 하는 일에 끼어들려고 해!
간섭 | 간섭하다
지나친 간섭은 그만.
속 감 놔라 배 놔라
감 놔라 배 놔라 하지 마.
개입 | 개입되다 | 개입하다
섣불리 개입하면 역효과 날 수 있어.
관 곁다리(를) 끼다
왜 남의 일에 곁다리 껴?
관 꼽사리 끼다
둘이 잘 되고 있는데 내가 괜히 꼽사리 꼈나?
끼다

난 그저 대화에 껴보려고 한 것뿐인데.
넌 뭔데, 남의 부부 사이에 껴서 훈수야?
오지랖
내가 괜히 오지랖 부렸어.
우리 신랑 오지랖을 어쩌면 좋아.
관 오지랖(을) 떨다
오지랖 떨지 말고 너나 챙겨.
관 오지랖(이) 넓다
넌 오지랖이 넓어서 참 문제네.
참견 | 참견하다*
가라 마라 네가 왜 참견해?
우리 가족 문제에 좀 참견하지 마.

---

26) 애지중지하는 물건을 품에 넣어 두고 간직하는 모습에서 유래한 수어이다. 빙글빙글 원을 그리는 동작을 취하며, 다른 의미로 가슴 속에 남아 있는 감정을 가리켜 표현하기도 한다.
27) 틈 사이를 비집고 들어서는 모습을 형상화한 수어로, 주제넘게 남의 일에 간섭하거나 이 일 저 일에 쓸데없이 참견하는 경우를 가리켜 표현한다.

터치하다[*]

터치하지 마.

관 **끽소리(도) 못 하다**[28][*]

끽소리도 못 하고 그냥 나와버렸다는데.

사장 앞에서는 끽소리도 못 하고 있다가 애꿎은 부하 직원한테 화풀이하기도 해.

관 **입(을) 다물다**[*]

제발 입 좀 다물어.

관 **찍소리(도) 못하다**

나보다 한 살 어린 동생인데 찍소리도 못해.

선배 앞에 있으면 찍소리도 못하면서 큰소리는.

관 **할 말(이) 없다**[*]

입이 열 개라도 할 말이 없다.

할 말이 없는 것처럼 보이나? 난 할 말 무지 많거든!

낑낑대다

혼자서 다 하느라 낑낑대며 힘들었어.

관 **머리를 굴리다**

아무리 머리를 굴려도 좋은 생각이 안 나.

관 **머리를 싸매다**[*]

어디를 데려가야 할지 혼자 머리만 싸매고 있어.

관 **머리를 쥐어짜다**[*]

이거 하나 만든다고 얼마나 머리를 쥐어짰는 줄 알아?

악전고투(惡戰苦鬪) | **악전고투하다**

한 달 동안 악전고투하며 힘들게 준비했어.

피나다

피나게 일해서 모은 돈이야.

힘들이다[*]

힘들여서 박박 닦았는데 지금 이게 뭐야!

---

28) 상대방의 기선 제압에 말문이 막혀 혀가 쏙 들어가는 것을 형상화한 것으로, '**입**'을 형상화한 엄지와 검지 사이에 '**혀**'를 의미하는 네 손가락을 끼었다가 뒤로 빼는 동작을 취한다.

어미 ~ㄴ 대로 · 어미 ~ㄴ 셈 치다 · 어미 ~ㄴ 적이 있다 · 어미 ~ㄴ 줄 모르다 · 어미 ~ㄴ 줄 알다* · 어미 ~ㄴ 척하다 · 어미 ~ㄴ가 보다 · 어미 ~는 법이다 · 관나 몰라라 하다* · 나누다* · 관나는 원래 그래* · 나쁘다 · 관나이(가) 많다* · 낙담하다 · 관낙동강 오리알 · 낙후하다 · 관난리(가) 나다 · 관날개(가) 돋치다 · 날마다* · 남다 · 남아돌다 · 속낫 놓고 기역 자도 모른다* · 낫다1 · 낫다2 · 낭비하다 · 낯설다* · 관낯(을) 못 들다* · 낯익다* · 관낯짝(이) 두껍다* · 관내 것이 아니다* · 관내 말이 그 말 · 관내 정신 좀 봐 · 관내 코가 석 자 · 내다 · 내동댕이치다 · 내려놓다* · 내리쬐다 · 내버려두다* · 내용 · 내쫓다* · 내친걸음 · 냄새 · 관너 죽고 나 죽자 · 관너는 너고 나는 나다 · 관너도 나처럼 될 수 있다 · 너무하다* · 넓다* · 넘겨짚다 · 넘나들다 · 넘어가다1 · 넘어가다2 · 넘어가다3 · 넘어지다* · 넘치다 · 관네 말이 옳다 · 노려보다* · 노력하다 · 노름 · 녹슬다 · 녹화하다 · 놀리다 · 놓치다* · 뇌물* · 누구나 · 누드* · 누락하다* · 누비다 · 관누워서 침 뱉기 · 누적하다* · 관눈 가리고 아웅 · 관눈 딱 감다* · 관눈 뜨고(는) 못 보다* · 관눈감아주다 · 눈대중하다 · 관눈독(을) 들이다* · 관눈동냥 귀동냥 · 관눈물(이) 없다* · 관눈알(이) 나오다 · 관눈앞에 두다* · 관눈에 거슬리다 · 관눈에 들어오다 · 관눈에 띄다 · 관눈에 보이다 · 관눈에 아른거리다 · 관눈(이) 감기다* · 관눈(이) 많다 · 관눈(이) 맞다 · 관눈(이) 삐다* · 관눈치(가) 빠르다 · 관눈치(를) 보다* · 눈치채다 · 관눈코 뜰 사이 없다 · 눌러앉다* · 관느낌(이) 오다 · 느리다* · 늘씬하다* · 늦다*

어미 ~ㄴ 대로

어미 ~답다
너답지 않게 왜 그래?

어미 ~대로*
너 하고 싶은 대로 해.
내 말대로 따르기만 하면 돼.

그대로*
건드리지 말고 그대로 두고 가.

그런대로
그런대로 볼 만해.

관 대한|대해|대하여
인사이동에 대해 뭐 들은 거 있어?

관 여과 없이
동료가 한 말 그대로 상사에게 여과 없이 다 말했대.

이대로
지금 이대로가 좋아!
이대로 쭉 가면 좋겠다.

관 하자는 대로
오빠는 너 하자는 대로 다 해 주겠대?

말 돌리지 말고 사실대로 말해.

어미 ~ㄴ 셈 치다

어미 ~듯이
예전에 말했듯이 낯가림이 많이 심해.

~처럼*
사진처럼 머리 똑같이 좀 해봐.
나처럼 되지 말고 네 인생은 네가 살아.

관 이렇게*
이렇게 한번 해보세요.
이렇게 하면 될 것 같은데?

잃어버린 셈 치고 새로 하나 사.

어미 ~ㄴ 적이 있다

어미 ~던
네가 쓰던 거 가져와야지.
너 양다리 걸쳤던 거 다 아는데?

겪다
누구나 다 겪는 과정이겠지.
겪어보지 않으면 모르는 일이다.
겪어보지 않고서 그렇게 함부로 말하지 마.

경험|경험하다*

나도 당할 뻔한 적 있었어.

경험에서 나오는 말 같은데?
내가 경험해 봤는데 안 하는 게 좋아.
체험 | 체험하다[*]
그런 거 체험해 보고 싶다.
갯벌 체험 갈 때 입을 옷가지 챙겨 와.

어미 **~ㄴ 줄 모르다**

고마운 줄도 모르고.

그리 비쌀 줄 몰랐어.
너도 같이 오는 줄 몰랐어.
금식하고 가야 되는 줄 몰랐어.
난 정말 이런 것도 있는 줄 몰랐지.
이렇게 길게 약을 먹게 될 줄 몰랐어.
배우고 싶은 사람이 이렇게 많은 줄 몰랐는데!
관 **그런 줄 모르다**
그런 줄 모르고 회원 탈퇴까지 했는데.

어미 **~ㄴ 줄 알다**[*]

나만 그런 줄 알았어.

나 혼자 좋아한 줄 알았어.
너무 조용해서 아무도 없는 줄 알았어.
여기다[*]
난 가볍게 여겼는데.
법을 아주 우습게 여기나 봐.
치부되다 | 치부하다
난 정말 큰 병인 줄 모르고 그저 노화 현상이라고 치
부했는데.

어미 **~ㄴ 척하다**

아까 잠든 척했지?

모르면서 아는 척하면 들통나.
아픈 척 꾀병 부리는 거 뻔히 다 보이는데.
쇼하다
너 지금 쇼하냐?
시늉 | 시늉하다
그렇게 우는 시늉까지 할 필요 없어.
연기 | 연기하다[*]
연기 좀 그만해.
자는 척 연기하면 넘어갈 줄 알아?
체하다[*]
계속 모른 체 할 거야?
알면서 모른 체 하고 찔러 보는 거 아닐까?

| 어미 ~ㄴ가 보다 | 많이 바쁜가 보다. |

어미 ~듯싶다
신청자가 많지 않을 듯싶어.

어미 ~ㄹ 것이다
그 사실을 알면 많이 화내실 거야.

설마
설마 시체는 아니겠지?

아마
아마 자기 마음대로 하지 못했을걸.

유추 | 유추되다 | 유추하다*
실루엣만으로도 누군지 유추할 수 있어.

지레짐작 | 지레짐작하다*
네가 잘못 지레짐작한 거잖아.

짐작 | 짐작되다 | 짐작하다
정말 짐작 가는 거 없어?
내가 섣부르게 짐작했어.

추정 | 추정되다 | 추정하다
피의자가 유죄 판결받기 전에는 무죄로 추정돼.

추측 | 추측되다 | 추측하다*
모르면서 섣불리 추측해서는 안 돼.

| 어미 ~는 법이다 | 거짓말은 결국에 들통나는 법이다. |

규칙
다음 달에 규칙이 바뀐다고 했어.

법
법대로 해.

원칙
매사 원칙 따지는 거, 진짜 피곤하다.

제도
제도적으로 개선이 필요한 부분 있으면 얘기해.

| 관 나 몰라라 하다* | 나 몰라라 하고 내빼겠다 이거야? |

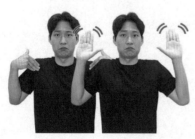

관 난 아니다*
난 아니야.

모르다*
난 모르는 일이다.

발뺌 | 발뺌하다*
증거가 나왔는데도 끝까지 계속 발뺌할 거야?

관 안 그랬다*
난 안 그랬어.

나누다*

기쁨은 나누면 배가 된다.

가르다
편을 어떻게 가를까?
구별 | 구별되다 | 구별하다
옳고 그름을 명확하게 구별해야지.
구분 | 구분되다 | 구분하다
그런 것도 구분 못 해?
나누어지다
초급, 중급, 고급으로 나뉘어져 있어.
배분 | 배분되다 | 배분하다
사람 수대로 수입을 균등하게 배분할까?
분배 | 분배되다 | 분배하다
균등 분배보다 차등 분배로 가자는 의견 많아.
안배 | 안배되다 | 안배하다
체력 안배 잘해서 최상의 컨디션으로 경기에 임해.
쪼개다*
이걸 전부 쪼개라고?

관 나는 원래 그래[29]*

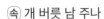

난 원래 그래.

속 개 버릇 남 주나
어디 개 버릇 남 주겠니?
속 난 대로 있다
난 대로 있는 성격인 걸 어쩌겠어.
타고나다
원래 타고난 거야.
이런걸 두고 타고난 재능이라고 하나, 싶었어.
관 태생(이) 그렇다
태생이 원래 그래.

나쁘다

당해보니까 기분 나쁘지?

나쁜 뜻으로 말한 거 아니었어.
기분 나쁘라고 하는 말 절대 아니야.
나빠지다
우리 사이가 전보다 더 나빠졌어.
못되다
너 진짜 못됐어.
세상에 못된 놈 많아.
악화 | 악화되다 | 악화하다
병세가 전보다 더 악화돼서 우리 못 알아보셔.

---

29) '원래'와 '자라다'의 한 손 수어가 합친 것으로, 태어날 때부터 가지고 있는 성격이나 몸에 배어 있는 습관을 일컫는 관용표현에 쓰인다.

관 나이(가) 많다[30]*

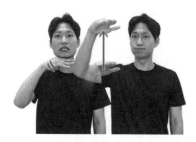

우리보다 나이가 더 많을 것 같아.

관 나이 위로 ~
난 위로 5살까지 가능해.
관 몇 살 위다
후배라도 너보다 몇 살 위인 걸?
연상*
한 살은 연상도 아니지.
난 연상, 연하 다 상관없어.
넌 연상 몇 살까지 만나 봤어?

낙담 | 낙담하다

언제든지 기회는 있으니까 너무 낙담하지 말아.

실망 | 실망하다
너무 많이 기대하면 실망할 수도 있어.
기대할 것도 없고 뭐 실망할 필요도 없다.
절망 | 절망하다
더 이상 절망하지 않고 희망을 가져 보기로 했어.
좌절 | 좌절되다 | 좌절하다
좌절하지 말고 다 함께 이겨내요!
어차피 겪을 일이었어. 크게 좌절할 필요 없어.

관 낙동강 오리알

이혼하고 집 날리고 낙동강 오리알 신세 됐지.

한순간에 낙동강 오리알 된 것 같은 기분 들었어.
따돌리다
회사 사람들이 나만 따돌리는 것 같아.
따돌림
학생 때 뚱뚱해서 따돌림까지 당한 적도 있어.
왕따
왜 나만 왕따시켜?
무리에 어울리지 않으면 왕따 당한다고.

낙후 | 낙후되다 | 낙후하다

인프라 자체가 많이 낙후됐어.

낙오 | 낙오되다 | 낙오하다
인생의 낙오자라는 생각 버려.
도태되다 | 도태하다
나 혼자 점점 도태되고 있는 것 같아서.
뒤떨어지다*
나만 뒤떨어지는 것 같아 속상해.
뒤지다*
후배에게 뒤지고 싶지 않지.

---

30) '나이'의 수어 다음에 어깨 위치에서 손을 펴서 위로 올리면 '나이가 많다'라는 의미로 한정되어 쓴다.

남에게 뒤져본 적이 단 한 번도 없어.

뒤처지다

나만 항상 팀에서 뒤처지는 것 같아.

떨어지다[*]

대열에서 떨어지기 시작하면서 컨디션이 엉망 됐어.

밀려나다 | 밀리다

한 달째 순위에서 계속 밀리고 있어.

경쟁에서 계속 밀려나니까 의욕이 안 생겨.

관 난리(가) 나다[31]

서로 물고 뜯고 아주 난리가 났어.

개판

술 마시고 개판 치고 물건 다 부수고 난리였어.

깽판

찾아가서 깽판 치고 싶지만, 너 봐서 참는다.

난동 | 난동하다

난동 부릴까 봐 돈 좀 쥐어주고 보냈어.

술에 취해서 여기저기 돌아다니면서 난동 부리더라.

난장판

아주 난장판이 따로 없네.

난장판이 된 가게 보고 오열하셨어.

대판 | 대판하다[*]

상사와 대판 싸웠어.

오빠랑 대판 싸우고 지금 집 나왔어.

관 문제(를) 일으키다

괜히 문제 일으키지 마.

관 소란(을) 피우다

방금 소란 피운 놈 누구야!

아수라장

아수라장이 따로 없네.

관 일(을) 치다

어쩌면 조만간 일 칠 수도 있어.

관 진흙탕 싸움

이혼소송이 진흙탕 싸움이 되고 있어.

진흙탕 싸움으로 번지기 전에 빨리 끝내.

한바탕 | 한바탕하다

매장 가서 한바탕하고 왔어.

한바탕 싸울까도 싶지만 후회할까 봐 참았어.

관 한판 뜨다

열 받아서 한판 뜨려고 했어.

---

31) 여러 사람이 이리저리 뒤섞여 어지러운 모습을 형상화한 것으로, 양주먹을 펼쳐 손바닥을 부딪치면서 원을 그린다.

관 날개(가) 돋치다

날개 돋친 듯이 잘 팔릴 거야.

불티나다
이것도 불티나게 잘 팔려.
날이 더워지니 에어컨이 불티나게 잘 팔린다.

관 잘 나가다
옛날에 진짜 잘 나갔었어.

관 잘 팔리다
싸게 내놨는데 그마저도 잘 안 팔리네.
천 마스크 만든 거 잘 팔려서 부업으로 시작했어.

날마다*

날마다 녹초 돼서 힘들었어.

늘*
넌 늘 남 생각은 없잖아!

매일 | 맨날*
맨날 받기만 해서 어째. 난 줄 거 없는데.

언제나
언제나 도와줘서 고마워.

항상
네가 입버릇처럼 항상 하는 말이 있어.

남다

남은 음식은 어떻게 했어?

감면 | 감면되다 | 감면하다*
저소득 계층 아니면 감면 혜택이 없어.

공제 | 공제되다 | 공제하다*
백만 원까지 공제 가능하대.

까다
내 월급에서 까라고 해!

깎다
좀만 깎아주시면 안 될까요?
살 때마다 깎아달라는 소리 좀 그만해.

나머지
항공권 제외하고 나머지 본인 부담인 거 몰랐어?

남기다
왜 다 안 먹고 남겼어?

떼다
상품권은 보통 수수료 5% 떼고 거래하는 게 맞아.

면제 | 면제되다 | 면제하다*
7인승 차량 구매하면 취득세 면제야.

빼다

끝에 3천 원 빼고 깔끔하게 10만 원에 해 주라.

생략 | 생략되다 | 생략하다

인사는 생략하고 바로 시작할까?

여분

마스크 여분 있을까?

잉여*

나는 잉여 인간이야. 아무짝에도 쓸모없어.

잔류 | 잔류하다*

잔류할 건지 떠날 건지 빨리 결정해 주세요.

잔여

올해 비가 많이 와서 프로야구 잔여 경기가 많아.

잔재 | 잔재하다

주변을 보면 일본 잔재들이 꽤 남아 있지.

제외 | 제외되다 | 제외하다

유능한 후배인데 왜 제외됐어?

제쳐두다*

야, 날 제쳐두고 어딜 가려고?

제하다

팔아봐야 인건비 제하면 남는 것도 없어요.

월급에서 생활비를 제하면 1/3 정도 저축 가능해.

| **남아돌다** | 시간은 많이 남아도는데 딱히 할 일이 없어. |

무료하다

매일 집에만 있으려니 무료해.

무용지물(無用之物)*

프린터는 종이 없으면 무용지물이지.

묵히다*

창고에 묵혀둔 책 많이 있는데 필요하면 가져가.

🔁 **시간(이) 뜨다***

다음 약속까지 시간이 약간 뜨는데 카페 갈래?

썩다*

백만 원짜린데 창고에서 일 년 넘게 썩고 있어.

썩히다*

언제까지 쓰지도 않고 계속 썩힐 참이야?

잉여*

'잉여'라는 말은 '남아돌다'와 '필요 없다'는 두 가지
의미를 가지고 있어.

재고*

재고가 많이 쌓여있어.

낫 놓고 기역 자도 모른다[32]*   낫 놓고 기역 자도 몰라.

관 글을 모르다*
애는 글을 모르고 수어도 할 줄 몰라요.
까막눈
까막눈 소리 들으면 좋겠어?
깜깜 무식
깜깜 무식이니 옆에서 좀 거들어 주면 좋겠어.
무식자*
무식자라고 무시하면 안 돼.
문맹
문맹이라 글을 읽을 줄 몰라.
영어 문맹인데, 배낭여행 세 번이나 다녀왔어.
일자무식(一字無識) | 일자무식하다*
영어는 일자무식이라 어떻게 할지 모르겠어.

낫다1   네가 백번 천번 낫지.

관 ~이 답이다*
해지 안 하고 만기까지 유지하는 게 답일까?
괜찮다*
난 뒤태가 좀 괜찮지?
그래도 가운데 애가 제일 괜찮지 않아?
우월하다*
자기가 남들보다 우월하다고 생각하는 사람 많아.
관 차라리 ~ 낫다
차라리 이혼하고 혼자 사는 게 더 낫지.

낫다2   병이 깨끗하게 다 나았어.

나아지다*
아픈 데는 좀 나아졌니?
관 병을 고치다*
마음의 병을 고치려면 정신과 상담을 좀 받아보세요.
치료 | 치료되다 | 치료하다*
항암치료 받고 나면 면역력이 많이 떨어져.
치유 | 치유되다 | 치유하다*
치유 받고 싶어서 용기 내어 신청했어요.
쾌유 | 쾌유되다 | 쾌유하다*
쾌유를 빌게요.
호전 | 호전되다 | 호전하다*
지금은 빠르게 호전이 되고 있어.

---

32) 책을 거꾸로 읽어도 내용은 모른다는 데서 유래된 것으로, 배우지 못하여 글을 모르는 무식한 사람이나 어떤 분야에 대해 아는 바가 없는 사람을 얕잡아 이르는 표현이므로 가려 써야 한다.

낭비 | 낭비되다 | 낭비하다

만나봤자 시간 낭비야.

낭비벽[*]
낭비벽도 일종의 병이야.
관 **돈(을) 쓰다**
오빠가 돈을 너무 막 써.
관 **돈(이) 들다**
생각보다 돈이 많이 들어.
사용 | 사용되다 | 사용하다
사용 안 해봐서 몰라.
사용해 보면 가볍고 쉬워서 어르신께도 좋아.
소모 | 소모되다 | 소모하다
소모품과 비품 구분해서 장부 정리해.
칼로리 소모가 많아서 밥은 이만큼은 먹어야돼.
소비 | 소비되다 | 소비하다
에너지 소비 효율 1등급이면 월 전기료는 많아도 만
원도 안 될 거야.
써먹다[*]
잘 알아두면 평생 써먹을 수 있어.
쓰다[*]
모아둔 비상금 탈탈 털어서 여행 경비에 다 썼어.
씀씀이[*]
씀씀이가 헤퍼서 문제야.
지출 | 지출되다 | 지출하다
수입보다 지출이 많아서 이번 달도 마이너스야.
허비되다 | 허비하다
논쟁에 시간을 허비하지 말자고.
젊은 날에는 연애에 시간과 돈을 많이 허비했어.

낯설다[*]

오늘 보니까 어때? 낯설지 않았어?

처음 와봤는데 왠지 느낌이 낯설지 않아.
몰라보다[*]
너무 달라져서 처음에 몰라볼 뻔했어.
생소하다[*]
모든 게 생소해.
관 **생판 모르다**[*]
생판 모르는 얼굴이야.
생판 모르는 사람하고 어떻게 사생활까지 공유해?
환골탈태(換骨奪胎) | 환골탈태하다
야, 이게 누구야? 환골탈태했네.

관 낯(을) 못 들다[33]*

나라면 낯 못 들겠다.

부끄러워 낯을 못 들겠어.
낯을 못 들겠다더니 지금 아주 당당하게 걸어오네.

관 얼굴을 못 들다
부끄러워서 얼굴을 못 들겠다.
진짜 창피해서 얼굴을 못 들겠어.
상식 있는 사람이라면 얼굴 들고 못 다니지.
얼굴을 못 들고 다니겠다더니, 저 뻔뻔함은 뭐야.
차마 얼굴을 들 수 없다더니 또 이렇게 나타났네.

낯익다*

아, 낯익긴 한데 누군지 모르겠어.

낯익은데, 어디서 봤는지 기억은 안 나.
너무 낯익어서 다시 봤더니 동창이었어!

관 눈에 익다*
분명 눈에 익은 얼굴인데 언제 봤더라.

관 자주 보이다*
요즘 뉴스에 자주 보이네.
고라니가 자주 보이는 것 같아.
하도 자주 보이니까 이젠 뭐 아무렇지도 않아.

관 낯짝(이) 두껍다*

참 낯짝도 두껍지.

관 눈도 깜짝 안 하다*
눈 하나 깜짝 안 하고 어떻게 그럴 수 있어?

몰염치｜몰염치하다*
무례하고 몰염치한 사람 같으니.

관 얼굴이 두껍다*
넌 참 얼굴도 두껍다.

염치없다*
너무 염치없는 행동이야.
너 힘든 거 아는데, 내가 참 염치없지?

진상*
다른 사람이 봤을 때 나 진상이었겠지?
진상 손님 때문에 장사할 마음 안 생겨요.

철면피(鐵面皮)*
눈물도 양심도 없는 철면피 같으니.

관 철판(을) 깔다
아주 얼굴에 철판 깔았네.

파렴치｜파렴치하다*
무학자들을 상대로 사기 치는 파렴치한 사람이다.

---

33) 주먹은 얼굴을 의미하며, 목을 자르는 수어는 부정어 '못', '안'을 의미한다. 오른 주먹을 왼 손으로 잡았다가 목을 자르면 그것은 '얼굴을 못 들다'라는 표현이 된다.

관 내 것이 아니다[34]*

내 거 아니야.

내 거 아니래도.
내 것이 아닌데 주인 없으면 네가 가져.
내 것이 아닌 것도 같고 맞는 것도 같고 헷갈리네.
긴가민가｜긴가민가하다*
내 건가? 긴가민가한데.
아니다*
이게 아닌데.
분명히 아닌 것 같아.

관 내 말이 그 말

그러니까 내 말이 그 말이야.

관 내가 하고 싶은 말*
이거야. 내가 하고 싶은 말이야.
내가 하고 싶은 말인데, 딱 집어주네.
관 네 말에 동의하다*
네 말에 동의해.
전적으로 동의합니다.
관 네 말이 맞다*
네 말이 맞아.

관 내 정신 좀 봐[35]

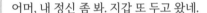

어머, 내 정신 좀 봐. 지갑 또 두고 왔네.

관 개념 없는 것
개념 없는 것들 때문에 우리까지 욕먹는 거지.
돌아버리다*
아 진짜 돌아버리겠다.
무개념*
너 정말 무개념이구나.
미치다*
내가 잠시 미쳤지.
병신*
병신 아니야?
관 염병을 떨다
술 먹다 말고 염병을 떠네.
염병하다｜염병할
참나, 염병하고 있네.
관 정신(이) 나가다*
이걸 버린다고? 얼마짜린 줄 알고? 정신 나갔어?
관 제정신이야?
너 지금 제정신이야?

---

34)   어떤 사건에 대해 반신반의하는 마음으로 턱을 문지르다가 사실이 아니라는 결론을 내는 모습에서 유래되었다. '노랗다'의 수어와
　　　비슷하여 혼동되지 않도록 오른 검지를 입가에 스쳐 길게 내민다.

35)   '생각'과 '전염'의 수어가 합쳐진 것으로, 어떤 일을 잊고 있다가 갑자기 생각났을 때 혼잣말로도 쓴다. 비정상적으로 행동하는 사람
　　　을 두고 이야기하거나 신세 한탄에도 쓴다.

관 내 코가 석 자[36]

내 코가 석 자다.

다급하다[*]
마감이 당겨지는 바람에 일이 많이 다급해졌어요.

코앞
시험이 코앞에 닥쳤는데 어쩌지!

관 한시가 급하다[*]
한시가 급해.
한시가 급한 일이야.
한시가 급한데 지금 어떻게 여유를 부려?

내다

올해 안에 개정판 낼 계획이야.

내놓다
진작 내놨어야지.

내주다
집 왜 내줬어? 네가 많이 아끼던 건데.

제출 | 제출되다 | 제출하다[*]
제출한 서류는 돌려받을 수 없어.

주다[*]
누구는 백 점 주고 누구는 빵점 주고.

내동댕이치다

전부 내동댕이치고 싶었어.

내던지다
이렇게 막 내던지면 스트레스가 해소가 돼?

내팽개치다
집에 오면 옷을 아무 데나 팽개치는 버릇이 있어.

놓치다[*]
여유 부리다가 기차 놓쳐버렸어.

버리다
난 한 철만 입고 버리는데?
반려동물 늙고 아프면 버리고 그러잖아.

관 싹 버리다
냉장고에 썩은 음식물 싹 버리고 와.
말도 없이 싹 버리다니, 너 정말 미쳤다.

파기 | 파기하다[*]
당장 파기해!

패대기 | 패대기치다
어떻게 날 바닥에 패대기칠 수가 있어?

폐기 | 폐기되다 | 폐기하다[*]
유통기한 지난 제품 전부 폐기해.

---

36) '한시가 급한 상황'을 표현할 때 콧등에 오른손 검지를 댔다가 주먹을 쥔 채 왼 주먹의 윗면을 길게 한 번 스친다. 반면에 양주먹을 짧게 두 번 스치면 그것은 '당황하다'의 의미가 된다.

내려놓다[37]*

육아도 집안일도 다 내려놓고 싶어.

과연 완전히 내려놓을지 두고 보면 알겠지.
근심 걱정 다 내려놓고 어디론가 떠나고 싶다.
관 그만하고 싶다*
이제 그만하고 싶어.
나야 당장 관두고 싶지. 그럼, 우리 식구는 누가 먹여
살리나?
놓다*
술장사에서 손 놓은 지 한참 오래됐어.

내리쬐다

햇빛이 내리쬐는 점심 시간대를 피하자.

관 눈(이) 부시다
손전등 빛이 세서 눈부셔.
라이트
블루라이트 차단까지 다 해서 30만 원 넘어.
비추다
나에게 조명을 비춰 줘.
양지바르다
바닷가가 보이는 양지바른 곳에 모셔드리자.
조명
조명발에 속지 말자.
채광*
여기 채광이 되게 좋네.
햇빛*
조수석에서 햇빛을 쬐었더니 이쪽이 더 까매졌어.

내버려두다*

그냥 내버려 두면 제풀에 꺾이겠지.

놔두다
그냥 놔둬 볼까.
놔두면 저절로 아물어.
냅두다
냅두라니까.
방치|방치되다|방치하다
병을 방치하면 더 키울 수 있어.
저렇게 방치할 거면 그냥 시설에 보내.
이런 엄동설한에 이대로 방치하면 죽어.
자유방임(自由放任)|자유방임하다
난 자유방임형이고 신랑은 과잉 보호형이라 사사건건
부딪쳤어.

---

37) 감투를 내려놓는 모습에서 유래한 수어로, 마음에 없는 일을 오래 계속하여 지긋지긋하거나 맡은 일을 그만두고 싶을 때 표현하는
말이다.

| **내용** | 왜 우리도 알면 안 되는 내용인 거야? |

경위
가서 사건 경위 잘 설명하면 돼.
과정[*]
어차피 누구나 다 겪는 과정이야.
사연
사연 들어보니 딱하고 불쌍해.
자초지종
너도 자초지종 들어보면 이해할 거야.

| **내쫓다**[*] | 밖으로 내쫓고 싶었어. |

내몰다[*]
친구가 크게 잘못한 것도 없는데 너무 내몰지 마.
몰아내다[*]
머릿속 잡생각 다 몰아내고 싶다.
유배|유배되다|유배하다[*]
옛날에는 죄인을 섬으로 유배 보냈어.
쫓겨나다[*]
나 지금 팬티 바람으로 집에서 쫓겨났어.
쫓아내다[*]
구걸하러 온 거지를 쫓아냈어.
추방|추방되다|추방하다[*]
그런 범죄자들은 사회에서 영원히 추방해야 돼.

| **내친걸음**³⁸⁾ | 이왕 내친걸음이니 한 바퀴 돌아보고 가자. |

(어미) **~ㄴ 김에**
온 김에 나 좀 도와주고 가.
나온 김에 저녁까지 먹고 집에 들어가자.
(어미) **~어 버리다**
더는 안 먹는 줄 알고 내가 다 먹어버렸는데!
기왕|기왕이면[*]
기왕 가는 거 뽕 뽑고 와야지.
(관) **깨진 그릇**
이미 깨진 그릇이야.
내친김
내친김에 같이 들어가 줄까?
내친김에 시장 들러서 장 좀 봐야겠다.

---

38) 두 손바닥으로 탁 부딪치는 것은 '했다'는 과거형 시제를 의미한다. 이왕 시작한 일은 끝을 봐야 한다거나 일이 되돌릴 수 없는 지경
에 이르렀으니 감행해야 한다는 의미를 내포하고 있다.

🔲 다 끝난 마당에*
다 끝난 마당에 지난 이야기 가져와서 뭐 해.
🔲 돌이킬 수 없다*
혼인 관계가 파탄 나서 돌이킬 수 없어.
맛들이다*
마약 한번 맛들이면 절대 못 끊어.
🔲 빠져들기 시작하면
게임에 빠져들기 시작하면 쉽게 못 그만둬.
🔲 약속했잖아
아까 약속했잖아, 벌써 오리발이야?
🔲 엎지른 물
엎지른 물이야. 미련 두지 마.
🔲 이미 끝난 일
이미 끝난 일 가지고 뭐라 또 하지 마.
이미 끝난 일인데, 이제 와서 어쩌려고?
🔲 이미 벌어진 일
이미 벌어진 일이야. 나는 모르는 일인 거야.
이상
시작한 이상 끝을 봐야 되지 않겠느냐?
이왕 | 이왕이면*
이왕이면 여기도 다 치우고 가.
이왕 이렇게 된 거 재미있게 즐기다 가자고.
🔲 주사위는 던져졌다
이미 주사위는 던져졌으니 기다려 보자.
🔲 한발 늦다*
한발 늦었어.

냄새	맡아봐도 무슨 냄새인지 모르겠어.

공기
역시 공기가 달라.
오늘따라 왜 이리 공기가 탁해.
내
밥 타는 내가 나는데?
내음
풀 내음 맡으니 좋다.
오랜만에 산 내음 맡고 마음 정화되는 기분이었어.
맡다*
향이 어떤지 한번 맡아봐.
고기 냄새 맡으면 다이어트가 안 되는데.
목숨*

목숨 귀한 줄 알고 열심히 살아!
네 목숨 살려줬는데 또 내 뒤통수를 때려?
산소
고산병 증세 보이면 산소호흡기 써.
생명[*]
생명과 직결된 문제야.
이 나이 되도록 생명보험 안 들고 뭐 했어?
숨쉬다
코가 막혀서 숨을 못 쉬겠어.
지하실에 들어오니까 숨쉬기 힘들어.
킁킁대다 | 킁킁거리다[*]
왜 아까부터 계속 킁킁대고 있어?
코가 막혔는지 코를 계속 킁킁거려요.
향[*]
커피 향 좋다.
절에서 피우는 향 맡으면 잡생각이 싹 없어져.
호흡[*]
호흡곤란이 오면 저기 빨간 벨을 누르세요.
호흡곤란 와서 병원 갔더니 당장 입원하라는데.

관 너 죽고 나 죽자　중간이 없고 매번 너 죽고 나 죽자야.

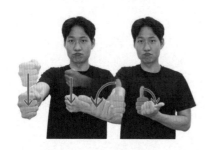

그래. 너 잘 만났다. 오늘 너 죽고 나 죽자.
너 죽고 나 죽자는 식의 물귀신 작전이야.
넌 오늘 죽었다. 너 죽고 나도 같이 죽자고.
너 죽고 나 죽자 이러면서 갑자기 달려들었어.
싸울 때는 너 죽고 나 죽자 하고 미친 듯이 싸워.
너 죽고 나 죽자고 날뛰는데 당연히 도망가야지.
어떤 날은 너 죽고 나 죽자 하고 물고 뜯고 싸우다가
언제 그랬냐는 듯이 배시시 웃어.

관 너는 너고 나는 나다　너는 너고 나는 나다. 이것은 진리지.

너는 너고 나는 나다. 이제 남남이라는 걸 받아들여.
너는 너고 나는 나다. 사생활 문제에는 터치하지 마.
너는 너고 나는 나다. 그러니까 생각이 다를 수 있지.
관 너는 너대로 나는 나대로
넌 너대로 난 나대로 사는 거야.
따로따로[*]
따로따로 가서 각자 취향대로 놀면 되지.
출근 시간이 안 맞아 아침은 따로따로 먹어.

관 너도 나처럼 될 수 있다[39]

너도 나처럼 되고 싶어?

너 나처럼 될까 봐 걱정돼서 그러지.

대물림 | 대물림되다 | 대물림하다[*]

가난을 대물림하고 싶어?

유전 | 유전되다 | 유전하다[*]

가족력이 자식에게 유전될까 봐 걱정 많지.

관 전철을 밟다

나와 같은 전철을 밟아서는 안 돼.

평행이론

마치 평행이론을 보는 것 같아. 소름 돋았어.

너무하다[*]

이건 해도 너무했다.

과하다[*]

과하면 독이 되는 것도 있어.

욕심이 과하면 화를 부를 수 있어.

비수지 표현이 과하고 부담스러운데요.

관 너무 가다

너 지금 너무 갔다.

관 너무 나가다

나가도 너무 나갔다.

넘기다[*]

마감 기한을 일주일 이상 넘기면 안 돼.

관 도가 지나치다[*]

장난이 도가 지나쳤어.

관 도를 넘다[*]

도를 넘으면 안 되는 거 나도 알아.

심하다[*]

내 발언이 그렇게 심했어?

폭력성이 점점 심해지고 있어요.

오버하다[*]

네가 제일 들떠서 오버하는 거 같은데?

지나치다[*]

말이 지나쳤어.

관심이 지나치면 오히려 부담될 수도 있다.

초월 | 초월하다[*]

비용이 상상 초월이네.

홍수 피해가 상상을 초월할 정도이다.

관 해도 해도[*]

해도 해도 너무하시네.

---

39) 내가 겪었던 일이나 잘못을 타인도 똑같이 경험할 수 있음을 내포한 것으로, '**전철을 밟다**' 또는 '**평행이론**'이라는 의미로도 바꿔 쓸 수 있다.

넓다[*]

넓은 마음으로 사람을 대하도록 노력해.

널찍하다
집이 널찍하고 깨끗해서 좋다.
넓어지다
집이 전보다 넓어져서 기분 좋네.
넓히다
사업을 하려면 인간관계 넓히는 것이 중요해.
확장|확장되다|확장하다
사무실 확장할 비용이 턱없이 부족해.

넘겨짚다

쓸데없이 넘겨짚지 말고 일이나 해.

겉모습만 보고 함부로 넘겨짚는 거 고쳐.
속단|속단하다[*]
아직 속단하긴 일러.
억측|억측되다|억측하다[*]
억측 좀 그만해.
섣부른 억측이 난무했다.
잘못짚다
그렇게 생각한다면 완전히 잘못짚었어!
지레짐작|지레짐작하다[*]
알아보지도 않고 지레짐작해서 처리하면 안 되지!
헛짚다
완전히 헛짚었네.

넘나들다

전 세계를 넘나들며 여행하고 싶다.

드나들다[*]
서로 제 집처럼 드나드는 사이야.
신혼집을 제 집처럼 이렇게 드나들면 되나?
뻔질나다[*]
나 없을 때 뻔질나게 하숙집을 드나들었잖아.
왔다 갔다 하다
하루 종일 왔다 갔다 하니까 다리 아프다.
이렇게 왔다 갔다 계속하면 너 몸살 나겠다.
우왕좌왕|우왕좌왕하다[*]
우왕좌왕하지 말고 차분하게 기다려 봐.
정류장이 어딘지 몰라 한참 우왕좌왕하다가 간신히
버스 탔어.
🔲 **이리 갔다 저리 갔다**
아까부터 왜 이리 갔다 저리 갔다 해?

넘어가다1

두루뭉술하게 넘어가면 안 되는데.

내가 이해할 테니까 너도 그냥 좋게 넘어가.
넘기다*
좋은 게 좋은 거다, 매사 이렇게 넘기면 안 돼.
지나가다
태풍 무사히 지나가길.
제발 오늘만 조용히 지나가 주면 안 돼?
지나치다*
동생 생일을 모르고 지나쳤는데 어떡하지.

넘어가다2

빚 생각하니까 밥이 안 넘어가.

넘기다*
목 넘김이 부드럽고 맛있어.
들이마시다
산에 올라 좋은 공기를 많이 들이마시니 상쾌하다.
들이키다
김칫국 시원하게 들이켰네?
간장인 줄 모르고 쭉 들이키더니 우웩!
(관) **목(을) 축이다**
목 좀 축이고 올게.
삼키다
뭐 삼킨 거야? 지금 당장 뱉어!
아니, 씹지도 않고 통째로 삼키면 어떡해.
(관) **통째로 먹다**
이 생선은 뼈가 부드러워 통째로 먹을 수 있어.

넘어가다3[40]

열 번 찍어 안 넘어가는 나무 없다.

말려들다*
다들 아는 얘긴데, 넌 왜 바보같이 말려들었어?
먹혀들다
계속 설득해 봤는데 전혀 먹혀들 기미가 없어.
먹히다
이게 생각보다 잘 먹힌다니까.
속아 넘어가다
속아 넘어갈 줄 알고?
속이다*
귀신은 속여도 난 못 속여.
(관) **페이스에 말리다***
절대 페이스에 말리면 안 돼.

---

40) 두 개의 낚싯바늘에 걸려들어 속아 넘어가는 모습을 형상화한 것이다. 어떤 기만행위에 완전히 속아 넘어갔다거나 감언이설에 혹해서 피해를 보게 되는 상황에 표현한다.

혹하다[*]
광고에 혹해서 살 뻔했어.
다들 알 만한 브랜드여서 순간 혹할 뻔했어.
관 홀딱 넘어가다
나도 그 사람 말발에 홀딱 넘어갈 뻔했어.

넘어지다[*]

확 걸려 넘어져라.

기절 | 기절하다
주사 맞다 기절하는 사람도 있어.
속여도 정도껏 속여야지. 사람 기절하게 만들고.
까무러치다[*]
엄마가 알면 까무러칠 텐데.
나자빠지다
뛰다가 나자빠져서 무릎 심하게 까졌어.
미끄러지다[*]
빙판길에 미끄러져 엉덩방아 찧었어.
실신 | 실신하다
제때 네가 안 왔으면 실신했을지도 몰라.
쓰러지다
술에 취해 쓰러져 있는 사람 하마터면 칠 뻔했어.
아버지가 쓰러졌다는 소식 듣고 가슴이 무너졌어.
자빠지다
퇴근길에 똥 밟고 자빠질 뻔했다.
졸도 | 졸도하다[*]
졸도 원인이 과로 때문이래.
갑자기 숨도 안 쉬어지고 졸도할 뻔했어.
헛디디다
계단에서 발을 헛디뎌서 아래로 데굴데굴 굴렀어.

넘치다[*]

싱크대에서 물이 넘치던데?

냄비에서 국물이 넘쳐 치우느라 죽는 줄 알았어.
넘쳐흐르다
맥주 거품이 넘쳐흐르는 게 아까워서 냉큼 핥았어.
범람 | 범람하다
장마철 되면 하천이 범람해서 도로가 침수돼.
천변이 범람해서 앞에 주차된 차들이 물에 잠겼어.
흘러넘치다
욕조 물이 흘러넘쳐 바닥으로 떨어지고 있잖아.

관 네 말이 옳다[41]*	그래. 네 말이 백번 다 옳아.

그렇고말고*
그렇고말고!
동감 | 동감되다 | 동감하다*
너도 동감하지?
난 공무원은 아니지만, 너무 공감된다.
관 **맞는 말이다***
다 맞는 말이야.
다 맞는 말이긴 한데, 한 가지만 짚고 넘어가고 싶어.
맞다*
인정하기 싫지만, 나중에 보니 네 말 다 맞았어.
옳다*
당신 말이 다 옳았어.
인정 | 인정되다 | 인정하다*
네가 하는 말 무조건 인정해.
관 **전적으로 동감하다***
선생님 의견에 전적으로 공감합니다.

노려보다*	왜 눈을 부릅뜨고 노려보냐?

관 **눈을 부라리다**
어디서 어린 것이 눈을 부라려!
도끼눈
도끼눈 뜨고 뭐래.
쏘아보다
쏘아보는 눈빛이 기분 나빴어.
째려보다
사람이 날 째려보면 나도 째려보거든.
흘기다
왜 무섭게 눈을 흘기고 그래.

노력	노력하다	나름대로 노력은 하고 있는데, 살이 쉽게 안 빠져.

관 **갈 데까지 가다**
갈 데까지 가보자구!
매진 | 매진하다*
학업에만 매진해서 내년에는 꼭 합격해.
분발 | 분발하다*
더 분발하면 내년에 꼭 합격할 수 있어.
성심 | 성심껏
대충하지 말고 성심껏 좀 만들어.

---

41) 상대방이 말하는 어떤 사실이 옳을 때 '**말**'의 수어 다음에 '**이기다**', '**인정**', '**체크**' 등의 수어와 병용한다.

성의 | 성의껏

성의껏 준비하면 돼.

집들이 선물로 휴지는 좀 성의 없어 보이려나.

애쓰다*

더 애써주셨으면 합니다.

정성 | 정성껏 | 정성스럽다

지극정성 아니라 그 정도면 극성이지.

정성이 지극하면 돌 위에 풀이 난다잖아.

정진 | 정진하다

이제 강의 안 듣고 논문 준비에만 정진하려고.

주력 | 주력하다

확장하기보다 기존 사업에 주력하고 싶어요.

관 총력을 다하다

산불 진화에 총력을 다하겠습니다.

최대한*

최대한 빨리 갈게.

필요한 만큼만 쓰고 최대한 아껴 써야겠지?

최선

최선을 다해볼게.

이젠 이게 최선인지도 모르겠어.

관 최선을 다하다*

난 최선을 다했다. 뒷일은 알아서 해.

관 힘닿는 데까지*

힘닿는 데까지 돕고 싶어.

힘쓰다

괜히 이상한 데 힘쓰지 말고.

관 힘을 다하다*

혼신의 힘을 다해볼게.

죽을힘을 다해 싸웠는데 허무하게 졌어.

노름

노름 끊기가 얼마나 어려운지 너도 알잖아.

실직하고 노름에 빠져 아내와 아이들 지갑까지 손댄 적 있었어.

도박

도박 때문에 사채까지 졌잖아.

도박하다가 걸린 게 뭐 자랑이야?

사람은 술과 도박에 빠지면 답이 없어.

마작*

술, 마작, 여자를 하는 남자라면 저질이야.

녹슬다	이제 머리가 녹슬었나 봐.

곰다
이런, 상처가 많이 곪았어.
때가 되면 곪아 터질 수 있어.
곰삭다
새우젓이 적당히 곰삭아서 맛있게 되었다.
낡다
옷이 많이 바래고 낡았어.
노후 | 노후되다 | 노후하다[*]
이 동네 주변을 둘러보면 노후된 건물 많아.
농익다
복숭아가 농익어서 그런지 즙이 줄줄 흐른다.
묵다
오래 묵을수록 감칠맛이 나지.
묵은지가 들어가서 깊은 맛이 우러나는 것 같아.
발효 | 발효되다 | 발효하다
이번에 김장한 게 발효가 잘돼서 맛있어.
부식 | 부식되다 | 부식하다
물에 닿으면 부식하기 쉬워.
부패 | 부패되다 | 부패하다[*]
생선이 부패하면서 나는 냄새 같은데?
상하다
상해서 아까 버렸어.
쉬다[*]
나물이 쉰 것 같아. 어제 무쳤는데.
썩다[*]
어딘가 썩은 고기 냄새가 나.
익다[*]
너무 익으면 무른 식감 때문에 못 먹는데요.

녹화	녹화되다	녹화하다	녹화는 됐는데 녹음이 안 됐어.

영상 통화할 때마다 녹화했었어.
사전동의 없이 녹화하면 처벌 가능해?
녹화한 거 다 봤는데 얘가 거짓말한 거 맞아.
불법 녹화 당할까 봐 영상 전화는 절대 안 받아.
저장 | 저장되다 | 저장하다[*]
폴더 별로 저장해야 나중에 찾기 쉬워.
저장 공간이 넉넉하지 않으니 유에스비 챙겨와.
일일이 저장하려면 최소한 한 시간은 필요할 듯.

놀리다	나 놀리니까 재미있어?

놀림
얼굴이 까맣다고 놀림도 많이 받았었어.
수어 이름이 놀림의 대상이 되기도 했어.
변덕스럽다
왜 이렇게 날씨가 변덕스러울까.
비아냥|비아냥거리다|비아냥대다
내가 뭘 물어보면 계속 비아냥거리듯이 말해.
빈정거리다
빈정거리지 마.
빈정대다
너 지금 나한테 빈정대는 거야?
관 **약(을) 올리다**
자꾸 약 올릴래!
우롱|우롱하다
우롱하는 것 같아 엄청 기분 나쁘다.
관 **입(을) 놀리다**
함부로 입 놀리지 마.
조롱|조롱하다
마치 조롱하듯이 말하는 투가 참 거슬리네.
조롱거리
졸지에 조롱거리가 됐다.
희롱|희롱하다
유부녀만 골라 희롱하던 건달이 체포되었다.

놀치다	본방 놓쳐서 내일 재방 보려고.

궁하다
돈이 많이 궁한가 보다.
옹색하다
자리가 옹색하니 그냥 서서 보는 게 낫겠다.
팍팍하다
먹고 살기가 왜 이리 팍팍할까.
관 **한발 늦다**
또 한발 늦었네.
허탕|허탕하다
편의점마다 들어갔는데 매번 허탕이었어.
관 **허탕 치다**
이번에도 허탕 쳤어.

뇌물*

뇌물을 왜 요구했나?

나 같으면 뇌물 줘서 원하는 거 얻었을 거야.

뇌물 수수

뇌물 수수 혐의로 구속됐어.

관 **뇌물(을) 먹다***

뇌물 먹은 횟수가 10건도 넘어.

과거에 뇌물 먹은 사실이 확인돼서 후보자 탈락시켰어.

관 **돈(을) 먹다***

설마 혼자 그 돈 다 먹었겠나.

솔직히 말해. 돈 얼마 먹었어?

관 **돈(을) 찔러주다**

야, 너 이사장한테 돈 좀 찔러줬지?

돈 찔러주고 무마하면 그걸로 끝인 줄 알아?

이사장에게 돈 찔러주고 채용됐다는 루머 있어.

누구나[42]

누구나 가입할 수 있는 거 아니야.

누구나 할 수 있는 실수니까 책망하지 마.

관 **누구 할 것 없이**

다음 모임에는 정하지 말고 누구 할 것 없이 오고 싶으면 오라고 해.

누구든지

앱만 있으면 누구든지 쉽게 찾아갈 수 있어.

우리 애는 낯가리지 않고 누구든지 다 좋아해.

관 **누구에게나**

누구에게나 일어날 수 있는 일이야.

누드*

누드모델 자세가 아주 과감해.

벌거벗다*

벌거벗은 채로 맞았던 기억이 있어.

세미누드*

세미누드 촬영이라 허락했는데 생각과 달랐어.

알몸*

알몸으로 수영해서 공연음란죄 벌금 물었어.

알몸 수색을 당한 데에 항의하는 시위를 벌였다.

목욕탕에서 알몸인 채로 인사했는데 참 민망했어.

관 **홀딱 벗다***

아무도 없는데, 우리 홀딱 벗고 들어가자.

옛날 백일 사진 중에는 홀딱 벗은 사진도 있어.

---

42) '누구'와 '모두'의 수어를 합친 것으로 특정인을 가리지 않고 모두 선택될 수 있음을 표현할 때 쓴다.

누락ㅣ누락되다ㅣ누락하다*

택배 누락됐는지 아무리 찾아봐도 안 보여.

거르다*
난 한 번도 아침을 거른 적 없어.
운동 자꾸 거르면 쉽게 살이 안 빠지지.
약은 꼭 3번 드셔야 하니 식사 거르시면 안 돼요.
빈틈*
사람은 누구나 빈틈이 있는 법이야.
너 어떻게 빈틈이 하나도 없을 수 있어?
빠지다*
하나 빠진 것 같은데 뭐지?
설렁탕엔 국수가 빠지면 안 되지.
빠트리다*
달걀 빠트려서 다시 마트 가야겠어요.
빠트린 물건이 있어서 다시 내려가고 있어.
빼먹다*
혹시 뭐 빼먹은 거 없나?
이런 식으로 또 빼먹으면 효과 없어.

누비다

울릉도만 빼고 모든 섬을 누비고 다녔었어.

돌아다니다
몇 군데 돌아다녔는데, 없다네.
방방곡곡(坊坊曲曲)
캠핑카 몰면서 방방곡곡 여행 다니는 게 목표야.
일주ㅣ일주하다*
내년에는 세계를 일주하고 싶어.
전전하다
밑바닥 삶을 전전하는 사람도 배울 점 많아.
우리 그 당시 돈이 없어 여인숙 전전하면서 여행 계속
다녔잖아.

관 누워서 침 뱉기[43]

자기 얼굴에 누워서 침 뱉는 격이지.

대가
학력 속이고 위장 취업했으면 대가를 치러야지.
관 대가(를) 치르다
본인 잘못에 대한 대가를 치르는 거지.
되받다
남에게 한 만큼 되받게 돼 있어.
관 뿌린 대로 거두다
누구나 뿌린 대로 거두는 법이지.

---

43) 자기 얼굴에 침을 뱉는 모습을 형상화한 수어로, '제 살 깎아 먹기', '뿌린 대로 거두다'라는 관용구와 상통한다고 할 수 있다.

업보
다 네 업보야.
현생을 착하게 살아. 업보를 쌓지 말아야지.
인과응보(因果應報)
인과응보라고, 언젠가 당할 날 있겠지.
관 자기가 싼 똥
결국 자기가 싼 똥 자기가 수습하는 거지.
관 제 살 깎아 먹기
제 살 깎아 먹는 행동이다.
죗값*
넌 죗값 톡톡히 치를 거야.

누적 | 누적되다 | 누적하다*
스트레스가 누적되면 몸에 이상 신호가 오더라.

비축 | 비축되다 | 비축하다
우리 집에도 만일을 대비해 쌀을 비축해 뒀어.
쌓다*
공들여 쌓은 탑이 이렇게 쉽게 무너질 수 있구나.
쌓이다*
서로 쌓인 게 많아서 도저히 대화가 안 돼.
저금*
저금 깨서 이사 비용에 보태기로 했어.
저장 | 저장되다 | 저장하다*
중요한 파일이니까 외장하드에도 저장을 꼭 해둬.
저축 | 저축되다 | 저축하다*
저축한 돈을 한방에 다 써버려서 속상해.
적립 | 적립되다 | 적립하다
포인트 적립 필요 없고 그냥 환불해 주세요.
축적 | 축적되다 | 축적하다
몇 년을 축적해온 살인데 몇 달 만에 쉽게 빠지겠나?

관 눈 가리고 아웅[44]
눈 가리고 아웅 하는 식으로 또 그러면 가만 안 둬.

가장 | 가장되다 | 가장하다
택배원으로 가장하고 가택 침입한 사건 많아.
감쪽같다*
어찌나 감쪽같이 속였는지.
그럴듯하다*
비주얼은 그럴듯한데 맛은 진짜 없어.
꾸미다*
시간 들여 꾸며봤는데 어때?

---

44) 마술사의 민첩하고 현란한 손놀림에서 유래한 수어로, 상황을 거짓으로 꾸미거나 흔적을 남기지 않고 말끔하게 처리할 때 감쪽같다는 상황에 널리 쓰인다.

눈가림 | 눈가림하다
이거 눈가림할 방법이 없을까?

눈속임 | 눈속임하다
눈속임이 보통이 아니구먼.

둔갑 | 둔갑되다 | 둔갑하다
리퍼폰을 새것으로 둔갑시켜 파는 곳도 많아.
무사고차로 둔갑해서 중고 시장에서 유통됐어.

반전 | 반전되다 | 반전하다*
엄청 착할 것 같았는데 반전이네.

변장 | 변장시키다 | 변장하다
마스크 하나 가지고도 변장이 되네.

속임수*

어디서 그딴 속임수 쓰려고?
그런 속임수가 통할 줄 알았어?

야바위 | 야바위하다
옛날에는 길거리에 야바위꾼이 많았어.

위장 | 위장되다 | 위장하다
위장결혼 알선하는 브로커들이 줄줄이 구속됐지.

위조 | 위조되다 | 위조하다
위조지폐인지 단번에 알아볼 수 있다고?

관 **진짜 같다***
가짜가 이렇게 진짜 같다니.

커버
진짜 커버가 감쪽같이 되네.
염색약으로 새치 커버가 안 돼.

관 **티가 나지 않다***
초보티는 안 나니까 대충 해도 돼.

관 **눈 딱 감다***

눈 딱 감고 질렀어.

눈멀다
사랑에 눈멀어서 결혼한 게 일생 최대 실수였어.

관 **눈에 뭐가 씌다***
그날 내가 눈에 뭐가 씌었나 봐.

관 **눈에 콩깍지가 씌다***
눈에 콩깍지가 씌었던지 모든 게 다 좋아 보였어.

맹목적*
그가 하는 말은 맹목적으로 따르는 것 같아.

관 **아무것도 묻지도 따지지도 않고**
핫하다길래 묻지도 따지지도 않고 주문했어.

관 **눈 뜨고(는) 못 보다**[*]

눈 뜨고는 못 보겠어.

관 **눈 뜨고 볼 수 없다**[*]
차마 눈 뜨고 볼 수 없었어.
눈 뜨고 볼 수 없을 정도로 잔인했어.
관 **눈꼴(이) 시리다**[*]
눈꼴 시려서 못 봐주겠어!
눈꼴 시리지만 봐줘야겠지?
둘이 딱 붙어서 뽀뽀해. 참 눈꼴 시리네.
망측하다[*]
바지가 너무 끼는 게 망측해!
망측해서 끝까지 못 보고 눈 질끈 감았어.
어머 속옷 아니야? 망측해. 이렇게 왜 입었어!
할아버지가 삼각팬티만 입고 활보해. 망측해라.
관 **못 보겠다**[*]
도저히 못 보겠어!
심장 떨려서 못 보겠다.
아이, 눈 뜨고 못 보겠네!

관 **눈 감아 주다**

이번만 눈 감아 줄게.

알면 과연 눈감아줄 수 있을까?
지금껏 눈 감아 준 게 몇 번째야!
봐주다 | 보아주다[*]
이제 봐주기 힘들 거야.
봐주는 데도 한계가 있어.
더 봐주면 안 돼. 버릇 나빠져.
난 봐주기식으로 가벼운 처분을 내린 것 같아.
이번만 봐줄 테니까 내일 하루만 외출 허가야.

눈대중 | 눈대중하다⁴⁵⁾

대충 눈대중으로 하면 되지.

가늠 | 가늠되다 | 가늠하다
사이즈가 가늠이 안 돼서 못 고르겠어.
눈가늠
대략 몇 그릇이 나올지 눈가늠해 봐.
밥을 지을 때는 물양 눈가늠을 잘해야지.
눈짐작 | 눈짐작하다
이제 눈짐작으로도 밥물의 양을 맞출 수 있지.
관 **대중(을) 잡다**
대중잡아 최소한 이틀은 걸릴걸?

---

45) 개개인의 잣대를 의미하는 양손 검지를 X자 형태로 포갰다가 양쪽으로 펴는 동작을 취함으로, 어떤 사실을 눈짐작으로 헤아리는 상황에 쓴다.

미루다
두 사람 입장, 미루어 보면 이혼 가능성 높아.
미루어 짐작하지 말고 결과 나올 때까지 기다려.
분석 | 분석되다 | 분석하다
네가 무슨 심리분석가야?
어림잡다
어림잡아 말씀해 주셔도 됩니다.
광장에 모인 사람이 어림잡아 만 명은 될걸.
어림짐작
어림짐작한 건데, 한 번에 맞혔네.
한
한 오십 명 전후로 올 거야.

관 **눈독(을) 들이다***

아무래도 동생이 내 시계에 눈독 들이는 거 같아.

경기에 집중 안 하고 경품에만 눈독 들이니 되겠어?
노리다*
경품 노리고 가입하는 사람도 있어.
관 **눈에 불을 켜다***
눈에 불 켜고 달려드는 기세였어.
관 **쌍심지(를) 켜다**
아주 쌍심지를 켜고 대들더라.
관 **혈안(이) 되다**
왜 그리 혈안이 됐는지 알겠더라고.

관 **눈동냥 귀동냥**

눈동냥 귀동냥하면서 배우면 되지.

배우다*
책으로 공부하는 것하고 현장에서 배우는 건 달라.
섭렵 | 섭렵하다*
수어 교실 등록해서 초급, 중급, 고급 전 과정을 차례
로 섭렵해 보고 싶어.
관 **어깨너머로 배우다***
어깨너머로 배웠어.
관 **얻어들은 풍월**
사람들 만나면서 얻어들은 풍월이 좀 있어.
관 **익히 봐오다***
예전부터 익히 봐와서 잘 알지.
익히다*
어린 나이에 기술 익히더니 지금은 명장 됐어.
접하다*
접할 기회가 거의 없어서 잘 모르겠어.

관 눈물(이) 없다[*]

얘는 눈물이 없는 사람이야.

관 국물도 없다
또 그러면 국물도 없을 줄 알아.
매몰차다[*]
너무 매몰차게 대하지 마.
관 봐주지 않다[*]
더는 못 봐줘.
난 처음부터 봐줄 생각이 없었어.
관 인정이 없다
인정머리 없는 사람 같으니.
관 자비란 없다
자비란 없다.
관 피도 눈물도 없다
피도 눈물도 없다.

관 눈알(이) 나오다⁴⁶⁾

눈알이 튀어나올 뻔했어.

어마어마하다[*]
공항에 사람이 어마어마해.
우와[*]
우와, 경치가 죽인다.
우와, 김밥 속이 열다섯 가지도 넘겠다.
휘둥그레|휘둥그레지다[*]
신랑이 가격표 보더니 눈이 휘둥그레진다.
눈이 휘둥그레질 정도로 그렇게 놀랄 일이야?

관 눈앞에 두다[*]

곧 복직을 눈앞에 두고 있어.

가까워지다[*]
어제 회식을 계기로 좀 더 가까워진 느낌이야.
관 거의 다 오다
거의 다 왔어.
곧[*]
곧 좋은 소식 있을 거야.
근접하다
근접해서 찍었는데 잘 나왔다.
머지않다
머지않아 좋은 날이 올 거야.
육박하다[*]
오늘 기온이 35도에 육박하는 것 같아.
한국 영화 시장 점유율이 50%에 육박했다.

---

46) 사람이 어떤 장면을 보고 눈이 커지고 툭 튀어나오는 모습을 형상화한 것으로, 주로 기대 이상으로 놀라거나 감탄을 금치 못하는
     경우에 쓴다.

조만간[*]
조만간 연락할게.
코앞[*]
시험이 코앞이라 도서관 가야 해.
관 코앞에 닥치다[*]
막상 코앞에 닥치니 마음 급해지네.

관 눈에 거슬리다⁴⁷⁾

요상하게 말은 앞머리가 눈에 너무 거슬려.

관 눈에 보이다[*]
내 눈에는 잘 보이는걸.
눈엣가시
눈엣가시와 같은 존재라고 생각하면 돼.
관 보일락말락
움직이니까 배가 살짝 보일락 말락 해.
비치다[*]
속이 다 비친다고, 어서 갈아입어요.
소변에서 피가 비치면 위험. 바로 병원 가야 해.
관 속(이) 보이다 | 들여다보이다
너 지금 속이 다 보여.
시도하다
일단 시작했으니 뭐라도 시도해 봐.
기회 된다면 한번 시도해 보고 싶죠.
역력하다[*]
실망한 기색이 역력했어.
관 자꾸 보이다[*]
저 사람 누구야? 요즘 센터에서 자꾸 보이네.
관 티(가) 나다[*]
화장 살짝만 했는데 티가 많이 나?
관 티(를) 내다[*]
티 내도 돼. 그래야 상대가 알지.
해보다[*]
너도 해볼래?
이런 거 지금 아니면 언제 해보겠어.

관 눈에 들어오다

등대 불빛이 밤에는 눈에 확 들어오잖아.

관 눈에 띄다
눈에 확 띌 만큼은 아니니까 신경 쓰지 마.
관 눈에 확 들어오다
넌 키가 크니까 어딜 가도 사람 눈에 확 들어오잖아.

47) 사람의 시야에 뭔가 포착되는 것이 있을 때 쓰이며, 다른 의미로 '눈엣가시'와 같은 존재를 일컫기도 한다.

도드라지다
광대뼈가 도드라질 정도로 살이 많이 빠졌어.
두드러지다
두드러지게 눈에 띄니까 부담스럽네.
🔲 **뭔가 보이다***
뭔가 보이면 시선이 그쪽으로 자연스럽게 가잖아.
하늘에 뭔가 날아가는 게 보였는데 뭔지 모르겠어.
시선 강탈(始線 强奪)
완전히 시선 강탈이네.
🔲 **시선(이) 끌리다**
해변에서 화려한 수영복에 시선이 확 끌리네.
🔲 **잘 보이다***
여기서 네가 제일 잘 보여.
튀다*
나이트클럽 가려면 튀는 원색으로 입어야지!
치마 짧은 게 너무 튀는데? 나이 좀 생각하고 차려
입어.

🔲 **눈에 띄다**

내 눈에 띄기만 해라.

눈에 띄지 않도록 조심해.
눈에 띄기 싫어하는 성격이야.
눈에 띄기만 하면 넌 이미 죽은 목숨이야.
들키다*
아무한테도 안 들켰지?
안 들키게 조심하랬는데.
들키면 끝나는 거 아니야?
택배가 일찍 와서 아내에게 들켜 버렸어.
들키지 않게 문 앞에 놓고 가라고 했는데.
엄마한테 들켜서 등짝 스매싱 맞았지 뭐야.

🔲 **눈에 보이다***

여기서도 눈에 잘 보여.

눈에 보이니까 의욕이 막 생겨.
눈에 잘 보이는 쪽에 현수막 걸어.
🔲 **눈에 보이길래**
눈에 보이길래 나도 모르게 손이 갔어.
세일 상품이 눈에 보이길래 냉큼 사 왔어.
🔲 **눈에 보이는 대로**
눈에 보이는 대로 다 집어넣었어.
가격도 안보고 눈에 보이는 대로 막 사는구나?

관 눈에 아른거리다

맨발로 뛰쳐나간 그 소녀가 자꾸 눈에 아른거려.

관 계속 떠오르다[*]
그 장면이 계속 떠올라.

관 계속 생각나다[*]
저번 홍수에 펜션이 떠내려간 게 계속 생각나.

관 뇌리에 남다[*]
그 일이 계속 뇌리에 남아 있어.

관 눈에 밟히다
울던 아이가 자꾸만 눈에 밟혀.

관 눈에 선하다
어머니 뒷모습이 아직도 눈에 선해.

관 머리에 맴돌다
집중이 안 되고 어제 일이 자꾸만 머리에 맴돌아.

관 자꾸만 생각나다[*]
안 좋은 기억이 자꾸만 생각나.

트라우마[*]
트라우마 평생 안고 가야 하는 거야.
얼마나 트라우마가 심하면, 온몸 떠는 것 봐.

관 눈(이) 감기다[*]

자꾸만 눈이 감겨.

나도 모르게 눈이 감긴다.
눈이 자꾸 감기는 게 춘곤증인가 봐.

관 눈꺼풀(이) 천근만근
이제 눈꺼풀이 천근만근이야.

졸리다[*]
졸리면 그냥 자.
이 시간쯤 되면 항상 졸려.
눈이 아프고 졸려서 나 먼저 잘게.
어제 푹 잤는데도 하루 종일 자꾸만 졸려.

관 눈(이) 많다

보는 눈이 많아서 안 돼.

보는 눈이 많은데 다른 데 갈까?
여기 눈이 많으니까 저 구석으로 가자.

관 (사람명사)(가 이) 다 보다[*]
사람들이 다 보잖아.

관 훤히 다 보이다
밖에서 훤히 다 보여.
훤히 보이는 곳 말고 칸막이가 있는 데 가자.
저기 공용 샤워실 훤히 다 들여다보이는데?

관 눈(이) 맞다

두 사람이 눈 맞아서 도망갔대.

관 마음이 통하다[*]
후배도 마음이 통하면 난 친구 할 수 있어.
마음이 통하는 친구는 어지간해선 만나기 힘들어.
관 전기(가) 통하다
둘이 전기가 통한 모양이야.
정분나다
이러다가 정분나겠다.
남녀가 종일 붙어 있으면 정말 정분나나 봐.

관 눈(이) 삐다[48)*]

내가 순간 눈이 삐었나 봐.

아니 그런 사람한테 빠지다니, 눈이 삐어도 단단히 삐
었구나.
관 눈앞에서 놓치다[*]
눈앞에서 바로 놓치다니!
관 잘못 보다[*]
내가 잘못 본 건가.
잘못 보고 실수했어요.
미안해. 내가 잘못 봤나 봐.
관 한눈팔다[*]
한눈팔면 사고 나.
한눈팔지 말고 일 똑바로 해.
잠시 한눈팔다 주차장에서 벽을 박았어.
관 헛것(을) 보다[*]
내가 지금 헛것을 본 건가.
헛것을 본 것일 수도 있어.
네가 헛것을 본 거야. 정신 차려.

관 눈치(가) 빠르다

눈치 하나는 진짜 빨라.

눈치가 엄청 빠른 친구라 잘할 거야.
얘는 행동이 좀 둔해 보여도 눈치가 진짜 빨라.
관 눈썰미(가) 좋다[*]
눈썰미가 참 좋으시네!
눈썰미 좋은 사람은 바로 알아보지.
역시 고수의 눈썰미는 남다르시네요.
눈치[*]
이번에 새로 들어온 신입, 눈치도 없고 철도 없다.
찾아내다[*]
잘도 찾아내네.

---

48) 첫 번째 사진은 안구가 아래로 뚝 떨어지는 모습을 형상화한 수어로, 정작 중요한 내용을 제대로 보지 못하거나 한눈을 팔거나 헛
것을 보는 경우에 쓴다. 두 번째 사진은 계획이 틀어지거나 의도대로 되지 않았을 때 눈 밑에 검지를 댔다가 새끼손가락을 잡고 위
로 올린다.

관 눈치(를) 보다[*]

남 눈치 볼 것도 없어.

내내 눈치 보이고 가시방석이었어.
내가 사장인데 직원들 눈치까지 봐가면서 일하잖아.

눈치 | 눈치껏[*]
일 있으면 중간에 눈치껏 빠져나가.
밥 다 먹었으면 같이 치우든가 눈치껏 행동해야지.

관 눈치(가) 보이다[*]
연가 내는 것도 괜히 찔리고 눈치 보여.
신세 지는 게 눈치 보여서 친구 집을 나왔어요.

관 눈치(가) 있다[*]
얘는 눈치도 있어서 상황 파악이 빨라.
눈치라도 있어야지. 내가 일일이 다 말해야 하나.

관 눈치(를) 살피다[*]
내 눈치 살피지 말고 네 맘 가는 대로 해.

눈치채다

아무래도 눈치챈 거 같아.

간파 | 간파되다 | 간파하다
표정만 보고 말하려는 게 뭔지 바로 간파하더라.

감지 | 감지되다 | 감지하다
위험을 감지하고 곧장 밖으로 나왔어.
외부 침입 감지하면 빨간 불이 깜빡깜빡해.

낌새
낌새가 이상해서 뒤를 좀 밟아봤어.

낌새채다
뭔가 이상한 낌새를 챘어.

알아차리다[*]
말하려고 하는 것이 무엇인지 단박에 알아차려.

알아채다
어떻게 단번에 알아챘어?

관 눈코 뜰 사이 없다

개업 5일차, 오늘도 눈코 뜰 새 없이 바빴어.

공사다망(公私多忙) | 공사다망하다
작년은 결혼 준비에 창업까지 참 공사다망했어.

동서분주(東西奔走) | 동서분주하다
요 며칠 이사하느라 동서분주하고 정신없었어.

부산스럽다
아침부터 김밥 싸느라 엄청 부산스러웠어.

관 엄청 바쁘다
하루 종일 엄청 바빴어.

| 눌러앉다* | 언제까지 눌러앉아 있을 거야? |

놀러 왔는데 마음 같아서는 눌러앉고 싶어.

관 눌러 있다*

당분간 동생 집 가서 눌러 있으려고.

직장 구할 때까지만 눌러 있으면 안 되나?

관 눌러 지내다*

딱 한 달만 눌러 지내기로 했어.

달라붙다*

한 달 전부턴가 달라붙더니 나갈 생각도 안 해.

들러붙다*

거머리처럼 들러붙어서 내 돈을 축내고 있어.

| 관 느낌(이) 오다49) | 보자마자 느낌 왔다. |

관 가슴에 와닿다

가슴에 와닿는 게 하나도 없었어.

감지|감지되다|감지하다

움직임이 CCTV에 감지되면 센서가 작동되거든요.

결리다

팔을 위로 올리면 어깨가 결리고 아파.

뜨끔하다

댓글 보면서 내 얘기 같아서 속으로 뜨끔했어.

아무도 뭐라 안 하는데 괜히 혼자 뜨끔하고 그런 적

있잖아?

관 마음에 와닿다

마음에 와닿는 게 없어?

난 별로 마음에 와닿지 않았는데.

관 예감(이) 들다*

안 좋은 예감이 들었던지 후다닥 뛰쳐나가더라.

자극|자극되다|자극시키다|자극하다*

선배 성공담 듣고 완전히 자극받았어.

자극제*

실패가 좋은 자극제가 될 거야.

저리다

컴퓨터 많이 해서 그런지 손목이 저리고 아파.

직감|직감되다|직감적|직감하다

난 직감이 잘 맞는 편이야.

직감적으로 뭔가 잘못됐구나 싶었어.

짜릿하다*

다이빙했을 때 기분이 너무 짜릿했어.

저 놀이기구 타보자. 온몸이 짜릿해질 거야.

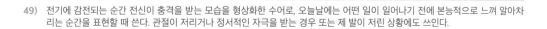

49) 전기에 감전되는 순간 전신이 충격을 받는 모습을 형상화한 수어로, 오늘날에는 어떤 일이 일어나기 전에 본능적으로 느껴 알아차리는 순간을 표현할 때 쓴다. 관절이 저리거나 정서적인 자극을 받는 경우 또는 제 발이 저린 상황에도 쓰인다.

관 촉이 오다

처음 봤을 때 촉 왔나?

촉이 오면 얼굴 표정이 달라져.

느리다*	왜 이렇게 느려?

굼뜨다*

왜 이렇게 굼뜨니.

난 성격이 급해서 빠른데 신랑은 너무 굼떠.

관 나이(가) 들다

너도 나이 들면 후회할 거야.

팔자 주름 때문에 더 나이가 들어 보여.

관 나이(를) 먹다

나도 나이를 먹고 있어.

나이 먹어서 그런지 매사 다 귀찮아.

노년*

오지에 집 한 채 지어 노년을 조용히 보내려고.

노화|노화되다|노화하다*

눈가는 다른 부위에 비해 노화되기 쉬워요.

다른 신체 기관에 비해 눈의 노화가 빠른 편이야.

노후*

정년퇴직하고 노후를 준비하면 늦어.

느려지다

스마트폰이 점점 느려지고 있어.

느려터지다

컴퓨터가 구형이라 느려 터져서 답답해.

느릿느릿

느릿느릿 가지 말고 후딱 뛰어가라고.

늙다

아무리 나이가 들어도 마음은 안 늙어.

어려서 겉늙은 사람이 나이 들어서 안 늙는대.

더디다*

요새 일이 더디고 실수도 많이 해.

둔하다

옷이 두꺼워서 움직임이 너무 둔해.

뜨다

동작이 그렇게 떠서야 오늘 안에 다 하겠어!

세월아 네월아

세월아 네월아 이러다 시간 다 가겠어.

연로하다

부모님이 연로하셔서 밥을 잘못 드시거든.

126

올드(old)하다
6대4 가르마 하면 올드해 보인다는 소리 들어서.

늘씬하다 | 늘씬해서 옷발이 좋잖아.

가느다랗다[*]
넌 팔다리가 가느다래서 뭘 입든 비주얼 확 살아.
가늘다[*]
너무 가늘어서 똑 부러질 것 같아.
날씬하다
치마 입으면 더 날씬해 보여요.
날씬하다고 다 건강한 거 아니야.
마르다
마른 체형은 추위를 많이 타잖아.
빼빼하다
전체적으로 빼빼한 느낌이 있으니까 좀 더 살찌워.
앙상하다
앙상한 몰골이 흡사 미라 같았어.
호리호리하다
처녀 때는 호리호리했었는데, 지금은 배만 볼록한 개구리가 됐어.
홀쭉하다[*]
많이 홀쭉해져서 몰라볼 뻔했어.

늦다[*]

출근길 버스 놓쳐서 늦었어.

오늘 모임에 늦을 것 같으면 미리 얘기해 줘야지.
늦추다[*]
더 기한 늦추지 말고 빨리해.
더디다[*]
공사가 예정보다 더디게 진행되고 있어.
관 **돌이키기에는 늦다**[*]
돌이키기에는 많이 늦었어.
관 **때를 놓치다**[*]
때를 놓쳐서 가지 못했어.
물건너가다
이미 물 건너갔으니 싹 다 잊어버려.
지각 | 지각하다
맨날 지각해.
지나다[*]
약속 시간 십분 지났는데.

지지부진 | 지지부진하다*

계속 지지부진하다 예산 부족으로 결국 잠정 보류됐어.

차차*

우리 앞으로 차차 보겠지.

천천히

급할수록 천천히 하랬다!

시간을 두고 천천히 풀어.

판 한발 늦다*

한발 늦었어.

어미 ~다 못해 · 어미 ~다면 · 어미 ~다면서 · 관 다 그래* · 관 다름이 아니라 · 관 다수결로 이기다 · 관 다시 하라면 못하다* · 다용도 · 다음* · 다치다 · 다루다* · 닥치다* · 단념하다 · 단독적* · 단짝 친구 · 단체* · 단호하다* · 달래다 · 관 닭살(이) 돋다 · 관 닮아가다 · 닳다 · 담당하다 · 답답하다* · 당 · 당당하다* · 당연하다* · 당하다 · 당황하다 · 대강 · 대개 · 대단하다* · 대면하다 · 대물림하다 · 관 대박(이) 터지다 · 대비하다* · 대서특필(大書特筆) · 더치 페이 · 관 덜떨어지다 · 덤 · 데칼코마니 · 관 도가 지나치다 · 도난 · 도도하다* · 도망치다* · 관 도움(을) 청하다* · 도착하다 · 독설 · 독특하다* · 독하다 · 돈 · 돈돈거리다 · 관 돈(을) 굴리다 · 관 돈이 어디서 났어? · 돌리다 · 돌아가다 · 돌아가시다* · 돌아서다 · 동감하다* · 동갑* · 동나다 · 동떨어지다 · 동문서답(東問西答) · 관 두 눈으로 똑똑히 보다 · 두 배 · 관 두 사람 문제* · 관 두 손 두 발 들다 · 두루뭉술하다 · 두말하다 · 관 뒤가 켕기다 · 뒷담화 · 뒷전 · 드나들다 · 드리다 · 드물다 · 들뜨다 · 들러리 · 들르다 · 들쑥날쑥하다 · 들이대다 · 들키다* · 등재하다 · 관 등쳐먹다 · 등한시하다* · 딱* · 관 때깔(이) 좋다 · 때문 · 땡잡다* · 떠나다 · 떠들썩하다 · 떠벌리다 · 떵떵거리다* · 관 떼돈을 벌다 · 똑똑하다* · 똑바로* · 관 뜸(을) 들이다 · 뜸하다* · 띵하다

어미 ~다 못해   참다못해 손찌검을 하고 말았어.

관 답(이) 없다*
이 사람은 진짜 답이 없어.
막무가내(莫無可奈)|막무가내하다*
아무리 좋게 말해도 끝까지 막무가내야.
불가능|불가능하다
그렇게 하는 게 애초에 불가능하거든.
불능|불능하다*
진짜 구제 불능이네.
아예*
아예 못 알아볼 정도였다니까.
안되다*
넌 죽었다 깨어나도 안 돼.
이래서 더는 대화가 안 된다고.

어미 ~다면*   네가 한다면 마음이 조금은 편했을 텐데.

어미 ~었더라면*
결혼 전에 진작 알았더라면.
그때 십 분만 더 기다렸더라면 우리 다 만났을걸.
가령
가령 1억이 생긴다면 어떻게 하고 싶어?
가정|가정되다|가정하다
그 사람이 안 된다고 가정하고 후보를 준비해 놔.
만약
만약에 아니면? 어쩔 거야?
만약 네 자녀라면 어떻게 할 거야?
만일
만일에 쟤가 그랬다면 그렇게 화 안 냈겠지?

어미 ~다면서   안 한다면서.

한 번에 통과될 거라면서?
아무것도 할 줄 모른다면서?
잘 안다면서 이제 와서 딴 말 해?
할 수 있다면서 말로만 그러잖아.
교통사고로 차가 많이 파손됐다면서?
10분이면 도착한다면서 10분 벌써 지났잖아.
관 그렇게 말하다*
안 만난다고 그리 말했는데.
나가라고 그렇게 말했으면서.
방금 못 간다고 그렇게 말하지 않았나?

관 다 그래[50]*

처음에는 다 그래.

사는 게 누구나 다 그렇지 뭐.
다들 그렇게 살아. 너만 그런 줄 알아?
관 누구나 다 같다*
행복해지고 싶은 마음 누구나 다 같아.
관 다 그렇다*
원래 절차가 그런 건가?
경상도 남자라고 원래 다 그런 건 아니야.

관 다름이 아니라

다름 아니라 음성 통화 부탁하려고.

다름 아니라 내일 가는 길 잘 몰라서.
다름 아니라 장소 변경된 거 확인하려고.
다름 아니라 2쇄 내일 입고 예정이었는데, 출판사 사
정으로 2주 정도 늦어진다고 합니다.
관 다른 게 아니라
다른 게 아니라 자료 검토 좀 부탁하려고요.
다른 게 아니라 제가 손을 다쳐서 당분간 작업이 어려
울 것 같아서요.

관 다수결로 이기다[51]

이미 다수결로 이긴 걸 왜 받아들이지 않아?

다수결이 의미가 있어? 다 짜고 하는 거잖아.
점심은 다수결의 원칙에 따라 분식으로 결정!
표결에 붙여진 법안이 다수결로 통과되었어요.
다수결
다수결의 원칙을 따르지 않으면 어떻게 돼?
관 다수결에 밀리다*
매번 다수결에 밀리니까 만년 부회장이야.
다수결에 밀리면 당연히 원하는 대로 못 하지.

관 다시 하라면 못하다*

다시 하라면 못해.

다시 하라면 이제는 못 할 것 같아.
관 다시는 안 하다*
다신 안 하겠다는 말 하기만 해봐라.
수당이 이 정도밖에 안 돼? 다신 안 해!
관 절대로 안 하다*
나라면 절대 안 해.
이제 음주운전은 절대 안 할 거야.

---

50) '우리'의 수어는 오른 손비닥을 가슴 앞에 위치하고 왼쪽에서 오른쪽으로 한 바퀴 돌린다. 그 반대 방향으로 한 바퀴 돌리면 그것은
특정인이 아닌 막연한 사람을 모두 가리켜 표현하는 '**누구나**'의 수어가 된다. '**누구나**'와 '**같다**'의 수어를 병용하면 '다 그래' 또는 '다
똑같다'의 관용표현으로 풀이된다.

51) '**한 명**'을 의미하는 검지와 '**다수**'를 의미하는 다섯 손가락끼리 나란히 마주 보고 다섯 손가락을 주먹을 쥐었다가 위로 올리면서 펼
치는 '**이기다**'라는 수어를 병용한다.

| 다용도 | 책상, 식탁 등등 다용도로 쓰기 좋아. |

다목적
여기저기 막 쓰게 다목적 세정제로 해.
다방면
이번 회장은 다방면으로 뛰어난 사람이라는데.
다양하다[*]
이 양념 한번 만들어 두면 다양하게 활용이 돼.
다양화 | 다양화되다 | 다양화하다[*]
제품을 다양화해서 종류를 늘려 보면 어떨까?

| 다음[*] | 다음 기회로 미루는 게 좋겠어. |

다음엔 더 일찍 가서 명당 자리 잡아야지.
가자[*]
이제 가자.
나중[*]
이 일은 나중에 해도 늦지 않아.
지금 일을 나중으로 미루지 마라.

미래
주인공은 미래를 내다보는 초능력이 있나 봐.
앞으로
회사 잘렸는데 앞으로 어떻게 먹고 살 거야?
차후[*]
이 문제는 차후에 다시 논의해.
추후[*]
합격 여부는 추후에 개별 통지한답니다.

| 다치다 | 다친 데는 없어? |

부상 | 부상하다
부상이 심해서 전치 4주 진단받았어.
상처
상처가 너무 깊어서 꿰매야 될 것 같아.
상하다[*]
기분 상했다면 미안해.

손상 | 손상되다 | 손상하다[*]
박스에서 손상된 것만 골라서 분리해 주세요.
파손 | 파손되다 | 파손하다[*]
우박으로 차가 많이 파손됐다면서?
훼손 | 훼손되다 | 훼손하다[*]
문화재인데 이번 지진으로 심하게 훼손이 되었어.

다투다*	시댁 문제로 남편하고 많이 다투기도 했어.

논쟁 | 논쟁하다*
생산적인 논쟁은 유익하지.
다툼
명절에 돈 얘기까지 나오니까 다툼이 더 커졌어.
분쟁 | 분쟁하다
급발진 사고를 놓고 분쟁이 정말 많아.
실랑이 | 실랑이하다
아침부터 실랑이하기 싫어서 먼저 나왔어.
옥신각신 | 옥신각신하다
옥신각신해봤자 서로 모양만 빠져.
티격태격 | 티격태격하다*
둘이 티격태격하는데도 사이가 나쁘지 않은가 봐.

닥치다*	입 닥치고 가만히 있어.

묵인 | 묵인되다 | 묵인하다*
운전자의 음주를 묵인하면 동승자도 방조죄로 처벌받아.
쉬쉬하다
다들 쉬쉬하는 것 같아.
쉿
쉿, 아무도 몰라.
침묵 | 침묵하다*
난 어색한 침묵을 못 견디는 편이야.

단념	단념하다52)	그냥 단념하는 게 마음 편할 거야.

그만두다 | 관두다*
우리 여기서 관두자.
수틀리면 그만두는 거 그 사람 버릇이야.
기권 | 기권하다
여기서 기권하겠습니다.
때려치우다*
사업이고 뭐고 다 때려치워.
손떼다*
도박에서 손 뗀 지 아주 오래됐어.
체념 | 체념하다
쉽게 체념하면 안 돼.
포기 | 포기되다 | 포기하다
아직 포기하긴 일러!

---

52) 가지고 있던 것을 놓아버리는 모습을 형상화한 것이다. 하던 일을 도중에 그만두거나 포기하는 상황에 쓰인다.

단독 | 단독적[53]*

왜 우리 안 거치고 단독적으로 결정을 해?

관 네 마음대로*
왜 네 마음대로 바꿨어?
일방적
그렇게 일방적으로 나오면 나도 가만히 못 있어.
입맛대로
입맛대로 고를 수 있다는 장점이 있어.
관 자기 마음대로*
쉬는 시간까지 자기 마음대로 바꿔?
자유재량
이 부분은 자유재량에 맡기는 게 어때?
재량*
재량껏 하세요.
제멋대로*
상의도 없이 제멋대로 결정을 해?
관 쥐었다 폈다 하다*
자기 맘대로 사람을 쥐었다 폈다 해.

단짝 친구

나의 둘도 없는 단짝을 소개할게.

십년지기(十年知己)
십년지기 친구라고요? 얘기 많이 들었어요.
절친
돈 문제는 절친한테도 부탁하기 어렵지.
고등학교 절친한테 돈 뺏은 것도 모자라 남친까지 뺏
은 애야. 가까이 하지 마.
죽마고우(竹馬故友)
이 친구는 죽마고우라 나를 너무 잘 알고 있어.

단체*

단체가 아니면 예약을 안 해줘.

구성 | 구성되다 | 구성하다
상품 구성이 다양해서 좋네.
관 떼를 지다
물고기들이 떼를 지어 다니니까 잘 지켜보고 있어.
무리
어떤 무리에 속한다 한들 적응하겠어?
조직
조직폭력배 일원인 줄 몰랐어?
다단계 조직망이 광범위하게 퍼져 있으니 수사 진척
이 더디지.

---

53) '요리'의 수어가 변이되어 가슴 앞으로 나아가다가 딱 멈추는 동작을 취한다. 어떤 대상이나 사람을 자기가 하고 싶은 대로 부리거
나 조종하는 경우에 쓴다.

짜다[*]
여행계획 다 짰어?
백만 원 선에서 제주 남쪽으로 코스를 짜볼게요.
패
너도 한패였구나.
패거리
여기 있는 사람들, 모두 한 패거리야.

단호하다[*]

단호하게 안 된다고 했어.

단번에[*]
단번에 다 끊기는 어렵지.
단칼에[*]
하고 싶지 않다고 단칼에 거절했어.
[관] **딱 부러지게**[*]
딱 부러지게 말하고 싶은데 난 그게 잘 안돼.
[관] **딱 잘라**[*]
못 간다고 딱 잘라 말해.
무작정[*]
그냥 무작정 가면 어떡해? 준비해서 가야지.

달래다

우는 아이 달래느라 진땀 뺐다.

[관] **비위(를) 맞추다**[*]
비위 맞추는 척 잘하면 만사가 해결돼.
쓰다듬다
우리 강아지는 등을 쓰다듬으면 좋아해.
아부 | 아부하다[*]
여기가 어디라고 아부 떨고 있어!
일은 안 하고 상사에게 아부하는 것만 신경 써.
[관] **아양(을) 떨다**
시부모님한테는 엄청 아양을 떨어.
아첨 | 아첨하다
어딜 가도 아첨하는 사람 한두 명씩 있기 마련이야.
알랑거리다
힘 있는 사람에게만 알랑거리는 꼴 보기도 싫다.
어르다
어르고 달래도 소용없어.
어르고 달래는 거 정말 지친다.
회유 | 회유하다
돈으로 회유할 생각하지 마.

관 **닭살(이) 돋다**[*]

닭살 돋아 죽는 줄 알았다.

낯간지럽다[*]
낯간지럽게 왜 그래.
느끼하다[*]
어우, 느끼하게 왜 이래!
저 느끼한 눈빛, 정말 싫다.
관 **등골(이) 오싹하다**[*]
아직도 등골이 오싹해.
관 **소름(이) 끼치다**[*]
소름 끼쳐.

관 **소름(이) 돋다**[*]
나 지금 소름 돋았다.
오글거리다[*]
어우, 배우 연기가 너무 오글거려 죽을 뻔했다!
징그럽다[*]
다리 많은 벌레 징그러워.
관 **털(이) 서다**[*]
소름이 끼쳐서 털이 완전히 섰어.

관 **닮아가다**⁵⁴⁾

한집에 살더니 둘이 점점 닮아가는 것 같아.

부부가 결혼하면 서로 닮아간다고 그러잖아.
부부가 같이 살면 닮아간다더니 맞는 말인가 봐.
닮다[*]
서로 닮으면 안 되는데.
부부는 닮는다고 하잖아.
역시 피는 못 속인다고, 자는 모습도 닮았어.
동화|동화되다|동화하다
둘은 각각 도시와 시골 문화에 동화된 사람 같다.

닳다

반나절 썼는데 벌써 다 닳았네.

동해물과 백두산이 마르고 닳도록.
마모|마모되다|마모하다
타이어가 심하게 마모돼서 교체하란다.
바래다
색이 너무 바래서 좀 없어 보인다.
가구가 낡고 색도 바랬어. 바꿀 때 됐어.
빠지다[*]
다음 수업에 또 빠지면 안 돼.

---

54) '흡수하다'의 수어가 서로 마주 보는 방향으로 전이되어 유래된 것으로 보여진다. 어떤 환경에 길들여져 특정인이 서로 닮아가는 상황을 가리켜 한정지어 표현한다.

담당│담당하다

회계 담당자가 회삿돈 들고 잠적했대.

감당│감당하다*
너 혼자 감당할 수 있겠어?
담임│담임하다
담임이 지금 자리를 비우셔서요.
맡다*
저를 믿고 맡겨만 주세요.
역할
그것도 내 역할인 걸 어쩌겠어.
의무
자녀 부양 의무는 부부가 동일하지.
제구실
이제 사람이 제구실도 못하는 나이가 됐네.
짊어지다*
자식의 허물은 당연히 부모가 짊어져야지.
책무*
부장으로서 책무를 다하고 있는지 의심스럽네요.
책임│책임지다
그렇게 희박한 책임감으로 뭘 하겠다고?

답답하다

대화가 안 통해서 좀 답답했어.

갑갑하다
갑갑해서 정말 돌겠네.
먹먹하다
갑자기 가슴이 먹먹해진 느낌이야.
관 **복장(이) 터지다**
너 때문에 복장 터져!
속상하다
속상하면 가서 한마디 하고 오지?
난 속상해 죽겠는데 이 와중에 밥이 넘어가?

당

쌀에도 당이 포함되어 있는 거 알아?

달다
너무 달게 먹으면 안 좋아.
달달하다
믹스 커피 같은 달달한 거 좋아해.
달짝지근하다
맛이 달짝지근한데 식감은 쫄깃해.
달콤하다
신혼은 달콤 그 자체지.

설탕

설탕 많이 뿌려져 있는 게 더 맛있어 보여요.

당당하다[*]

오히려 당당해도 되는 일이야.

겨를[*]

건강 챙길 겨를 없이 아주 바빴거든.

경황

어제는 경황이 너무 없었어.

넉넉잡다

기간은 넉넉잡아 2주 정도 잡아볼까?

넉넉하다

용량이 넉넉하니 보기와 달리 꽤 많이 들어가.

넘치다[*]

철마다 새 옷에 화장품도 넘치도록 사잖아.

떳떳하다[*]

난 떳떳하다고.

떳떳하면 피할 이유 없어.

만족 | 만족되다 | 만족스럽다 | 만족하다

결과에 만족해.

십분

네 마음 십분 이해해.

여유 | 여유롭다[*]

넌 매사 여유롭고 여전히 쿨하구나.

관 여유(가) 있다[*]

옷도 몇 벌 여유 있게 챙겨야 해.

위풍당당(威風堂堂) | 위풍당당하다

어제 위풍당당하게 발언하던 모습 멋졌어.

관 자신 | 자신 있다[*]

내가 이거 하나는 자신 있어.

자신 없는데, 괜한 객기 부리지 말고 그만해.

자신만만 | 자신만만하다

왜 저렇게 자신만만하지?

족하다

이거면 족해.

충분하다

충분하게 넣었지?

중고도 좋은 가격에 팔면 충분히 돈이 돼.

풍족하다

둘이 합쳐 풍족하진 않아도 궁색하게 살 정도는
아니야.

흐뭇하다
자식이 잘 됐으니까 부모로서 당연히 흐뭇하지.
흡족하다
아주 흡족해하는 표정이던데?

당연하다[55]*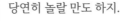

당연히 놀랄 만도 하지.

당연지사(當然之事)*
당뇨 있는 사람이 식사 거르면 혈당 떨어지는 게
당연지사잖아.
마땅하다*
죄를 지었으면 벌 받는 게 마땅해.
맞다*
선생님 말씀이 백번 천번 맞는다고 생각해.
옳다*
옳지! 잘했어.
응당 | 응당하다
응당 사람으로서 당연히 할 도리라고 생각했어.
관 **일리(가) 있다***
네 말이 일리 있어.
관 **좋은 생각(이) 나다***
지금 좋은 생각이 났는데 얘기해도 될까요?
지당하다
아주 지당하신 말씀이세요.

당하다

당해보지 않으면 몰라.

당할 만했으니까 당했겠지.
관 **골탕(을) 먹다 | 먹이다***
화만 내지 말고 너도 골탕을 먹이든지 해.
관 **사기(를) 당하다***
한두 번도 아니고 어쩌다 또 사기당한 거야?
관 **사람에게 데이다***
사기꾼에 많이 데여서 이제 사람 못 믿겠더라고.
관 **피를 보다**
주가가 떨어져서 엄청 피 봤어.
관 **한방(을) 맞다 | 먹다**
한방 먹은 기분이다.
이런, 보기 좋게 한 방 먹었네.
한방 먹고 떨어져라. 속으로 바라지.

---

55) 어떤 일과 관련하여 한 치의 오차도 없이 딱 들어맞는 백 점짜리 묘안을 찾아낸 것에 대한 희열을 형상화한 것이다.

당황하다[56]

지목받는 순간 얼마나 당황했는지 몰라.

사표 수리하겠다니 다들 무척 당황한 눈치였어.

당혹스럽다

이런 일이 처음이라 당혹스럽네.

당혹스러울까 봐 너만 미리 알려주는 거야.

당황스럽다

갑자기 이러니까 당황스럽네.

관 **몸 둘 바(를) 모르다**[*]

정말 몸 둘 바 모르겠어.

관 **어찌할 바(를) 모르다**[*]

어찌할 바 모르겠어.

황당하다

황당하기 짝이 없네.

뭐 이런 황당한 일도 다 있네.

대강

얘기 들어서 대강은 알아.

간단하다[*]

생각보다 너무 간단하고 쉬운데.

방법이 간단해서 초보도 금방 배워요.

간소되다 | 간소하다 | 간소화되다[*]

절차가 간소화되면 더 좋지.

개략적

예전에 비하면 개략적으로 정리가 잘 됐어.

대략

대략 십만 원 정도에서 값을 매기려고.

여권 발급은 대략 일주일 정도 소요될 거야.

대충[*]

대충 하지 말고 꼼꼼하게 마무리해.

대개

대개는 다 신청하는 분위기야.

거의

아침밥은 내가 거의 다 차려.

다친 거 이제 거의 나았으니 걱정 마.

대부분

나는 용돈 대부분을 밥 먹는 데 써.

6개월 정도 쓰면 대부분 이렇게 돼.

주로

주말에는 주로 뭐 하고 놀아?

주로 게임하고 영화도 보고 혼자서 잘 놀아.

---

56) 일본 수어에서 비롯된 것으로 결투 장면에서 칼집에서 칼이 빠지지 않아 당황해하는 모습을 형상화한 것이다. 이러지도 저러지도 못하는 진퇴양난에 빠져 어찌할 바를 모르는 상황에 쓰인다.

대단하다[*]

뭐 대단한 일도 아닌데 호들갑 떨지 마.

기특하다
기특하고 장하다.
대견하다
정말 대견하구나.
용케도[*]
용케도 잘 참았다!
용하다[*]
경쟁을 뚫고 여기까지 온 것만 해도 참 용하다.

대면 | 대면하다

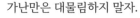

코로나 한창때 대면하는 자리가 되게 불편했어.

만나다
만나보고 아니다 싶으면 안 만나면 되지.
연락 끊고 지내다가 최근에 다시 만났어.
다시 만났을 때 오빠 마음이 이미 떠났더라.
뵙다
처음 뵙겠습니다.
접촉 | 접촉되다 | 접촉하다[*]
아무래도 그쪽하고 몰래 접촉한 것 같아.

대물림 | 대물림되다 | 대물림하다

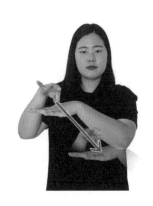

가난만은 대물림하지 말자.

거저먹다
노력 없이 거저먹으려고?
관례 | 관례적
관례대로 합시다.
관행 | 관행적
잘못된 관행은 고쳐야지.
(관) **날로 먹다**
남의 걸 날로 먹어?
답습 | 답습되다 | 답습하다
과거를 답습하면 발전은 없어.
(관) **대를 받다**
대를 이어받을 생각도 안 하고 놀기만 해.
따다[*]
문자에서 필요한 것만 따서 쓰세요.
(관) **먹고 떨어지다**
어쩌면 백만 원 먹고 떨어질 수도 있어.
물려받다[*]
가게 물려받고 하루에 12시간씩 일해.

세습 | 세습적

북한은 권력을 세습하잖아.

판 요행(을) 바라다*

요행 바라지 말고 맡은 일이나 열심히 해.

이어받다*

아버지 일을 이어받아 지금도 같이 일하고 있어.

잇다*

부모님 가업을 이을까. 그냥 내가 하던 일 할까.

판 대박(이) 터지다

드디어 대박 터졌다!

대박

성공하면 대박, 실패하면 쪽박인 거지.

대호황

코로나 시대에도 대호황 누리는 업종 많아.

흥행 | 흥행되다 | 흥행하다

영화가 흥행하길래 보러 갔는데 별로였어.

판 히트(를) 치다

그 당시 호떡 히트 크게 쳐서 돈도 많이 벌었잖아.

대비 | 대비되다 | 대비하다*

다음을 대비해서 지금 사두는 게 좋아.

대비책*

당장 어떤 대비책이 필요한 거 아니야?

비상

숨겨둔 비상금이 없어졌어.

비상용

혹시 모르니까 이것도 비상용으로 가지고 있어.

차선책

최선책은 실패했으니 차선책을 써보자.

대서특필(大書特筆)[57]

해외에서도 대서특필됐어.

판 기사(가) 나다

기사가 이렇게 크게 날 줄 몰랐어.

인터넷 신문에 선생님 기사 났어요.

기사 나더니 하루 만에 방송도 나갔어.

신문

요즘 같은 세상에 누가 신문을 봐?

네 얼굴, 신문에 대문짝만하게 났어!

동네신문에 광고 실으면 과연 홍보가 잘될까?

---

57) 신문 등의 출판물에 크게 보도된 경우를 표현하는 말로, 오늘날에도 큰 비중으로 보도되는 기사거리를 가리켜 표현한다.

더치 페이[58]

더치페이하자고 그랬더니 왜? 하더라고.

n분의 1
n분의 1로 나눠 내자.
각자내기
오늘 점심은 각자내기!
저녁은 각자내기하고 커피는 내가 살게.
엔빵
술값 십만 원 넘으면 엔빵 하자.

관 덜떨어지다

진짜 덜떨어진 사람이다.

관 (명사)가 | 이 모자라다*
사람이 배움이 모자라서 그래.
덜되다
아직 사람이 덜됐나 싶어.
사람이 나이에 비해 덜됐어.
관 수준(이) 낮다*
수준 낮은 사람하고 어울리지 말랬다.

덤

오일장에서 현금 주면 덤도 꽤 많이 줘.

관 덤으로 주다
덤으로 가방 줄게.
사은품
사은품 이거 하나 받으려고 아침부터 줄 섰어?
스마트폰 구매하면 케이스는 기본 사은품이야.
서비스*
서비스로 주셨어요.
이거 서비스인가요? 잘 먹겠습니다! 이모님.

데칼코마니[59]

두 사람 불같은 성격이 데칼코마니 같아.

관 둘이 똑같다*
둘이 똑같으니 싸움이 붙지.
욕하고 때리는 게 둘이 어쩜 똑같을 수 있나.
붕어빵
부자 외모가 어쩜 붕어빵이네.
둘이 너무 똑같다. 그러니까 붕어빵이지.
빼닮다*
둘이 하는 짓이 진짜 빼닮았다!

---

58) 엔분의 일은 전체를 인원수(n)로 나누는 것을 의미하는 말인데 밥값을 계산할 때 쓰인다. '한턱을 쏘다'는 의미를 가진 총소리인 '빵'이 붙어 '엔빵'으로 표현된 것으로 추정된다.

59) '데칼코마니'는 접은 종이의 양쪽에 대칭 무늬가 생기게 하는 미술 기법을 의미한다. '친척'과 '같다'의 수어를 합친 것으로, 사람의 닮은 꼴을 두고 둘이 데칼코마니처럼 닮았다고 표현할 때 쓴다.

관 도가 지나치다

여자 때린 건 도가 지나쳤어.

경과 | 경과되다 | 경과하다
쿠폰 유효 기간이 경과됐어.
과다 | 과다하다
과다 출혈로 죽을 수 있어.
과도 | 과도하다
뒤로 과도하게 젖히면 부러질 수도 있어.
과잉 | 과잉되다 | 과잉하다
방임도 과잉보호도 둘 다 좋지 않아.
과하다[*]
표현이 너무 과해.
넘다
자정 넘기 전에 무조건 자야 해.
관 도를 넘다
이건 도를 넘었어.
오버하다[*]
네가 제일 오버하는 것 같은데?
주제넘다[*]
주제넘게 굴지 말았어야지.
지나치다[*]
아까 말이 지나쳤어.
지나치면 모자람만 못하다고.
초과 | 초과되다 | 초과하다
소득 기준 초과되면 수당 못 받아.

도난

누가 가방 도난당한 모양이야.

날치기
은행 가는 길에 날치기당했어.
도둑[*]
친구 집에 도둑이 들었나 봐.
바늘 도둑이 소도둑이 된다는 속담, 잊지 말자.
소매치기
얘는 소매치기 전과만 20범이야.
소매치기하다 잡혀서 감옥 한번 갔다 왔어.
슬쩍하다
누가 축의금 슬쩍한 것 같아.
봉투 하나 없어졌다는데 설마 네가 슬쩍했어?
털이범
이건 전문 털이범 소행으로 보여.

훔치다[*]

누가 훔친 건지 내가 흘린 건지.
훔쳐 간 거 봤으면 사실대로 얘기해야지.

도도하다[*]

도도한 척하기는.

너무 도도하게 굴면 다가가기 어려워.
관 **비싸게 굴다**
잘난 척 비싸게 굴지 말고 응?
관 **잘난 척하다**
잘난 척하는 사람 가까이 안 하는 게 좋아.
그렇게 잘난 척하다가 망신당하지 말고 자중해라.
관 **콧대(가) 높다**
콧대 높은 사람 불편해.

도망|도망가다|도망치다[*]

일이 너무 많아. 진짜 어디 도망가고 싶다.

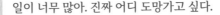

달아나다
잠이 다 달아났다.
대피|대피하다[*]
화재에는 엘리베이터 말고 계단으로 대피해야 해.
도주|도주하다[*]
사고 현장에서 피해자 구호 조치 없이 도주하면 도주
치상죄가 성립돼.
도피|도피하다[*]
도피 생활 5년 만에 지인의 설득으로 자수했다.
튀다[*]
회사 대표가 회삿돈 들고 해외로 튀었대.
피하다[*]
요령껏 잘 피하면 돼.
평생 이런 식으로 계속 피하기만 할 거야?

관 **도움(을) 청하다**^{60)*}

정 힘들면 주위에 도움 청해.

관 **덕(을) 보다**[*]
사위 덕 볼 생각 마라.
관 **도와달라**
도와달라는 얘기 아니야.
도와주다[*]
내키지 않으면 안 도와줘도 돼.
관 **도움(을) 받다**[*]
전문가한테 도움받고 싶은데 남편은 그게 싫대.

---

60) 왼 주먹의 엄지 손등에 오른 손바닥을 두 번 대면 그것은 '**돕다**'의 의미가 되며, 그 반대로 가슴 쪽으로 돌려서 오른 손바닥을 두 번
대면 '**도움을 청하다**'는 의미가 된다.

145

도착 | 도착되다 | 도착하다

6시 전에 도착하기 어려울 것 같은데.

다다르다
쉼터 근처에 다다르면 문자 해.

닿다
배가 선착장에 닿으면 질서 있게 내립시다.

도달 | 도달되다 | 도달하다*
목표까지 도달하기가 너무 힘들어.

이르다*
목적지에 이르러 미션 하나만 수행하면 끝이야.

독설

어찌나 독설을 막 뱉어대는지.

관 **말발(이) 세다**
맞아. 말발이 너무 세.

관 **말에 뼈가 있다***
선배 말 속에 뼈가 있어. 많은 생각을 하게 해.

모질다*
넌 말을 참 모질게 해.

관 **험하게 말하다***
언니가 원래 말을 험하게 해.
말은 좀 험하게 하지만, 겪어보면 사람 괜찮아요.

독특하다*

이거 독특하게 생겼다.

아이디어가 조금 더 독특하면 좋겠다.

독창성
뭔가 독창적인 아이디어가 필요해.

돋보이다*
늘 자기 혼자 돋보이려고 그래.

두드러지다*
너무 한쪽만 두드러지게 강조된 거 같은데.

관 **범상치 않다**
헤어 스타일이 범상치 않네?

신선하다*
조합이 되게 신선해서 좋은데.

유별나다
얘가 원래 유별나.

이례적*
사장으로 발령한 것은 매우 이례적인 결정이다.

특이 | 특이하다*
취향 참 특이하다.

독하다

사람이 진짜 독해.

독성[*]
버섯에 독성이 있는 것도 있으니 가려 먹어.

독종
저 사람, 제대로 독종이야.

마렵다[*]
오줌 많이 마려워?

🈁 **많이 아프다**[*]
여기 엄청 많이 아파.

모질다[*]
그만 만나자고 모질게 말해야 할까?

시다
아, 시어서 더는 못 먹겠다.

신랄하다
평론가는 신랄하게 비판하는 게 일이지.

쓰다[*]
한약이 너무 써서 못 먹겠어.
소주는 원래 첫 잔이 쓰잖아.

지독하다[*]
방귀 냄새 진짜 지독하다.
싱크대에서 지독한 냄새가 나서 업체 불렀어.

짜다[*]
뭐야, 너무 짜잖아!
맵고 짠 음식을 이제 멀리해야 해.

파워풀하다[*]
영향력이 전보다 더 파워풀해졌다고나 할까.

혹독하다
봄이 오면 혹독하게 운동 시작해 보려고.

돈

돈만 있으면 해결돼.

걔는 돈에 예민한 타입이야.
내가 무슨 돈 뽑아주는 기계야?
경제력도 없으면서 돈에 연연해.

가격
가격 안 보고 사?

괜찮다[*]
아까 괜찮다며?

오케이
인연 끊자고 해서 난 오케이 했어.
돈 빌려달라고 했는데 흔쾌히 오케이 했어.

돈돈거리다

제발 좀 돈돈거리지 마.

돈돈거리는 거 더 이상 안 보고 싶어.
너 요즘 들어 자꾸 돈돈거리는 것 같아.
너 너무 돈돈거리니까 주변에 사람 없잖아.
힘들게 돈 보냈는데 그렇게 자꾸 돈돈거리면 연락
끊는다?
돈타령ㅣ돈타령하다
허구한 날 돈타령하더니 왜 거지가 됐지?
모처럼 만났는데, 그 돈타령 또 시작이네.

판 돈(을) 굴리다

퇴직금 잘 굴려서 부자가 됐어.

돈을 좀 굴렸더니 일 년 새 1억이 됐어.
얘가 돈을 잘 굴려. 우리 믿고 맡겨보자.
돈 굴리는 재주는 누구나 있는 게 아니야.
판 돈(을) 불리다
땅 조금 사서 돈 불리는 방법도 있고.
돈 불리는 방법, 유튜브 찾아보면 많아.
주식 투자하면 돈을 잘 불릴 수 있을까.
종잣돈 천만 원 불려서 1억 가까이 모았어.

판 돈이 어디서 났어?[61]

그 돈 어디서 난 거야?

그 큰돈이 어디서 났니?
박스에 든 돈, 어디서 났어?
돈이 어디서 났는지만 얘기해.
너 맨날 돈 없다면서 돈 어디서 났어?
북한은 미사일 만드는 돈이 어디서 나지?
뭐야, 돈 어디서 났어? 어서 사실대로 불어.
그 많은 돈이 어디서 났는지 추궁해도 끝까지 입을 안
열어.

돌리다

적당히 돌려 말하면 돼.

판 겉으로 빙빙 돌다
겉으로 빙빙 돌기만 해서 친해지겠어?
겨우겨우*
나 지금 겨우겨우 살고 있다고.
기지
내가 이번에 기지를 발휘해서 처리가 빨랐어.
돌아가다*
요새 가게 잘 안 돌아가는 것 같아 걱정이야.

---

61) 뺨을 손으로 꼬집으면 '**못하다**'라는 원뜻이지만, 두 눈을 동그랗게 뜨고 입을 오므리는 비수지 신호를 사용하면 그것은 '**어떻게 했어?**' 등의 의문형을 나타내는 표현이 된다.

회사 자금이 안 돌아간다며 천만 원 빌려 달래.

둘러대다

일이 생겼다고 둘러대고 안 가면 되잖아.

둘러댈 생각 마. 둘이 껴안고 웃는 거 다 봤어.

🔘 **말(이) 빠지다**

어쭈? 말로 빠져나가는 거 봐봐.

🔘 **맨손으로 시작하다**

막내가 맨손으로 시작해서 좋은 집 사고 잘 살아.

모면|모면되다|모면하다*

순간적으로 말로 모면하는 거 보니까 대단하던데.

🔘 **변명(을) 늘어놓다***

모두 여건이 안 된다며 변명만 늘어놓았잖아.

비비꼬다

넌 말을 할 때 약간 비비꼬아 말하는 성향 있더라?

빙|빙빙

빙빙 돌리지 말고 말해.

빙빙 돌려서 얘기하긴 했는데 눈치챘으려나.

🔘 **에둘러 말하다**

에둘러 말할 수 있었지만, 그냥 다 털어놨어.

에둘리다

말 에둘러서 하는 거 정말 싫거든.

운영|운영되다|운영하다

운영이 잘 안되면 어떤 방법이라도 찾아야 해.

운용|운용되다|운용하다

자금을 안정적으로 운용하는 게 중요해.

융통|융통되다|융통하다

자금이 원활하게 융통돼야 할 텐데.

임기응변(臨機應變)

그때그때 임기응변으로 대응하면 돼.

돌아가다*

전남편한테 돌아갈 생각은 추호도 없어.

갚다*

빌린 돈 언제 갚을 거야?

계속|계속되다|계속하다*

학생 때 입던 옷 지금까지도 계속 돌려 입어.

그대로*

너 얼굴 그대로네. 하나도 안 변했어.

예전에 살았던 집 지금도 거기 그대로 살아?

돌려주다*

빌린 공구, 돌려줘야지.

돌리다
시간을 돌릴 수만 있다면, 결혼 전으로 돌리고 싶어.
되갚다*
어떻게 해서든 꼭 되갚을 테니까 시간 좀만 줘.
되돌리다*
이미 엎지른 물인데, 어떻게 되돌릴 건데?
되찾다
결혼 전 모습을 되찾고 싶으면 정신 차리고 운동해.
리셋
인생을 리셋하고 싶다.
 관 **마음(을) 돌리다***
어떻게든 네 마음을 돌리고 싶었어.

반환 | 반환되다 | 반환하다
전세보증금 반환 소송 걸었어.
변함없다*
두 사람 우정이 지금도 변함없어.
관 **시간 질질 끌고 있다***
그 사건 해결되지 않아서 지금까지도 시간 질질 끌고
있다며?
관 **안 변하다***
나이가 들었는데 얼굴은 하나도 안 변했어.
관 **예전하고 그대로다 | 똑같다***
예전이나 지금이나 똑같아.
우려먹다*
언제까지 우려먹을 생각이야?
아무리 자료가 좋아도 계속 우려먹으면 사람들이
질리잖아.
관 **원래대로 돌아오다**
시간이 지나니 원래 모양대로 돌아왔어.
원위치 | 원위치하다
오늘 잘 먹었더니 몸무게가 다시 원위치로 돌아왔어.
제자리
쓰고 나면 바로 제자리에 갖다 놔.
제자리걸음
물가가 폭등해도 우리 월급은 제자리걸음이다.
관 **제자리에 머물다**
몇 년째 제자리에 머물러 있던데.
한결같다*
너 참 한결같아서 좋아.
환급 | 환급되다 | 환급하다*
환급대상자인지 어떻게 확인하지?

환원 | 환원되다 | 환원하다
퇴임하면 재산을 사회에 환원할 생각이야.

돌아가시다*

할아버지가 노환으로 돌아가셨어요.

여의다
어릴 때 부모를 여의고 누나하고 단둘이 지내고 있어.
임종
해외에 있다 보니 아버지 임종도 못 지키고 장례식에
도 가지 못했어요.
작고 | 작고하다
선생님께서는 올해 초 암으로 작고하셨습니다.
죽다*
죽을 날만 기다리는 사람 같아.

돌아서다*

그때 깨끗하게 돌아섰어야 했어.

가차없다*
가차 없는 비판도 받아들일 수 있어야지.
매몰차다
사람들 보는 데서 매몰차게 밀쳐 냈잖아.
매정하다*
사람 참 매정하다.
관 **봐주지 않다***
프로의 세계에서는 사정 봐주지 않아.
사정없이*
바퀴벌레를 사정없이 발로 밟아 죽였어.
얄짤없다*
이번엔 그냥 넘어가지만, 다음엔 얄짤없어.

동감 | 동감되다 | 동감하다*

네 말에 백 프로 동감해.

동의 | 동의하다*
내 동의 없이 왜 마음대로 했어?
만약 동의 안 해 주면 어떻게 해?
동조 | 동조하다*
회원들 모두 동조한 느낌이었어.
관 **뜻(이) 맞다**
선배와 뜻이 맞아서 같이 동업하기로 했어.
맞장구 | 맞장구치다*
좋다, 좋다, 잘 맞장구쳐 주면 돼.

찬성 | 찬성되다 | 찬성하다*
너도 찬성이지?
너만 찬성해 주면 내가 회장 할게.
통하다*
극과 극은 통하는 법이다.
우리가 이렇게 잘 통한다니까.

동갑*

동갑이면 말 편하게 놓을까?

청인(聽人)은 빠른년생은 동갑으로 인정하지 않는다
는데 이상하지 않아?
관 **나이(가) 같다***
일 년 후배지만 나랑 나이가 같아.
나이가 같지만, 내가 선배고 애는 후배야.
나이가 같아도 노화는 같다고 할 수 없지.
동년배
둘이 선후배가 아니고 동년배였어?

동나다

감기약이 동났어.

고갈 | 고갈되다 | 고갈하다
오랜 가뭄으로 식수까지 고갈되기 직전이다.
나가다*
이사철이라 방이 다 나가고 없대.
관 **다 팔리다***
다 팔리고 없대.
단종 | 단종되다 | 단종하다
부품 단종돼서 구하기 힘들대.
떨어지다*
돈 떨어지면 얘기해.
쌀이 다 떨어졌어. 오는 길에 1Kg 한 봉지 사 와.
매진 | 매진되다 | 매진하다*
티켓 알아봤는데 다 매진이야.
버스표가 다 매진돼서 비행기로 갈려고.
바닥나다
원료가 바닥나서 더는 못 만들어.
생활비 바닥나서 비상금 써야겠어.
소진 | 소진되다 | 소진하다
거긴 오후 3시쯤 되면 재료 소진돼서 마감돼.
품절 | 품절되다 | 품절하다
소금 작년에 품절 대란이 났잖아.

동떨어지다	학교와 직장이 동떨어져 있어 출퇴근이 불편해.

별거 | 별거하다[*]
우리 별거 중이야.
별거한 지 일 년 좀 더 됐나.
별거하자는 말에 욱해서 살림살이를 부수고 갔어.
부모 사이가 틀어져서 작년 말부터 별거에 들어갔어.
분가 | 분가되다 | 분가하다[*]
분가했는데 살림이 힘들어서 다시 합쳤어.
부모님 십 년 넘게 모시다 한 달 전에 분가했어.

동문서답(東問西答)[*]	한 시간째 동문서답하니 더 미치겠다.

겉돌다[*]
겉도는 얘기만 하니까 내가 말 자르고 나왔어.
빗나가다
예상이 또 빗나갔어.
어긋나다[*]
하마터면 어긋날 뻔했어.
엇갈리다[*]
대화가 계속 엇갈리니 인내심 폭발 직전이야.

관 두 눈으로 똑똑히 보다[62]	두 눈으로 똑똑히 봤다니까.

관 똑똑히 보다
내가 똑똑히 봤다고 해도 아무도 안 믿어주네.
목격 | 목격되다 | 목격하다[*]
애가 유일한 목격자야.
목격하신 분을 찾습니다.
관 직접 보다
직접 본 거라면 믿어줄게요.
직접 봤다고? 그걸 어떻게 믿지?

두 배	이자 두 배로 쳐줄 테니까 빌려주면 안 될까?

갑절 | 갑절하다
지난달보다 일이 갑절이나 늘어났어.
곱빼기
여기 국수 보통 하나, 곱빼기 하나 주세요.
곱절 | 곱절하다
혼자 할 때보다 몇 곱절은 더 힘들어.
더블
특근 수당은 더블(따블)인 거 몰라?

62) 당사자가 어떤 대상이나 사건을 두 눈으로 틀림없이 봤거나 목격했다는 의미를 내포한다.

관 두 사람 문제[63]*

두 사람 문제니까 넌 개입하지 마.

당사자 아닌데 왜 두 사람 문제에 훈수 둬?
관 당사자끼리 해결하다*
당사자끼리 해결하게 냅둬.
관 두 사람이 알아서 하다 | 이야기하다*
나한테 말하지 말고 둘이 잘 얘기해 봐.
두 사람이 알아서 하게, 더는 개입하면 안 돼.
관 직접 물어보다*
가서 직접 물어보지 그래?

관 두 손 두 발 들다

난 두 손 두 발 다 들었어.

마지못하다*
마지못해 해 준다고 하긴 했어.
관 못 견디다*
못 견디겠다 싶으면 나와.
관 못 말리다*
아무도 못 말린다니까.
관 못 이기는 척*
치킨 계속 먹고 싶다 해서 못 이기는 척 사줬어.
관 못 해 먹겠다
에잇, 더는 못 해 먹겠다! 때려치울래!
손들다
아이 고집에 두 손 두 발 들었다.

두루뭉술하다

말이 두루뭉술해서 나도 잘 모르겠어.

가물거리다
산 지가 오래돼서 기억이 가물거리네.
막연하다
막연하게 말하지 말고 기한을 정해!
묘연하다
그러게, 친구가 며칠째 행방이 묘연해.
불분명하다
출처가 불분명한 돈은 받지 마.
발신인이 불분명한 우편물, 절대 개봉하지 마.
안갯길
마치 안갯길을 헤매고 있는 것 같아.
애매모호 | 애매모호하다
상사가 싫은 이유가 애매모호한 화법이야.
기준이 애매모호해. 담당자 오면 물어보자.

---

63)   당사자끼리 해결해야 할 문제를 표현할 때 쓰이며, 본인은 제삼자로 선을 긋겠다는 강조의 의미가 내포되어 있다.

애매하다
누구 편 들어주기도 애매하잖아.

어렴풋이
그날 일이 어렴풋이 기억나기는 해.

어정쩡하다
사이즈가 어정쩡하면 사지 말았어야지.

어중간하다
어중간하게 말하지 말고 확실히 말해.
시간이 어중간하니 어디 쉬었다가 갈까?

정체불명(正體不明)*
밤이 되면 정체불명의 벌레들이 날아다녀.

흐려지다*
집에만 있으니 정신이 흐려지는 것 같아.

흐지부지 | 흐지부지되다 | 흐지부지하다*
이러다 또 흐지부지되는 거 아니야?

희미하다
요즘 들어 글자가 희미하게 보이기 시작했어.
나이 들면서 기억이 점점 희미해져 가는 것 같아.

희박하다
돌아올 가능성이 희박해.
확률이 희박하면 처음부터 안 하려고.

**두말	두말하다**(64)	**왜 한 입으로 두말이야?**

한 입으로 두말하면 안 되지.
[어미] ~자더니
내일 가자더니 갑자기 왜 맘 바꿨어?
[관] **두말 다시 했다간**
나중에 두말 다시 했다간 가만두지 않아.
[관] **말(을) 돌리다**
돌려서 말하는 스타일 아니야.
말 돌리지 말고 요점만 간단히 말해.
[관] **말(을) 바꾸다**
넌 말을 너무 쉽게 바꿔.
[관] **손바닥(을) 뒤집듯***
손바닥 뒤집듯 말을 간단히 바꿔.
[관] **얘기가 다르다***
아까하고 얘기가 다르잖아.
이랬다저랬다*
왜 계속 이랬다저랬다 해!

---

64) 쥔 주먹에서 검지와 중지를 뻗으면 그것은 '2' 또는 '둘'을 의미한다. 입 앞에서 검지와 중지를 댔다가 좌우로 돌리면 **말을 이랬다 저랬다 하다**'의 의미가 된다.

관	뒤가 켕기다

뒤가 많이 켕기나 보다.

구리다*
어디 구린 데가 있다고 그랬잖아.

속 **도둑이 제 발 저리다***
도둑이 제 발 저리나 보다.

관 **뒤가 구리다***
뒤가 구리는지 내 눈치를 자꾸 봐.

찔리다*
너 혹시 찔리는 거 있어?

켕기다*
뭔가 켕기는 게 있는 것 같아.

	뒷담화

너 내 뒷담화 까고 다니지?

좋은 사람도 누군가에게 뒷담화 대상이 되기도 해.

가십거리
인터넷 신문 연예면은 죄다 가십거리야.

다지다*
마늘 다져서 여기 좀 갖다줄래?

관 **도마 위에 오르다**
인사 검증 과정이 또다시 도마 위에 올랐습니다.

뒷말 | 뒷말하다
뒷말하는 애 진짜 별로다.

들먹이다
불리하면 과거 들먹이는 거 그거 비겁해.

빻다
방앗간에서 빻은 국산 고춧가루야.

쑥덕거리다
아침부터 삼삼오오 모여서 뭘 쑥덕거리고 있어?

쑥덕대다
난 사람들이 뒤에서 쑥덕대는 게 싫어.

쑥덕쑥덕 | 쑥덕쑥덕하다
그렇게 훔쳐보면서 쑥덕쑥덕하면 기분 나쁘지.

운운하다
너 남의 사생활 운운할 자격 없어.

이러쿵저러쿵 | 이러쿵저러쿵하다
네가 삼혼했다고 이러쿵저러쿵 말들이 많아.

관 **입방아(를) 찧다***
잘 모르면서 이러쿵저러쿵 입방아 찧지 말라고.

관 **입에 오르내리다**
괜히 입에 오르내릴 행동은 아예 하지 마.

찧다
옛날에는 집에서 떡방아를 찧었잖아.

험담 | 험담하다[*]
앞에서 말하지! 왜 뒤에서 험담해?
네가 뒤에서 험담하고 다니는 거 다 알아.

(관) **호박씨(를) 까다**
조신한 척하면서 뒤로 호박씨는 다 까더라.

(관) **화두에 오르다**
협회 이사의 갑질이 화두에 오르고 있어.

뒷전   난 또 뒷전이네?

2순위[*]
내가 또 2순위인가?

(관) **그 다음**[*]
형이 우선이고 난 늘 그다음이었던 거 같아.

(속) **꿩 대신 닭**
꿩 대신 닭이라고, 급한 대로 이걸로 써보자.

누룽지
초복인데 오늘 누룽지 백숙으로 몸보신할까?

돌싱(돌아온 싱글)[*]
직장 선배가 돌싱인데 이번 주 한번 만나볼래?

얻다[*]
예전에는 길에서 담배 얻어서 피우고 그랬잖아.

중고
중고 가격에 팔아도 충분히 돈이 돼.
첫째가 중고만 얻어 입힌다고 한참 징징댔어.

(관) **한번 갔다 온 사람**[*]
사실은 신랑이 한번 갔다 온 사람이야.

후순위[*]
내가 왜 후순위야?

드나들다[*]   허락 없이 내 집 드나들지 마.

들락날락 | 들락날락거리다 | 들락날락하다
서로 집에 들락날락하면 아이들 교육에 안 좋아.
도대체 하루에 가게를 몇 번을 들락날락하는 건지.

(관) **제집 드나들듯**
지난 한 달간 병원을 제집 드나들 듯 다녔어.

(관) **출입(이) 잦다**[*]
얘는 어릴 때부터 병원 출입이 잦았거든.
외부인 출입이 잦은 데라 화장실이 지저분해.

157

드리다

잘 부탁드립니다.

저번 일 때문에 사과드리고 싶은데요.
화 푸시게 맛난 거 좀 사드리고 뭐든 해봐.
바치다
이 한 몸 바쳐서 준비했습니다.
내 인생 전부를 바쳐서 널 어떻게 키웠는데!
나라를 위해 목숨 바친 군인을 위한 묵념입니다.
올리다[*]
제사상에 음식을 올리는 순서가 있대.

드물다

그런 케이스 참 보기 드문 건데.

늘어서까지 알콩달콩 잘 사는 부부 드물지.
(속) **가뭄에 콩 나듯 한다**[*]
열심히 물 줘도 가뭄에 콩 나듯 몇 개만 났어.
경미하다[*]
불량품이 경미하게 나와서 다행이다.
드문드문[*]
집이 드문드문 있으면 밤에 다니기 진짜 무섭겠다.
(관) **많지 않다**[*]
수량이 많지 않아. 빨리 주문해.
잔치국수 이천 원에 파는 집은 그리 많지 않은데.
(관) **보기 힘들다**[*]
진짜 보기 힘든데, 어떻게 찾았지?
(관) **흔하지 않다**[*]
흔하지 않은 색이잖아. 잘 어울려.
이거 정말 흔하지 않은데 어떻게 구했어?
희귀 | 희귀하다
희귀 혈액형이라 피 구하기 힘들대.

들뜨다

네가 제일 들떠서 오버하는 것 같아.

소풍 간다고 밤부터 들떠서 잠도 안 자.
뭔 좋은 일이라도 있어? 왜 이렇게 들떴어?
흥분 | 흥분되다 | 흥분하다[*]
흥분 좀 가라앉혀.
바보라는 말에 흥분한 것 같아.
뭣도 모르고 혼자 바보같이 흥분했네.
별것도 아닌 일을 가지고 왜 흥분하고 그래?
내가 너무 흥분해서 그런지 심장이 너무 뛰네.

| 들러리 | 내가 무슨 들러리야? 왜 나보고 시중들래? |

우리는 들러리 세우고 자기는 대표하려고? 꿈 깨.
끌어들이다
왜 안 좋은 일에 나까지 끌어들여?
말려들다[*]
회유에 말려들지 않도록 조심해.
매이다[*]
일에 매여 숨 돌릴 틈도 없다.
얘들에 매여서 공부할 짬이 없어.
얽매이다[*]
더 이상은 일에 얽매이고 싶지 않아.

| 들르다 | 잠깐 어디 좀 들렀다 가자. |

카페 들렀다 가면 얼추 시간 맞겠다.
거치다
학교에서 공원을 거쳐서 여기 오는 게 더 빨라.
포항을 거쳐 울릉도로 가려면 8시간 이상 걸려.
경유 | 경유하다[*]
직행이 없어서 경유해서 가야 해.
경유지에서 다음 비행기를 한참을 기다려야 해.
50만 원대에 프랑스를 경유하는 항공권 구했어!

| 들쑥날쑥 | 들쑥날쑥하다 | 수입이 들쑥날쑥하다 보니 생활이 팍팍해. |

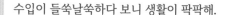

굴곡 | 굴곡지다
너무 굴곡진 인생이라 안타깝네.
🔲 **기복(이) 심하다**
첫째는 예민하고 감정 기복도 심해.
대중없다
퇴근 시간이 대중없어.
들쭉날쭉 | 들쭉날쭉하다
끝나는 시간이 들쭉날쭉이라 약속 잡기도 힘들어.

롤러코스터[*]
그러게. 네 인생이 무슨 롤러코스터 같아.
불규칙 | 불규칙하다
불규칙한 식사도 건강에 안 좋아.
오르락내리락 | 오르락내리락하다[*]
열이 계속 오르락내리락해.
갱년기가 오면 감정이 극단적으로 오르락내리락할 수
있어.

들이대다

네가 먼저 들이댔잖아.

나대다
모르면 나대지 마.
대꾸 | 대꾸하다[*]
한마디도 안 지고 대꾸하더라.
대들다[*]
감히 상사한테 대들어?
덤비다[*]
아주 작정을 하고 막 덤비네.
말대꾸 | 말대꾸하다[*]
너 지금 선배 앞에서 아주 꼬박꼬박 말대꾸하네.
맞서다[*]
불의에 맞서는 모습에 완전히 반했어.

들키다[*]

남자들은 단순해서 대부분 나쁜 짓 하면 들켜.

걸리다[*]
걸리면 우린 끝장이야.
관 **덜미(를) 잡히다**[*]
물건 빼돌리다 사장에게 덜미를 잡혔어.
들통나다[*]
거짓말한 게 들통날까 봐 불안해?
발각 | 발각되다 | 발각하다[*]
발각되면 징계감이야.
적발 | 적발되다 | 적발하다[*]
적발되면 감점이야.
음주 운전하다가 적발돼서 면허정지 먹었어.
관 **탄로(가) 나다**[*]
거짓말이 탄로 날까 봐 내내 마음 졸였어.

등재 | 등재되다 | 등재하다

수어책에 네 이름 등재된 거 봤어.

게재 | 게재되다 | 게재하다
조만간 홈페이지에 게재될 예정입니다.
수록 | 수록되다 | 수록하다
이 사전에 수록된 표제어와 예문까지 다 합쳐서 만 오천 개 정도 돼.
싣다[*]
인터뷰 기사에 실을 만한 사진, 더 없어?
올리다[*]
게시판에 익명으로 글 올릴 수 있어.

관 등쳐먹다

남 등쳐먹고 사는 사람하고는 상종을 말아야지.

갉아먹다
쥐가 갉아 먹을 때 이빨을 형상화해서 만들었지.
긁어먹다
남의 돈을 긁어먹고도 또 사기를 쳐?
떼어먹다
남의 돈은 떼어먹고 절대 갚지를 않아.
뜯어내다
남의 돈 뜯어내 먹고 사는 기생충.

등한시|등한시되다|등한시하다[*]

그걸 등한시한 사람이 누군데.

건성건성[*]
너 너무 건성건성 보는 거 아니야?
관 대강 보아넘기다[*]
대강 보아넘겨서는 안 돼.
관 대충 보다[*]
대충 봐서 기억은 잘 안 나.
대충대충[*]
대충대충 하지 말라고 혼 좀 냈어.
관 못 보다[*]
난 못 봤어.
관 보고도 모르다[*]
보고도 모르니?
관 보면 몰라[*]
보면 몰라?
관 지나쳐버리다
정류장을 그냥 지나쳐 버렸는데.
관 흘려버리다
수업할 때 흘려버리고 딴생각만 했어.

딱[*]

계산이 딱 맞네.

거봐[*]
거봐, 내 말이 맞잖아.
공교롭다[*]
공교롭게도 같은 옷을 입었네.
관 그러면 그렇지[*]
그러면 그렇지.
관 내 이럴 줄 알았다
내가 이럴 줄 알았어.

맞아떨어지다[*]
네 예상이 맞아떨어졌어.
맞히다[*]
한 번에 맞힐 자신 있어?
명중 | 명중되다 | 명중하다
화살이 과녁에 명중했다!
아니나 다를까[*]
목이 간질거리더니 아니나 다를까 오늘 확진 받았어.
역시
역시 그럴 줄 알았어.
적중 | 적중되다 | 적중하다[*]
예감이 적중했어.

관 때깔(이) 좋다[65]   너 오늘 참 때깔 좋네?

관 간지나다
이렇게 막 입어도 간지날 수 있구나.
근사하다
근사하게 변해서 놀랐어.
테라스에 테이블 세팅을 참 근사하게 잘해 놨네.
끝내주다[*]
너 오늘 끝내준다.
어제 카페 갔는데 뷰 정말 끝내줬지.
멋지다
차려입으니 더 멋지다.
세련되다[*]
스카프 매는 게 더 세련돼 보여.
이렇게 입으니까 세련되고 깔끔해 보여.
관 스타일(이) 좋다[*]
선생님 스타일 참 좋으시네요.
관 옷발(이) 사다 | 잘 받다 | 좋다[*]
역시 몸이 좋은 애가 입어야 옷발이 사는구나.
관 잘 빠지다[*]
이야, 라인 예술이네. 잘 빠졌다.
장관
폭포에서 떨어지는 물줄기가 장관이야.
관 좋아 보이다[*]
네가 제일 좋아 보여.
폼나다
무심하게 걸쳐 입었는데 폼나네?

---

65) 상대방의 옷발이 좋거나 멋질 때 때깔 나다, 때깔 좋다 등으로 표현된다. '간지나다'라는 말은 느낌을 의미하는 일본말인 '간지'와 한국말의 '나다'가 합성된 것이다.

때문*

스트레스 때문일 수 있어.

자존심 때문에 안 하겠다는 거야?
~니까
누구나 할 수 있는 실수니까 너무 책망하지 마.
~땜에*
너 땜에 꿔다놓은 보릿자루 됐잖아.
~아서*
몸이 계속 안 좋아서 2주 병가 냈어.
네가 입방정을 떨어서 일이 이 지경이 됐잖아.

땡잡다[66]*

완전히 땡잡았어.

㈜ 가는 날이 장날
가는 날이 장날이라고, 하필 마트 쉬는 날이야.
㉦ 계 탔다
나 오늘 계 탔다!
㉦ 공교롭게*
공교롭게도 같은 아파트, 같은 학교, 같은 성씨구나?
㈜ 굴러온 호박
이게 웬 굴러 들어온 호박인가 싶었어.
㉦ 내 스타일이다
완전히 내 스타일이네?
㉦ 눈(이) 맞다*
직장에서 눈이 맞아서 두 사람 드디어 결혼하네.
닥치다*
이건 누구에게나 닥칠 수 있는 일이기도 해.
들어맞다*
거봐, 내 예상이 제대로 들어맞았잖아.
㉦ 때(를) 맞추다*
끝나는 시간을 어찌 알고 때맞춰 나와 줬네.
때마침
때마침 카페 공구가 떠서 바로 구매했어.
마침내*
마침내 기다렸던 콘서트 티켓 예매했어.
㈜ 말이 씨가 된다*
말이 씨가 된다잖아. 나쁜 말은 하지 마.
㉦ 예기치 않게*
막상 예기치 않게 당첨되니 어안이 벙벙했어.
㉦ 예상(이) 들어맞다*
내 예상이 딱 들어맞았어.

---

66) 생각지도 않았던 뜻밖의 횡재가 굴러들어 오거나 우연히 들어온 운을 일컫는 말이다.

⌜관⌝ **올 것(이) 오다**
드디어 올 것이 왔구나!
⌜관⌝ **우연의 일치***
우연의 일치인가.
우연찮다*
가게 들렀는데 우연찮게 아는 후배 만났어.
⌜관⌝ **운 없게 걸리다***
운 없게 걸린 거지.
⌜관⌝ **웬일이래***
어머, 웬일이래.
제때*
먹을 복이 있나 봐. 제때 왔네.
초래 | 초래되다 | 초래하다*
빈속에 커피를 자주 마시면 위장병 초래할 수 있어.
타이밍
타이밍이 아주 절묘하게 잘 맞아떨어졌어요.
하필*
하필 오늘 마트 정기 휴무일이야.
식당에 전화하니 하필 오늘 쉬는 날이야.
⌜속⌝ **호랑이도 제 말 하면 온다**
호랑이도 제 말 하면 온다더니, 사실 너 얘기하고 있
었어.
횡재 | 횡재하다
이게 웬 횡재야.
기대 안 했는데, 횡재했어.

떠나다

어차피 잠깐 있다 떠날 사람이야.

격리 | 격리되다 | 격리하다
격리 끝나면 바다 보러 가자.
결별 | 결별하다
둘이 이미 결별한 사이 아니야?
연예인 결별 기사 난 관심 없거든.
따로
따로 살고 싶으면 집부터 구해.
신혼에 발령으로 따로 살게 되면 애틋하지.
분리 | 분리되다 | 분리하다
가해자를 피해자에게서 분리하는 게 당연하지.
송별 | 송별하다
송별회에서 참으려고 했는데 나만 울고 말았네요.
이별 | 이별하다
정들자 이별이라니.

164

아름다운 이별은 말뿐이지. 이별은 다 슬퍼.

작별 | 작별하다

작별이란 웬 말인가. 가야만 하는가.

헤어지다

결혼 안 할 거면 당장 헤어져.

만남에는 헤어짐이 있는 법이야.

떠들썩하다

오늘따라 분위기가 떠들썩한데 뭔 일 있어?

난무하다

사퇴설부터 확인되지 않은 소문이 난무하고 있어.

관 논란(이) 터지다*

또 논란 터졌어.

도가니

현장이 흥분의 도가니 그 자체였어.

동시다발 | 동시다발적

농사회에서 동시다발적으로 불만이 나오고 있어.

들끓다

여론이 들끓고 있어. 잠잠해질 때까지 자숙해.

관 말(이) 많다*

그러니까 여기저기에서 말들이 많아.

무성하다

너에 관한 안 좋은 소문이 무성해.

술렁거리다 | 술렁술렁 | 술렁술렁하다

협회 분위기가 술렁거리는 게 심상치 않아.

웅성거리다

저쪽에서 웅성거리던데 무슨 일이지?

관 잡음(이) 많다 | 일다 | 생기다*

선거 투표 과정에 잡음이 많아.

떠벌리다[67]

막 여기저기 떠벌리고 싶다.

크게 부풀려서 여기저기 떠벌리고 다녀.

관 나발(을) 불다

여기저기 나발 불고 다닐까 봐 걱정이야.

관 동네방네 떠들다

제발 동네방네 떠들지 마.

관 동네방네 소문내다

마음 같아선 당장 동네방네 소문내고 싶어.

누가 동네방네 소문내고 다니는가 했는데 너였네.

---

67) 과거 전화기 형태를 형상화한 것으로 전파력을 표현하며, 사실을 과장하여 떠벌릴 때 주로 쓴다.

떵떵거리다*

보란 듯이 떵떵거리며 살 거야.

(관) **기(를) 펴다***
네가 잘못한 게 뭐가 있어. 기 펴고 살아.
기세등등(氣勢騰騰) | 기세등등하다*
합격했으니 이제 더 기세등등해지겠네.
우쭐거리다*
회장 됐다고 우쭐거리는 것 좀 봐.
의기양양(意氣揚揚) | 의기양양하다*
유학 갔다 오더니 더 의기양양해진 것 같아.
(관) **폼(을) 잡다***
카메라 앞에서 온갖 폼잡고 있네.

(관) 떼돈을 벌다[68]

이번 주식 덕에 떼돈 벌었다.

긁어모으다
한푼 두푼 있는 거 다 긁어모아 샀어.
(관) **돈(을) 왕창 벌다**
돈을 왕창 벌고 싶다며? 지금 코인이 대세야.
(관) **부당이득을 챙기다 | 취하다**
부당이득을 챙긴 정황이 발각됐어.
일확천금(一攫千金)
일확천금을 노리는 거 허황된 꿈이야.
(관) **큰돈(을) 벌다***
명이나물 뜯어서 큰돈 벌었다며?

똑똑하다*

똑똑하면 밉상이라고, 사람들이 왕따시켜.

똘똘하다*
아이가 참 밝고 똘똘해 보이던데.
(관) **머리(가) 비상하다***
머리가 비상한데 노력을 너무 안 해.
비범하다*
넌 비범한 두뇌를 가졌으니 부럽다.
상책*
그럴 땐 피하는 게 상책이야.
영리하다*
아빠 닮아서 영리하네.
잘나다*
자기가 제일 잘난 줄 알아.
총명하다*

---

68) 어마어마하게 많은 돈을 왕창 벌거나 부당한 방법으로 이득을 취하거나 일확천금을 노릴 때에도 쓴다.

글쎄, 머리가 총명한 것 같지 않아.
특출하다[*]
춤에 특출한 재능이 있어.
현명하다[*]
현명하게 잘 처신해.
어떻게 해야 현명한 방법일까요?

똑바로[*]

처신 똑바로 해라.

거두절미(去頭截尾) | 거두절미하다
거두절미하고 본론부터 말할게.
저 시간이 별로 없어 거두절미하고 여쭐게요.
곧바로
위험을 감지하면 곧바로 대피해.
곧이곧대로[*]
곧이곧대로 믿으면 안 돼. 걸러내야지.
곧장
끝나는 대로 곧장 집으로 와.
다짜고짜[*]
다짜고짜 반말하니까 기분 나쁘지.
초면에 다짜고짜 돈을 빌려달라니?
단도직입(單刀直入) | 단도직입적 | 단도직입하다
단도직입적으로 물을게.
돌직구
돌직구로 뭐 하나 물어봐도 돼?
돌진 | 돌진하다[*]
막무가내로 돌진하는 스타일 별로야.
바로[*]
바로 나오지 않으면 나 갈 거야.

관 이대로 쭉 가다
이대로 쭉 나가보자.
즉시[*]
주문하면 즉시 만들어 준대.
관 지체 없이[*]
그럴 땐 지체 없이 행동으로 옮길 필요가 있어.
직진 | 직진하다
여기서부터 쭉 직진하시면 됩니다.
주변을 살피지 않고 직진한 사람 잘못이지.
쭉[*]
이 길로 쭉 가면 큰 사거리가 나와.
지금까지 쭉 한 가지 길만 걸어왔어.

관 뜸(을) 들이다

뜸 들이지 말고 어서 말해.

굼뜨다[*]
굼뜨지 말고 빨리 움직여!

관 기분(을) 내다

그냥 기분 좀 내보고 싶었어.

기분파[*]
원래 기분파라 비위만 잘 맞춰주면 큰 문제 없어.

꾸물거리다 | 꾸물꾸물하다
꾸물꾸물하지 말고 어서 해.

느긋하다
넌 어쩜 그리도 느긋하니?
이렇게 느긋하게 먹는 건 참 오랜만이네.

만끽하다
봄을 만끽하고 싶다.

미적거리다[*]
할 일이 산더미인데, 왜 계속 이렇게 미적거려?

여유 | 여유롭다[*]
여유롭게 한 바퀴 돌고 올까?

뜸하다[69]*

요즘 왜 연락이 뜸해?

수그러지다
시간 좀 지나면 수그러질 거야.

없어지다[*]
곧 죽어 없어지길 바라.

오래되다[*]
안 본 지 오래돼서 어디서 뭐 하는지도 몰라.

관 자취를 감추다

자취를 감춘 지 오래됐어.

띵하다

숙취 때문에 아직도 머리가 띵해.

쑤시다[*]
머리 한쪽만 쑤시는 게 편두통인가 봐.

울리다
머리를 살짝만 움직여도 심하게 울리고 아파.

지끈거리다
오후 되면 머리가 지끈거리고 깨질 것 같아.

쿵쿵거리다
두통이 심할 땐 머릿속이 쿵쿵거리는 느낌이야.

편두통[*]
덕분에 편두통이 많이 완화됐어.

---

69) '불가능'의 수어와 '사라지다'의 한 손 수어를 합친 것으로, 왕성하던 형세나 기세가 점점 수그러지거나 자취를 감추는 상황에 쓰인다.

어미 ~ㄹ 리가 없다 · 어미 ~ㄹ 뻔하다 · 어미 ~ㄹ 분만 아니라 · 어미 ~ㄹ 분이다 · 어미 ~ㄹ 수 있다 · 어미 ~ㄹ 테면* · 어미 ~ㄹ까 봐 · 레드카드* · 립 서비스

어미 ~ㄹ 리가 없다

명색이 사장인데 돈을 떼어먹을 리 없잖아.

관 **그럴 리가 없다**
그럴 리가 없어. 얼마나 착한 사람인데.
만무하다
신부님이 그런 짓을 했을 리 만무하잖아.
관 **말이 안 되다**[*]
말도 안 돼.
관 **있을 수 없는 일**[*]
절대 있을 수 없는 일이야.

어미 ~ㄹ 뻔하다

네가 없었으면 어쩔 뻔했을까.

뻔하다[*]
오다가 개한테 물릴 뻔했어.
핸들 꺾지 않았으면 대형사고 날 뻔했어.
십년감수(十年減壽) | 십년감수하다
정말 십년감수했다!
외장하드 다 날릴 뻔했어. 휴, 십년감수했어.
하마터면
계단에서 하마터면 넘어질 뻔했다.

어미 ~ㄹ 뿐만 아니라

나뿐만 아니라 몇 명 더 있어.

똑똑할 뿐만 아니라 심성이 착하기도 해.
재활치료뿐만 아니라 정신 상담도 필요해.
우리 집뿐만 아니라 다른 집도 다 마찬가지야.
육체적으로 힘들 뿐만 아니라 경제적으로도 힘들어.
우리 집뿐만 아니라 다른 집도 누수가 발생하고 있어.
뿐더러
김치는 맛있을뿐더러 건강에도 좋아.
두피 개선뿐더러 혈관 청소에도 도움 된대.

어미 ~ㄹ 뿐이다

오해하지 마. 난 친구로서 솔직히 얘기한 것뿐이야.

~밖에
이 시간에 하는 데가 여기밖에 없어.
다만
다 좋은데, 다만 가격이 조금 아쉽다.
오로지
건강한 몸을 만들려면 오로지 운동밖에 없어.
오직
오직 너밖에 없다.

170

사랑할 수 있는 나의 반쪽을 찾고 싶다.

감당 | 감당하다[*]
감당할 수 있어?
관 **그럴 수도 있다**
그럴 수도 있겠다.
몸이 힘들면 그럴 수도 있겠다.
관 **할 수 있다**[*]
너도 할 수 있어.
너라면 할 수 있겠어?
성공하려면 할 수 있다는 믿음이 기본이지.

어미 ~ㄹ 테면[*]

떠날 테면 미련 없이 떠나.

내키다
정 내키지 않으면 안 해도 돼.
바라다
내가 떠나길 바라?
남 잘못되길 바라면 못 써.
최선을 다해야지 요행을 바라면 되나.
소원 | 소원하다
소원하는 게 있으면 말해 보세요.
소원이 뭐냐고 물어봤더니 말귀 트이고 싶대.
싶다
나야, 항상 네 편에 서고 싶지.
앞으로는 이런 식으로 살고 싶지 않아.
자기가 가고 싶으면 뒤돌아보지 말고 가.
원하다
정 원한다면 사줄게.
진심으로 원하는 것인지 잠시만 생각해 봐.

어미 ~ㄹ까 봐

내가 도망갈까 봐 이러는 거야?

경계 | 경계하다
지금까지 계속 경계하고 있었어?
관 **그럴까 봐**
또 그럴까 봐 말하기가 참 조심스러워.
나중에 나도 똑같이 그럴까 봐 무섭다.
관 **그리될까 봐**
노숙자처럼 그리될까 봐 무서워.
관 **옮아올까 봐**
괜히 감기 옮아올까 봐 병원 가기가 망설여져.

레드카드

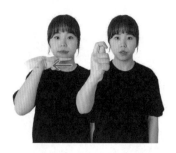

레드카드 준 심판이 누구야!

레드카드 두 번 받아서 다음 경기까지 못 뛰어.
심판한테 항의해서 레드카드 받고 퇴장당했대.
딱 보면 고의적 반칙인데, 레드카드 꺼냈어야지!

경고 | 경고하다*

내가 분명히 경고했지.
경고 누적되면 다음 경기에 출전 못 해.
수업 시간에 잡담하다 선생님께 경고받았다.
다시는 이 바닥에 발 들이지 말라고 경고했어.

립 서비스[70]*

립 서비스가 도가 지나치네.

감언이설(甘言利說)*

사기꾼의 감언이설에 속아 넘어간 내가 바보야.

사탕발림

그 모든 것이 거짓이고 사탕발림이었던 거야.
처음 만난 사람 사탕발림에 넘어가서 돈을 떼였어.

관 **입에 꿀을 바른 말**

앞에서만 입에 꿀 바른 말이지, 뒤에서는 욕해.

관 **입에 발린 소리**

다 입에 발린 소리니 걸러서 들어.

관 **접대용 멘트**

접대용 멘트 아니라 진심이거든.

---

70) 달콤한 말로 상대방의 비위를 맞추는 모습을 형상화한 것으로 **감언이설, 입에 발린 소리, 아부, 아첨**의 의미로도 널리 쓰인다.

어미 ~만 못하다 · 관마(가) 씌다 · 마감하다* · 마당발 · 마르다 · 마마보이 · 마스터하다 · 관마음에 걸리다 · 관마음에 들다 · 관마음(이) 안 내키다 · 마주치다 · 마지막 · 마찬가지* · 관막가다 · 막다 · 막말하다 · 관막을 내리다 · 만만하다* · 만회하다 · 관말도 마라 · 말랑말랑하다 · 말리다 · 관말문(이) 막히다* · 말실수하다 · 속말(수어)은 청산유수다 · 관말(수어)을 다 하다 · 관말(이) 되다 · 관말(이) 많다 · 관말(이) 안 되다* · 관말짱 도루묵 · 관말하면 죽는다 · 맛없다* · 관맛(이) 들다 · 망설이다 · 망하다 · 맞물리다* · 맞서다* · 맞선 · 관맞바람(을) 피우다 · 맞벌이하다 · 관맞지 않다* · 맞추다1 · 맞추다2 · 매료하다 · 매일* · 맵다 · 맹세하다 · 관머리 회전(이) 빠르다 · 관머리(가) 돌다 · 관머리(를) 식히다 · 관머리에 박히다* · 관머리털이 곤두서다 · 관머릿속이 하얘지다 · 머물다 · 먹다* · 먹칠하다* · 멀미하다* · 멀어지다* · 멈추다* · 멋있다 · 멍청하다 · 관면역(이) 생기다* · 명령하다* · 관모가지(를) 비틀다 · 모나다* · 모두 · 모르다* · 관모르면 가만있다 · 모르쇠* · 모욕하다* · 모으다 · 모자라다* · 목매다 · 관목숨(을) 건지다 · 관목에 핏대를 올리다 · 관목(이) 빠지게 기다리다* · 관목(이) 잘리다* · 몰라보다* · 몰려들다 · 몰수하다 · 관몸만 오다 · 관몸(을) 사리다 · 관못 말리다* · 관못 먹어도 고* · 관못 이기는 척* · 관못 할 줄 알았는데 잘하네* · 못생기다 · 무더기 · 무산하다 · 무섭다 · 무시하다* · 무심코 · 무혐의 · 무효하다 · 묵살하다* · 문득 · 묻다* · 물광 피부* · 물러나다* · 관뭐가 뭔지 모르겠다 · 관원 말이야* · 미달하다 · 미루다* · 미지수 · 미행하다* · 민망하다 · 민낯 · 믿다 · 밀어붙이다

어미 ~만 못하다

음식 맛이 왜 이러지. 예전만 못하네.

관 견줄 수 없다
회장은 지덕체를 다 갖췄어. 어느 누구도 그와 견줄 수 없어.

관 비교가 안 되다
형이랑 나랑 비교가 안 되지.
비교가 안 돼. 이게 제일 나아.

관 비할 바(데)가 없다
일급 호텔에 비할 데 없이 맛있고 완벽해.

관 마(가) 씌다

오늘따라 일이 다 안 풀리네. 무슨 마가 씌었나?

강박증|강박하다
뭐든 빨리해야 된다는 강박증이 심해.

슬럼프
3, 6, 9년 주기마다 슬럼프가 찾아온다잖아.

관 슬럼프에 빠지다
나 요즘 슬럼프에 빠진 것 같아.

압박감
빚 독촉 때문에 얼마나 압박감이 심했는데.

억박지르다*
강압적으로 억박지르는 말투 좀 고쳐라.

짓누르다
항상 피로가 어깨를 짓누르고 있는 느낌이야.

짓눌리다
짓눌리는 것처럼 머리 전체가 다 아파.

마감|마감하다*

마감 시간이 언제야?

그만하다*
너야말로 그만하라고.

끝|끝나다|끝내다*
우리 이렇게 끝인가.

끝장|끝장나다|끝장내다*
다 끝장낼 거야.

관 끝장(을) 보다
나 끝장 보는 성격인 거 알지?

다하다*
밥 먹고 정리 다하면 9시 조금 넘을 거 같아.

마무리|마무리되다|마무리하다
하던 일 마무리하고 갈게.

마치다[*]

마치면 카톡 해.

완료 | 완료되다 | 완료하다

신청 완료했어?

종결 | 종결되다 | 종결하다

그 사건은 목격자가 나타나지 않았다면 단순 사고로
종결되었을 거야.

준비 | 준비되다 | 준비하다[*]

난 준비됐어.

마당발

마당발 친구 하나 있는데 한번 만나볼래?

돌아다니다[*]

수년째 전국을 돌아다니면서 친구 많이 만났어.

관 **많이 만나보다**[*]

수어를 배우려면 일단 사람을 많이 만나봐야 돼.

섭렵 | 섭렵하다[*]

농교회까지 모두 섭렵했지.

인맥[*]

인맥이 넓은 걸 이런 식으로 악용하지 마.

마르다

이불 솜이 마르면 원래대로 살아날까.

건조 | 건조되다 | 건조하다

겨울만 되면 입술이 너무 건조해.

그치다

비가 내렸다 그쳤다 그래.

멈추다[*]

눈이 멈추면 시동 걸어보자.

메마르다

땅이 너무 메말랐는데?

마마보이

마마보이 기질이 다분해 보여.

관 **부모가 끼고 살다**

언제까지나 부모가 끼고 살 수는 없잖아.

부모가 끼고 산다면서? 자식 나이가 몇이야?

관 **빨대(를) 꽂다**

연상녀한테 빨대 꽂고 사는 제비야.

빨대 꽂고 사는 주제에 누굴 돕는다고?

응석받이

응석받이로 키운 당신이 잘못이야!

| 마스터 | 마스터하다 | 그 많은 걸 어떻게 마스터했어? |

그 짧은 시간에 한국어를 완벽하게 마스터할 수 있다고 생각해?

졸업 | 졸업하다
졸업하자마자 바로 취직되었어.
난 배화학교 14회 졸업이야. 넌 몇 회야?

터득 | 터득되다 | 터득하다[*]
밑바닥 인생 전전하면서 터득한 덕분이지.
인생의 이치를 터득하신 분이니 잘 보고 배워.

관 **마음에 걸리다**　　　　다 좋은데, 마음에 걸리는 게 하나 있어.

한마디도 못 하고 돌아온 게 마음에 걸려.

관 **가슴이 찔리다**
너 혹시 찔리는 거 있어?
찔리는 게 없으면 이렇게 화낼 일도 없잖아.

꺼리다[*]
양심에 꺼리는 거면 애초에 하지 말았어야지.

꺼림칙스럽다 | 꺼림칙하다[*]
그게 아직도 마음에 꺼림칙하게 남아 있는걸.

동정 | 동정하다[*]
내가 제일 싫어하는 게 뭔지 알아? 동정이야.

관 **마음(이) 약하다**[*]
마음 약한 게 아니라 정이 많아서 그래.

관 **양심의 가책**
양심의 가책도 없네.

짠 내
동정심을 유발하는 짠 내 연기 잘해.

짠하다[*]
볼 때마다 짠해서 용돈 쥐여주기도 해.

관 **마음에 들다**　　　　마음에 들면 네가 가져.

난 둘 다 마음에 안 드는데.
표지는 마음에 들게 잘 나왔어?
자기는 마음에 안 들면 아예 안 쓰더라.
선물 받는 사람이 마음에 안 든다고 하면 교환 가능할까요?

관 **눈에 들다**
눈에 안 들어도 그냥 해.
워낙 까다로워서 눈에 들려나 모르겠네.

관 마음(이) 안 내키다⁷¹⁾

난 마음이 안 내키는데.

관 내키지 않다
별로 내키지 않아.
처음에는 내키지 않았는데 고수익이 보장된다길래 신
청서에 도장 찍어 버렸어.
관 마음에 없다
마음에 없는 소리를 왜 했어?
외제 차는 원래 마음에 없었는데, 디자인에 반해서 질
렀어.

마주치다

조금 늦었으면 마주칠 뻔했다.

엘리베이터에서 마주쳐도 서로 인사도 안 해.
눈맞춤 | 눈맞춤하다
눈맞춤이나 할까?
마주보다
마주보기만 해도 왜 자꾸 웃음이 나오지.
서로 마주 보고 손잡아 빙글빙글 돌아보세요.
마주하다
마스크 없이 웃는 얼굴을 마주하면 좋겠어.

마지막

이번이 마지막인 걸로 해.

관 ~ 끝에
우여곡절 끝에 시험관 시술이 성공해서 딸 낳았어.
결과
원인 없는 결과는 없어.
사람이 대부분 과정은 안 보고 결과만 놓고 이러쿵저
러쿵 얘기하잖아.
결국
결국 사람 마음대로 안 되는 게 인생이야.
결론
결론부터 얘기해.
결말
결말이 어떻게 될지 진짜 궁금하다.
끝내
끝내 둘이 결혼해서 아이 낳고 행복하게 살았단다.
관 끝이 보이다
드디어 끝이 보이네요!
나중[*]
나중에 일이 또 틀어지면 너 나한테 죽어.

---

71) '내키지 않는다'를 의미하는 관용표현으로, '싶다'와 '없다'의 수어를 병용한다.

드뎌 | 드디어

드디어 다시 만났네.

돌고 돌아 드뎌 운명처럼 다시 만났어.

마침내[*]

마침내 너를 여기서 보네.

최종

최종 선택 어떻게 할 거야?

최후

내일까지 방 빼라는 최후통첩 받았어.

최후의 방법이 이것 말고 다른 게 없을까?

마찬가지[*]

너도 마찬가지야.

같다[*]

너 이렇게 보니까 진짜 모델 같다.

⟨관⟩ 그게 그거다

그게 그거 아니야?

도긴개긴

다들 도긴개긴이구나.

⟨관⟩ 도토리 키재기

도토리 키재기라고, 딱 보면 뭐 큰 차이가 없잖아.

동점[*]

동점으로 끝났어.

똑같다[*]

너나 나나 이렇게 똑같은 신세잖아.

막상막하(莫上莫下) | 막상막하하다[*]

둘이 막상막하네.

맞먹다

외제차 취득세가 경차 한 대 값하고 맞먹네.

맥주 한 잔의 칼로리가 밥 한 공기와 맞먹어.

방불하다[*]

분위기가 나이트클럽 방불케 하네?

비기다

1대1로 비겼다.

비긴 걸로 하자.

뺨치다

선수 뺨칠 정도로 운동이라면 뭐든 다 잘해.

피장파장

네가 맞은 만큼 걔도 맞았으니 피장파장이다.

네가 먼저 시비 걸었으니 어차피 피장파장이야.

그렇게까지 막가면 좋아?

거지같다[*]
머리가 거지같아서 오늘 미용실 가야겠어.
관 **닥치는 대로**[*]
이것저것 닥치는 대로 먹었더니 속이 안 좋다.
되는대로[*]
나는 그냥 되는대로 살려고.
마구잡이
식물이 마구잡이로 자라.
막
대충 막 입어도 이쁘네.
막무가내(莫無可奈)|막무가내하다[*]
막무가내로 밀고 나가는 불도저 스타일과는 못 살
겠어.
관 **비위(가) 좋다**[*]
너 참 비위도 좋네.
주책|주책맞다|주책없다|주책이다
그 나이 먹도록 참 주책 떤다.
주책 떨지 말고 좀 가만히 있어.
허름하다[*]
외관은 허름해 보여도 꽤나 유명한 맛집이야.
허접하다[*]
그 가격 생각하면 너무 허접해.
헌것[*]
새것은 안 보여주고 헌것만 권하던데.

막다

어떻게든 막았어야지.

가로막다
웬 취객이 지금 내 차를 가로막고 난동 부려.
가로막히다
시위대에 가로막혀 그냥 돌아왔어.
거절|거절되다|거절하다[*]
마음 굳게 먹고 거절해.
대처|대처하다[*]
이럴수록 이성적으로 대처해야 돼.
마크하다
네가 공격수를 철저히 마크했어야지!

---

72) 이것저것 따지지 않고 아무것이라도 상관없이 다 받아들이는 의미로 쓰이는가 하면, 완력으로 밀어붙이고 보는 막돼먹은 사람을 가리킬 때도 쓴다. 이외에도 '**닥치는 대로**', '**아무거나**' 등 널리 쓰이며, 다른 의미로는 '**거지 같다**', '**허접하다**' 등의 뜻으로도 다양하게 쓰인다.

막히다[*]

왜 변기가 계속 막히지. 혹시 칫솔 빠트렸나?

방어 | 방어적 | 방어하다

그 사람의 태도는 언제나 방어적이야.

방지 | 방지되다 | 방지하다

폭력 방지를 위한 대책을 미리 마련했어야지.

예방 | 예방하다

이거 정말 치매 예방에 좋대?

저지 | 저지되다 | 저지하다[*]

그 사람을 저지하기엔 나도 역부족이었어.

차단 | 차단되다 | 차단하다[*]

그냥 차단해 버려!

이거 자외선 차단 기능 있어.

| **막말 | 막말하다** | 어린 것이 대놓고 막말하네? |

대놓다

대놓고 싫다고 하는 건 예의가 아니지.

들이대다[*]

네가 먼저 들이댔잖아.

관 **못 하는 소리(가) 없다**[*]

어르신 앞에서 못 하는 소리가 없어.

반말 | 반말하다

어린 것이 끝까지 반말하네.

초면에 반말하는 사람 진짜 별로야.

실례하다

실례합니다만, 출구 어딘가요?

외람 | 외람되다 | 외람하다

외람된 질문 하나 해도 될까요?

| 관 **막을 내리다** | 영화제가 어제 막을 내렸어. |

관 **문(을) 닫다**

요즘 거리에 나가보면 문 닫은 상점도 많고 사람도
없어.

관 **영업(을) 종료하다**[*]

재료가 소진돼서 영업 종료합니다.

관 **영업(이) 끝나다**[*]

겨우 도착했는데 영업 끝났던데.

폐막 | 폐막되다 | 폐막하다

하계 패럴림픽 어제 폐막했어.

만만하다[*]

내가 그렇게 만만해?

만만하게 봤다가는 큰코다치는 수가 있어.
관 물로 보다[*]
날 물로 봤다가는 큰코다쳐.
우습다[*]
내가 우스워?
내가 그렇게 만만해?
우습게 여겼다간 큰코다칠 수도 있어.
지들 딴에는 내가 우습게 보였나 보다.
호락호락 | 호락호락하다[*]
나 호락호락 만만한 사람 아니야.
호락호락 쉽게 넘어가지는 않을 거야.
이렇게 쉽게 호락호락 넘어갈 사람 아니야.
못 배웠다고 호락호락 사람 얕잡아 보면 안 돼.

만회 | 만회되다 | 만회하다

나 만회할 기회 한 번만 줘.

돌아오다[*]
의식이 돌아왔대!
되돌리다[*]
결혼하기 전으로 되돌리고 싶어.
한번 변한 마음은 되돌리기 힘들지.
되살아나다[*]
화분에 영양제 꽂아 뒀더니 하루 만에 되살아났어.
복구 | 복구되다 | 복구하다
복구하려면 시간 많이 필요할 텐데.
복귀 | 복귀되다 | 복귀하다
마음 잘 추슬러서 일상으로 잘 복귀하고.
복원 | 복원되다 | 복원하다
이게 100% 복원 가능할지 나도 장담 못 해.
복직 | 복직되다 | 복직하다[*]
언제 복직하실 거예요?
원상복귀(原狀復歸)
혹시 언제쯤 원상복귀 가능할까요?
재개 | 재개되다 | 재개하다
다음 주부터 촬영을 재개하기로 했어.
재기 | 재기하다
재기하려고 이것저것 알아보는 중이야.
완전히 망했다가 재기하는 게 쉬운 일은 아니지.
컴백 | 컴백하다
언제 컴백한대?

회복 | 회복되다 | 회복하다[*]
한번 깨진 관계는 회복이 힘들어.

관 말도 마라

말도 마, 얼굴에 멍이 이만해.

관 두말할 필요(가) 없다
두말할 거 없어.
관 말(도 | 을) 못 하다
얼마나 고집이 세던지 말도 못 해.
관 말(이) 아니다
어제 오빠 몰골이 말이 아니었어.
관 말(이) 필요 없다
말이 필요 없어. 진짜 맛있다니까.

말랑말랑 | 말랑말랑하다

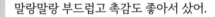

말랑말랑 부드럽고 촉감도 좋아서 샀어.

보드랍다
크림빵이 보드랍고 달달해.
보들보들 | 보들보들하다
원단이 보들보들해서 쿠션으로 만들면 좋겠다.
야들야들 | 야들야들하다
고기가 야들야들하고 너무 맛있다.
촉촉하다
겉은 바삭하고 속이 촉촉하니 맛있다.
쿠션감
쿠션감 너무 좋고 가격도 착해.
푹신하다
침대가 푹신해서 아주 푹 잘 갔다.
소파가 물침대처럼 아주 푹신한걸?

말리다

누가 가서 좀 말려봐.

만류 | 만류하다
성형 수술한다니까 가족이 극구 만류하더라.
매달리다[*]
매달릴까 봐 겁나서 연락 안 했어.
매달려봤자 소용없어. 마음이 이미 떠난걸.
목매달다[*]
나 좋다고 목매달 땐 언제고. 어떻게 사람이 확 변해
버려?
붙들다
간다는 사람 붙들고 뭐 하자는 거야!

붙잡다[*]
붙잡는다고 갈 사람이 안가겠어?
간다는 사람 붙잡지 말고 고이 보내 드려.

관 말문(이) 막히다[*]

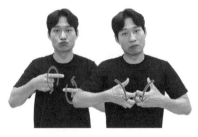

대화할수록 말문이 막혀.

관 말(을) 잇지 못하다[*]
더 이상 말을 잇지 못하겠어.
관 할 말(을) 잃다[*]
나 진짜 할 말 잃었다.
관 할 말(이) 없다[*]
진짜 할 말 없네.
할 말 없으면 당장 나가주시지?

말실수|말실수하다

말실수한 거 사과할게.

혹시라도 말실수할까 봐 신경 쓰이네.
말실수한 것도 없는데. 갑자기 왜 저러지?
관 말(을) 잘못하다
말을 잘못했어.
관 말(이) 헛나오다
말이 헛나왔어.
말이 헛나온 건데 상대가 오해했어.

속 말(수어)은 청산유수다

말(수어)은 청산유수인데 제 이름 석 자도 못 써.

말(수어)만 청산유수지, 나중에 가면 딴소리 할걸.
관 거침없이 말(수어)하다
말하는 게 진짜 거침없네.
얘는 거침없이 말(수어)도 잘해.
관 말(수어)가 술술 나오다
걔는 입만 열면 말(수어)이 술술 나와.
술이 들어가니까 말(수어)이 술술 나오네.

관 말(수어)을 다 하다

너 말 다 했어?

지금 말 다 하셨어요?
할 말 다 했으면 나가.
하고 싶은 말 다 했다. 후련하다.
하고 싶은 말 있으면 다 해도 돼.
할 말 다 하고 싶으면 거절해 버려.
차라리 속에 있는 말 다 하고 나올걸.
하고 싶은 말 다 하고 나왔어야 했어.

관 말(이) 되다

이게 말이 되네.

아니, 이게 말이 돼?
그게 말이 된다고 생각해?
난 말이 안 되는데, 걔는 말이 된다고 생각하더라.
관 일리(가) 있다[*]
네 말이 일리 있어.
들어보니 어때. 일리 있다고 생각해?
오, 뭐 일리 있네. 너 의외로 머리 좀 쓰네?
난 어느 정도 일리가 있는 말이라고 생각해.

관 말(이) 많다[*]

넌 너무 말이 많아!

이래저래 말이 많아.
말 많은 내가 총대 멜까 해.
말이 많은 사람은 진짜 피곤해.
민간자격 시험에 대해 지금도 말이 많아.
관 말도 많고 탈도 많다[*]
한때 말도 많고 참 탈도 많았지.
말도 많고 탈도 많았는데 이제는 끝난 일이야.
말도 많고 탈도 많았지만, 천성 나쁜 사람 아니야.

관 말(이) 안 되다[*]

정말 말도 안 되지.

말도 안 되는 소릴 믿으라고 지금 나보고?
전세가가 매매가를 넘어섰다니 말도 안 돼.
울릉도에서 부산까지 헤엄쳐서 왔다고? 그게 말이 안
되잖아.
관 당치도 않다[*]
당치도 않는 소리!
전격 취소라니, 당치도 않아!
모두 당치 않다고 생각하고 있어.

관 말짱 도루묵

공들여 준비했는데 이제 말짱 도루묵 됐어.

물거품|물거품되다
모든 게 물거품 됐어.
차일피일 미루다 물거품 된 경우가 많거든.
수포
지금까지의 노력이 완전히 수포로 돌아갔어.
허망하다
인생 참 허망하네.

선배가 얼마나 허망하게 갔는지 너도 알잖아.

허무하다

허무하게 가는 것 같아 마음 아파.

사는 게 가끔 허무하고 만사 다 귀찮아.

허사[*]

일 년을 들인 노력이 허사가 됐어.

[관] 허탕(을) 치다

이번에도 허탕 치고 오겠지.

헛걸음 | 헛걸음치다 | 헛걸음하다

괜히 헛걸음했네.

헛되다

고생해서 준비했는데 헛되지 않았으면 좋겠어.

돌이켜보니 헛되게 산 거 같지는 않아서 다행이야.

헛물켜다[*]

어차피 안 될 일에 헛물켰어.

괜히 헛물켜지 말고 그냥 마음 접어.

헛수고[*]

한 시간 동안 고생한 일이 헛수고가 됐어.

너도 헛수고할까 싶어서 미리 얘기하는 거야.

[관] 말하면 죽는다⁷³⁾

말하면 죽어.

말하면 죽는다며?

말하면 죽을 줄 알아.

말하면 죽어 버릴 거야.

말하면 죽는다 하면 나 진짜 죽어?

말하면 죽는다 해서 여태 말 못 했어.

말하면 죽을 거라고? 지나가던 개가 웃겠네.

말하면 죽는다고 했어. 나 나중에 잘못되면 너 책임질
수 있어?

맛없다[*]

퍽퍽하고 진짜 맛없어.

치킨 식으면 맛없잖아. 뜨거울 때 먹어.

음식 맛이 없어 보이면 아예 입도 안 대요.

많이 샀다가 맛없으면 그대로 썩힐 거잖아.

[관] 좋다 말았다[*]

공짜로 주는 줄 알았는데 좋다 말았어.

해외여행 당첨되는 줄 알았어. 좋다 말았네.

아씨, 나에게 주나 내심 기대했는데 좋다 말았다.

외출 생각에 들떴는데 약속이 취소되어서 좋다 말았
어.

---

73) '말하다'의 수어 다음에 주먹을 쥐면 '말하면 죽는다'라는 관용표현으로만 한정되어 쓰인다.

**관 맛(이) 들다	맛들이다**	한번 맛들이면 중독될까 봐 일부러 가입은 안 했어.

가관
곁눈질하는 표정이 아주 가관이야.

속 늦게 배운 도둑이 날 새는 줄 모른다
늦게 배운 도둑이 날 새는 줄 모른다고, 주식 공부에
아주 푹 빠졌구먼.

관 마약과 같은 것 | 마약처럼[*]
마약처럼 중독적이라 일단 먹으면 못 끊을걸?

관 맛(을) 들이다
한번 맛을 들이면 절대 못 빠져나와.

관 손(이) 가다
자꾸만 손이 가네.

웃기다[*]
네가 이러니까 웃겨 죽겠어.
얘는 왜 그렇게 말을 웃기게 잘해.

관 재미 들리다
아주 재미 들렸나 보네.

관 재미(를) 붙이다
케이크 만들기에 재미 붙여서 매주 만들었어.

중독 | 중독되다 | 중독하다
마약처럼 중독되기 쉬워. 진짜야.

중독성
이거 중독성이 있어서 나 아마 못 끊을 거야.

탐닉하다[*]
마약에 탐닉하는 순간 폐인 된다.

흥미 | 흥미롭다
오, 이거 흥미로운데?

흥미진진 | 흥미진진하다
드라마 정주행했는데 전개가 흥미진진했어.

망설이다	망설이지 말고 당장 얘기해.

머뭇거리다 | 머뭇대다
머뭇거리다가는 놓칠 수도 있어.

서슴다
서슴지 말고 의견을 자유롭게 말씀해 주세요.

우물쭈물 | 우물쭈물하다
우물쭈물하다가는 큰일 나.
우물쭈물하지 말고 할 말 있으면 해.

주저거리다 | 주저하다
주저하지 말고 언제든지 연락해.

| 망하다 | 앞에 있던 식당이 망하고 미용실이 생겼더라. |

깨지다[*]
그 사람이 들어오면서 분위기 완전히 깨졌어.

내려앉다[*]
폭우로 천장이 내려앉을 뻔했어.
기둥이 삭아서 곧 내려앉을 것 같은데?

망가지다
어쩌다가 저렇게 망가졌을까.

망치다
일을 망치려고 아주 작정했구나.

멸망|멸망되다|멸망하다
지구가 멸망해도 바퀴벌레는 살아남는다잖아.

무너지다[*]
공든 탑도 한순간에 무너질 수 있어.

붕괴|붕괴되다|붕괴하다
의료체계 붕괴가 올지도 몰라.

조지다
'지인 지조' 자기 인생은 자기가 조졌다는 말인데,
딱이네.

관 **죽(을) 쑤다**
죽 쒀서 개 줬지.

관 **쪽박을(을) 차다**[*]
주식 잘못하면 쪽박 찰 수 있어.
대박 아니면 쪽박을 차던지 둘 중 하나겠지.

파괴|파괴되다|파괴하다[*]
채소를 가열하면 영양소가 파괴될 수 있어.

허물다[*]
시골집 싹 허물고 새로 지으려고.

| 맞물리다[*] | 방학과 맞물려서 이번 주에 친정 다녀오려고. |

노동자와 회사 간의 요구가 맞물려 협상이 늦어지고
있다.

겹치다[*]
일정 겹치면 다음 달에 다시 잡아.
회사일이랑 집안일 겹치면 뭐가 우선이야?

중복|중복되다|중복하다[*]
책에 중복된 내용이 있던데 체크해서 걸러.

중첩|중첩되다|중첩하다[*]
가까이 보이는 물체가 중첩되어 잘 안 보여요.

187

맞서다[*]

당당히 맞서 싸우자.

(관) 맞불(을) 놓다[*]
지들이 공격하면 우리도 똑같이 맞불 놓으면 되지.
맞붙다[*]
누가 이기나 한번 맞붙자.
맞장 | 맞장뜨다[*]
내가 총대 메고 가서 맞짱 떠야 할까 봐.
맞짱 | 맞짱뜨다[*]
너 나랑 한번 맞짱 뜰래?

맞선

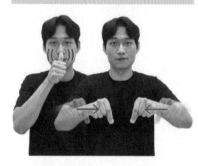

맞선을 통해서 알게 된 사이야.

(관) 만남(을) 주선하다[*]
좋은 만남 주선해 주서서 감사합니다.
선보다
그동안 선본 사람 몇 명이야?
소개팅
소개팅 나갔는데 웬 할아버지가 앉아있는 거야.
중매
우리 중매로 만났어.

(관) 맞바람(을) 피우다

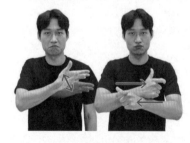

나도 맞바람 피울까 보다.

맞바람 피우겠다니, 그걸 자랑이라고?
맞바람 피웠으면 그걸로 퉁친 거 아니야?
둘이 허구한 날 싸우더니 결국 맞바람 피우네.
상대가 바람을 피운다고, 맞바람 부추기는 건 좀 아니
잖아.
누가 외도하면 보통 배우자는 맞바람 피우거나 이혼
을 청구하는데, 얘는 다 품어주고 같이 살더라.

맞벌이 | 맞벌이하다

맞벌이 가정이라 고충이 많아.

요즘 맞벌이하는 부부들이 많아졌어.
애들 돌보랴 맞벌이하랴 꾸밀 시간 없어.
우리 맞벌이하는데도 돈이 잘 안 모아져.
맞벌이라 아이는 시댁에서 거의 다 봐주셔.
부모님이 맞벌이라 밥은 혼자 알아서 해 먹어.
맞벌이 부부
맞벌이 부부가 계속 늘어나는 추세야.
처음 결혼하고 2년은 맞벌이 부부 했거든.
맞벌이 부부냐? 외벌이 부부냐? 너 어느 쪽이야?

관 맞지 않다[*]

바지 하나는 잘못 샀는지 맞지 않아.

모순 | 모순되다[*]
네 말에 모순이 많아.
불일치 | 불일치하다[*]
친자 검사 불일치 나왔다며? 앞으로 어떡할 거야?
관 안 맞다[*]
사이즈 안 맞으면 나 줘.
어그러지다[*]
문짝이 어그러진 것 같은데 수리기사 불러.
어긋나다[*]
친구끼리 사이가 어긋나서 이제 만나지 않아.
엇갈리다[*]
의견이 엇갈리면 한 발짝 물러나 봐봐.

맞추다1

내가 최대한 다 맞춰줄 테니까 말만 해.

맞다[*]
나랑은 잘 맞아.
둘이 잘 맞을 것 같아.
맞춤 | 맞춤하다[*]
의상실 가서 바지 하나 맞춤 했어.
상응 | 상응되다 | 상응하다
능력에 상응하는 보수를 받아야 된다고 생각해.
일치 | 일치되다 | 일치하다[*]
결과 봤는데 거의 일치하더라.

맞추다2

약속 시간에 딱 맞춰서 왔네.

들어맞다[*]
다 맞춘 것처럼 잘 들어맞네!
내 예상이 그대로 들어맞았다!
맞춤 | 맞춤하다[*]
이렇게 깔맞춤하니까 포인트 되고 예쁘네.
부합 | 부합되다 | 부합하다[*]
조건에 부합하는 사람이면 더 좋지.
외모가 어느 정도 부합하니까 네가 사회자 해.
제시간
제시간에 맞춰 왔었어야지.
제시간에 안 오면 밥도 없어.
관 한 치의 오차도 없다
한 치의 오차도 없이 어떻게 정교할 수가 있을까.

| 매료 | 매료되다 | 매료하다 | 향기에 매료돼서 이 향수만 쓰거든.

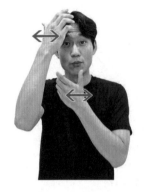

도취 | 도취되다 | 도취하다
승리에 도취된 모습이야.
얘는 자아도취가 너무 심해.
매혹 | 매혹되다 | 매혹하다
오늘따라 왜 이리 매혹적인지.
설마 너도 그 사람에게 매혹된 거야?
사로잡다
달짝지근한 맛이 내 입맛을 사로잡아 버렸어.
사로잡히다
수어 노래에 사로잡혀 매일 유튜브만 봐.
심취 | 심취되다 | 심취하다*
한때 철학에 심취한 적 있었어.
사찰 여행 갔다가 불경에 심취돼서 스님이 된 외국인
도 있거든.
관 **첫눈에 반하다***
첫눈에 반하면 어떤 느낌일까?
어떤 부분에 첫눈에 반한 거야?
관 **홀딱 반하다***
보자마자 홀딱 반했어.

매일* 매일 하지 말고 주 3회씩 하면 좋아.

근력 운동 매일 하면 오히려 근육 빠져.
매일은 아니고 일주일에 한 번 정도 가.
날마다*
날마다 속옷 갈아입지.
늘*
늘 좋기만 하겠어?
늘 감사하는 마음으로 살고 있어.
만날*
만날 얻어먹기만 해? 밥 한번 못 사?
매일매일*
매일매일 힘들어.
맨날*
맨날 놀기만 해서 나중에 뭐 되려고?
맨날 못 하겠다 이래놓고 다음에도 똑같이 해.
관 **비가 오나 눈이 오나***
비가 오나 눈이 오나 늘 그 자리에 계시더라.
자나 깨나*
자나 깨나 네 생각만 해.

맵다	맵기는 했지만 맛있었어.

너무 매워서 한 숟갈만 먹고 항복.
아리다
혀끝이 아려서 눈물 났어.
얼얼하다
볼이 아직도 얼얼해.
얼큰하다
얼큰하고 자극적인 음식 좋아해.
이모님, 여기 얼큰한 맛 하나 보통 맛 하나 주세요.

맹세	맹세하다	하늘에 대고 정말 맹세할 수 있어.

부모님 이름 걸고 맹세하겠다 그래.
관 **거짓말(이) 아니다**[*]
거짓말 아니야! 내 눈으로 봤다니까.
속 **내 손에 장을 지지겠다**
내 손에 장을 지질게. 천만 원 이상 넣으면 수익률
100% 보장해.
맹세코
맹세코 거짓말 아니야!

관 머리 회전(이) 빠르다	머리 회전이 빠르긴 빨라.

관 **머리(가) 돌아가다**
예전에는 머리가 바릿바릿 잘 돌아갔는데.
관 **머리(를) 굴리다**
머리 좀 잘 굴려봐.
약삭빠르다
약삭빠르고 간사한 여우 같다.
관 **잔머리(를) 굴리다**[*]
잔머리 하나는 역시 잘 굴리긴 하네.

관 머리(가) 돌다	너 머리 돈 거 아니야?

돌아버리다[*]
아으, 돌아버리겠다.
또라이
어딜 가나 또라이는 있어.
사람들은 날 또라이로 알아.
미치다[*]
돕자고 나선 내가 미쳤지.
한겨울에 바닷물에 뛰어들겠다니, 진짜 미쳤네.

| 관 | 머리(를) 식히다 |

카페 가서 머리 좀 식히고 올게.

누그러뜨리다
워워, 넌 지금 화를 누그러뜨려야 된다고.
관 **스트레스(가) 풀리다**[*]
스트레스 다 풀리니 후련해.
매운 음식 먹으면 스트레스가 풀려?
관 **십 년 묵은 체증이 내리다**
십 년 묵은 체증이 싹 내려가지?
풀리다[*]
화났어도 난 금방 풀려.
관 **화(를) 가라앉히다**[*]
일단 화부터 가라앉혀.

| 관 | 머리에 박히다[74)*] |

그 사람 눈빛이 머리에 박혀서 절대 잊을 수 없어.

가스라이팅[*]
너도 가스라이팅 당한 거야.
걱정돼서 몇 마디 했더니 가스라이팅하지 말래.
가스라이팅 당하는 사람은 자신은 그걸 모르는 거야.
박히다
그게 오랫동안 머리에 박혀 있었으니까.
사고의 기억이 머리에 박혀서 그 장소를 못 가.
머릿속에 박혀 있는 걸 전부 초기화시키고 싶다.
세뇌|세뇌되다|세뇌하다
나도 모르게 서서히 세뇌되었나 봐.
사기꾼에게 세뇌당해서 죽을 때까지 맹목적으로 따르고 살겠지.

주입|주입되다|주입하다
뭘 주입하려고?
강제로 주입된 지식은 오래 안 가지.

| 관 | 머리털이 곤두서다 |

그 이름 석자만 들어도 머리털이 곤두서.

끔찍하다[*]
생각할수록 끔찍해.
나도 사고 현장에 있었다면? 생각만 해도 끔찍해.
관 **머리카락(이) 서다**
머리카락이 바짝 서는 느낌이야.
섬뜩하다[*]
날 노려보는 눈빛이 섬뜩했어.
섬뜩한 저 눈빛, 머릿속에 계속 맴돌아.

---

74) 주사 바늘을 이용하여 어떤 사상을 머리에 주입하는 모습을 형상화한 것이다. '**세뇌하다**', '**주입하다**'라는 의미가 있으며 근래에 와서 '**가스라이팅**'의 의미로도 쓰인다.

오싹하다[*]

등골이 오싹했어.

쭈뼛 | 쭈뼛거리다 | 쭈뼛대다 | 쭈뼛하다

강도가 들어온 줄 알고 순간 털이 쭈뼛 섰어.

흠칫하다[*]

그가 온다는 얘기 듣고 흠칫했어.

관 머릿속이 하얘지다⁷⁵⁾

머릿속이 하얘지고 순간 하나도 안 보였어.

관 멘탈(이) 날아가다[*]

무대 오르는 순간 멘탈 다 날아갔어.

관 생각(이) 나지 않다[*]

순간 아무 생각이 나지 않았어.

관 순간 깜빡하다[*]

어쩌다 순간 깜빡할 때가 있어.

관 할 말(을) 잃다[*]

나 완전히 할 말을 잃었어.

머물다

하루 더 머물다 갈까?

계시다

아버님은 요양원 계세요.

협회장님 저기 안에 계실까요?

머무르다

시간만 있다면 더 머무르고 싶다.

묵다[*]

며칠 더 묵다 갈까?

얼마나 묵다 가려고?

살다[*]

살았대?

살아남다[*]

우리 마지막까지 살아남았잖아!

상주 | 상주하다

병원에 보호자 한 사람만 상주할 수 있어.

있다[*]

한 열흘만 있다 갈게.

안에 있는 거 봤는데 그새 어디로 사라진 거야.

존재 | 존재하다

아무도 네 존재를 몰라.

나는 생각한다. 고로 나는 존재한다.

체류 | 체류하다[*]

---

75) 머리숱이 부족한 '대머리'의 수어가 변이되어 머릿속이 텅 비었을 때 쓰는 수어로, 일상생활에서는 정작 말해야 할 중요한 순간에 생각이 나지 않을 때 쓴다.

불법체류자를 협박해서 돈을 갈취했대.
아직 해외 체류 중인데 내년 초 귀국할 예정이야.

먹다*

뭐든 다 잘 먹네.

드시다*
많이 드세요.
밥*
반찬보다 밥이 더 맛있었어.
더 먹고 싶으면 알아서 밥 퍼와야지.
식사 | 식사하다*
다음에 언제 같이 식사해요.
잡수다 | 잡수시다*
맛있게 잡수세요.

먹칠하다*

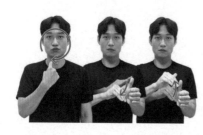

남편 흉보면 자기 얼굴에 먹칠하는 거지.

(관) **똥(이) 되다**
너 하나 때문에 우리 모두 똥 됐어.
똥칠하다
선배 얼굴에 똥칠하니 좋나?
실추 | 실추되다 | 실추하다*
이미지가 한번 실추되면 만회가 어렵지.
(관) **얼굴(에) 똥칠하다**
자기 얼굴에 똥칠을 한 거나 마찬가지지.
(관) **제 살 깎아먹기***
너 지금 이러는 거 제 살 깎아 먹는 행동인 거 몰라?

멀미 | 멀미하다

아, 멀미 날 거 같아.

멀미가 있어서 차 타고 멀리는 못 가.
메스껍다
속이 계속 메스껍고 답답해.
불쾌하다
생각할수록 기분이 매우 불쾌하고 찝찝해요.
(관) **비위(가) 상하다**
한 접시 먹고 비위 상해서 나왔어.
아니꼽다*
잘난 척 으스대는 모습 아니꼬워서 못 보겠어.
역겹다*
보기만 해도 진짜 역겹다.

울렁거리다
배를 타면 속이 막 울렁거려.
울렁증
나 무대 울렁증 있어. 다른 사람 시켜.
체하다＊
급하게 먹고 잘 체하긴 해.
🔲 **탈(이) 나다**
상한 음식 먹고 탈 났어.

멀어지다＊

그날 다툼 이후 사이가 점점 멀어지고 있어.

눈에서 멀어지면 마음도 멀어진다고 하잖아.
괜히 고백했다가 사이가 더 멀어질 수도 있어.
갈라놓다＊
둘 사이를 갈라놓으려고 이간질하는 것 같아.
떼어놓다
왜 두 사람을 떼어놓고 싶어?
소원해지다
관계가 전보다 소원해진 느낌이랄까.
사이가 소원해지더니 연락이 끊어졌어.

멈추다＊
멈출 수 있으면 멈추라고.

코피가 좀처럼 멈추지 않아.
그만 | 그만하다＊
오두방정 좀 그만해.
청승 그만 떨고 나가봐.
꺼지다＊
불 껐다가 다시 켜봐. 안 되면 기사 부르든가.
운전 중에 갑자기 시동 꺼져서 정말 죽을 뻔했어.

끄다＊
그만 불 끄고 자.
멈칫하다＊
아까 가다 말고 왜 멈칫했어?
멎다
열이 내리면서 기침도 멎었어.
정지 | 정지되다 | 정지하다＊
카드 정지했고 재발급도 신청했어.
벌점이 쌓이면 운전면허 정지당할 수 있어.
중단 | 중단되다 | 중단하다
수사가 왜 중단됐어?

중지 | 중지되다 | 중지하다
태풍 때문에 운행 중지라는데?

멋있다

어디가 멋있다고? 하나도 안 멋진데.

너무 멋있어요. 완전히 내 이상형이에요!
멋있게 보이려고, 손에 뭐 들고 연출한 티 난다.
멋쟁이
언제 봐도 멋쟁이.
멋지다
너무 멋져서 점점 빠져든다.
멋지게 차려입고 거리를 활보하고 싶다.

멍청하다

멍청해서 할 줄도 모르겠지.

돌대가리＊
누가 그러는데 너 돌대가리 같대.
등신
참고 사는 내가 등신이지.
띨띨하다
얘가 어딘가 좀 띨띨한 거 같아.
맹하다
사람이 좀 맹해서 그렇지, 심성은 아주 착해.
머저리
이 머저리야! 그래도 모르겠어?
멍청이
넌 멍청이 소리 들으면 화 안 나?
무식하다
무식하니까 용감하다는 말 있어.

관 면역(이) 나다 | 생기다[76]＊

처음에는 어려웠는데, 지금은 면역이 돼서 괜찮아.

관 **내성(이) 생기다**
어려서부터 먹어서 내성이 생겼나?
관 **몸에 배다**
오랫동안 누워서 일하는 습관이 몸에 배어서 편해.
처음엔 적응이 안 되겠지만, 계속하다 보면 서서히
몸에 배어들 거야.
관 **손에 익다**
이제 일이 손에 익어서 눈감고도 해.
습득 | 습득되다 | 습득하다＊

---

76) 첫 번째 수어 사진은 '냄새'와 '몸에 배다'의 수어를 합친 관용표현으로, 어떤 방면에 길이 들어서 이력이 났을 때 또는 늘 경험해 오
던 일상, 경력 등이 몸에 배어 익숙해질 때 널리 쓰인다. 두 번째 사진은 '냄새'와 '기름'의 수어가 합쳐 변이된 수어이다.

아니? 그 짧은 시간에 이 많은 걸 다 습득했다고? 천
재 아니야?

관 **이골(이) 나다**
이제는 이골 나서 괜찮아.

관 **이력(이) 나다**
이력 나서 이제 뭐 눈 감고도 뚝딱하지.

관 **익숙해지다**[*]
매일매일 하다 보니 익숙해졌어.
이것만 익숙해지면 나머지는 금방 뚝딱할 수 있어.

명령|명령하다[*]

네가 뭔데 얻다 대고 명령질이야?

명하다
장군은 병사들에게 돌격하라고 명하였다.

시키다
시키면 괜히 더 하기 싫은 법이지.

지시|지시하다
지시대로 움직였어야지. 왜 제멋대로 해?

하달|하달되다|하달하다
위에서 하달받았어?

관 **모가지(를) 비틀다**

모가지 확 비틀어 버려.

네 모가지를 비틀어 버릴 거야.
닭 모가지 비틀다 손목이 나갔어.
또 그러면 모가지 비틀어 버린다.
모가지 비틀고 털 뽑는 것도 일이야.
닭의 모가지를 비틀어도 새벽은 온다.
너 닭 잡아서 정말 모가지 비틀 수 있어?
한 번에 모가지 비틀려면 힘이 좋아야 하지.
닭을 잡으려면 모가지를 비틀고 털을 뽑아야 해.

모나다[*]

성격은 좀 모났지만, 일은 엄청 잘해.

가시
이 생선은 잔가시가 많아.

까다롭다[*]
조건이 까다로워 아마 들어주기는 좀 힘들걸?

깐깐하다[*]
얼마나 깐깐한지 하나하나 다 살펴보고 사더라.

관 **날(이) 서다**
아까 보니까 말투에 날이 섰던데 뭔 일 있어?

날카롭다[*]
아까 네 질문이 날카로웠어.
날카로운 거에 걸려 옷이 찢어졌어.
뾰족하다[*]
난 신발코가 둥근 것보다 뾰족한 게 좋아.
예리하다[*]
보는 눈이 참 예리해.
예민하다[*]
지금 가장 예민할 때야.

모두

법 앞에 모두가 평등하지.

다
다는 똑같을 수 없어.
몽땅[*]
남은 현금 몽땅 써버려.
전부
인생에 사랑이 전부가 아니야.
전체
전체 하면 비용 더 싸게 해 줄 수 있어.

모르다[*]

정말 뭘 모르네.

모르는 게 약이야.
사람 겉만 봐선 몰라.
나 정말 왜 이런가 몰라.
약속 장소에 가는 길을 몰라 한참을 헤맸어.
몰라주다[*]
내 맘도 몰라주고 너 나빠!
알아주면 기분 좋고 몰라주면 서운하지.
널 얼마나 좋아했는데 왜 내 마음을 몰라주니?

관 모르면 가만있다

모르면 가만히 있어.

모르면 가만있으랬다.
모르면 가만히 계세요.
모르면 가만이나 있지.
모르면 가만있는 게 약이야.
모르면 입 닥치고 가만히 있어요.
모르면 가만있으라고 몇 번을 얘기해!
모르면 그냥 가만있어. 끼어들지 말고.
잘 모르면 좀 가만있지. 입 나불대지 말고.

| 모르쇠⁷⁷⁾* | 전 끝까지 모르쇠로 갈 겁니다. |

모르쇠^{77)*}

전 끝까지 모르쇠로 갈 겁니다.

모르쇠 전략 과연 잘 먹혀들까 모르겠다.

능청스레 | 능청스럽다

모른 척하고 능청스레 받아넘기면 돼.

관 능청(을) 떨다[*]

능청 떠는 것 좀 봐.

다 알면서도 능청 떠는 거지.

관 딴청(을) 피우다

내가 손짓해도 못 본 체 자꾸 딴청을 피워.

뻔뻔스럽다[*]

나만 나쁜 사람으로 몰고 뻔뻔스럽게 자기는 끝까지
아니래.

뻔뻔하다[*]

원래 좀 뻔뻔한 친구긴 해.

관 알면서[*]

알면서도 계속 이러기야?

염치없다[*]

내가 너무 염치없지?

오리발

무조건 오리발 내밀면 돼.

본인은 그런 적 없다면서 계속 오리발을 내밀고 있어.

천연덕스럽다[*]

뒤차가 내 차를 박았는데 아주 천연덕스럽게 후진하
더니 그냥 가더라.

태연하다[*]

아까 태연한 척 침착하게 잘했어.

어떻게 저렇게 태연할 수가 있지?

파렴치 | 파렴치하다[*]

저런 파렴치한 사람들은 싹 잡아넣어야 해.

모욕 | 모욕하다[*]

이런 모욕 정말 처음이야.

관 곤욕(을) 치르다

나도 저번에 비슷한 문제로 곤욕을 치른 적 있어.

굴욕

이런 굴욕 처음이야.

잊을 수 없는 굴욕이었어.

관 면박(을) 당하다

동료들 있는 데서 상사에게 면박을 당했어.

모독 | 모독하다

죽은 사람의 이름을 들먹이면서 모독하지 마.

---

77) 사람이 잘못을 저지르고 염치없이 시치미를 떼거나, 사실을 알고 모르는 체하고 발뺌하는 상황에 폭넓게 쓴다.

수모
온갖 수모를 당하면서도 끝까지 잘 버텼네. 토닥토닥.
취급 | 취급되다 | 취급하다[*]
바보 취급하지 마.
왜 나만 투명 인간 취급해.
🔁 취급(을) 받다
난 왜 매번 학생처럼 취급받지?
바보 취급받는 것 같아서 기분 안 좋았어.

모으다
모아서 어디 쓰게?

결합 | 결합되다 | 결합하다
결합 상품 요금할인 비교해 보면 돼.
모이다
몇 년을 모아야 1억이 모일까.
모임
50대끼리 모여서 모임 결성할까?
뭉치다
뭉치면 살고 흩어지면 죽는다.
수집 | 수집되다 | 수집하다[*]
자료 수집 다 했어?
집합 | 집합되다 | 집합하다
집합 장소가 하필 약수터야?
합치다[*]
우리랑 다시 합치고 싶대.
힘을 합치면 뭐든 이룰 수 있어.
합하다[*]
모두 합하면 얼마야?
이거저거 다 합해서 십만 원도 안 돼.

모자라다[*]
모자라면 언제든지 말해.

결핍 | 결핍되다 | 결핍하다
애정 결핍이 원인이 아닐까?
달리다
기운이 많이 달려 더는 못하겠어.
부족하다
내가 또 생각이 부족했어.
인격적으로 미성숙하고 많이 부족해.
부치다
힘이 부치면 그때 그만해도 돼.
쌍둥이 육아하느라 힘에 부치네.

목매다

뒷산에서 사람이 목매 죽었어.

목매달다[*]
어제 꿈에서 네가 목매달고 죽은 거야.
산장에서 목매달고 죽어 가는 사람 구조했어.
유명 인사가 야산에서 유서 남기고 목매달았대.
관 **목숨(을) 끊다**[*]
사실 목숨 끊으려 했어. 사는 게 너무 고통스러워서.
왜 저렇게 목숨을 끊고 갔을까. 남겨진 아이들은 어떡
하라고.

관 목숨(을) 건지다

운 좋게 목숨 건진 줄 알아.

무사하다
너만 무사하면 됐어.
살아나다[*]
절벽에서 추락했는데 극적으로 살아났어.
살아남다[*]
어린 것이 가족 다 잃고 혼자 살아남았대.
관 **살았다**
휴우, 살았다.
생존 | 생존하다
지구의 환경오염은 인간의 생존을 위협한다.

관 목에 핏대를 올리다[*]

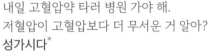

그렇다고 목에 핏대 세우고 화낼 일이야?

고혈압
내일 고혈압약 타러 병원 가야 해.
저혈압이 고혈압보다 더 무서운 거 알아?
성가시다[*]
성가시게 하지 말고 저리 가!
관 **스트레스(를) 받다**[*]
어우, 스트레스받아.
신경질 | 신경질나다[*]
지금 신경질 나 죽겠으니까 전화 끊어.
관 **약(이) 오르다**[*]
아씨, 약 오르려고 그래.
저기압
아침마다 기분이 저기압이야.
사장이 지금 살짝 저기압 같다. 조심해.
짜증[*]
너 요즘 뭐 짜증 나는 일 있어?

짜증나다[*]
짜증이 나니까 짜증 내지.
짜증내다[*]
짜증내지 않고 예쁘게 말하는 법 좀 배워.
관 피가 거꾸로 솟다[*]
피가 거꾸로 솟을 만한 일이야.
이거 진짜 피가 거꾸로 솟을 일이네.
관 핏대(를) 세우다[*]
이게 핏대 세울 일이야?
관 혈압(이) 오르다[*]
나 지금 또 혈압 오르려고 하네.
진짜 열 받아서 혈압이 오르려 해.
정치 뉴스만 보면 욕 나와. 혈압 올라.

관 목(이) 빠지게 기다리다[*]   언제 오나 하고 엄청 목 빠지게 기다렸는데.

고대하다[*]
고대하던 단풍철이 돌아왔습니다.
어서 만나기를 고대했는데, 폭설 와서 못 만났어.
관 눈이 빠지도록 기다리다[*]
눈이 빠지도록 얼마나 기다렸는데!
네가 언제 오나 눈 빠지게 기다렸어.
학수고대(鶴首苦待) | 학수고대하다[*]
드디어 학수고대하던 날이 왔다.

관 목(이) 잘리다[*]   목 잘릴지 모르니까 일단 열심히 하자.

관 목(을) 따다[*]
네 목 따줄까? 어?
관 목(이) 날아가다
사장한테 모가지 날아가고 싶어?
관 밥줄(이) 끊기다
나도 너도 밥줄 끊길 수 있어.
자르다[*]
날 자르려면 잘라봐!
잘리다[*]
어제 회사 잘렸어.
파면 | 파면되다 | 파면하다[*]
파면 통보, 난 끝까지 받아들이지 않을 거야.
해고 | 해고되다 | 해고하다[*]
다음 달에 대거 해고한대.

몰라보다[*]

처음 봤을 때 아예 몰라볼 정도였어.

낯설다[*]
오랜만에 오니 낯선 얼굴이 많네.

모르다[*]
누군지 몰라. 처음 보는 얼굴이야.

판 못 알아보다[*]
살 많이 빠져서 못 알아봤어.
말 안 걸었으면 너 못 알아보고 지나칠 뻔했어.

생면부지[*]
그 생면부지 남자가 알고 보니 친아빠였어.

몰려들다

저기 사람들이 몰려드는데 뭐 하는지 가볼까?

모여들다
내일 오픈이니까 사람들이 벌 떼처럼 모여들걸.

몰리다
손님이 몰리는 시간대를 잘 피하면 돼.

몰표[*]
협회장 몰표로 당선되었어.

쏠리다
모든 시선이 너에게 쏠리는 것 같은데?

우르르
연예인이 온다니까 사람들이 우르르 몰려갔어.

인산인해(人山人海)
황금연휴에는 어딜 가나 인산인해일 것 같아.

몰수 | 몰수되다 | 몰수하다⁷⁸⁾

부정하게 착취한 돈까지 몰수해야 해.

걸려들다
제대로 걸려들었나 보지.
보이스피싱에 제대로 걸려들었구나.

낚이다[*]
나처럼 광고에 낚여서 가입한 사람 많아.

박탈 | 박탈되다 | 박탈하다[*]
횡령 사실이 입증되면 급여가 박탈될 수 있어.

징수 | 징수되다 | 징수하다
추가로 징수된 세금이 얼마라고 했지?

판 채가다[*]
괜찮은 남자는 주변에서 이미 다 채갔지.

추징 | 추징되다 | 추징하다
그때 세금 신고 안 해서 오십만 원가량 추징당했어.

---

78) 이미 삼킨 것을 입에 갈고리를 걸어서 밖으로 빼는 모습을 형상화한 것으로, 자신이 저지른 범죄나 잘못으로 인하여 수중에 들어온 돈을 도로 토해내거나 박탈당할 때 주로 쓴다.

관 몸만 오다

그냥 몸만 오면 돼.

몸만 오면 된다고 해서 믿고 갔는데 혼수 내놓으래.
관 몸만 가다
당일치기니까 몸만 가도 되겠는데?
그쪽이 다 준비했으니 우린 그냥 몸만 가면 되나?
빈손
그냥 빈손으로 와도 돼.
빈손으로 오면 나 진짜 섭섭할 거야.
빈손으로 왔다가 빈손으로 가는 게 인생인데.

관 몸(을) 사리다

오늘 일진이 별로라 몸 사려야겠어.

덕분에
덕분에 일이 수월하게 잘 마무리됐어.
관 몸(을) 아끼다
맨날 몸 아껴야 한다면서 이렇게 농땡이 피워.
은인
선생님이 생명의 은인이세요.
은혜
은혜도 모르는 것들 때문에 내가 속 터져.

관 못 말리다*

진짜 못 말려.

정말 못 말린다니까.
한번 발동 걸리면 아무도 못 말려.
못살다*
이렇게는 못 살아!
라면 없이 못 살아.
너 때문에 내가 못 살아.
내가 정말 제 명에 못 살겠다.
애착 인형 없으면 못 사는 애야.

관 못 먹어도 고*

다 못 먹어도 고 해보겠습니다!

관 갈 데까지 가다*
갈 데까지 가보자!
감수 | 감수되다 | 감수하다*
널 위한 일이라면 난 뭐든 다 감수할 수 있어.
감행 | 감행되다 | 감행하다*
죄수가 탈옥을 감행했다 형을 더 받았어.
강행 | 강행되다 | 강행하다*
비가 쏟아지는데 등반을 강행하는 것은 무리지.

관 될 대로 돼라*

될 대로 돼라, 뭐 이런 심정이지.

관 맨땅에 헤딩하다*

준비 없이 이런 식으로 맨땅에 헤딩하기는 싫다.

무리하다*

무리해서라도 살 거야?

무리했으니까 이 지경이 됐지.

무모하다*

용감한 건지 무모한 건지.

돌이켜보면 내가 정말 무모했던 것 같아.

무턱대고*

무턱대고 일을 벌이는 거 위험해.

관 앞뒤 안 보고

앞뒤 안 보고 투자를 하면 당연히 손해를 보지.

관 에라 모르겠다

에라 모르겠다고 하고 뛰어내렸어.

관 저지르고 보다

일단 저지르고 보자.

일단 저질러 놓고 보자. 지금보다 못하겠어?

관 죽기 아니면 까무러치기

죽기 아니면 까무러치기 정신으로 도전해 볼까.

관 죽기를 각오하다*

죽기를 각오하고 하면 무엇이든 될 거야.

관 죽어라 하고

개한테 물릴까 봐 죽어라 하고 뛰었어.

관 죽음을 불사하다*

죽음을 불사하고 절벽에서 뛰어내렸잖아.

필사적*

취업을 위해 필사적으로 살 빼야 해.

관 못 이기는 척*

계속 가자고 하니까 못 이기는 척 따라가겠다고 했어.

마지못하다*

마지못해 나도 같이 간다고 했어.

내가 마지못해 억지로 하는 것 같아 보여?

부득이하다*

돈이 급하다 보니까 부득이하게 싸게 내놨어.

불가피하다*

감기 걸렸다고 해서 불가피하게 대신 나오게 됐어.

여지없다*

선택의 여지가 없었어.

㉑ 울며 겨자 먹기
이게 없으면 입장 못 한다고 해서 울며 겨자 먹기로
샀어.
㉑ 죽지 못해
죽지 못해 하루하루 버티고 있지.
나도 죽지 못해 사는데 네 사정 봐주게 됐냐?

㉑ 못 할 줄 알았는데 잘하네[79]*

못 할 줄 알았는데 의외로 잘하네?

㉑ 생각보다 잘하네?*
뭐야, 생각보다 잘하잖아.
㉑ 어떻게 따낸 거야?*
어떻게 따낸 거야?
㉑ 어떻게 한 거야?*
어떻게 한 거야?
해내다*
네가 어떻게 그 어려운 일을 해냈어?

못생기다

못생기면 어때. 성실한 사람인데.

미용실 거울이 더 못생겨 보이는 것 같아.
못나다
못 나도 피부가 좋으면 예뻐 보이잖아.
네 옆에 있으니까 우리가 더 못나 보여.
추하다
그래봤자 너만 추해져.
함부로 입 놀리지 마. 사람이 추해 보여.
누구는 추하고 누구는 예쁘다 그런 식으로 말했어.

무더기

오늘도 확진자가 무더기로 나오게 될까, 무섭다.

산더미
하루에 먹는 약이 산더미야.
설거지가 산더미같이 쌓여도 끝까지 모른척해.
수북하다
간만에 창고 청소했더니 먼지가 이만큼 수북했어.
㉑ 쌔고 쌨다*
이보다 저렴한 거 쌔고 쌨어!
㉑ 천지에 널리다*
이거 천지에 널렸어. 잘 둘러보면 많이 있어.
푸짐하다
무슨 선물을 이렇게 푸짐하게 주시고, 감사합니다.

---

79) 본뜻은 '잘하다'의 수어인데, 오른손을 왼팔 위아래로 여러 번 문지르면서 놀라는 표정을 지으면 관용표현이 된다. 평소에 과소평가
했던 부분이나 못하던 사람이 의외로 괄목상대하는 경우에 쓴다.

무산 | 무산되다 | 무산하다[80]*

연말 모임이 무산되었어.

우천으로 체육대회가 무산됐어.
결렬 | 결렬되다 | 결렬시키다 | 결렬하다
의견 차이가 심해서 계약이 결렬됐어.
덮다*
덮고 넘어갈 생각 하지도 마.
더 이상 문제 삼지 않고 다 덮을게요.
무마 | 무마되다 | 무마하다*
돈으로 무마시켰을 거야.
걸리기 전에 어떻게든 무마하려고 했어.

무섭다

무서우면 하늘을 봐.

사람 마음이 참 무섭다.
저 깜깜한 지하실에서 혼자 얼마나 무서웠을까.
겁나다
수술이 잘못될까 봐 겁나.
겁내다
아무것도 겁낼 것 없다며?
겁쟁이
알고 보니 겁쟁이구먼.
관 공포에 질리다
그때 너무 공포에 질려 있어 아무것도 안 보였어.
두렵다
보복당할까 봐 두려워.
무시무시하다
어떨 땐 사람이 무시무시해져.

무시하다*

대놓고 사람 무시해?

그렇게 말하면 무시당한다.
네 말투에 무시하는 느낌이 묻어있어.
배운 티 내면서 잘난 척이다. 그냥 무시해.
개무시 | 개무시하다
사람 개무시하나.
도외시(度外視) | 도외시되다 | 도외시하다
직원 의견을 도외시하면 안 돼.
멸시 | 멸시되다 | 멸시하다
멸시당하는 기분을 네가 알아?

---

80) '**무산**'은 안개가 걷히듯 흩어져 사라지는 것을 의미한다. 사건을 어물쩍 덮어버리거나 시작한 일이 어떤 계기로 인해 없던 일이 되는 경우에 쓴다.

무심코	그저 무심코 얘기한 것뿐이야.

늘어지다
그저 할 일 없이 늘어지게 놀기만 해.

무사태평(無事泰平) | 무사태평하다
남편은 무사태평, 나만 속 터진다.

무상무념(無想無念)*
그냥 다 포기하고 무념무상으로 살아갈까 봐.

무심결
무심결에 한 말인 것 같으니 마음 쓰지 마.

방심 | 방심하다*
또 방심할까 봐 지금 얘기해야 돼.

관 아무 생각 없이*
아무 생각 없이 막 던지면 돼? 안돼?

안일하다*
이렇게 안일하게 일할 거야?

어영부영 | 어영부영하다
어영부영하다가 세월 다 간다.

은연중
은연중 하는 말인데 진심으로 들렸나 봐.
은연중에 내 본심을 보인 거 같아 민망하다.

관 자기도 모르게*
그 사람은 자기도 모르게 손이 갔다고 변명했어.

천하태평(天下泰平)
내 마음은 바쁘고 시간도 없어 죽겠는데 신랑은 천하
태평 코 골고 자.

태평스럽다 | 태평하다
사업이 부도가 났는데 태평스럽게 어떻게 그래?

허송세월(虛送歲月) | 허송세월하다
하는 일도 없이 언제까지 허송세월만 할 거야?

무혐의	무혐의를 입증할 새로운 증거 필요해.

정황이 확실해서 무혐의 나올 거 같지 않아.

무고하다
무고한 사람을 왜 죽이려고 했어?
무고한 사람들이 더 이상 희생되는 일이 없으면 좋겠
어요.

관 죄가 없다*
이 사람은 죄가 없어.
죄 없는 사람한테 왜 그래.
죄가 없는 거 알면서 왜 죄인으로 몰아붙였어?

무효ㅣ무효하다[81]

서명 안 하면 무효 되는 건 맞아.

무(無)
우리가 쓰는 관용표현 중에 '생각'+'무' 이런 게 있는
데 '아무 생각이 없다'라는 의미야.
백지화ㅣ백지화되다ㅣ백지화시키다ㅣ백지화하다*
차라리 전면 백지화되면 좋겠어.
아파트 재개발 사업이 사실상 백지화됐어.
퉁치다
비긴 걸로 퉁치면 되지.
서로 바꾸는 걸로 퉁쳤으면 좋겠는데.

묵살ㅣ묵살되다ㅣ묵살하다*

네가 뭔데 내 의견 묵살해?

우리 의견 다 묵살하고 자기가 하고 싶은 거 다 하잖
아.
마이동풍(馬耳東風)
넌 지금도 내 말을 마이동풍으로 듣잖아.
소용없어. 우리가 뭐래도 걔한테는 마이동풍이니까.
관 **말(을) 듣지 않다ㅣ안 듣다***
청개구리처럼 말을 너무 안 들어.
넌 왜 매번 엄마 말 안 듣고 제멋대로 해?

문득

문득 네 생각이 나서 연락했어.

관 **그러고 보니까**
그러고 보니까 어제 문자 온 거 생각났어.
되살아나다*
기억이 되살아났나 봐. 사람도 알아보기 시작하고.
떠오르다
이쯤 되면 떠오르는 사람 있어?
번뜩ㅣ번뜩하다
저 사람이 누군지 번뜩 생각났어.
번쩍*

정신이 번쩍 나네.
불현듯
까먹은 게 불현듯 생각났다!
생각나다*
아, 지금 생각났다!
뭐 생각난 거 있어?
퍼뜩ㅣ퍼뜩하다
막상 말해 보라니까 퍼뜩 생각이 안 나.

---

81) 'ㅁ'의 지문자와 'ㅜ'의 지문자가 합쳐진 관용표현으로, 원뜻은 없을 무(無)이다. **무효하다, 백지화하다, 퉁치다** 등 다양한 표현에도
쓰인다. '**학교**'와 '**무**'의 수어를 병용하면 그것은 '**무학**'의 의미가 된다.

묻다[*]

화장실 어디냐고 묻는 척하고 몰래 나가자.

~?
뭐 물어봐도 돼?
무슨 일로 오셨어요?
바쁘신 분이 어쩐 일로 행차하셨어요?
물어보다
왠지 물어봐도 돼?
질문 | 질문하다[*]
질문받았으면 대답부터 하는 게 매너 아니야?

물광 피부[*]

물광 피부는 타고난 걸까?

판 얼굴에 광채가 나다[*]
얼굴에 광채 나는 거 좀 봐.
판 얼굴에 빛이 나다[*]
얼굴에 막 빛이 난다. 무슨 오일 발랐어?
판 얼굴에 윤기가 나다[*]
얼굴에 윤기가 좌르르 도는데?
판 얼굴이 번지르르하다[*]
얼굴은 번지르르한데 머리가 왜 이리 푸석푸석해?

물러나다[*]

이제 물러날 때가 됐어.

그만두다[*]
이참에 그만두려고.
나이도 있고, 그만둘 때 됐어.
내려놓다[*]
아직 직 내려놓을 생각이 없나 봐.
모든 걸 내려놓으니까 속이 다 후련하다.
사임 | 사임하다[*]
건강상 이유로 이사직을 사임했어.
사임 거부 의사 없으면 거의 확정이야.
사임 철회 동의가 과반수여야 통과시킬 수 있어.
중도 하차(中途 下車)[*]
중도 하차하면 위약금 만만치 않을 텐데.
잘 나가는 드라마인데 중도 하차라니. 뭔가 있나 봐.
퇴진 | 퇴진하다[*]
공금 횡령에 연루된 임원은 퇴진하라.
퇴출 | 퇴출되다 | 퇴출하다[*]
회장이 퇴출됐다는 소문이 있던데.

하야 | 하야하다
대통령 하야설이 나돌고 있어.

관 뭐가 뭔지 모르겠다[82]

뭐가 뭔지 하나도 모르겠어.

관 갈피(를) 못 잡다
갈피 못 잡겠으면 나한테 맡겨.
이거, 일을 어떻게 하라는 건지 갈피를 못 잡겠어.

당최
무슨 말인지 당최 모르겠어.

도대체
도대체 알다가도 모르겠어.

도무지
뭐가 뭔지 도무지 알 수가 없어.
도무지 어떻게 해야할지 모르겠어요.

관 도저히 모르겠다
방법을 도저히 모르겠어.

아리송하다
의중이 뭘까. 참 아리송해.

알쏭달쏭하다
뭐가 맞고 틀렸는지 아직도 알쏭달쏭해.

영
어떻게 다른지 영 모르겠어.

관 이해(가) 안 되다[*]
왜 그랬는지 정말 이해 안 돼.

관 하나도 모르다[*]
난 진짜 하나도 모르겠는데.

관 한 치 앞도 안 보이다
한 치 앞도 안 보여서 무서웠어.
한 치 앞을 모르고 사는 게 인생인데.

관 뭔 말이야[83][*]

이거 뭔 말이야?

난 또, 뭔 말인가 했어.
뭔 말인지 하나도 모르겠다.
이게 뭔 말이야. 갚을 빚도 많으면서 무슨 여행을 간
다고?

관 뭔 소리[*]
이건 또 뭔 소리야?
뭔 소리냐 그러면서 말 돌리고 있어.
뭐라고? 내가 사기꾼이라고? 이게 뭔 소리야!

---

82) 일상생활에서 널리 통용되고 있는 관용표현으로, 코가 막혀 코의 양쪽을 번갈아 누르는 답답함을 형상화한 것이다.
83) 정석대로 '무엇'과 '말'의 수어를 병용하는 것인데, 대화 장면에서는 미간을 찌푸리고 '말'의 수어를 입가에 댔다가 입 앞으로 빠르게
내민다.

미달|미달하다[*]

정원 미달이라 추가로 모집한다네.

정원에 미달되면 세미나가 취소될 수 있어.

관 못 미치다[*]

그 사람 발끝에도 못 미칠걸 알아.

숙박이랑 비행기 합쳐서 백만 원에도 못 미칠걸?

밑돌다[*]

내 성적이 평균을 한참 밑돌아서 기대 안 해.

점수가 중간에서 밑돌면 우리 예선 못 올라가.

안쪽[*]

백만 원 안쪽으로 알아보고 결정하자.

미루다

약속 시간 한 시간만 미룰 수 있어?

늦추다[*]

출발 시간 좀 늦추면 안 돼?

관 시간(을) 끌다[*]

왜 시간 끌려고 하는데?

계속 시간만 끌 거 같아.

시간 더 끌지 말고 어서 얘기해.

연기|연기되다|연기하다[*]

회의가 내일로 연기됐어.

연장|연장되다|연장하다[*]

기간 연장 안 된대.

내일까지 연장해 주면 안 돼요?

연착|연착되다|연착하다[*]

열차가 10분 연착될 것 같아.

비행기 연착될 수도 있다고 해서 상황 지켜봐야될 거 같아.

연체|연체되다|연체하다[*]

연체하지 말고 이번 달까지 내.

연체하면 이자 매월 십만 원씩 붙는대.

관 열 일 제치다[*]

열 일 제치고 와줘서 정말 고마워.

유예|유예되다|유예하다[*]

징역 1년 6개월에 집행유예 3년을 선고받았어.

지체|지체되다|지체하다[*]

지체할 시간 없어.

지체 말고 바로 보내.

더 이상 지체할 이유 없어.

차일피일(此日彼日)[*]

차일피일 또 이런 식으로 계속 미루기만 해봐.

미지수

과연 이길 수 있을지 미지수야.

과연^{*}
과연 효과가 있을까?

관 **물음표 | 물음표(가) 달리다**
워낙 물음표투성이라 맨날 이렇게 물어봐.

미궁
알면 알수록 미궁에 빠지는 느낌?

미스터리
아무리 생각해도 미스터리인데?

수수께끼
영원히 풀리지 않을 수수께끼 같아.

관 **알 수 없다**
나도 알 수 없어.

오리무중(五里霧中)
며칠째 오리무중이야.

관 **행방을 모르다**^{*}
아무도 네 행방을 몰라.

미행 | 미행하다

사람 시켜서 미행 붙일까?

흥신소 시켜서 미행 붙이자.

뒤따르다^{*}
그냥 믿고 뒤따라가면 되지.

관 **뒤를 밟다**^{*}
왠지 내 뒤를 밟는 것 같은 느낌이 들어.

따라붙다^{*}
누가 따라붙지 않았는지 뒤를 잘 봐.

쫓아가다^{*}
오토바이 탄 남자를 쫓아갔는데 사거리에서 놓쳤어.

쫓아다니다^{*}
너 쉬는 시간 되면 여자애 꽁무니를 쫓아다니며 치마 들추는 장난도 많이 쳤었잖아.

추적 | 추적되다 | 추적하다^{*}
집요하게 추적한 끝에 하루 만에 검거됐어.

민망하다

네가 이러니까 되게 민망하다.

낯부끄럽다
돌이켜보니 낯부끄러운 행동이었어.

머쓱하다
괜히 머쓱할 수 있지.

멋쩍다
혼자 가기도 멋쩍고 해서, 나랑 같이 가자.
부끄러움
부끄러움이 많아 보였어.
부끄럽다
부끄러워하지 말고 어서 해.
뻘쭘하다
혼자 서있기가 뻘쭘하니까 빨리 와.
수줍다
낯가리고 많이 수줍어해.
너답지 않게 수줍게 웃고 왜 그래.
수치 | 수치스럽다
그때는 정말 수치스러웠어.
너무 수치스러워서 죽고 싶을 정도라고.
쑥스럽다
대답하기가 아직 많이 쑥스러운 것 같아.
염치(廉恥)
나도 그 정도 염치는 있어.
창피 | 창피하다 | 창피스럽다*
돈 뺏기고 창피하지도 않니?
고백했는데 거절당하면 나 창피해.
그건 입에 담기에 너무 창피한 일이야.
창피함을 무릅쓰고 막춤 췄는데 후회 안 해.
치부
내 치부가 까발려지는 기분이었어.
아무한테도 들키고 싶지 않은 치부와 같은 거야.
치욕(恥辱) | 치욕스럽다
이건 정말 치욕이야.
그런 치욕은 다신 겪지 말자.

민낯[84]

민낯도 예뻐.

민낯 크림? 이런 것도 있네?
여친 민낯 보고 다음 날 바로 연락 끊었대.
맨얼굴
맨얼굴로 집 밖을 다녀본 적 한 번도 없어.
회사 모임인데 맨얼굴로 나가기도 그렇잖아.
생얼
넌 생얼이 더 예쁜 것 같아.
생얼로 보이지? 근데 화장한 거야.
생얼에 운동복 바람이라 너 못 만나.

---

84) 검지와 중지 손가락을 포갠 상태에서 탁 튕기면 '비다'라는 의미가 된다. 얼굴을 향해 검지와 중지를 튕기면 얼굴에 화장기가 없는 민낯으로 표현된다.

믿다

못 믿겠으면 직접 물어보든가.

말 같지도 않은 얘길 믿으라고?
액면 그대로 믿지 말았어야 했어.
믿음
믿음이 부족해서 그래.
믿음성
그 사람은 믿음성이 없어.
신뢰|신뢰하다
약속 어기면 신뢰도 깨지는 거야.
매번 약속 어기니 신뢰도가 팍 떨어졌어.
신빙성
자백에 신빙성이 없어.
신용
졸지에 신용불량자 됐다.
신용카드는 유효 기간 넘어 가면 못 써.
확신|확신하다[*]
솔직히 확신이 서지 않아.
지금 확신할 수 있는 건 하나도 없어.

밀어붙이다

갑자기 돌변한 거 보면 누가 밀어붙인 거 같아.

강행|강행되다|강행하다[*]
굳이 우비까지 입고 강행하고 싶진 않아.
거머리
무슨 거머리같이 찰싹 달라붙고 그래.
구태여[*]
구태여 여기까지 뭐 하러 왔어?
굳이[*]
굳이 저렇게까지 할 필요 없어.
굳이 애쓰지 않아도 흘러가는 대로 재미있게 살면
되잖아.
끈기
끈기 하나는 자신 있습니다!
끈질기다
끈질기게 졸라봐.
관 말발(을) 세우다
계속 말발을 세우니 방법이 없어.
무리하다[*]
무리해서라도 집을 살 걸 그랬다.
바쁘면 무리해서 기다릴 필요 없어.
관 물고 늘어지다
물고 늘어지지 말고 그냥 냅둬.

관 밀고 나가다

막무가내로 밀고 나가면 너만 다쳐.

생떼

생떼가 말도 못 하게 심해.

악착같다[*]

얼마나 악착같이 모은 돈인데!

관 억지(를) 부리다[*]

내가 억지 부리는 건가?

관 억지(를) 쓰다[*]

억지 쓴다고 해결될 문제 아니야.

억척같이|억척같다[*]

내가 너무 억척같이 사는 것 같아?

우격다짐

자기한테 불리하면 우격다짐으로 밀어붙여.

우기다[*]

자기는 아니라고 끝까지 우겨.

아니라고 우기면 어떻게 할 거냐.

질척거리다

보기보다 되게 질척거리네.

집념[*]

집념을 넘어서 무서운 집착 같다.

집요하다

너 왜 이렇게 집요해?

찰거머리

너 왜 따라붙어? 찰거머리야?

바꿔치기 · 바람피우다* · 바쁘다 · ⓟ바통(을) 넘기다 · 박수하다* · ⓟ박자(가) 어긋나다 · ⓟ박차를 가하다* · 밖* · 반대하다* · 반려하다 · 반반 · 반복하다 · 반신반의(半信半疑) · ⓟ반찬 가짓수(가) 많다 · 반항하다 · 받아들이다 · 받아치다 · 발견하다 · ⓟ발(을) 들여놓다 · 발전하다 · 발표하다 · 밤새다 · 방법 · 방해하다* · 방황하다* · 배고프다* · 배다 · 배달하다 · 배려하다 · 백 · 백 점* · ⓟ백 프로* · ⓟ백기(를) 들다* · 백수 · 백문불여일견(百聞不如一見) · 버릇 · 버릇되다* · 버무리다 · 버티다* · 벅차다* · 번갈다 · 번지르르하다* · 번성하다 · 벌다 · 벌써 · ⓟ법정을 오가다* · 베끼다 · 변덕스럽다* · 변화하다 · ⓟ별 걸 다 기억하다* · 별도 · 병 · 보관하다 · 보너스* · 보류하다 · 보물 · 보스 · 보통 · 보호하다 · 복 · 복수하다 · 복잡하다* · 복종하다* · ⓟ본때(를) 보이다 · 본받다* · 부담하다 · 부딪히다 · 부랴부랴 · 부럽다* · 부려먹다 · ⓟ부르는 게 값이다 · 부르다 · 부수다* · 부정하다* · 부질없다 · 분노하다 · 분별없다 · 분위기 · ⓟ불 보듯 뻔하다* · 불거지다* · 불도저 · 불량 · 불발하다 · 불신하다 · 불쌍하다 · 불평하다 · 붙어다니다 · 비교하다* · 비뚤비뚤하다* · 비밀 · 비법* · 비슷하다 · 비웃다* · 비유하다 · ⓟ비위(가) 좋다* · ⓟ비위(를) 맞추다 · ⓟ빈대 붙다 · 빌리다 · 빗발치다 · 빠져들다 · 빠지다1 · 빠지다2 · 빨다 · 빨리* · 빵빵하다 · 빼닮다* · 뺏기다 · 뽑다* · 삐치다

바꿔치기[85]

누가 나 몰래 바꿔치기한 게 분명해.

역지사지(易地思之) | 역지사지하다*
역지사지의 마음으로 상대방을 이해하세요.
관 입장(을) 바꾸다*
입장 바꿔 생각해 봐.
전도 | 전도되다 | 전도하다*
갑과 을이 뒤바뀐 주객전도 상황 같다.
호환 | 호환되다 | 호환하다*
버전이 서로 달라서 호환 안 돼.

바람피우다*

바람 피워놓고 용서해 달라니 그게 말이 돼?

바람*
늦바람이 났는지 한 달 넘도록 집에 안 들어와.
바람나다*
또 바람났어?
남편 바람나면 넌 이혼할 거야?
바람둥이*
소문난 바람둥이니까 조심해.

바쁘다

바쁠 것 같아서 문자 남겼어.

분주하다*
아침부터 왜 이리 분주하게 왔다 갔다 해?
성급하다*
뭐가 이렇게 성급해?
내가 너무 성급하게 시작했나 싶어.
한 곳만 보고 결정해버리면 너무 성급한 걸까?

관 바통(을) 넘기다[86]

이제 후배에게 바통 넘기고 은퇴할 거야.

넘겨주다*
많이 고민한 끝에 경제권을 넘겨주기로 했어.
바통 터치
신랑이 와서 바통 터치하고 지금 나왔어.
양도 | 양도하다*
세금만 내면 양도하는 데 문제 될 거 없어.
이어받다*
아버지 일을 이어받아 지금도 같이 일하고 있어.

---

85) 청인이 들키고 싶지 않은 것을 이야기할 때 입을 귀에 대고 속삭이듯 농인도 남이 모르게 이야기 또는 처리하고자 할 때 옆구리에서 은밀하게 표현하는 모습에서 유래된 것으로 추정된다.

86) 경기에서 앞 주자가 다음 주자에게 막대기를 넘겨주는 모습을 형상화한 것으로, 역할, 권한을 넘기거나 양도한다는 의미가 있으며 어떤 일에서 손을 뗀다는 함축적 의미도 내포되고 있다.

박수|박수하다*

우린 박수치지 않고 양손 벌려서 이렇게 하거든.

호응|호응하다
중간중간 좀 호응해 주면 좋아.
많이들 호응해 주셔서 감사합니다.
환영|환영하다
우리 회원이 되신 걸 열렬히 환영합니다.
환호|환호하다
환호해 주시니 감사합니다.

관 박자(가) 어긋나다[87]

박자가 계속 어긋나.

상충|상충되다|상충하다
의견이 상충되면 채택이 안 될 수 있어.
시작부터 의견이 상충하면 일이 진행될 수 없어.
엇갈리다*
서로 길이 엇갈려서 못 만났어.
그랬다간 또 엇갈려 버릴까 봐 말 못 하고 있어.
엇박자
시작부터 엇박자가 나고 있어.

관 박차를 가하다[88]*

이제 박차를 가할 때야.

시간이 얼마 안 남았는데 박차를 가해야지!
속 달리는 말에 채찍질
달리는 말에 채찍질을 하지 않으면 나아가지 못해.
분발|분발하다*
더 분발해서 내년에는 꼭 합격해.
정진|정진하다
수행에 정진을 하겠다며 산속으로 들어갔어.

밖*

도와줄 사람이 너밖에 없어.

밖이 위험하니 나가지 말고 집에 있어.
바깥*
오늘 바깥 날씨 어때?
바깥세상이 어떻게 돌아가는지도 잘 몰라.
바깥쪽*
바깥쪽에 간판이 없길래 잘못 찾아왔나 했어.
외부*
외부 활동 줄이고 가족과 여행 많이 다니려고.

---

87) '박자를 맞추다'라는 표현과 반대되는 개념으로, 쌍방 의견이 일치하지 못하고 서로 어긋나거나 동문서답하는 경우에 쓴다.
88) '박차'는 말을 탈 때 신는 구두의 뒤축에 달린 쇠를 의미한다. 달리는 말에 채찍질을 가해서 더 빨리 달리는 모습을 형상화한 것으로, 어떤 목표나 일이 성사되도록 마음과 힘을 다하는 것을 일컫는다.

반대 | 반대되다 | 반대하다*

난 무조건 반대야.

끝까지 반대를 했어야 되는데.
내가 하자고 하면 뭐든 반대하잖아.
거꾸로*
누가 이렇게 거꾸로 입혔지?
너 이게 뭐야. 거꾸로 입었잖아.
뒤집다*
뒤집으면 양쪽 다 쓸 수 있어.
반대로*
반대로 생각해 봐.
왜 반대로 놓았어?
반발 | 반발하다*
반발이 심해서 취소됐어.
반발심*
지금 와서 바꾼다고 하면 반발심이 클 것 같아.
역*
역방향 좌석밖에 없는데 어떻게 할까?

반려 | 반려되다 | 반려하다

또 반려야? 이게 대체 몇 번째야.

또 반려되면 어떡할 거야? 가서 따져?
맞춤법이 틀리면 반려되는 경우가 많거든.
창업 자금 신청한 거 반려됐다고 연락 왔어.
기안이 검토 단계부터 반려되니까 기운 빠져.
사장이 깐깐해서 마음에 안 들면 반려할 수 있어.
무슨 감정 있는 건지 한 달째 계속 반려되고 있어.
튕기다*
신청했는데 또 튕겼어.

반반(89)

친구들 물어봤는데 반반이래.

관 **공평하게 나누다**
공평하게 나눠야 되지 않나?
반띵
우리 식대 반띵하자.
관 **반으로 나누다**
좁은 방을 어떻게 반으로 나눠 쓰라고?
그냥 반으로 나누면 되는데 뭘 더 생각해?
반절
어떻게 나눌까? 그냥 반절 나눠?
고기 반절은 냉동시키고 나머지는 지금 구워 먹자.

---

89) 엄지를 구부려 쥔 주먹은 '**오십**'을 의미한다. 엄지를 구부린 양주먹이 가까이 댔다가 양쪽으로 벌리면 그것은 '**반으로 나누다**'라는 관용표현이 된다. '**반띵**'은 십 대에 흔히 사용하는 말로, 물건이나, 시간, 돈을 반으로 나누고자 할 때 표현한다.

| 반복 | 반복되다 | 반복하다[90] | 앉았다 일어났다를 반복하니 다리가 아파. |

거듭 | 거듭하다[*]
거듭 안 된다고 얘기했는데.

되풀이 | 되풀이되다 | 되풀이하다
같은 실수를 되풀이해서는 안 돼.

루틴
주말에 하는 자기만의 루틴이 있거든.

관 무한 반복[*]
같은 반찬이 무한 반복돼도 괜찮아?
본가에 가면 부모님 잔소리가 무한 반복이야.

버릇하다[*]
거짓말도 해 버릇하면 늘지.

염불하다
언제까지 염불만 할 거야. 듣는 내가 빡치거든.

우려먹다[*]
실수 한 번 한 거 언제까지 우려먹을 거야?

관 입에 달다[*]
맨날 돈돈돈, 돈 얘기를 입에 달고 살아.

재탕 | 재탕하다
미리 준비 못 해서 작년 거 재탕해야겠다.

관 쳇바퀴(를) 돌다
쳇바퀴 도는 이야기 그만하자.

타령 | 타령하다[*]
신세타령 그만해.
왜 갑자기 돈타령이야?

관 틀에 박히다[*]
틀에 박힌 생각이 싫었어.

반신반의(半信半疑)[91]
처음에는 반신반의했는데 효과가 기대 이상이야.

가타부타
진위 여부에 가타부타 말이 많아.

긴가민가 | 긴가민가하다[*]
처음엔 긴가민가, 했어.

따지다[*]
이렇게 따지면 한도 끝도 없어.

관 시비(를) 가리다
시비 가릴 수 있는 문제가 아니야.

왈가왈부(曰可曰否) | 왈가왈부하다
네가 왈가왈부할 문제 아니야.

---

90) 다람쥐가 쳇바퀴를 도는 모습을 형상화한 것으로, 예나 지금이나 항상 똑같은 것만 되풀이하는 것을 가리킨다.
91) 턱에 오른손을 대고 좌우로 흔드는 것은 어떤 사실에 대해 확신 있게 말하기가 애매한 문제 또는 진위가 가려지지 않았을 때 쓰인다.

관 반찬 가짓수(가) 많다

한식 뷔페보다 반찬 가짓수가 더 많아.

관 반찬이 많다*
뭔 반찬이 이리 많아.
관 상다리(가) 부러지다
전라도에 가면 백반집도 상다리가 부러진다던데.
관 상│음식(을) 차리다
차린 건 별로 없지만 맛있게들 먹어.
진수성찬(珍羞盛饌)
생일 밥상이 진수성찬이야.

반항│반항하다

사춘기 때문에 사사건건 반항이야.

거스르다*
선배 말 정말 거스를 거야?
거역│거역하다
우리 집안은 할아버지 말씀, 누구도 거역 못 해.
대항│대항하다*
너무 지쳐서 대항할 힘도 없어.
관 듣지 않다│안 듣다*
청개구리처럼 말을 너무 안 들어.
불복│불복하다
재판 판결에 불복하여 항소하겠다네요.
어긋나다*
원칙에 어긋나는 행위를 하면 당연히 퇴출이죠.
위반│위반되다│위반하다
우회전 일시 정지 위반하면 범칙금 물어.
위배│위배되다│위배하다
규정에 위배되는 행위야.
저촉│저촉되다│저촉하다
법에 저촉되는 행동을 하면 당연히 퇴출이지.

받아들이다

뒤끝 없이 깔끔하게 받아들여.

감수│감수되다│감수하다*
그 정도는 감수할 수 있거든.
관 달게 받다
처벌을 달게 받겠습니다.
수렴│수렴되다│수렴하다*
회원 의견들이 먼저 수렴되어야지.
수용│수용되다│수용하다*
수용 의지가 없어 보여.

받아치다

친구 말이 무조건 받아치래.

(속) 눈에는 눈 이에는 이
눈에는 눈 이에는 이 나도 똑같이 해주고 싶지.
되갚다[*]
언젠가 되갚아줄 거야!
되받아치다
너 사장 말 중간에 자르고 되받아쳤다며?
이제 농담 안 하고 되받아치지도 않을 거야.
시원하게 되받아치고 싶은데 멘트가 생각 안 나.

발견 | 발견되다 | 발견하다

발견하면 즉시 얘기해.

여기도 하나 발견했어요!
이제라도 발견돼서 다행이다.
방 치우다가 비상금 발견했어.
검색하다 괜찮은 레시피 하나 발견했어.
쓰레기 더미에서 현금 뭉치를 발견해서 횡재했어.
검출 | 검출되다 | 검출하다
생수에서 대장균이 검출됐어.
마약 성분이 검출돼서 출전 자격 박탈됐어.

(관) 발(을) 들여놓다

정치계에 발을 들여놓더니 사람이 싹 변했어.

(관) 발(을) 들이다
우리 여기 발을 들인 지 얼마나 됐나?
다시는 이 바닥에 발 들이지 마. 나 경고했다.
(관) 발(을) 디디다
처음 이 업계에 발을 디딘 게 서른 살 때였나?
입문 | 입문되다 | 입문하다
입문하면 돈 쓸 일 많아질 거야.
골프 입문한 지 이제 한 달 됐어.

발전 | 발전되다 | 발전하다

기술이 많이 발전했지?

나아지다[*]
실력이 전보다 많이 나아졌어.
발달 | 발달되다 | 발달하다
기술이 많이 발달됐어.
진전 | 진전되다 | 진전하다
별 진전이 없어.
향상 | 향상되다 | 향상하다
성적이 예전에 비해 많이 향상됐어.

| 발표\|발표되다\|발표하다 | 언제쯤 결과가 발표되나? |

공개\|공개되다\|공개하다
완성도 높게 나오면 공개할게.

공표\|공표되다\|공표하다
수어 정책이 새로 공표되었던데 알고 있어?

광고\|광고되다\|광고하다
이런 광고 보면 쉽게 혹하는 편이야.

나타나다\|나타내다[*]
예뻐지면 짠, 하고 나타나야지.

드러나다\|드러내다[*]
감정이 얼굴에 안 드러나니까 파악이 잘 안돼.

발휘\|발휘되다\|발휘하다
실력 발휘 좀 해봐.

표명\|표명되다\|표명하다
문제가 불거지기 전에 입장을 표명했어야지.

표시\|표시되다\|표시하다
한눈에 알아볼 수 있게 크게 표시해.

표출\|표출되다\|표출하다
마음에 안 들면 바로 감정을 표출하는 스타일이야.

표하다
삼가 애도를 표합니다.

표현\|표현되다\|표현하다
수어 표현이 아직 많이 서툴러.

피력\|피력되다\|피력하다[*]
반대 의견이 있으면 지금 피력해 주세요.

형용하다
말로 형용하기 어려운 감정이야.

| 밤새다 | 혼자 소주 한잔 마시며 그냥 밤새우고 싶어. |

밤새
밤새 일하고 피곤할 텐데.

밤새도록
어제 밤새도록 일했다고?

밤새우다
오늘은 밤새워서 과제 끝내려고.

밤샘\|밤샘하다
왜 밤샘했어?

철야\|철야하다
오늘 철야인지 회사에서 아직 연락 없어.

| 방법 | 방법이 있기는 한데, 꼭 된다는 보장 없어. |

~로써
대화로써 갈등을 풀어야 해.
대책
진짜 대책 없네.
수단
내일 교통수단이 뭐야?
수완
그 사람은 수완이 좋아서 남들보다 늘 더 팔아.
어떻게*
너라면 어떻게 할 거야?
어쩌다
이걸 어쩌지?
전략
이번에는 이 전략이 안 먹히네.
조치
당장 조치 취해야 해.

| 방해 | 방해되다 | 방해하다 * | 넌 계속 우리를 방해하고 있어. |

거슬리다*
아까 한 말, 신경에 거슬렸다면 사과할게.
걸리적거리다*
걸리적거리지 말고 방에 들어가 있어.
걸림돌
내가 걸림돌은 아닌지 하는 생각이 들어.
딴지*
아까부터 주변을 어슬렁대며 계속 딴지 걸고 있어.
민폐*
왜 여기까지 와서 민폐야?
관 **재를 뿌리다***
재 뿌리지 말고, 협조할 거야? 말 거야?
지장
보는 데는 크게 지장이 없을 거야.
관 **헤살을 부리다***
잘 돼가는 일에 헤살 좀 부리지 마.
훼방 | 훼방하다*
남이 하는 일에 훼방 놓지 말고 꺼져.
관 **훼방을 놓다***
꼭 밥 먹으려 하면 훼방을 놓네.

방황 | 방황하다[*]

방황이 좀 길었어.

나돌다[*]
어디 이상한 데로 나돌지 말고 곧장 들어와.

돌아다니다[*]
막 돌아다니지 말고 집이나 지켜.

떠돌다[*]
떠돌이 생활 청산하고 고향 내려갔다던데.

방랑 | 방랑하다[*]
전국을 방랑하다가 물 좋은 산골에 반해 정착했어.

배회 | 배회하다[*]
지나가다 공원을 배회하는 널 우연히 봤어.

싸돌아다니다[*]
도대체 어딜 그렇게 싸돌아다니는 거야!

유랑 | 유랑하다[*]
아내와 함께 캠핑카 몰면서 팔도를 유랑할 거야.

헤매다[*]
길을 잘못 들어서 한참 헤맸어.

배고프다[*]

배고프면 떡이라도 먹어.

밤 11시쯤 되면 항상 배고파.

(관) 뱃가죽이 등에 붙다[*]
아침부터 굶어서 뱃가죽이 등에 붙을 지경이야.

시장하다[*]
많이 시장하시죠?

출출하다[*]
나중에 출출할 때 먹게 챙겨 둬.
출출한데 어디 가서 밥이나 먹을까?

허기지다[*]
허기가 져서 급히 먹었더니 체했어.

배다

고기 먹고 싶은데 옷에 냄새 밸까 봐.

달라붙다
이게 왜 이렇게 잘 달라붙지?
옷에 털이 덕지덕지 달라붙었어.

묻다[*]
옷에 뭔 털이 많이 묻었어.
바지에 뭐 묻었는데, 내가 떼어줄게.

물들다
단풍이 예쁘게 물들었네.

배어들다

피가 옷에 배어들어서 옷 갈아입고 올게.
스며들다
매트에 김치 국물이 스며들어서 나는 냄새 같아.
젖다
땀에 온몸이 젖어서 샤워해야겠다.

배달 | 배달되다 | 배달하다[92]

요즘 배달비 다 받잖아.

오늘 오랜만에 배달 음식 시킬까?
배송 | 배송되다 | 배송하다
원하는 날짜 찍어서 배송받을 수 있어.
소포
우체국에서 등기로 소포 보내면 제일 안전해.
택배
연휴가 끝나고 택배 대란이 와서 난리도 아니야.
택배 반품 신청했고 기사가 저녁에 가지러 온댔어.

배려 | 배려하다

넌 배려의 아이콘이야.

내가 볼 땐 배려가 아니라 오지랖이야.
다정하다*
참 다정한 분 같아.
대우 | 대우하다
이런 특별 대우, 처음이야.
대접 | 대접하다
대접받고 싶으면 먼저 대접하라.
사려 | 사려하다
참 사려도 깊지.
서비스*
서비스 잘하는 집으로 소문났어.
서비스 잠정 중단이라니 어떻게 된 거야?
위로 | 위로되다 | 위로하다
그 어떤 말로도 위로가 안 될 것 같아.
위안 | 위안되다 | 위안하다
조금이나마 위안이 됐으면 좋겠어요.
자상하다
평소에 신랑은 자상한데, 화나면 다른 사람 같아.
친절하다
음식이 맛있고 친절해서 또 가고 싶어.
호의
베풀어 주신 호의에 감사합니다.

---

92) '택배'의 수어는 2000년대 초에 택배업체가 등장하면서 새롭게 생성된 것으로, '소포', '배달'의 의미로도 쓰인다.

백|빽

역시 백(빽)이 있어야 돼.

누구 백(빽)으로 들어왔대?
백(빽)만 믿고 까불더니 꼴 좋다.
백(빽) 없으면 박사 학위 있어도 못 들어가.
연줄[*]
이 업계에는 연줄이 없는데 넌 있어?
청탁|청탁하다[*]
청탁 잘못하면 징계받을 수 있어.
가서 자기 뽑아달라고 한번 청탁해 봐.

백 점[*]

백 점 만점에 백 점 줄게.

만점
내 눈에는 완벽한 만점짜리야.
넌 어딜 가도 인기 만점이잖아.
영락없다|영락없이[*]
둘이 머리에서 발끝까지 영락없이 닮았어.
얘가 웃는 미소까지 영락없이 자기 엄마네.
틀림없다[*]
여자 생긴 게 틀림없어.

관 백 프로[93)][*]

백 프로 확신해? 근거가 뭐야?

제때 출발했으면 백 프로 사고 났을 거야.
백 퍼[*]
오늘 가면 백 퍼 길이 많이 밀릴 거야.
틀림없이 백 퍼야! 여자 촉이 얼마나 정확한데.
장담|장담하다[*]
내가 장담해!
백 프로 장담할 수는 없다고 했어.
장담하지 마. 얘는 절대 포기 안 할 테니까.

관 백기(를) 들다[*]

양파 썰다가 눈물 한 바가지 쏟고 백기 들었어.

엄청난 주당을 만나 대작하다 결국 백기 들었어.
관 두 손(을) 들다[*]
우리 아들 고집에 두 손 다 들었어.
안 자고 종일 징징대니 두 손 들었어.
항복|항복하다[*]
두 손 들고 항복해.
에어컨 틀지 않고 버티다 끝내 항복했어.
한 달간의 냉전 끝에 항복하고 합가 제안했어.

---

93) '100'과 '퍼센트'가 합쳐진 수어로, 어떤 주장에 확신을 가지고 이야기할 때 폭넓게 통용되는 관용표현이다.

백수

백수 됐는데 앞으로 어떻게 할 거야?

건달[*]
인상 때문에 건달 같다는 소리 많이 들었어.
놀고먹다
야, 나이가 몇 살인데 언제까지 놀고먹을 거야?
놀다[*]
아들은 취업 안 하고 놀 생각만 해.
농땡이
근무 시간에 농땡이 부리다 상사한테 걸렸어.
땡땡이치다
오늘 하루만 땡땡이치고 내일부터 열심히 일하자.
관 밥(을) 축내다[*]
밥이나 축내고 저러다가 쫓겨나겠네.
빈둥거리다
맨날 빈둥거리면서 밥 같은 소리 하고 있어.
빈둥빈둥 | 빈둥빈둥하다
집에서 빈둥빈둥 놀지 말고 일 좀 해!

백문불여일견(百聞不如一見)

백문불여일견이라고, 직접 가서 보라고.

백문이 불여일견이라고 가서 두 눈으로 봐야지?
역시 백문이 불여일견이더라고, 내 눈으로 직접 보니
까 느낌이 역시 다르긴 다르더라.
관 내 눈으로 봐야 알다
내 눈으로 봐야 알겠지.
두 눈으로 직접 봐야 정확해.
속 백 번 듣는 것이 한 번 보는 것만 못하다
백 번 듣는 것보다 한 번 보는 것이 낫지.

버릇[94)]

너무 잘해주면 버릇 들어.

버르장머리
요즘 버르장머리 없는 사람들이 왜 이리 많은지.
버릇되다[*]
야식 버릇되면 살이 더 찌지.
버릇되면 안 되는데 이미 버릇돼 버렸어.
습관 | 습관적[*]
몸에 밴 습관 당장 고치긴 쉽지 않지.
야식 먹고 자는 게 습관이 돼서 안 먹으면 못 자.
어르신들 계시는 데서 나도 모르게 습관적으로 손톱
물어뜯고 퉤, 하고 뱉었단 말이야.

---

94) 몸에 살짝 닿은 게 달라붙어 배는 것을 형상화한 수어로, 버릇이나 습관과 관련하여 한정적으로 쓴다.

버릇되다*

밥 먹고 눕는 게 버릇돼서.

고질 | 고질적*
이거 아주 고질이야.
무릎은 원래 고질적으로 안 좋아.
만성 | 만성적
만성질환이라 치료가 어려워.
상습 | 상습적
폭행이 상습이라면 어쩌면 구속될 수 있어.
상습 도박이라니 그렇게 안 봤는데 충격이다.
속 **세 살 적 버릇이 여든까지 간다**
세 살 버릇 여든까지 간다는 말, 괜히 있겠어?
습관 | 습관적*
어릴 때부터 습관적으로 손톱을 뜯는 버릇 있어.
속 **제 버릇 개 줄까**
제 버릇 개 줄까, 장담하는데 개 절대로 못 고쳐.

버무리다

시래기에 된장 풀고 잘 버무려야 간이 배어.

쌈 싸고 남은 것에 마요네즈 넣고 버무려서 먹자.
무치다
오늘 안주는 골뱅이 무쳐 줄까?
참외 버리기 아까우면 장아찌로 무쳐 먹어.
양념 | 양념하다*
어제 간장 양념 재워놓은 거 있어.
반반 시키지 말고 양념만 시켜 먹자.
재우다
갈비 양념 재워서 반나절 동안 실온에 뒀다가 먹어.

버티다*

더 버틸 자신 없어.

가까스로*
눈물이 자꾸만 나는 걸 가까스로 참았어.
관 **간신히 참다***
좋아서 하는 거 아니야. 간신히 참고 일하지.
갈고닦다*
그동안 갈고닦은 실력을 유감없이 발휘하길 바라.
감내 | 감내되다 | 감내하다*
더는 감내할 자신 없어.
감당 | 감당하다*
버티는 것도 이젠 버겁고 감당 못 하겠어.
견디다*

포기하면 안 돼. 견뎌야 해.
관 **꾹꾹 참다**[*]
싫은 소리 못하고 꾹꾹 참다가 병난 것 같아.
배기다[*]
그렇게 힘든데 배길 사람이 있나.
버겁다[*]
직장까지 왕복 3시간 통근하기는 버겁다.
관 **보자 보자 하다**[*]
보자 보자 하니까 참고 넘어가는 것도 한계가 있지!
관 **이를 악물다**[*]
이 악물고 해버릴 걸 그랬나.
지탱|지탱하다
삶의 무게를 지탱할 수 있는지 모르겠다.
관 **참고 견디다**[*]
참고 견디는 게 능사는 아니야.
힘겹다[*]
서있는 것조차 힘겹고 많이 아프대.

벅차다[*]	혼자 아이 둘 키우는데 사는 게 너무 벅차.

겹치다[*]
주말에 약속이 겹쳤어.
과부하|과부하되다|과부하하다[*]
투잡 뛰다가 결국 과부하가 걸렸어.
몰리다[*]
갑자기 일이 몰려서 연락 못 했어.
관 **일(이) 밀리다**[*]
오늘 일이 많이 밀려서 다음에 보면 안 돼?
포화|포화되다|포화하다
지금 포화 상태야. 더는 못 받아.

번갈다[*]	우리 둘이 번갈아 망볼까?

죽이랑 스프 번갈아서 해 먹어.
아침은 한식 양식 두 가지로 번갈아 먹고 있어.
돌아가다[*]
혼자 하지 말고 교대로 돌아가면서 해.
처음엔 돌아가면서 했는데 너무 힘들어서 가사도우미
구했어.
번갈아가다[*]
한 주씩 번갈아가면서 아이 보기로 했어.

번지르르하다*

겉만 번지르르하면 뭐 해.

말만 번지르르하게 하면서 행동은 안 하잖아.
관 **겉만 그럴듯하다***
겉만 그럴듯하게 잘 꾸미면 돼.
관 **무늬만 ~**
무늬만 정치개혁이지.
관 **앙꼬 없는 찐빵**
앙꼬 없는 찐빵이나 다름없어.
허울 | 허울좋다*
저 사람 허울만 좋지, 실속은 없어.

번성 | 번성되다 | 번성하다

사업이 날로 번창하시기를 바랍니다.

번영 | 번영되다 | 번영하다
번영을 부르는 부적이래. 잘 지니고 다녀.
개업을 축하드리며 앞날의 번영을 기원합니다.
관 **번창 | 번창하다**
작년에 개관하고 날마다 번창하고 있어.
흥하다
더 흥해라.
요즘 가게들은 빨리 흥하고 빨리 망하는 거 같아.

벌다

개처럼 벌어서 정승같이 써라.

네 힘으로 돈을 벌어 봐야 돈의 소중함을 알 수 있는
거야.
돈벌이
이게 돈벌이가 되려나?
돈벌이 안 되면 애당초 시작도 마.
수입
한 달 수입이 얼마야?
우리 집은 지출이 수입보다 많아.

벌써

벌써 다 했어?

벌써 시간이 이렇게 됐나.
어느새*
어느새 한 달이 다 지나갔네.
둘째야? 어느새 나만큼 훌쩍 커버렸네?
이미
마음의 문 이미 닫았어.
습관이 이미 굳어져 버렸어. 못 고쳐.
넌 이미 건널 수 없는 강을 건넌 거야.

관 법정을 오가다[*]

법정을 오가면서 종종 마주치기도 했어.

수년을 법정을 오갔는데 마침내 마무리됐어.
관 법정 다툼[*]
법정 다툼까진 안 갔으면 좋겠어.
혼자 법정 다툼을 감당하다 병 얻었어.
법정 다툼으로 이어져서 3년 만에 종결됐어.
관 법정 싸움[*]
어쩌다 법정 싸움에 휘말리게 됐어?
친권이랑 양육권 때문에 일 년째 법정 싸움 중이야.

베끼다

전부 베끼지 말고 앞부분만 베껴.

모사 | 모사하다[*]
연습 삼아 모사해 봤어요.
모사력이 좀 남다른 것 같아.
커닝 | 커닝하다
우리 커닝할 때 쪽지 건네지 않고 선생님 감시 피해
가면서 친구끼리 수어로 얘기하거든.
표절 | 표절하다[*]
딱 보니까 표절한 거 맞네.

변덕스럽다[*]

해 떴다가 비 왔다가 아주 날씨가 변덕스럽네.

관 변덕이 심하다[*]
날씨 변덕이 정말 심하다.
이랬다저랬다[*]
왜 계속 이랬다저랬다 해!
관 죽 끓듯 하다[*]
왜 그렇게 변덕이 죽 끓듯 해.
관 지조 없다[*]
지조 없고 제멋대로인 사람 너무 싫다.

변화 | 변화되다 | 변화하다

크게 변화는 없어.

변모 | 변모되다 | 변모하다
요즘 사람들 점점 이기적으로 변모되는 것 같아.
변신 | 변신되다 | 변신하다[*]
여자의 변신은 무죄라잖아.
이렇게 꾸미면 180도 변신할 수 있어.
변심 | 변심하다[*]
단순 변심이면 당연히 환불 안 되지.
변질 | 변질되다 | 변질하다[*]

변질의 우려가 있으니까 먹고 남은 건 냉장고에.

변하다*

많이 변했구나.

하나도 안 변하셨네요.

사람이 노력하지 않으면 변하지 않아.

사람은 변하기 힘들어. 다시 태어나야지.

변형 | 변형되다 | 변형하다*

물에 젖으면 쉽게 변형되는 단점이 있어.

관 별 걸 다 기억하다[95]*

참나, 별 걸 다 기억하네.

케케묵다*

어떤 시댄데 여전히 케케묵은 소리만 한다.

케케묵은 감정 품고 있어 봤자 너만 손해야.

케케묵은 잔소리 하루에 한 번씩은 꼭 해대.

해묵다*

그 해묵은 얘기 또 시작이야?

해묵은 감정 전부 다 털어 버려.

해묵은 감정 품고 있어봤자 너만 손해야.

별도

참가비는 별도라고 이렇게 적혀 있잖아.

본인이 작성한 서류는 별도로 잘 보관하고 있어.

따로*

진짜 이유는 따로 있어.

날 잡아서 따로 보면 되겠어.

따로 가는 게 나한테 더 편해.

여자 한 명 남자 한 명 따로 뽑으면 되나?

별개

그건 별개의 문제야.

불법주차와 사고는 별개야.

병

병으로 죽었을 리 없고 어쩌다가 죽었어?

관 골머리(가) 아프다*

대출 때문에 골머리 아파죽겠어.

며칠째 고민하느라 골머리가 아파.

골치*

계속 안 팔리니까 골치야.

그래서 골치가 아팠는데 덕분에 해결됐다.

관 골치(가) 아프다*

계속 돈 꿔달래. 골치 아파.

---

95) '기억'과 '악취'가 합쳐진 관용표현으로, 오랫동안 머릿속에 남아 있는 시시콜콜한 기억들에 대해 못마땅하게 여기고 악취에 비유하여 표현한다.

골칫거리*
이 골칫거리를 어쩌면 좋아.
난감하다*
이거 진짜 난감하네.
중간에서 난감할 것 같은데.
병적
정리하는 거 병적으로 좋아해.
내가 볼 땐 그냥 병적인 것 같아.

보관 | 보관되다 | 보관하다

버리지 말고 박스에 넣어서 보관해.

신상인데 딱 한 번만 입고 보관했어.
멸균우유는 실온에 보관해도 안 상해.
간수하다
비싼 거니까 잘 간수해.
간수 할 자신 없으면 나에게 맡기세요.
간직하다*
할머니 유품 잘 간직하고 있지?
마음속에 담아 오래오래 간직할게요!

보너스*

특별보너스 받은 거 왜 숨겼어?

다음 달에 보너스 나오지? 나 뭐 사줘?
보너스 나오면 나 맛있는 거 사준다며?
우리 회사는 일 년에 세 번 보너스가 나와.
상여금
다음 달은 상여금 나와.
매월 상여금이 지급됐으면 좋겠어요.
투자 | 투자되다 | 투자하다*
딱 십 분만 투자해!
헛돈 쓰지 말고 자기 계발에 투자해.

보류 | 보류되다 | 보류하다

언제 쉴지 몰라서 일단 보류했어.

의견차가 심해서 일단 잠시 보류해 뒀어.
유보 | 유보되다 | 유보하다
파업은 유보됐는데 출근하라는 얘기 아직 없어.
유예 | 유예되다 | 유예하다*
과반수가 불참해서 일단 다음 회의까지 유예하기로
했어요.
제치다*
만사 제치고 가서 도와주는 게 맞아.

보물

넌 나의 보물이야.

보물찾기, 남녀노소 모두 좋아하지.
보배
보배, 여자아이 이름으로 많이 쓰인대.
저 남자, 와이프 부를 때 '나의 보배'라고 한대.
애지중지(愛之重之) | 애지중지되다 | 애지중지하다[*]
애지중지하던 자동차 처분했다면서?
할머니한테 물려받은 거라 얼마나 애지중지했었는데.

보스

차려입으면 보스 같다는 소리 많이 들어.

두목
네가 뭔데 두목 행세해?
우두머리
누가 우두머리일 것 같아?
마약 공급책 우두머리 어제 검거됐어.
중심인물
어딘가 중심인물이 있겠지.
중심인물이 하나가 아니고 여럿이라는데.

보통

난 보통은 된다고 생각했는데.

저 둘이 보통 사이가 아닌 거 같아.
밋밋하다[*]
감칠맛이 없고 그냥 밋밋해.
보통내기
순한 성격인 줄 알았는데 보통내기가 아니네?
보편적
보편적으로 많이들 하는 건데.
일반적
넌 일반적인 사람이고 난 이상한 사람이다?
평범하다
맛은 그냥 평범해.
평상시
평상시 모습이랑 너무 달라 못 알아봤어.
평소 | 평시
평소처럼 해.
평시에도 운영하는지 알아보고 연락해.
내일 오전에 가면 평소보다 많이 밀릴 거야.
통상적
통상적으로 계약을 파기하면 계약금 다 날아가지.

보호 | 보호되다 | 보호하다

아직 보호가 필요한 나이야.

가호
신의 가호가 있기를.
건사하다
당신, 많은 자식 건사하느라 고생 많았어.
보살피다
잘 보살펴 주세요.
보살핌
아이가 아직 어려서 보살핌이 필요해.

복

복으로 여겨야지.

굴러온 복을 걷어찬 꼴이지.
복스럽다
복스럽게 생겼네.
⟨관⟩ **봉(을) 잡다**
봉 잡았구나.
행복 | 행복하다
행복에 겨워 고마운 줄 모르고.
평생 통틀어 최고로 행복한 날이야.

복수 | 복수하다

복수하면 분이 풀려?

보복 | 보복하다
때가 되면 보복할 거야.
그런 유치한 보복은 안 해.
원수[*]
원수 돼서 끝났어.
보기만 해도 서로 으르렁대고 마치 원수 같아.
원수지간(怨讎之間)[*]
둘은 왜 원수지간 됐어?
적대 | 적대되다 | 적대하다
둘이 서로 적대하는 사이야?
적대시 | 적대시되다 | 적대시하다
타지역 사람들을 적대시하는 경향 있어.
적대적
두 사람 적대적 관계야.

복잡하다[*]

이러면 일만 더 복잡해져.

왜 매번 일을 복잡하게 만들어!
복잡한 건 싫고 한 번에 빨리 끝내라고.

関 머리(가) 복잡하다
어우, 머리 복잡해.
관 발 디딜 틈(도 | 이) 없다*
평일에도 가도 발 디딜 틈 없이 사람 많아.
북새통*
거기 좋은데 유명한 맛집이라 이 시간에 가면 북새통
일걸?
붐비다*
웬만하면 붐비는 시간 피해서 가자.
점심시간에 사람이 붐빌 걸 알면서 왜 거길 갔어?
관 정신(이) 사납다
정신 사나워서 일 못 하겠어!
헷갈리다
이도 아니고 저도 아니고 너무 헷갈려.
애쓴 건 알지만 너무 헷갈리게 작성하신 부분이 있어
서요.
혼동 | 혼동되다 | 혼동하다
생김새가 비슷해서 잠시 혼동했나 봐.
혼란스럽다*
방역 정책이 자꾸 바뀌니 혼란스럽네.
혼잡 | 혼잡하다
토사가 흘러내려서 도로 상황이 많이 혼잡해.

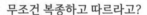

| 복종 | 복종하다* | 무조건 복종하고 따르라고? |

굴복 | 굴복하다*
강자에게 굴복하는 모습이 너무 싫다.
관 까라면 까다*
상사가 까라면 까야지. 우리가 뭐 별 수 없잖아.
따라가다*
두말없이 잘 따라가네?
따르다*
아무도 따르는 사람 없어.
아내는 남편 말을 하늘같이 따르라니, 조선시대야?
순응 | 순응하다
자연의 순리에 순응해야지.
내가 볼 때 약간 순응형 같아.
순종 | 순종하다
말 잘 듣는 순종형이 이상형이라니.
내 친구는 시댁에 한마디도 안 하고 순종하며 산다고
하더라.

관 본때(를) 보이다

성공해서 꼭 본때를 보여주자.

본때를 보여줘야 정신이 번쩍 들지.
우리가 똘똘 뭉쳐서 본때를 보여줍시다!
지금 본때 보여주지 않으면 다음에 또 저럴걸.
관 따끔한 맛(을) 보이다
따끔한 맛을 보여줘야 해.
뭐로 따끔하게 매운맛을 보여줘야 할까?
저런 인간은 따끔한 맛을 봐야 정신 차리지.
따끔한 맛 보여주고 싶은데 확 고소해 버릴까.

본받다*

본받고 싶은 사람 있어?

그런 점은 꼭 본받아야 해.
본받고 싶은 인물 1순위 누구 있어?
우리 애도 반의반만이라도 본받았으면 좋겠어요.
롤 모델
롤 모델 삼고 싶은 사람 있으세요?
본뜨다*
똑같이 본뜰 수 있어?
본떠서 만들어 봤는데 감쪽같아.

부담|부담되다|부담하다

비용은 누가 부담해?

떠맡다*
언니는 회사 다니면서 집안일까지 떠맡고 있어.
부담스럽다
부담스러우면 안 해도 돼.
관 어깨(가) 무겁다*
어깨가 무겁습니다.
짐|짐스럽다
아파도 짐이 될까 봐 말 못 했어.

부딪히다

결혼하고 돈 때문에 부딪힐 일 많을 거야.

대판|대판하다*
상사와 대판했어.
부딪치다
피할 수 없으면 정면으로 부딪치는 수 밖에.
한바탕|한바탕하다*
모임에서 친구랑 한바탕하고 나왔어.
관 한판(을) 뜨다*
열 받아서 한판 뜨려고 했어.

부랴부랴⁹⁶⁾

계속 미루고 있다가 어젯밤 부랴부랴 만들었어.

급박하다
급박한 상황이다 보니 미리 말을 못 했어.

급선무
내가 볼 때는 넌 살 빼는 게 급선무인 것 같아.

급하다*
뭐가 그리 급해?

긴급ㅣ긴급하다
긴급한 상황이야.

긴히
긴히 말씀드릴 게 있습니다.

다급하다*
다급한 용무가 생겨서 먼저 나가보겠습니다.

관 발등에 불이 떨어지다
아무 생각 없이 있다가 지금 발등에 불 떨어졌어.

속 번갯불에 콩 볶아 먹겠다
무슨 행사를 번갯불에 콩 볶아 먹어?

관 불똥(이) 떨어지다
하필 나에게 왜 그 불똥이 떨어지냐 말이야!

비상 상황
비상 상황이면 비상등을 켜야지.

관 비상(이) 걸리다
우리 집 지금 비상 걸렸어.

서두르다*
서두르면 실수 연발하기 쉬워.

성급하다*
네가 성급하게 굴어서 이런 사달이 난 거지.

시급하다
당장 치료가 시급해.

신속ㅣ신속하다*
신속하고 깔끔하게 처리해 줄 사람 필요해.

위급 상황*
워낙 위급 상황이라 그날은 경황이 없었어.

응급조치
그때 응급조치를 하지 않았다면 너는 이 세상 사람 아닐 거야.

조속히ㅣ조속하다
분쟁이 조속히 해결되면 좋겠어.

---

96)　위급한 상황을 특정한 방법으로 신속하게 알리는 모습을 형상화한 것으로, '**부랴부랴**'는 '**불이야 불이야**'를 줄인 우리말이다.

촉박하다
일주일은 촉박할 것 같은데 넉넉하게 2주 잡지?
하루빨리*
하루빨리 끝내면 좋겠다.
관 **한시(가) 급하다***
한시가 급해.
해치우다*
빨리 해치우고 싶다.

부럽다97)*

네가 그저 부럽다.

부러우면 지는 거다.
부러워하다*
언니가 승승장구하니까 주변 사람들이 부러워해.
탐나다*
진짜 탐나는 가방이다.
두 개에 만 원이면 정말 탐나지 않나?
탐내다*
남의 물건 탐내지 마.

부려먹다

얘가 좀 어벙해서 부려 먹기 딱 좋아.

부려 먹을 대로 다 부려 먹고, 참 못났다.
교사 | 교사하다*
말로 지시를 내렸다면 교사죄가 성립될까?
부리다*
돈 좀 있다고, 사람 막 부려도 되는 거야?
조종 | 조종되다 | 조종하다*
뒤에서 누가 조종했는지 갑자기 정색하고 발뺌해.
휘두르다
사람 멋대로 휘두르는 게 그렇게 재미있어?

관 **부르는 게 값이다**

부르는 게 값이니까 가격은 다 다르지.

어떤 중고 시계는 부르는 게 값이라던데.
부르는 게 값이니까 적당한 거로 잘 찾아봐.
한국시리즈 티켓 부르는 게 값이라고 들었어.
부르는 게 값이라 하루에도 시세가 계속 바뀌어.
요즘 같은 시즌에 이사비용 부르는 게 값이겠지.
공업사도 부르는 게 값이잖아. 가서 흥정 잘하고 와.
관 **가격이 천차만별이다***
가격이 천차만별이라 여간 고르긴 쉽지 않아.

---

97) 남이 잘되는 것이나 좋은 것을 보고 침을 흘리며 부러워하는 모습에서 유래되었다. 오른손의 검지를 오른쪽 입가에 대고 내리는 것
이 통상적인 표현인데, 과할 정도로 부러워할 때는 손을 오므려서 입가에 대고 내린다.

부르다

누구라도 불러주면 반갑지.

부름
부름을 받을 때까지 자중하고 있겠습니다!
불러들이다
난 그런 줄도 모르고 집으로 불러들였는데.
불러오다
후배를 집에 불러와서 둘이 종일 뭐 했어?
호출 | 호출되다 | 호출하다
사장 호출 왔는데 술 마시재.

부수다*

다 부숴버릴 거야! 전부 때려 부술 거야!

깨뜨리다*
내 머그잔 누가 깨뜨렸어?
깨지다*
믿음이 다 깨졌어. 예전 사이로 못 돌아가.
박살나다*
스마트폰을 떨어트리는 바람에 액정이 박살 났어.
부러지다
앞니가 부러져서 당분간은 안 웃을 거야.
부서지다*
어쩌다 부서졌어?
의자를 옮기다가 다리 하나 부서졌어.
관 **산산조각(이) 나다***
설거지하다가 그릇 떨어뜨려 산산조각났어.
와장창 | 와장창하다*
액정이 와장창 다 깨졌어.
누가 벽돌 던져서 유리창이 와장창했어.
훼손 | 훼손되다 | 훼손하다*
관광객들의 낙서로 문화재가 훼손되고 있어.

부정하다*

정당한 방법 아니라 부정한 방법이야.

부정부패(不正腐敗)
주변에 부정부패한 정치인 널렸어.
부정행위*
부정행위가 적발돼서 줄줄이 퇴장당했어.
부조리 | 부조리하다*
그런 부조리를 뿌리째 뽑아야 해.
부패 | 부패되다 | 부패하다*
알고 보니 부패 경찰이었어.

부질없다

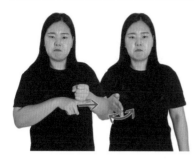

모든 게 부질없어 보여.

부질없다, 이렇게 생각하지는 않아.
죽어서 돈 다 가져가는 것도 아닌데, 다 부질없어.
관 그럴 이유(가) 없다*
그럴 이유 없는데 왜 그랬어?
무의미하다*
삶이 무의미해졌어.
세월이 무의미하게 흘러가는 것 같다.
하루하루가 무의미하게 지나가는 것 같아.

분노 | 분노하다

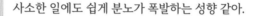

사소한 일에도 쉽게 분노가 폭발하는 성향 같아.

격분하다*
격분하면 이성을 잃기도 해.
격하다*
어쩌다 감정이 격해질 수도 있어.
노발대발(怒發大發) | 노발대발하다*
노발대발하더니 갑자기 연락 끊었어.
발끈하다*
아까 왜 발끈했어?
관 부아(가) 치밀다*
생각할수록 부아가 치밀어.
분개하다*
기념일 못 챙겼다고, 그렇게까지 분개할 일이야?
분하다*
억울하고 분해서 잠도 안 와.
욱하다*
자주 욱한다면 자존감이 낮다는 증거야.
관 화(가) 치밀어 오르다*
화가 치밀어 올라 다다다 쏘아붙이고 왔어.

분별없다

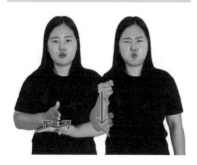

분별없는 행동이었어.

선배 생각이 짧고 분별없었어.
관 천지 분간(을) 못하다*
지금 어떤 시국인데, 천지 분간도 못 해.
이런 데서 천지 분간도 못 하고 마약을 팔다니.
관 판단(이) 서지 않다 | 안 서다*
난 아직 판단이 안 서는데.
할지 말지 내가 판단이 잘 서지 않아.
제가 판단이 잘 안 서서 몇 가지 좀 여쭐게요.

분위기	갑자기 분위기가 싸해졌어.

근처
근처 잘 둘러보면 있을 거야.
사방
사방 천지에 쑥이네.
상황[*]
상황도 잘 모르면서 함부로 말하지 마.
여건
여건이 안 되면 다음에 할게.
정황
그 당시 정황을 자세히 얘기해 봐.
주변
주변에 아는 사람 없어?
주위
주위를 둘러봐도 아무도 없는데?
판국
이런 판국에 무슨 해외여행이야?
형편[*]
도와줄 수 있는 형편이 아니야.
환경
환경이 사람을 만든다잖아.
수면 환경이 바뀌면 아예 잠을 못 자.

관 불 보듯 뻔하다[*]	어제도 지각했는데 뭐 불을 보듯 뻔하지.

간주 | 간주되다 | 간주하다[*]
밥 한 끼 대접하는 것도 뇌물로 간주될 수 있어.
낙인찍다 | 낙인찍히다
한번 낙인찍히면 그게 평생 가.
단정적 | 단정짓다 | 단정하다
단정적으로 말하지 마.
쓸데없이 단정 짓지 말고.
속단 | 속단하다[*]
아직 속단하긴 일러.
겉모습만 보고 함부로 속단하지 마.
관 안 봐도 비디오[*]
안 봐도 비디오지!
유력하다[*]
네가 가장 유력해.
전망 | 전망되다 | 전망하다[*]
결과가 어떻게 될지 전망하기 어렵다.

불거지다*

오해가 불거져서 이 지경까지 왔어.

불어나다*
코인이 두 배로 불어나서 빌라 한 채 샀어.
빚이 눈덩이처럼 불어나서 대출 신청했어.
커지다*
스캔들이 커지는 걸 막아야지.
장난으로 시작한 일이 커져 버렸어.
오해가 커지기 전에 빨리 가서 해명해.
키우다*
일 키우지 마라고 몇 번을 얘기해!
괜히 일 키웠다가 너만 손해 본다니까.

불도저98)

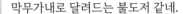

막무가내로 달려드는 불도저 같네.

고집불통(固執不通)
워낙 고집불통이라 아무리 얘기해도 끝까지 고집부릴
게 뻔해.
관 고집(을) 부리다*
고집부리면 답 없어.
관철 | 관철되다 | 관철하다
자기가 하고 싶은 거 관철될 때까지 고집 피우고 막무
가내야.
똥고집
똥고집도 그런 똥고집이 없어.
벽창호
원칙밖에 모르는 벽창호야.
완고하다*
아버지는 너무 완고해서 씨알도 안 먹혀.
황소고집
고집이 아주 황소고집이야.

불량

또 소화 불량인가 봐.

감점 | 감점되다 | 감점하다*
그게 어쩌면 감점 요인이 될 수 있어.
결점 | 결함
결함으로 보지 말고 개성이라고 생각해.
마이너스*
경력에 마이너스가 될 수 있어.
부적격 | 부적격하다*
보나 마나 회장으로서 부적격이야!

---

98) 황소처럼 물러서지 않고 앞으로 고집스럽게 밀어붙이는 모습에서 유래한 수어이다.

오점
30년 무사고 경력에 오점을 남겨 속상하다.
하자
하자 부분을 가까이에서 촬영하세요.
흠
어떻게든 흠을 잡아서 욕하고 그래.

불발|불발되다|불발하다

거래가 불발돼서 못 샀어.

합의가 불발되면 나 감옥 갈 수 있어.
연구 사업비 신청했는데 또 불발됐어.
과반수가 안 돼서 아마 불발될 듯싶어.
경찰이 쏜 총이 불발되어 범인을 놓쳤다.
(속) 다 된 죽에 코 풀기|빠트리기
이렇게 하면 다 된 죽에 코 빠트리는 격이 될 수 있어.
(관) 못 미치다*
신청자 수가 10명에도 못 미칠걸?

불신|불신하다

불신이 생겨서 이제 안 만나.

얼마나 불신이 깊으면 그랬을까.
(관) 못 미덥다
네가 보기에 못 미더운 것도 많겠지.
(관) 못 믿다*
이제 널 못 믿겠어.
정 못 믿겠으면 당장 여기 나오라고 해요.
내 말은 왜 못 믿어? 다른 사람은 잘 믿어주면서.
(관) 믿을 수 없다*
원금의 10배로 갚아준다는 말, 믿을 수 없어.

불쌍하다

불쌍하면 네가 도와주면 되잖아.

가엾다
내 친구 가여워서 어쩌나.
동정|동정하다*
동정할 가치도 없어.
딱하다
아이고, 딱해서 어떡한대.
딱해 보여서 돈 몇 푼 꿔줬어.
애처롭다
애처로운 표정 짓고 왜 그래?
측은지심(惻隱之心)
너는 측은지심도 없어?

측은하다
너무 측은하게 생각하지 마.

불평 | 불평하다
같은 반찬 주면 꼭 불평을 해대.

구시렁거리다
김치찌개를 탕으로 했다고 구시렁거려.
불만
불만 다 쏟아냈으면 그만 나가주시지?
불평불만
무슨 불평불만이 왜 그리 많아.
투덜거리다 | 투덜대다 | 투덜투덜
평생 그렇게 투덜투덜 불평만 하고 살래?
퉁명스럽다
퉁명스럽게 대꾸하는 태도가 문제야.
틱틱거리다
틱틱거리는 말투 좀 고쳐.
푸념 | 푸념하다
맨날 푸념하는 소리 들으면 머리 아프다니깐.

붙어다니다
우리 매일 붙어 다니니까 오누이로 오해받기도 해.

껌딱지
처음 한 달간은 계속 껌딱지처럼 붙어 다녔거든.
동행 | 동행하다
동행 중에 사고가 있었어.
제가 이번에 동행하게 됐어요.
붙다[*]
종일 붙어 있으면 싸우는 일도 많겠다.
둘이 무슨 자석같이 꼭 같이 붙어 있어.

비교 | 비교되다 | 비교하다[*]
전후 사진 비교해 보니까 확연한 차이가 느껴져.

[어미] ~ㄹ 바에
이렇게 기다릴 바에 우리가 먼저 출발할 걸 그랬다.
~보다[*]
나보다 언니라니, 한참 동생인 줄 알았어.
~에 비하면
가격에 비하면 품질이 아주 괜찮은 것 같아.
견주다[*]
그의 공로는 누구도 견줄 수 없어.

대보다[*]

대봤는데 이게 딱 맞아.

길고 짧은 건 대봐야 안다는 속담 있듯이 직접 대봐야
어떤 게 나은지 알지.

대비 | 대비되다 | 대비하다[*]

우리 집은 수입 대비 지출이 너무 큰 것 같아.

대조 | 대조되다 | 대조하다

직접 대조해 봐야 알 수 있어.

맞대다

직접 맞대어 보면 알 거야.

보다[*]

너희 친구라기보다 꼭 애인 사이 같아.

비하다[*]

작년에 비하면 많이 오긴 했어.

저울질 | 저울질하다[*]

의사냐 교사냐 저울질하다 결국 교사랑 결혼했어.

차라리[*]

차라리 내가 하는 게 더 좋아.

비뚤비뚤 | 비뚤비뚤하다[*]

비뚤비뚤한 손글씨가 더 매력 있어.

관 고르지 않다[*]

치아가 고르지 않아서 잘 웃지 않아.

머리끝이 비뚤비뚤해서 좀만 다듬어주세요.

따로놀다[*]

글쎄, 뭔가 너무 따로 노는 것 같은데.

엉성하다[*]

모양이 못나고 엉성해도 맛은 있어.

못질이 하도 엉성해서 목수 맞나 의심했어.

비밀

어제 일은 비밀로 해.

세상에 영원한 비밀은 없어. 언젠간 다 알게 돼.

극비

극비 문서가 유출된 경로를 찾고 있어.

극비리

아무도 모르게 극비리에 모셔 왔어.

남몰래 | 몰래[*]

남몰래 울기도 많이 울었지.

결혼식 전날 신부 몰래 전처 만나고 왔대.

은밀히 | 은밀하다

둘이 은밀하게 자꾸 뭘 이야기해?

비법*

도대체 비법이 뭐야?

비법은 바로 여기에 있어.
노하우*
계속하다 보면 노하우 생겨.
수박 잘 고르는 나만의 노하우가 있어.
비결
회춘 비결이 뭐 같아?
대박집 비결 전수 받아서 창업했어.
한 직장에서 오래 일할 수 있는 비결 뭐야?

비슷하다

얼추 비슷하지?

나이가 같고 직업군도 비슷했어.
지금 출발하면 거의 비슷하게 도착할 거야.
고만고만하다
실력이 다 고만고만할 것 같아.
닮다*
나 닮아서 그래. 나쁜 건 당신 닮았지.
첫째는 남편 닮아서 꼼한 게 오래가거든.
비등하다 | 비등비등하다
점수가 비등비등하니 우열을 가릴 수 없어.
엇비슷하다
품질이 엇비슷해서 뭘 고를지 몰라 그냥 나왔어.
유사 | 유사하다
유사한 내용 있으면 뽑아와.
유사어 분류하는 작업만 해도 반 년 걸렸어.
흡사 | 흡사하다
흡사 전쟁터 같았어.
내가 아는 집하고 맛이 흡사했어.

비웃다*

실컷 비웃어 줄게.

친구들이 내가 웃으면 비웃는 거 같대.
비꼬다
너 지금 나 비꼬니?
비웃음
풋, 하고 웃으면 이게 비웃음 아니면 뭐겠어?
관 코웃음(을) 치다
보면 코웃음 치겠지만 나름 정성들여 만들었어.
피식
왜 자꾸 피식 웃는 거야?

비유|비유되다|비유하다

나를 꽃에 비유한다면 뭐 같아?

관 바꿔 말하면
좋게 바꿔 말하자면 관심인 거야.

사례
비슷한 사례 많을 거야.

관 예를 들면
예를 들면 믿음과 같은 거야.

예시|예시되다|예시하다
예시를 든 것뿐이야.

관 비위(가) 좋다*

창피한 줄도 모르고 너 참 비위가 좋다.

관 간(이) 크다*
참 간도 크다.

강심장*
강심장이네. 나는 그렇게까지 못 해.

관 넉살(이) 좋다*
넉살이 워낙 좋은 애라고 주변 사람 다 알아.

뻔뻔스럽다|뻔뻔하다*
뻔뻔해도 너무 뻔뻔하다!

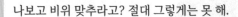

관 비위(를) 맞추다

나보고 비위 맞추라고? 절대 그렇게는 못 해.

관 간도 쓸개도 없다
넌 간도 쓸개도 없어?

관 고개(를) 숙이다
우리가 불리하니 그냥 고개 숙이고 가자.

굽신거리다|굽신굽신|굽신굽신하다
사장 앞에서만 굽신거리니까 한심해.

굽히다
여기서 굽히면 죽도 밥도 안 돼.

관 기어 들어가다
걔한테 기어 들어가는 짓 안 했으면 나 너 진작 받아
줬지.

관 납작 엎드리다
납작 엎드릴 각오 됐어?

비굴하다
누가 너더러 비굴하게 살래?

관 설설 기다
센 척하더니만 후배 앞에서 완전 설설 기던데?

관 숙이고 들어가다
이 상황에 숙이고 들어가는 게 최선이야.

관 잘 보이다[*]

얼마나 잘 보이고 싶었으면 그렇게까지 했을까.

관 장단(을) 맞추다

사장님 장단 맞추면서 시키는 대로 다 했어.

관 제 분수에 맞게

제 분수에 맞게 저렴한 거 시켜 먹어.

조아리다

잘 봐달라고 조아리고 싶지 않아.

아무한테나 머리 조아리는 거는 아니지 않아?

관 빈대 붙다⁹⁹⁾

후배한테 빈대 붙어사는 주제에.

기생 | 기생하다

내가 기생하는 것처럼 보여?

기생충

그 정도면 기생충이나 다름없지.

관 눈칫밥(을) 먹다[*]

내 돈 내면서 눈칫밥 먹는 기분이었어.

달라붙다[*]

친구들이 알면 달라 붙을까 봐.

더부살이

더부살이하면서 작은 공장 다니고 있어.

빌붙다

연상녀한테 빌붙어 사는 게 자랑이야?

얹혀살다

자식한테 얹혀사느니 요양원 가야겠다.

누나 집에 얹혀사는 게 부끄럽지도 않아?

편승 | 편승하다

시류에 편승하는 기회주의자 같아.

빌리다

그동안 빌려 간 돈 모두 얼마야?

모르는 사람한테 왜 명의 빌려줬어?

나한테 빌린 돈도 벌써 50만 원이야.

돈 자주 빌리는 사람은 절대 갚지 않아.

캠핑카 빌려서 반나절만 타고 반납하자.

꾸다

나 돈 좀만 꿔주라.

얘한테 돈 꿔주면 절대 못 받는다.

차용 | 차용되다 | 차용하다[*]

푼돈이라도 차용증은 꼭 작성해야지.

---

99) 타인의 등에 기대어 의지하는 모습을 형상화한 수어로, 남의 집에 얹혀살면서 눈칫밥을 먹거나 누군가를 귀찮게 하거나 이득을 취하기 위해 남에게 들러붙는 상황을 가리켜 쓴다.

빗발치다

아침부터 전화 문의가 빗발치고 난리야.

내 의견 말하면 반대가 빗발칠까 봐 무서워.
쇄도 | 쇄도하다
아침부터 민원이 쇄도했어.
평일에도 예약 문의가 쇄도할 정도로 인기 많아.
폭주하다
평일에도 예약이 폭주할 정도로 아주 맛있어.
오후 되면 주문이 폭주하니까 오전에 미리 주문해 두
는 게 좋아요.

빠져들다

점점 빠져든다.

뭔가 점점 빠져드는 게 마성의 맛이네.
관 삼매경에 빠지다
게임 삼매경에 빠지는 아이들 때문에 못 살겠다.
요즘 요리 삼매경에 빠져서 삼시 세끼 다 만들어.
관 푹 빠지다
한 번 빠지면 푹 빠지는 타입인 것 같아.
홀리다*
홈쇼핑 보면 사람 희한하게 홀리는 게 있어.

빠지다1

네 맘대로 빠지면 안 돼.

이 와중에 모임 빠지는 게 걱정이야?
5년 동안 하루도 빠지지 않고 출근하면 개근상으로
제주도 여행 보내준대!
결근 | 결근하다
몸이 안 좋아서 하루 결근했어.
결석 | 결석하다
지난주는 결석 한번 했어.
결석 일수가 90일 넘으면 유급이야.

빠지다2

한번 빠지면 쉽게 못 빠져나와.

빚더미에서 못 빠져나와 밑바닥 인생이었어.
남자든 여자든 사랑에 빠지면 아무것도 안 보이고
바보 돼.
실패 | 실패되다 | 실패하다*
너 금연한다더니 실패했구나.
성공은 실패의 어머니라고, 아직 포기하긴 일러.
현혹 | 현혹되다 | 현혹하다*
외모에 현혹되지 말자.

빨다	속옷 다 빨아놨어.

열심히 빨아도 얼룩이 잘 안 없어져.
교복 셔츠가 하나뿐이라 매일 빨아서 입혀.
손으로 비벼서 빨면 더 번질 수 있어. 칫솔로 살살 문질러봐.
손빨래
요즘 누가 고생 사서 손빨래를 해?
손빨래 자주 하다 보니 손이 많이 거칠어졌어.
니트는 울샴푸로 손빨래하면 오래 입을 수 있어.

빨리*	예약이 빨리 되니 좋다.

날쌔다
동작이 날쌔고 민첩해.
빠르다*
얘가 더 손이 빨라요.
빨라지다*
기후변화가 점점 빨라지고 있어.
🔲 **속도(를) 내다***
내부 공사에 좀 더 속도를 낼 수 있어?
스피드
완전 초스피드야.
신속 | 신속하다*
깔끔하고 신속하게 처리하고 싶었어.
쏜살같이*
시간이 쏜살같이 가는 것 같아.
재빠르다*
재빠르게 움직여!
재빨리*
재빨리 안 피했으면 큰일날 뻔했다.
잽싸다*
내가 잽싸게 낚아챘어.
🔲 **총알~***
총알 배송, 로켓 배송 이런 거 말고 당일 배송 가능한 사이트 어디 없어?

빵빵하다	집안이 빵빵해.

갑부
이대로 쭉 벌면 갑부 되시겠어요!
🔲 **돈(이) 많다***

돈 많은 남자 있으면 소개해 주라.
백만장자
백만장자인데다 외모도 출중해서 인기가 엄청나.
부유하다
집이 부유해 보여.
가난하면 저축을 하고, 부유하면 투자를 해야 한다는
말이 있는데 넌 어떻게 생각해?
억만장자
억만장자가 안 부러워.
재벌
이 정도면 재벌이지.
빌린 외제 차로 재벌 행세하는 놈한테 잘못 걸려갖고
수 천만 원 뜯겼대.

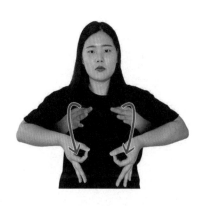

빼닮다*

공주님이 아빠를 쏙 빼닮았어.

그대로*
너 아빠하고 그대로 닮았네.
데자뷔
마치 데자뷔 같아. 소름 돋았어.
도입 | 도입되다 | 도입하다
작년에 도입됐는데 반응이 아주 호의적이야.
따다*
문구를 그대로 따서 쓰면 돼.
똑같이*
이거랑 똑같이 본떠서 그릴 수 있지?
뜨다*
본을 뜨려면 최소한 사흘은 걸리겠다.
마치*
마치 연예인 같아.
본뜨다*
이대로 본뜰 수 있어?
빼다박다*
어쩜 엄마를 빼다 박았네.
영락없다 | 영락없이*
오늘 너 영락없이 철부지 학생 같다.
이렇다*
이렇게 쓰면 되지?
판박이
첫째는 아빠 판박이, 둘째는 엄마 판박이.
관 **판에 박다***
판에 박은 말 그만하고 일이나 해.

표절 | 표절하다[*]

표절한 게 들통나서 수상이 취소됐어.

어떤 장면을 표절했길래 이렇게 난리야?

아이디어가 너무 좋아서 일부라도 표절하고 싶은데.

관 피는 못 속이다

부자가 뼛속까지 사기꾼이었대. 역시 피는 못 속여.

뺏기다

뺏기는 기분 들어?

그때처럼 또 뺏길까 봐.

너 때문에 시간 다 뺏겼잖아!

뜯기다

얼마 뜯겼는데?

관 삥 뜯기다

삥 뜯겨본 경험 있어?

빼앗기다

누구한테 빼앗겼어?

빼앗긴 자가 있으면 차지한 자가 있겠지.

뽑다[*]

그냥 다른 사람 뽑으라고 해.

고르다[*]

왜 하필 강원도 골랐어?

가성비 좋은 걸로 잘 골라.

꼽히다[*]

손에 꼽힐 정도로 아주 유명해.

발탁 | 발탁되다 | 발탁하다

나 뮤지컬 주인공으로 발탁되었어!

뽑히다

내 책이 'MD의 선택'에 뽑히다니, 꿈만 같아.

네가 최고로 뽑힐 줄이야. 쟁쟁한 후보도 많았는데.

선출 | 선출되다 | 선출하다

이번 선거에서 선출된 후보, 과거 범죄 이력이 발각

돼서 무효 처리될 듯싶어.

차출 | 차출되다 | 차출하다

구세대보다 차세대가 뽑혔으면 하는 바람이야.

시도별로 대표를 한 명씩 차출해서 구성합시다.

채택 | 채택되다 | 채택하다

채택된 원고는 돌려 드리지 않습니다.

추리다[*]

목록 중에 필요한 것만 몇 개 추려봤어.

삐치다

그딴 일로 삐쳐 있는 거야?

아직도 삐쳐 있어? 어린애도 아니고.
겨우 이 정도 일 가지고 삐치면 어떡해.
사소한 일로 잘 삐치고 말대꾸도 안 해.
문자 씹었더니 삐쳐 가지고 어제부터 말도 안 해.

돌아서다[*]
그때는 과감하게 돌아섰어야 했어.
이미 돌아선 마음 쉽게 돌아오지 않아.

토라지다[*]
원래 쉽게 토라지는 성격이야.
원하는 걸 얻지 않으면 짜증 막 내고 잘 토라져. 성격
이 한마디로 피곤해.

어미 ~세요 · 어미 ~습니다만 · 사과하다* · 사기하다 · 사라지다* · 사랑하다 · 사소하다 · 사정* · 관사지(가) 멀쩡하다 · 사춘기* · 관산전수전(을) 다 겪다 · 살다 · 살인하다* · 삶다 · 관상대해주다 · 상상하다 · 상의하다 · 상하다* · 새[新] · 속새 발의 피 · 관샛길로 가다 · 관석연치 않다 · 섞다 · 관선수(를) 치다 · 선언하다 · 설득하다 · 속설마가 사람 잡는다* · 섭섭하다 · 성격 · 성사하다* · 세금 · 세우다 · 세탁하다 · 관셀 수 없다* · 소개하다 · 소문* · 관소설(을) 쓰다 · 소신껏* · 속셈* · 관속(이) 넓다* · 관속(이) 시원하다 · 관속(이) 좁다* · 관속(이) 터지다 · 관손끝 하나 까딱 안 하다 · 관손(이) 딸리다* · 관손해(를) 감수하다 · 수고하다 · 수다하다* · 수리하다 · 수발들다 · 관수중에 돈이 없다* · 순삭* · 쉽다* · 스크래치* · 스타일* · 승산 · 승승장구[乘勝長驅] · 승진하다 · 관시간 가는 줄 모르다* · 관시야(가) 넓어지다 · 시작하다* · 시큰둥하다* · 관시험 삼아 · 관신경(을) 쓰다 · 관신경(을) 쓰지 않다* · 신경전* · 신고하다 · 관신주 모시듯 · 싫다* · 심문하다 · 심하다* · 싸잡다 · 쌍 · 관쌓인 것이 많다* · 쌤통 · 쏘아붙이다 · 관쐐기(를) 박다 · 관씨(를) 부리다 · 관씨알도 안 먹히다

제발 좀 조용하세요!

어미 ~십사
도와주십사 문자 보냈는데 아직 답장 없어.
어미 ~십시오
새해 복 많이 받으십시오.
곧 행사가 시작되니까 조용히 하십시오.
권고 | 권고하다
권고 사항일 뿐이야. 상관없으니까 내일 출근해.
권유 | 권유하다
수술하라고 권유해서 다음 주 수술 날짜 잡아놨어.
권하다
솔직히 말해서 권하고 싶지 않아.
부탁 | 부탁하다
어려운 부탁도 아닌데 왜 못 들어줘?
사정 | 사정하다
잘 사정해 봐.
요구 | 요구되다 | 요구하다[*]
현금 요구하면 거래는 안 하는 게 좋을 거야.
촉구 | 촉구되다 | 촉구하다[*]
퇴진 촉구 운동에 동참할 의사 있어?

어미 ~습니다만

말씀은 고맙습니다만, 정중하게 사양할게요.

~지만
날씨가 쌀쌀하지만 나오길 잘했어.
그러나
사람은 절대 안 변해. 그러나 예외도 있어.
그런데 | 근데
널 좋아해. 근데 사랑까진 아닌 것 같아.
그렇지만
냄새가 나서 좀 그렇지만 맛은 좋아.
하지만
날씨가 쌀쌀하지만 나오길 잘했어.

사과 | 사과하다[*]

선 넘었다면 사과할게.

미안하다
미안해서 그런 거 같아.
사과는커녕 미안한 기색도 없어.
그런 줄 모르고 껴들어서 미안해.
사죄드리다
고개 숙여 진심으로 사죄드립니다.
송구스럽다 | 송구하다
참 송구스럽네요.

송구한 마음입니다.
죄송하다
죄송할 짓을 왜 했나?
아까는 초면에 죄송했어요.
계속 나이 얘기해서 죄송해요.
말씀 중에 끼어들어서 죄송한데요.
죄송하다는 말로 부족하다는 거 압니다.
카톡으로 말씀드리게 되어서 죄송한 마음입니다.

사기ㅣ사기치다ㅣ사기하다

전세 사기라 마음이 안 좋네.

또 사기 쳤다가 죽을 줄 알아.
사기단 총책이 학교 동문이었다니.
브로커[*]
내가 아는 브로커가 한 달 만에 천만 원 벌었대.
사기꾼ㅣ사기범[*]
관상이 사기꾼처럼 생겼어.
사기꾼 초범이라 훈방 조치했다니 말이 돼?
사칭ㅣ사칭하다
배우 사칭해서 팬들에게 돈을 뜯었대.

사라지다[*]

흔적도 없이 사라질 거야.

그새 다들 어디로 사라진 거야?
'바람과 함께 사라지다' 영화, 열 번도 넘게 봤다며?
없어지다[*]
나 없어졌으면 좋겠어?
죽어 없어지길 바랄 뿐이야.
잠적ㅣ잠적하다[*]
다 내려놓고 잠적하고 싶다.
관 종적을 감추다
선거에 떨어지더니 완전히 종적을 감춰버렸어.

사랑ㅣ사랑하다

나 다신 사랑 못 해.

사랑에 목매지 말고 자신을 좀 돌봐.
로맨틱ㅣ로맨틱하다
로맨틱한 분위기에 취한다.
우리 오늘 밤 로맨틱하게 보낼까?
애정ㅣ애정하다
애정템인데 몇 년째 꾸준히 쓰고 있어.
최애ㅣ최애하다
나의 최애 맛집이야.

| 사소하다 | 보통 싸우면 사소한 걸로 싸우지 않나? |

자기 사소한 일에 쉽게 화를 내는 타입이잖아.
걸핏하면
걸핏하면 욱하고 때리고 욕하고 그래.
관 **조그만 일**
조그만 일 가지고 그렇게까지 화낼 일이야?
쩨쩨하다[*]
쩨쩨하게 좀 굴지 마.
쫀쫀하다
원래 성격이 쫀쫀해.
툭하면
툭하면 아랫사람 막 짓밟고 욕설해.
하찮다[*]
하찮은 일이지만 저는 만족합니다.
관 **호들갑(을) 떨다**
겨우 주사 한 대 맞은 것 가지고 호들갑 떨지 마.

| 사정[*] | 누구나 말 못 할 사정이 있지. |

모양
달갑지 않은 모양인데.
뭔가 큰 사고를 친 모양이야.
모양새
모양새가 안 이쁠 것 같아.
상태
일단 상태 보고 결정할게.
형태
요즘 몸 상태가 영 안 좋네.
우리 집은 주방이 ㄷ자 형태야.
형편[*]
형편이 많이 어려운가 봐.

| 관 **사지(가) 멀쩡하다**[100) | 사지가 멀쩡한데 일은 왜 안 해? |

사지가 멀쩡하면서 직접 차려 먹지?
사지가 멀쩡한데 왜 거지 행세하고 다녀?
사지 멀쩡한 사람이 무슨 장애가 있다는 거야?
관 **몸이 정상이다**
몸은 정상 같은데 머리가 살짝 이상해.
관 **수족이 멀쩡하다**
수족 멀쩡한 놈이 일은 안 하고 놀 생각만 해.
농인은 수족이 멀쩡해 보여도 말 못 할 고충 많아.

100) '몸'과 '정상'의 수어를 합친 관용표현으로, 사지가 멀쩡한 사람이 일은 하지 않는다는 부정 표현에 한정적으로 쓰인다.

사춘기*

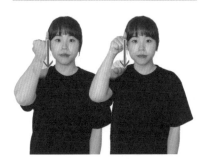

갱년기랑 사춘기랑 싸우면 누가 이길까?

밝히다*
어린 여자만 밝혀.
예쁜 여자 너무 밝힌다.
관 **이성에 눈을 뜨다***
아들은 언제 이성에 눈을 떴어?
질풍노도의 시기*
질풍노도의 시기라 반항심이 심해.
우리도 한때 질풍노도의 시기를 거쳤잖아.

관 산전수전(을) 다 겪다[101]

산전수전 겪을 만큼 다 겪었어.

대학생인데 산전수전 다 겪은 사람같이 말을 너무 잘 해.
속 **쓴맛 단맛 다 보았다**
항상 꽃길만 걸을 수는 없어. 살면서 쓴맛 단맛 다 경험해 봐야지.
터득하다*
인생이란 살아가면서 스스로 터득할 수 있어야지.
관 **풍파를 겪다**
인생의 풍파를 다 겪은 사람처럼 말한다.
온갖 풍파를 겪어야 비로소 성숙해질 수 있어.

살다

살면서 후회했던 선택 있어?

라이프
편의성 위주의 라이프 스타일을 추구해.
보내다*
즐거운 주말 보내세요.
삶
실패를 딛고 삶을 바로잡아야 해.
삶이란 나 아닌 그 누구에게 기꺼이 연탄 한 장 되는 것.
생계*
생계가 막막해.
언니가 생계를 책임지고 있거든.
생활 | 생활하다
이제 솔로 생활 청산하고 싶어.
생활력이 강하고 일도 똑 부러지게 잘해.
지내다
어떻게 지내나 궁금해서 연락했어.

---

101) 사람의 나이를 알아볼 수 있는 이마 주름을 전제로 한 수어로, 오래 산 사람은 온갖 풍파를 겪어 연륜이 많고 깊음을 가리킬 때 쓴다.

| 살인 | 살인하다* | 우발적 살인이라고 하니 형량이 줄었어. |

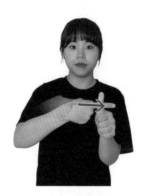

도살 | 도살되다 | 도살하다*
인도에서는 소를 도살하는 것이 금지되어 있거든.
살해 | 살해되다 | 살해하다*
어제 위층 사는 세입자의 동거인이 살해됐어.
죽이다*
애초에 죽일 마음은 없었어.
찌르다
칼로 막 찌르는데 찔린 사람은 계속 웃어.
타살 | 타살되다 | 타살하다*
자살인지 타살인지 어떻게 알 수 있어?
피살 | 피살되다 | 피살하다*
노숙자가 강가에서 피살된 채 발견됐어.

| 삶다 | 속옷은 따로 한 시간 정도 삶아. |

가열 | 가열되다 | 가열하다
십 분 정도 가열하면 잘 녹아.
고다
24시간 고아서 조청 만들었는데 조금 줄게.
끓다
물이 팔팔 끓으면 콩나물 넣어.
끓이다
끓인 물을 또 끓이면 나쁜 성분이 생겨.
달구다
알맞게 잘 달궈졌다.
달이다
간장에 다시마 대파 넣어서 푹 달이면 돼.

| 관 상대해 주다[102] | 얼마든지 상대해 주지. |

누구든지 상대해 주마!
덤비다*
어서 덤비라고!
자신 있으면 덤벼봐!
남자답게 덤벼보라고!
덤벼라, 질렀더니 하나둘 꽁무니를 빼.
관 해볼 테면 해봐
해볼 테면 해봐.

---

102) 주먹을 쥐었다 폈다 하며 '**덤빌 테면 덤벼봐**'라는 모습을 형상화한 것으로, 상대방을 자극하여 싸움을 도발하는 상황에 한정적으
로 쓴다.

| 상상 | 상상하다 | 잘 상상이 안 가. |

나머지는 알아서 상상해.
관 그림이 그려지다*
얘기만 들어도 그림이 대충 그려져.
관 머릿속에 그리다
난 상상만 해도 머릿속에 다 그려지는데.
픽션*
실화가 아니라 100% 픽션이야.
픽션이든 논픽션이든 상관없고 재미있으면 돼.

| 상의 | 상의하다 | 상의도 없이 혼자 마음대로 결정해? |

논의 | 논의하다
오늘 안에 꼭 논의해야 할 것 중 하나야.
학폭 문제를 바로잡기 위해 논의가 필요합니다.
상담 | 상담하다
부부 상담받아 보는 게 어때?
상담 시간을 30분으로 잡고 진행할까요?
의논 | 의논하다
의논 없이 독단적으로 결정을 해버려?
뭐든 의논 안 하고 자기는 늘 제 멋대로 하잖아.
회의 | 회의하다
오늘 내일 회의할 게 많아.
오늘 회의 한 시간 내에 끝낼 수 있어요?

| 상하다* | 너 얼굴 많이 상했어. 집에 뭔 일 있어? |

관 반쪽(이) 되다
얼굴이 벌써 반쪽 됐네.
빠지다*
얼굴 살이 왜 이리 많이 빠졌어?
수척하다
몇 달 사이에 부쩍 수척해졌어.
눈에 띄게 수척해 보이던데 집에 뭔 일 있어?
야위다
얼굴이 전보다 많이 야위었어.
야위어 가는 아들 녀석 보고 있자니 안쓰럽다.
축나다
얼굴이 많이 축났어. 그새 뭔 일 있었어?
홀쭉하다*
못 본 새 많이 홀쭉해졌어.

새(新)

새것이면 다른 사람 주는 게 좋아.

새롭다
새로운 분이 오늘 오신다는데 어떤 분일까.
신선하다
이 집은 당일 배송된 신선한 재료만 사용한다더라.
싱싱하다
싱싱하고 살도 꽉 찼어.
최신*
최신 영화 뭐 볼 만한 거 없을까?

속 새 발의 피

새 발의 피에 불과해.

그 정도면 새 발의 피라고 할 만해.
친구가 한 것에 비하면 새 발의 피지.
요만큼*
난 요만큼밖에 못 했는데.
힘껏 짰는데 겨우 요만큼 나왔어.
겨우 요만큼 해놓고 돈 받아 가려고?
요만큼이 오만 원이라고? 물가 미쳤다.
잘해보고 싶은 마음이 진짜 요만큼도 없어.

관 샛길로 가다

샛길로 가지 말고 본론부터 얘기해.

또 샛길로 빠지지 말고 얘기 빨리 끝내.
관 이야기가 딴 데로 가다
얘기가 왜 또 딴 데로 가냐!
관 이야기가 산으로 가다
이야기가 이상하게 산으로 가더라.
사람이 많으면 이야기가 산으로 갈 수 있어.
관 이야기를 딴 데로 돌리다
갑자기 이야기를 왜 딴 데로 돌려?

관 석연치 않다[103]

말하는 게 뭔가 석연치 않은 점이 있어.

구리다*
저 친구는 어딘가 구린 데가 있어.
관 구린내(가) 나다
아니라고 했을 때부터 뭔가 구린내가 났어.
꺼림칙스럽다|꺼림칙하다*
왠지 꺼림칙해.
관 냄새(가) 나다*
사기 같은 냄새가 나는데.

---

103) 수상한 냄새를 맡고 가슴에서 뭔가 스멀스멀 올라오는 느낌을 형상화한 것으로, 오른손 엄지와 검지를 구부려 가슴팍을 여러 번 친다.

관 **뭔가 있다***

뭔가 있을 것 같아.

미심쩍다*

대화에서 좀 미심쩍은 부분이 있었어.

수상하다*

뭔가 수상해.

사람이 풍기는 게 좀 수상해.

의문스럽다*

쟤는 정체가 의문스럽달까?

조짐

일주일 전부터 조짐이 있었어.

안 그래도 시작 전부터 살짝 조짐이 보였거든?

짚이다*

뭐 짚이는 데가 있어?

찜찜하다*

난 찜찜한 게 하나 있는데.

섞다

섞어보고 맛있으면 그대로 먹어도 되고.

뒤섞다

이것저것 뒤섞어서 먹는 거 별로 안 좋아해.

뒤죽박죽 | 뒤죽박죽되다

나도 가끔은 기억이 뒤죽박죽되기도 해.

범벅 | 범벅되다 | 범벅하다

화장한 얼굴이 땀범벅이라 세수해야겠어.

섞이다

물과 기름은 섞이지 않잖아.

혼란 | 혼란스럽다 | 혼란하다*

현장으로 나가보니 혼란 자체였어.

순간적으로 판단이 안 서고 혼란스러웠어.

관 선수(를) 치다

그때 선수를 쳤어야 했어!

선수 쳐서 좋은 건 다 차지해야지.

누구 딴지 걸까 봐 미리 선수 쳐서 얘기했어.

나서다*

누가 좀 나서주세요.

더 이상 나서지 않았으면 해.

교통 정리 필요한데, 네가 한번 나서주면 안 되나?

관 총대(를) 메다

네가 총대 메고 어떻게 해봐.

총대 메고 덤볐다가 내가 총 맞았지.

선언 | 선언하다

중도 포기 선언하고 싶었는데 참았어.

공언 | 공언하다
우리 커플이라고 공언하고 다녔어.
공지 | 공지되다 | 공지하다
어제 휴업령 공지가 내려왔어요.
선포 | 선포되다 | 선포하다
오늘부터 금주한다고 친구들에게 선포했어.
판 **제 목소리(를) 내다**
제 목소리를 낼 줄 아는 사람이 되자.

설득 | 설득되다 | 설득하다

설득이 생각보다 쉽지 않아.

설득한다고 될 것 같지도 않은데.
이렇게 말하니까 진짜 설득력이 없어.
뉴스
오늘 뉴스에 너 나왔더라.
종용하다*
종용해서 빨리 합의 보고 마무리 지어.
자꾸 종용하지 말라고. 선거에 나가는 건 자기 마음이
잖아.

속 설마가 사람 잡는다*

설마가 사람 잡았네.

설마가 사람 잡는다잖아.
설마가 사람을 잡을 줄이야.
설마가 사람 잡는다더니 진짜네?
설마가 사람 잡는다더니, 현실이 됐네.
설마설마했는데 진짜로 설마가 사람 잡네.
지금 상황이 설마가 사람 잡는다는, 딱 그건데.
판 **그렇게 될 줄 알다***
거봐. 그렇게 될 줄 알았다니까.

섭섭하다

나 이제 섭섭해지려고 해.

섭섭하면 네가 직접 나서보든가.
서운하다
내가 너라도 서운하겠다.
시원섭섭하다
기분이 너무 좋으면서 뭔가 시원섭섭하네.
아쉽다
뭐가 아쉬워서 그래?
난 뭐 크게 아쉽지도 않아.

안타깝다[*]
예쁘고 착한 아이인데 일이 그렇게 돼서 안타깝네.
야속하다
세월이 야속하다.
애석하다
유망주였는데 허무하게 가다니 정말 애석한 일이다.

성격

온순한 성격 아니야.

사람 성격 하루아침에 고쳐지나?
성미
어찌나 성미가 급한지 말릴 새도 없이 나가버렸어.
성질
성질이 보통 아니네.
애 성질이 다혈질이고 자주 욱해.
성품
성품으로 봤을 때 그럴 사람 아니야.

성사 | 성사되다 | 성사하다[*]

어제 만남이 성사됐어.

당선 | 당선되다 | 당선하다
그 후보가 4번의 낙선 끝에 당선되었다.
당첨 | 당첨되다 | 당첨하다
나에게도 당첨의 행운이 오다니, 너무 좋아!
붙다[*]
시험 붙으면 한우 쏜다면서 이게 뭐야.
통과 | 통과되다 | 통과하다
이제는 논문 통과만 남았어.
합격 | 합격되다 | 합격하다
3년 안에 합격 못 하면 실기시험 재응시가 불가능해.

세금

증여 잘못하면 세금 많이 떼갈 수 있어.

연말정산 계산해 보니까 세금 폭탄 맞을 것 같아.
세금 떼면 실수령액은 아마 백만 원도 안 될 거야.
부과 | 부과되다 | 부과하다
지각하면 벌금 부과할 거니까 늦지 마.
장애인에게도 부과가 되는지 궁금해서.
세
너 집세 얼마 내?
재산세 얼마나 납부해?
한 달에 내는 세만 해도 한 백만 원이 넘어.

세우다

친구랑 휴가 계획 세우고 이번 여름 때 가려고.

건립 | 건립되다 | 건립하다
소각시설 건립에 반대하는 사람이 더 많아요.
건설 | 건설되다 | 건설하다
건설 현장을 찾았는데 공사가 중단되었어.
들어서다
저 건물은 언제 들어섰어?
설립 | 설립되다 | 설립하다
법인으로 사업장 설립하려고 하는데 시작부터 막막해.
설치 | 설치되다 | 설치하다
그늘막도 설치돼 있어.
수립 | 수립되다 | 수립하다
계획은 사전에 수립하는 게 좋아.
짓다*
사거리에 건물 하나 크게 짓고 있던데 뭐 같아?
확립 | 확립되다 | 확립하다*
성적 자기결정권 확립이 필요한 시기 같아.

세탁 | 세탁되다 | 세탁하다

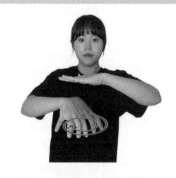

이건 어떻게 세탁해야 하지?

랜덤*
랜덤이라 원하는 색상으로는 못 고르지.
세탁기 | 통돌이
통돌이 7년 쓰다가 처분하고 드럼으로 바꿨어.
옷에 지폐 든 거 모르고 세탁기 넣고 돌려버렸어.
추첨 | 추첨되다 | 추첨하다
추첨이 안 되더라도 전원 사은품 나눠준대.
추첨된 경품 절반은 저 사람이 다 싹쓸이해 갔어.

관 셀 수 없다[104]*

두드러기 셀 수 없을 정도로 많이 올라왔어.

손꼽을 수 있는 정도가 아니라 셀 수 없다고.
손으로는 셀 수 없어. 계산기 두드려 봐야 해.
일 년 동안 마스크만 몇 개 샀는지 셀 수 없어.
관 셀 수 없을 만큼*
그 사람은 셀 수 없을 만큼 많은 돈을 벌었어.
프로에서 받은 트로피가 셀 수 없을 만큼 많아.
종류가 셀 수 없을 만큼 많아서 결정이 어려웠어.
관 셀 수 없을 정도로 많다*
셀 수 없을 정도로 많았어.

---

104) '계산'과 '크다'의 수어를 합친 관용표현이다. 한국말로 풀이하자면 '세어보니 많더라'라는 표현이 된다. '크다'의 수어에는 '많다'라는 의미도 내포된다.

소개ㅣ소개하다

제 소개는 여기까지 하고 질문받겠습니다.

이름, 나이, 지역 세 가지만 소개하고 갈까요?

변호ㅣ변호하다*

아까 변호해 줘서 고마워.

자기소개

자기소개 부탁합니다.

수어로 말하는 자기소개, 참 인상적이었어.

통역ㅣ통역하다

수어 통역 일 할 만해?

농통역사 자격을 갖추지 않으면 채용이 힘들어.

소문*

너 소문 다 났어.

말이 와전돼서 헛소문이 막 나돌고 있어.

들리는 소문으로는 엄청난 땅 부자라던데.

루머

다 루머야. 그냥 흘려버려.

소문나다*

네가 주범이라고 소문났던데.

소문내다*

소문낸 사람 반드시 찾아내서 족칠 거야!

관 소문이 자자하다*

너 완전히 스타 됐네. 소문이 자자해.

소문이 자자하길래 가 봤는데 기대만큼은 아니었어.

입소문

입소문 듣고 갔는데 영 아니던데.

평ㅣ평판*

걔는 왜 평이 안 좋아?

평판이 워낙 나빠서 주변에 사람 없어.

풍문

풍문으로는 일 년 지나면 없어진다면서요?

관 소설(을) 쓰다*

삼류 소설 좀 그만 써.

또 시작이네, 아주 소설을 써라.

그래. 넌 소설이나 써. 난 갈 길 갈련다.

그딴 식으로 소설 쓰는 게 그렇게 재미있니?

관 말ㅣ이야기(을ㅣ를) 지어내다*

없는 말 지어내지 마.

누가 지어낸 이야기 아니야?

없는 말 지어내지 말고 사실만 말해.

사실인지 지어낸 이야기인지 나도 확신이 안 서.

소신껏*

남들이 뭐라 하든 넌 소신껏 해.

관 본인(의) 선택*
가든 말든 본인 선택이야.
관 알아서 하다*
알아서들 해.
자유재량|재량*
각 협회의 재량에 따라 결정할 수 있는 사안이야.
관 제 스타일대로*
제 스타일대로 하게 해.

속셈[105]*

너 속셈 모를 줄 알고?

계산적
나보고 계산적인 사람 같대.
계산적으로 나오니 서운한 것도 있고 그래.
궁리|궁리하다
어떻게 해야 잘 받을까 이리저리 궁리해 봤는데.
뭐 콩고물 떨어지는 거 없나, 주워 먹을 궁리만 해.
관 궁리 끝에*
궁리 끝에 내가 몰래 다녀오려고.
꿍꿍이
뭔 꿍꿍이라도 있는 거야!
딴마음
너 딴마음이 있어 보이는데?
의도|의도되다|의도하다
아니, 의도한 건 아닌데!
의도적
네가 의도적으로 망가뜨렸지?
타산적
사람이 점점 타산적으로 변하는 게 눈에 보여.

관 속(이) 넓다*

속 넓은 네가 이해해 주라.

너그럽다
너그럽게 용서해 주세요.
관 속(이) 깊다*
우리 아이가 이렇게 속이 깊을 줄이야.
관 아량(이) 넓다*
선생님은 아량이 넓고 친절해.
관 이해심(이) 많다*
이해심 많고 잘 웃고 자상해.

---

105) 주판을 형상화한 '**계산**'의 수어를 뒤집으면 남이 모르게 속으로 꾸미는 '**속셈**'의 의미가 된다.

관 속(이) 시원하다

하고 싶었던 말을 다 해서 속 시원하다.

관 가슴이 트이다
바다 보니까 가슴이 탁 트이고 좋아.
개운하다
너무 개운하다!
관 마음이 개운하다
다 끝나서 마음이 개운해.
관 속(이) 뻥 뚫리다
정리 끝내고 나니 속이 뻥 뚫리네.
관 속(이) 풀리다[*]
해장국 먹으니까 속이 확 풀리네.
관 직성이 풀리다[*]
내 손으로 청소해야 직성이 풀리는 스타일이거든.
홀가분하다
시험 끝나서 홀가분하다.
나 하고 싶은 말 다 했다. 아, 홀가분해.
후련하다
건강검진 하고 나니 속이 다 후련하다.

관 속(이) 좁다[*]

속 좁게 구네.

사람이 어찌 속이 저렇게 좁을까.
소인배
내가 소인배 같나?
옹졸하다
나만 잘못되고 옹졸한 건가.
좀생원
좀생원같이 왜 그래.
쪼잔하다
사람 쪼잔하긴!

관 속(이) 터지다

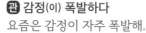

말해봤자 내 속만 터지지.

관 감정(이) 폭발하다
요즘은 감정이 자주 폭발해.
관 부아(가) 나다 | 치밀어오르다
부아가 치밀어올라 미치겠다.
관 울분(이) 치밀다 | 터지다
내가 보자니 울분 터져. 억울해서 못 살겠어.
관 울화통(이) 터지다
남편만 보면 울화통 터져 미치겠어.

271

손끝 하나 까딱 안 할 거면 나가.

손 하나 까딱 안 하고 입만 나불대.
집안일에는 손가락 하나 까딱 안 해.
손끝 하나 까딱 안 하면서 막 시키네.
원래 집안일은 손도 까딱 안 하는 사람이야.
어머님이 아들은 손끝 하나 까딱 못 하게 하셔.
나만 하지, 남편은 끝까지 손끝 하나 까딱 안 해.
손끝 하나 까딱 안 한 주제에 엄청 먹으면서 맛 품평
까지 하는데.

관 손(이) 딸리다*

손이 딸려서 사람 불렀더니 돈이 더 나갔어.

휴가철에는 손이 딸리다 보니 가족과 친구까지 동원
하기도 해.
관 손(이) 모자라다
손이 열 개라도 모자라.
손 모자라면 언제든지 연락해.
관 일손(이) 부족하다
일손 안 부족해? 나 한가하니 전화 줘.
일손 많이 부족해서 인력 더 보충해야 돼.

관 손해(를) 감수하다[106]

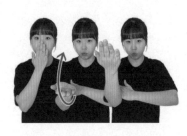

손해 감수하고 헐값에 팔았어.

어마어마한 손해를 감수하고 책 냈다며?
손해 감수할 테니까 제 이름으로 올리세요.
받아먹다*
그까짓 돈 네가 다 받아먹어라.
관 손해(를) 보다*
조금 손해 보면 어때.
이 정도쯤이야 손해 봐도 괜찮아.
거우 만원인데 내가 그냥 손해 보고 말지.

수고하다

다들 수고했어.

고생|고생하다*
나는 고생했지만, 딸은 고생 안 했으면 좋겠어.
고생만 하고 돈 다 날릴까 봐 걱정돼서 한 말이야.
관 노고(가) 많다
업무에 노고가 많으십니다.
관 사서 고생하다
왜 사서 고생해?
수고로움

---

106) 어떤 위험이나 금전적인 문제에 대해 그 정도로 손해를 봐도 괜찮다는 긍정 의미와, 어떤 선택에 따른 대가를 감수하겠다는 부정
의미가 같이 내포되고 있다.

이 음식은 간단해 보여도 먹어보니 엄청난 수고로움
이 느껴지네.

수고롭다 | 수고스럽다
수고스럽겠지만 선생님밖에 없어요. 제발요.

애쓰다
애쓰셨습니다.

하다
너도 할래?

수다 | 수다스럽다 | 수다하다

그러니까 별명이 수다쟁이지.

떠들다
이제 마음껏 떠들 수 있겠다.

관 말(이) 많다
상대방이 너무 말 많으면 내가 기 빨려.

왁자지껄 | 왁자지껄하다
여기도 왁자지껄 저기도 왁자지껄 넘 시끄럽다.

관 입방정(을) 떨다
장소 가리지 않고 입방정 떠는 성격이야.

수리 | 수리되다 | 수리하다

이거 수리비 많이 나갈 것 같은데?

고치다
이거 어떻게 고치지?

뜯어고치다
전부 다 뜯어고쳐야 돼.

손보다
내가 손봐줄게.
손볼 게 몇 군데 있어 다녀올게.

수선 | 수선되다 | 수선하다
수선비가 많이 든다니까 그냥 동생 줄까 해.

수발 | 수발들다 | 수발하다

시어머니 수발들다 내가 골병 나겠어.

두 어머님 모시면서 병 수발까지 다 했어.
애들 감기 수발하느라 나까지 감기 옮았어.

먹여 살리다
당신, 처자식 먹여 살리느라 고생이 많아.
가족 먹여 살리려고 도배부터 노가다까지 안 해본 일
없어.

먹이다
당신 아침 먹이려고 뭇국 끓였어.

관 수중에 돈이 없다[107]*

어떻게 수중에 돈이 하나도 없을 수 있어?

수중에 돈이 없다니까. 다른 사람 알아보셔.
지난주는 이사하느라 다 써서 수중에 돈이 없어.
관 가진 것(이) 없다*
가진 것 하나도 없이 밑바닥에서부터 시작했어.
관 돈(이) 없다*
돈 한 푼도 없다니까.
돈 한 푼 없으면서 무슨 수로 감당하려고?
돈 없는 주제에 대출 끼고 나중에 어떻게 갚으려고.

순삭*

시간 진짜 순삭이다.

'순식간에 삭제'를 줄여서 '순삭' 이렇게 말해.
금방
금방 끝날 테니까 기다려.
너 요새 중요한 것도 금방 까먹고 왜 그래?
붙임성이 좋아서 어딜 가도 금방 친해지거든.
관 눈 깜박할 사이*
눈 깜박할 사이 끝났네?
단박에*
단박에 알아보더라.
단숨에*
단숨에 다 치웠네?
뚝딱 | 뚝딱하다
뚝딱 금방 차려줄게.
뭐든 뚝딱하는 손재주가 있어.

방금*
방금 끝났네?
관 벌써 끝이다*
벌써 끝난 거야?
순간*
이 순간은 다시 오지 않아.
순식간*
소문이 순식간에 퍼졌어.
일 년이 아주 순식간에 지나간 거 같아.
어느덧 | 어느새*
어느새 벌써 12월이다.
잠깐*
잠깐 있다 떠날 사람이야.
잠깐은 사랑이라고 생각했어.

---

107) 가슴 앞에서 양손을 펴서 손바닥을 드러내면 '난 몰라', '아무것도 없어', '어떻게 하라고?' 등 여러 가지 의미를 내포하고 있다.

하루아침
국어 공부가 하루아침에 되는 게 아니야.
사람이 어떻게 하루아침에 저렇게 달라져?

🔲 **한방에 날아가다**
스트레스가 춤 한방에 다 날아갔어.

한순간
한순간의 실수였어. 돌이키고 싶어.
20년 결혼생활 끝내는 거 한순간이야.

후다닥
화장실이 급해서 후다닥 다녀올게요.
후다닥 치우고 갈 테니까 좀만 기다려.

후딱
1년 정도는 후딱 가.
얼른 후딱 지나갔으면 좋겠다.

| **쉽다**[*] | 이 세상에 쉬운 일은 없어. |

몸에 밴 습관 고치기 쉽지 않아.
오십이나 돼가지고 이러긴 정말 쉽지 않거든.
거뜬하다[*]
이 정도야 혼자 거뜬하게 해치우지. 뭐.
손쉽다
손쉽고 간단하게 국 끓일 거 뭐 있어?
수월하다[*]
주차하기 수월한 곳이면 더 좋겠어.
일이 수월하면 오늘 안으로 빨리 끝낼 수 있어요.
쉽사리
난 왜 쉽사리 안 되는지.
쉽사리 될 줄 알았는데 아니네.
며칠째 강행군을 했는데 살은 쉽사리 안 빠져.

| **스크래치**[*] | 내 차에 스크래치 낸 뺑소니범 찾았어. |

자국[*]
여기 무슨 자국난 거 같은데.
누가 할퀴었는지 자국이 심하게 났어.
패다[*]
패인 상처에 바르면 새살 돋아?
흠집[*]
흠집 이렇게 많은데 누가 사겠어?
흠집 부분 최대한 잘 보이게 찍어 보내.

스타일*

돌려서 말하는 스타일 아니야.

네대놓고 말하는 스타일, 별로야.
물론 당신 라이프 스타일을 존중해.
방식*
방식대로 해도 아무도 뭐라 안 해.
전통 방식으로 하려면 일이 아무래도 많지.
식*
그냥 우리 식대로 하자고.
이런 식으로는 해결이 안 돼.
풍*
북고풍 인테리어에 관심 많거든.

승산

승산 있어 보여?

승산 전혀 없겠지?
승산 없다는 결론 났어.
애초부터 승산이 없었던 거야.
대형 로펌 변호사 고용하면 승산이 높아.
판 가능성(이) 있다*
둘이 결혼 가능성 있어 보여?
비율 따진다면 99% 가능성 있어.
잘될 가능성 있었는데 네가 다 망쳐놨어!

승승장구(乘勝長驅)

앞으로 뭘 하든 더욱더 승승장구하길 바라.

승승장구하는 꼴 못 보겠다며 사람들이 끌어내리려고
해.
가파르다*
산길이 가파르니 내려갈 때는 더 위험해.
고공행진
물가가 떨어지지 않고 계속 고공행진이야.

상승|상승되다|상승하다
집값이 계속 상승할 거야.
상승세
금값이 계속 상승세를 보이더라.
오르다*
물가가 너무 올라서 많이 못 사고 그냥 왔어.
오름세
매매가가 오름세였는데 요즘 주춤하는 거 같아.
천정부지*
물가는 천정부지로 솟고, 집값은 폭락하고.

승진|승진되다|승진하다

너 승진 앞두고 있다며?

승진해서 돈도 많이 벌고 좋잖아.
워낙 경쟁이 심해 승진에서 한번 미끄러졌어.
격상|격상되다|격상하다*
지위가 사무국장으로 격상된 거 공문 보고 알았어.
월반|월반하다
1학년에서 3학년으로 월반해서 조기 졸업했어.
진급|진급되다|진급하다
진급한 거 축하해.
네 동기가 과장으로 진급했다며?

관 시간 가는 줄 모르다*

시간이 이렇게 빨리 가는 줄 몰랐어.

이렇게 하면 시간 가는 줄 모르겠네.
어제 시간 가는 줄 모르고 밤새 놀았어.
시간 가는 줄도 모르고 아주 재미있게 잘 봤어.
관 시간(이) 빨리 가다*
시간 참 빨리 가네.
시간이 벌써 이렇게 갔나.
나이 들면 시간이 빨리 가는 느낌 든대.
마음 맞는 사람끼리면 시간이 빨리 가는 거 같지?

관 시야(가) 넓어지다[108]

해외연수 가면 시야 넓어지고 많이 배우잖아.

사람 두루두루 만나면서 세상을 보는 시야가 넓어졌
어. 다 친구 덕분이야.
관 견문(을) 넓히다
견문을 넓히려면 사람 두루 만나봐야 해.
관 눈(을) 뜨다
첫사랑 만나고 많은 것에 눈을 떴어.

관 눈(이) 트이다
성문화에 눈이 트이더니, 사람 변했어.
관 생각(이) 트이다
생각이 트인 사람이니까 너하고 결이 잘 맞을 거야.
관 시야(가) 넓어지다
학교 다니면 시야가 넓어지고 친구도 생기지.
관 안목을 넓히다
안목을 넓히고 친구도 많이 만들고 싶어.
관 이목(이) 넓다
이목 넓을수록 아는 것도 많아지지.

---

108) 손바닥으로 시야가 좁아지고 넓어지는 모습을 형상화한 것으로, 견문을 넓힌다거나 우물 안 개구리가 괄목상대한다거나 철없는
사람이 철드는 것을 가리켜 쓴다.

시작 | 시작되다 | 시작하다[*]

시작이 반이다.

시작할 때부터 같이 쭉 있었어.
곧 행사가 시작되니까 앉을 준비 해.
코로나가 터지면서 가세가 기울기 시작했어.
개시 | 개시되다 | 개시하다
다음 주부터 콩국수 개시한다네.
열다[*]
문 여는 시간이 일정하지 않아.
저기 모퉁이에 있는 책방은 언제부터 열어요?
출발 | 출발되다 | 출발하다[*]
늦어도 아침 10시쯤 출발하는 게 좋을 듯해.
출발선
다른 사람에 비해 출발선이 좀 늦었지.

시큰둥하다^{109)*}

저 시큰둥한 반응, 좀 당황스럽다.

내가 무슨 말을 하면 자기는 매번 시큰둥하게 반응하
잖아.
관 대충 보다[*]
대충 보기만 해.
관 보는 척도 안 하다[*]
내가 지금 이야기하는데 보는 척도 안 하나?
관 알아듣는 척하다[*]
너 지금 알아듣는 척하는 거지?
관 알아들었다니까[*]
알아들었다니까 그만해.
흘려듣다[*]
횡설수설하는 것 같은데 그냥 한 귀로 흘려들어.

관 시험 삼아

시험 삼아 테스트해 보세요.

시험 삼아 써봤는데 질기고 좋더라.
관 경험 삼아[*]
경험 삼아 시험 봤는데 바로 붙었어.
경험 삼아 가게 작게 차려서 시작해 보려고.
관 시험해보다
이게 될지 안 될지 시험해 볼까?
나를 이길 수 있는지 한 번 시험해 보고 싶어.
테스트 | 테스트하다[*]
테스트 통과되면 넌 합격인 거야.
잘 되나 테스트해 봤는데 잘 되던데.

---

109) 보는 둥 마는 둥 하는 것을 빗댄 수어로, 남의 이야기를 주의 깊게 듣지 않고 건성으로 알아듣는 척하는 것을 가리킨다. 이 외에
'알아들었으니까 그만하라'라는 다른 의미도 있다.

관 신경(을) 쓰다

신경 쓰지 마. 난 정말 괜찮거든?

사람 구했으니 신경 쓰지 않으셔도 될 듯.
남 일은 신경 써봤자 우리한테 돌아올 게 없어.
개의하다
술김에 한 말인데 크게 개의할 것 없어.
우리가 알아서 처리할 테니까 개의하지 않아도 돼.
관 신경(이) 쓰이다
너 신경 쓰이게 안 할게.
솔직히 신경이 안 쓰인다고 할 수 없어.

관 신경(을) 쓰지 말다|않다*

난 그런 거 크게 신경 안 써.

남들이 뭐래도 신경 쓰지 마.
관 개의치 말다*
남들 말에 개의치 말고 내년에 또 도전해.
관 개의치 않다*
주변 시선에는 크게 개의치 않아.
관 신경(을) 끊다*
너하고 상관없는 일이니까 신경 끊어.
관 신경(을) 쓰지 말다*
그러니까 너무 신경 쓰지 마.
관 아랑곳하지 않다*
남들 시선에 아랑곳하지 않고 몸을 막 흔들어.
관 안중에 없다*
나는 안중에도 없어. 내가 뭐 투명 인간이야?
나랑 아이는 안중에 없고 자기는 늘 하고 싶은 것
다 하잖아.

신경전*

여자들만의 신경전이라는 게 있어.

냉전
오빠랑 한 달째 냉전 중이야.
남편과 다퉈서 며칠째 냉전 중이야.
관 말(을) 안 하다*
둘이 마주쳐도 서로 말도 안 해.
관 물과 기름*
둘은 물과 기름처럼 서로 잘 안 맞아.
앙숙
둘이 완전히 앙숙이야.
원수지간(怨讐之間)*
가족도 한순간에 원수지간이 되는 경우가 많아.

공범자도 아닌데 왜 자진 신고했어?

경찰에 신고해서 일 크게 만들고 싶지 않아.
보고ㅣ보고되다ㅣ보고하다
내일까지 보고 올리래.
보고서 작성하는 거 후배가 도와줬어.
이르다*
너 엄마한테 이를 거야?
너 물건 어지른 거 반장한테 다 일렀어.
왜 일렀어? 그러고도 너 무사할 줄 알아?

관 신주 모시듯

신주 단지 모시듯 아껴봤자 똥 돼.

극진하다
대접이 너무 극진해서 감동 받았어.
이렇게 극진한 대우 받아본 건 네가 처음이야.
깍듯이ㅣ깍듯하다*
깍듯이 모실게요.
너무 깍듯이 말하니까 너한테 너무 거리감 생겨.
떠받들다*
요즘 누가 남편을 하늘처럼 떠받들고 살아?

싫다*

너하고 말 섞기 싫어.

보기 싫으면 보지 말든가.
이 상황에서 제일 듣기 싫은 말이 뭔지 알아?
기피하다*
기피하는 것 같던데 왜들 그러실까.
꺼리다*
스킨십이 불편하고 꺼려져.
사람 많은 데 가기를 많이 꺼리는 것 같아.
마다하다*
좋은 기회인데 왜 마다했어?
싫어지다
네가 싫어졌어. 이유도 없고 그냥 싫어.
누군가 날 좋아할 거 같으면 싫어지고 피해.
싫어하다
요리하는 걸 싫어하지만, 먹는 건 좋아해.
질색ㅣ질색하다*
추운 건 질색이야.
사람 북적거리는 거 질색인데.
돈 얘기만 하면 얼마나 질색하는지 알면서.

심문 | 심문하다[110]

범인 취급하고 심문받는 것 같아 기분이 나빴어.

고문 | 고문하다
희망 고문이 따로 없지.
따지다[*]
따져봤자 상황이 달라지나?
지금 잘잘못 따질 때 아니야.
유도 심문
유도 심문해서 위치 좀 알아내.
추궁 | 추궁되다 | 추궁하다
아무리 추궁해도 끝까지 입을 열지 않아.
취조 | 취조되다 | 취조하다
취조당하는 기분이네.
네가 형사야? 왜 취조하려고 그래?
캐묻다
범인 심문하듯이 다짜고짜 막 캐묻네?

심하다[*]

어떻게 그렇게 심한 말을 할 수 있어?

극심하다
통증이 있지만 극심한 정도는 아니야.
너무하다[*]
도와줬더니 또 뒤통수를 쳐? 너무한 거 아니야.
된통
딴짓하다 걸려서 된통 혼났어.
심각하다
혼자 뭘 그렇게 심각하게 보고 있어?
심해지다
심해지기 전에 빨리 병원 가봐!
오죽하다
폭력이 오죽했으면 이혼까지 했겠어.
호되다[*]
팀장한테 호되게 혼났다며?

싸잡다[111]

나랑 쟤랑 싸잡아 욕했잖아.

네가 이러니까 농사회 전체를 싸잡아 욕을 먹는 거야.
공범[*]
너도 공범인 거 잊지 마.
도긴개긴[*]
둘 다 도긴개긴이지.

---

110) '이유'의 수어를 전제로 하여 왼 주먹 아래에 오른손 검지를 대고 앞뒤로 여러 번 움직인다. 어떤 사건의 내막이나 시시비비(是是非非)를 가리거나 사람의 본심을 알아보고자 할 때 쓴다.
111) 당사자끼리 짜고 입을 맞추는 모습에서 비롯한 수어로, 두 사람의 잘잘못을 놓고 **'피차일반'**이라고 표현하거나 여러 가지 사실을 하나로 뭉뚱그리는 **'일반화'**에도 쓴다.

뭉뚱그리다*

우리 의견을 왜 그렇게 뭉뚱그려서 말했어?

관 불똥(이) 튀다

우리한테도 불똥 튈까 봐 쉬쉬했대.

괜히 개입했다가 너한테도 불똥 튈 수 있어.

관 쌍방 | 쌍방 과실

쌍방 모두 잘못이 있다고 봐.

쌍방 과실 5대5로 합의 봤어.

일반화 | 일반화되다 | 일반화하다*

그런 식으로 일반화시키지 마.

넌 왜 그딴 식으로 일반화해서 말하지?

피차일반

너희도 남 울리기는 피차일반이야.

너나 나나 잘못한 건 피차일반이야. 우리 다신 또 그러지 말자.

한통속

너도 걔들하고 한통속이구나.

알고 보니 모두 한통속이었어.

쌍

쌍으로 줄을 서주세요.

관 둘씩

둘씩 짝을 지어 주세요.

다들 둘씩 다니는데 우린 왜 따로야?

짝짓다

누구와 짝짓고 싶어?

짝하다

우리 짝하면 되겠다.

콤비

둘이 무슨 개그 콤비 같아.

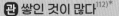

관 쌓인 것이 많다[112]*

서로 쌓인 게 많아서 만나면 한 번씩 싸워.

둘 사이가 심상치 않아. 서로 쌓인 게 많나 보지.

서로 쌓인 게 많아 한 번씩 싸움 터지고 그러고 살아.

관 감정이 쌓이다*

나 감정이 그만큼 쌓였는데 한 번에 다 풀리냐.

결혼하고 티격태격하더니 그때부터 계속 쌓여온 것 같아.

관 꾸역꾸역 참다*

나도 꾸역꾸역 참았는데.

관 쌓인 것이 있다*

나도 마음속에 쌓인 게 있는데 오늘은 그냥 봐준다.

---

112) 내 안에 오랫동안 묵은 서운함을 표현할 때 쓰는 관용표현이다.

쌤통	그것 참 쌤통이다.

고소하다[*]
고소하고 좋냐?
깨소금 맛[*]
둘이 깨졌다며? 깨소금 맛이다.
꼴좋다[*]
잘난 척하더니, 꼴 좋다.
냄새나다[*]
뭔가 이상한 냄새 나는데.
관 **용용 죽겠지**
용용 죽겠지? 메롱!
쿰쿰하다[*]
코트에서 쿰쿰한 냄새가 나.
쿰쿰한 냄새가 뭐지? 방 안에 메주 들여놨나?

쏘아붙이다	다다다다 쏘아붙이고 싶은 걸 꾹 참았어.

다그치다
때가 되면 할 테니까 좀 다그치지 마.
긴장하면 다그치는 성격이라 네가 좀 이해해.
독촉 | 독촉되다 | 독촉하다
사채 다 갚았는데 독촉 문자 계속 와.
돈 갚으라는 독촉 문자는 아예 보지도 않아.
조금씩 갚겠다고 얘기했는데도 한 달 내로 갚으라고
독촉해.
몰아세우다
잘 알아보지도 않고 몰아세워서 미안해.
아까 네 마음 몰라주고 몰아세운 거 미안해.
관 **자꾸 보채다**
자꾸 보채지 마.
재촉 | 재촉하다
만나 달라고 재촉하지 않을 거야.
재촉하니까 오히려 하기 싫은 거 있지.
집적거리다 | 집적대다
여기저기 집적대지 말고 일에 집중해.
참견 | 참견하다[*]
네가 뭔데 참견이야?
우리 사이에 좀 참견하지 마.
내 아이 내가 알아서 훈육하는데 왜 사사건건 참견
해?
채근 | 채근하다
한다니까 왜 자꾸 채근이야!

관 쐐기(를) 박다[113]

설득력 있게 아주 쐐기를 박아버려.

고정 | 고정되다 | 고정하다
수입이 안정적으로 고정되면 좋겠다.
식비만 월 고정으로 150만 원씩 나가는데.
고착화 | 고착화되다 | 고착화하다
불법을 장기간 방치하면 관행처럼 고착화할 수 있어.
관 말뚝(을) 박다
그냥 말뚝 박아버려!
관 못(을) 박다
내가 못 한다고 확실하게 못 박아뒀어.
박다
여기다 박아놔.
정착 | 정착되다 | 정착하다*
퇴직하면 제주도 가서 정착할까 생각 중이야.

관 씨(를) 뿌리다

씨를 뿌려야 거두는 법이야.

씨를 뿌린 자만 누릴 수 있어.
씨를 뿌렸으니까 네가 걷을 차례야.
씨 뿌리기 전에 먼저 밭을 갈아야 되지 않나.
씨를 뿌리면 싹이 돋아나지. 꽃이 피지. 열매도 맺지.
씨앗
뿌린 씨앗이 맺은 결실인 거야.
본인이 뿌린 씨앗인데 어쩌겠어?
씨앗 뿌리기만 하면 그걸로 끝나는 줄 알아?

관 씨알도 안 먹히다[114]

계속 말해봐야 씨알도 안 먹히니까 그만해.

관 속아 넘어가지 않다
절대 속아 넘어갈 일 없을 테니 허튼짓 그만해.
관 씨도 먹히지 않다
아니야. 그건 씨도 안 먹힐걸?
씨알도 안 먹히는데 뭔 얘길 더 해?
아무리 얘기해도 씨도 먹히지 않아.
관 안 속다*
네 거짓말에 이젠 안 속아.

---

113) 쐐기를 박는 모습을 형상화한 것으로, 어떤 일이 완전히 끝이 나거나 어떤 일에 대해 확정 짓겠다는 결의도 담겨 있다.
114) 이 표현은 두 개의 낚싯바늘에 걸려들어 넘어가는 모습을 형상화한 '속아 넘어가다'와 '없다'의 수어를 쓴다. 어떤 속임수나 전략에 먹혀들지 않거나 속지 않을 거라는 다짐이나 자신감을 이야기할 때 쓴다.

어미 ~야 되다* · 어미 ~아 치우다 · 어미 ~어도 · 아깝다1 · 아깝다2 · 아끼다* · 아니나 다를까* · 아니
다* · 관아무도 없다* · 관아무렇지 않다* · 아싸 · 아이디어 · 아직 · 아차* · 아프다* · 악쓰다* · 악취 · 관안 봐
도 비디오 · 관안 좋다* · 안녕하다 · 안색 · 안일하다 · 관알다가도 모르다 · 알리다 · 알아듣다* · 관알아서 하
다* · 압류하다 · 앞다투다 · 앞당기다 · 앞서가다 · 관앞을 내다보다* · 야근하다 · 야하다 · 약속하다 · 관약속
(을) 깨다 · 약하다 · 얇다* · 양념하다* · 관양다리(를) 걸치다 · 얕보다 · 애주가* · 애착하다 · 관어깨를 견주
다 · 관어디 두고 보자* · 관어떡하다 · 관어떻게 되다 · 어른 · 어리다 · 어리석다 · 어림없다 · 어색하다 · 어울
리다 · 관어쩔 수 없다 · 억울하다 · 언짢다 · 얻어먹다* · 관얼굴(을) 고치다 · 관얼굴(이) 팔리다 · 얼버무리
다 · 엄지척하다 · 엉뚱하다 · 여의찮다 · 관연비(를) 잡아먹다 · 열받다 · 관영문도 모르다 · 영점 · 영향을 미치
다 · 예약하다 · 관오 마이 갓* · 관오라 가라 하다 · 오래가다* · 오래되다* · 오만상* · 완벽하다* · 완성하다 · 왕
래하다 · 왜곡하다 · 외길 인생 · 외롭다 · 외면하다 · 요새 · 요약하다 · 욕하다 · 용기* · 관우리만 알고 있자 · 우
습다* · 우연 · 운명 · 움직이다 · 원인 · 웬일* · 유례없다 · 유명하다 · 유의하다 · 유인하다 · 유치하다 · 유행하
다 · 관유혹에 빠지다* · 위기 · 의심하다 · 관의욕(이) 꺾이다 · 은폐하다* · 응징하다 · 관이 핑계 저 핑계* · 관
이가 갈리다 · 관이것이냐 저것이냐* · 이끌다* · 관이래라저래라 · 관이럴 수도 있고 저럴 수도 있다 · 이르
다* · 관이를 어째 · 이름값 · 관이리 뛰고 저리 뛰다 · 이모 · 이유 · 관이제는 안 하다* · 관익숙지 않다* · 인
상하다 · 인색하다* · 관일거수일투족을 지켜보다 · 관일도 없다* · 일어나다 · 일어서다 · 일일이 · 잃다 · 입
김 · 입담 · 관입만 아프다 · 관입에 자물쇠를 채우다* · 관입에 풀칠하다 · 관입(을) 꿰매다 · 관입(을) 다물
다* · 관입(을) 닦다 · 관입을 틀어막다 · 관입(이) 거칠다 · 관입(이) 벌어지다 · 관입(이) 싸다 · 잊어버리다1
· 잊어버리다2

어미 ~야 되다*

내일까지 다해야 돼.

무조건 차로 가야 돼.
하나하나 따져봐야 돼?
전부 다 뜯어야 되는데.
오늘 내시경검사 꼭 해야 돼.
한 달 동안 깁스하고 있어야 돼.
하나부터 열까지 전부 새로 시작해야 돼.
꼭 사야 된다고 고집을 부려서 한참 싸웠어.
눈알이 빠지는 한이 있어도 무조건 찾아야 된다고.

어미 ~아 치우다

아니, 그 많은 김밥을 너 혼자 다 먹어 치운 거야?

남김없이*
남김없이 다 먹어.
모조리*
잡동사니 모조리 치워버려.
싹
오래된 물건 싹 다 버렸어.
싹쓸이 | 싹쓸이하다
어떤 아저씨가 싹쓸이해 갔어.

어미 ~어도

죽어도 못 해.

네 마음대로 만들어도 되지.
~도
너도 같이 해.
매도 미리 맞는 게 낫다고.
해도 후회, 안 해도 후회니까.
그래도*
그래도 마저 하고 가야지.
그래도 위험하니까 보호 장치하고 가.

아깝다1

뭘 줘도 아깝지 않아.

매달 이자 내는 거 아까울걸.
네가 갖긴 싫고 남 주긴 아깝지? 놀부 심보!
귀엽다*
머리띠 하니까 귀여워 보여.
아까워하다
언니에게 백만 원 주는 거 나 안 아까웠어.
안타깝다*
학교 후배라고 좋게 봤었는데, 너무 안타깝네.

아깝다2

아휴, 아까워 죽겠어.

~ㄹ걸
나도 같이 보러 갈걸!
분하다[*]
아이고, 분해 죽겠다.
할 말 못 하고 나와서 정말 분하다.
이길 수 있는 경기를 져서 아, 분해!
원통하다
얼마나 답답하고 원통할까.

아끼다[*]

내가 천원 이천 원 아끼면 뭐 해?

신주 단지 모시듯 아껴봤자 똥 돼.
절감 | 절감되다 | 절감하다
이렇게 하면 추가 비용을 절감할 수 있어.
도시가스 절감하면 난방비 캐시백 받을 수 있거든.
절약 | 절약되다 | 절약하다
한 푼이라도 절약해야지.
근검절약이 몸에 밴 사람이야.
무조건 끈다고 다 절약되는 게 아니야.

아니나 다를까[*]

불안하더니만 아니나 다를까 실밥이 터졌어.

관 그럴 줄 알았다[*]
그럴 줄 알았다니까.
안 되다[*]
상황도 모르면서 무작정 욕하면 안 되지.
관 어떻게 | 어떻게 알았어?[*]
둘이 어떻게 연결된 사이야?
나 여기 있는 거 어떻게 알았어?
제주도 있을 거라고 하더니 어떻게 왔지?

아니다^{115)*}

나 아니야.

못하다[*]
나 정말 용서 못 해.
손사래 | 손사래치다
계속 안 받는다고 한사코 손사래를 쳤어.
싫다[*]
싫은 이유를 말해줘야 바꾸지.
안 하다[*]
물어봤는데 안 한대.

---

115) '아니다'를 의미하는 손사래는 '**못 한다**'의 부정 표현에 쓰이며, '**싫다**', '**않다**', '**하지 않다**', '**하고 싶지 않다**' 등 거절하는 의미로도 폭넓게 쓰인다.

관 아무도 없다*

아무도 없네?

공허하다
왜 이렇게 공허하지?
비다*
냉장고가 텅텅 비었어.
허전하다
네가 없으니까 많이 허전해.
허허하다
갑자기 혼자 되니까 허허했겠다.
휑하다
이삿짐이 다 나가고 나니 집이 휑하네.

관 아무렇지 않다*

난 정말 아무렇지도 않다고.

냉담하다*
반응이 전보다 많이 냉담해진 것 같아.
관 눈 하나 깜짝 안 하다*
눈 하나 깜짝 안 하네.
담담하다
애써 담담해 보이는 척 안 해도 돼.
덤덤하다
면접 보는 동안 내내 덤덤한 표정이었어.
무덤덤하다
어째서 그렇게 무덤덤하니?
무뎌지다
감정이 많이 무뎌졌나 봐.
별로*
나 별로 그런 거 신경 안 써.
소문과 달리 실력이 별로네?
보통*
솔직히 말하면 맛은 보통이었어.
최고는 아니지만 보통 이상은 된다고 생각해.
시답잖다
시답잖게 여기는 것 같아. 또 탈락인가.
심드렁하다
심드렁한 표정 같아.
관 아무것도 아니다*
이 정도는 아무것도 아니지.
관 탐탁지 않다
탐탁지 않아 보였어.
크게 탐탁지 않아 하는 것 같아.

아싸

아싸, 좋았어!

밥 안 해도 되니 좋다. 아싸!
생각도 못 했는데 공돈 벌었네. 아싸!
오늘 와이프가 친정집 간다고 했다. 아싸! 친구 불러
내서 술 진탕 먹으며 놀아야지!
야호
야호, 나 이제 자유다!
야호, 드디어 방학이다.
야호! 드뎌 자유시간 생겼다!

아이디어

좋은 아이디어 있으면 좀 주라.

개발|개발하다
내가 아는 교수가 개발한 약인데 나한텐 잘 맞아.
고안|고안되다|고안하다
이거 언니가 고안한 거야.
창안|창안되다|창안하다
할리우드 배우가 창안한 젖꼭지 브래지어가 화제야.
창의성
창의성이 많이 부족한 것 같아.
창의적
뭐든 창의적으로 사고하는 능력이 부럽다.

아직

철들려면 아직 멀었어.

맞은 볼이 아직도 얼얼해.
아직 갈 길이 한참 멀었지.
난 아직 안 끝났는데 혼자 맘대로 끝내?
미처
미처 생각도 못 했어.
사장님이 오기 전에 미처 일을 다하지 못했어.
채
말이 채 끝나기도 전에 쌩하고 나가버렸어.

아차[*]

보는 순간 아차, 했어.

이때 살짝 아차 싶긴 했어.
실수|실수하다[*]
내가 또 실수했네.
오늘따라 실수가 이어지고 자꾸 일도 꼬여.
아뿔싸[*]
아뿔싸! 오늘 결혼기념일인 거 깜빡했어.
아하[*]
아하, 그것도 말 되네.

아프다*

아픈 환자처럼 굴지 마.

아까 일로 마음 아프게 해서 미안해.
나이 들었다고 조금만 무리해도 아프네.
어느 쪽 이가 아파? 안 아픈 쪽으로 먹어봐.
앓다*
어제 주사 맞고 밤새 끙끙 앓았어.
편찮다*
어디가 편찮으세요?
많이 편찮으시면 병원에 모셔드릴까요?

악쓰다[116)]*

그렇게까지 악쓰며 살아야 할까?

(관) 기(를) 쓰다
뭐든 기를 쓰고 하면 안 되는 게 있나.
다들 기 쓰고 하는데 너는 늑장 부리고 있어!
아무리 기를 써도 안 되는 거는 안 되는 거야.
단기속성
단기속성으로 빨리 배우고 싶은데.
몰아치다*
일주일 치를 몰아쳐서 하루 만에 다 했어.
난 일감을 나누지 않고 한 번에 몰아쳐서 해.

(관) 사력(을) 다하다
사력 다해서 뛰는 선수들에게 박수를 보내자.
용쓰다*
아무리 기 쓰고 용써도 소용없어.
(관) 이를 악물다*
이 악물고 그냥 해버릴 걸 그랬나.
전심전력(全心全力) | 전심전력하다
전심전력을 다하겠습니다.
(속) 젖 먹은 힘까지 다 낸다*
젖 먹은 힘까지 다 내서 끝까지 밀어붙여!
(관) 죽기 살기로
죽기 살기로 공부했어.
아무리 힘들어도 죽기 살기로 버텨볼 걸 그랬다.
(관) 죽을힘을 다하다*
마지막까지 죽을힘을 다했어.
한꺼번에
한꺼번에 해치우자.
한꺼번에 들다가 넘어진 거 아냐.
(관) 한방에 끝내다
한방에 끝내버려!

---

116) 빨랫감을 두 손으로 힘 있게 비틀어서 물기 없이 짜는 모습에서 유래된 것으로 추정된다. 어떤 일에 있는 힘을 다하거나 한꺼번에
몰아쳐서 끝내고자 할 때 쓰는 말이다.

악취	어디선가 악취가 나는데.

고약하다*
냄새 한번 고약해.
구리다*
어우, 냄새가 구려!
구린내
어딘가 구린내 같은 냄새 나는데.
비리다
어우, 비려서 못 먹겠어.
쉰내
이거 상했는데, 쉰내 나는데.
지독하다*
응아 냄새가 지독해서 토 나올 거 같아.
쾨쾨하다
아니 무슨 쾨쾨한 게 청국장 냄새 같아.
퀴퀴하다
지하실에서 나는 퀴퀴한 냄새 같아.

관 안 봐도 비디오[117]	앞으로 어떻게 될 것 같냐고, 뭐 안 봐도 비디오지.

또렷하다
아이라인 하니까 눈매가 더 또렷해졌어.
관 **똑 부러지게***
누굴 닮아서 저렇게 똑 부러지게 말을 잘해.
명백하다
의료 과실이 명백해.
분명하다
걔가 슬쩍한 게 분명해.
보면 넌 분명히 뜨악할 거야.
생생하다
헤어진 지 오랜데 꿈에서 너무나 생생했어.
관 **안 봐도 훤하다**
결과가 어떨지 안 봐도 훤해.
역력하다*
불편한 기색이 역력했어.
적나라하다*
그림이 너무 적나라해서 내가 봐도 민망해.
정확하다
나도 정확히는 잘 몰라.
진하다*
눈썹이 그게 뭐야. 너무 진해서 송충이 같아.

---

117) '안 봐도 비디오'는 어떤 일을 직접 보지 않고도 마치 상황을 본 것처럼 선명하게 알 수 있다는 의미이다. 잘 안 보이거나 가려져 있던 것이 크고 또렷하게 확대되어 보이는 모습을 형상화한 것으로, '**분명하다**', '**정확하다**', '**확실하다**' 등의 뜻으로도 쓴다.

짙다
입술 라인이 짙어서 그런지 나이가 들어 보여.
틀림없다[*]
이게 스몰 사이즈 맞다니까. 틀림없어.
현저하다
먹는 양이 현저하게 줄긴 했어.
확고하다[*]
내 의지는 확고해.
취향이 확고해서 나랑 아주 안 맞아.
확실하다
들은 얘기라 확실하지 않아.
확실해지면 그때 얘기해줄게.
확실하게 말을 안 해줘서 이도 저도 못하고 있어.
확연하다
날씨가 저번 주하고는 확연하게 차이가 나지?
훤하다
너 하는 걸 보니 고생길이 훤하다.

관 안 좋다[*]

예상보다 더 안 좋아.

다들 안 좋다고 해서 다른 거 샀어.
필름 자주 끊기면 안 좋은 거라고 했어.
관 좋지 않다[*]
건강은 물론이고 위생에도 좋지 않아.
아빠랑 엄마랑 사이가 많이 좋지 않아.
해롭다[*]
담배는 건강에 해롭잖아.
해로운 거 알면서 왜 먹어?

안녕하다

그동안 안녕하셨어요?

관 그대로 있다
어디 가지 말고 그대로 있어.
무사하다[*]
너만 무사하면 돼.
무사해서 다행이야.
살아남다[*]
산사태에 살아남은 유일한 생존자래.
살아있다[*]
살아있었네?
유효ㅣ유효하다
쿠폰 아직도 유효해?

인사 | 인사드리다 | 인사하다
오래간만에 인사드리네요.

안색

안색이 안 좋아 보이는데 무슨 일 있니?

관 기색이 역력하다
불쾌한 기색이 역력하던데.
내색하다
겉으로 웃는 척하면서 크게 내색을 안 했어.
울그락불그락하다
엄마 얼굴이 화가 나서 울그락불그락했어.
정색 | 정색하다
갑자기 정색을 하고 그래?
네가 그 순간에 정색하면 내가 뭐가 돼?

안일하다

내가 너무 안일하게 생각했나 싶어.

공무원들의 안일함이 사고를 방지하지 못했어.
수월하다*
덕분에 일이 수월해져서 빨리 끝낼 수 있었어요.
안주 | 안주하다
돈 좀 벌었다고 그렇게 안주하면 안 돼!
관 요행을 바라다*
일을 하면서 요행을 바라면 안 돼.
관 자기가 편하려고*
자기가 편하려고 샀어?
편의*
본인들 편의대로 결정하고 마음대로 옮겨?
호강 | 호강하다
돈 벌어서 너 호강 시켜줄게!

관 알다가도 모르다

왜 그러는지 정말 알다가도 모르겠어.

관 뭐가 아쉬워서*
돈도 많으면서 뭐가 아쉬워서 저 남자랑 결혼했을까.
알쏭달쏭 | 알쏭달쏭하다*
아직도 알쏭달쏭해.
관 이해가 안 되다*
왜 그랬는지 지금도 이해가 안 돼.
관 이해를 못 하다*
난 아직도 이해를 못 하겠어.
관 종잡을 수 없다
요즘 날씨는 종잡을 수 없다니까.

알리다

아직 안 알렸어.

이런 식으로 알려서 미안해.
연락처 알려달라고 여러 번 부탁했는데.
알려주다
이참에 제대로 알려줘야겠다.
너에게만 알려준 거잖아. 근데 왜?
오빠가 알려준 대로 하니까 그게 되더라?
예보|예보하다
기상청이 내일 전국적으로 비를 예보했어.

알아듣다*

알아들었으면 윙크해.

무슨 말인지 다 알아들었어요.
개떡같이 말해도 찰떡같이 알아들어.
이 정도 말했으면 충분히 알아들었겠지.
알아들었으면 당장 가서 그대로 전하라고.
관 척하면 척*
서로 척하면 척하고 잘 맞아서 일하기 편해.
말 안 해도 척하면 척하고 호흡이 맞아야 해.
척하면 척하고 알아야지. 몇 번을 말해야 해?

관 알아서 하다[118]*

어련히 알아서 가겠지.

관 눈치껏 하다*
눈치껏 하면 돼.
관 스스로 결정하게 내버려두다*
난 아이가 모든 일을 스스로 결정하게 내버려 둬.
관 알아서 해결하다*
당사자끼리 알아서 해결하라고 얘기해.
내가 일일이 다 말해? 네 일인데 네가 알아서 해.
어련히|어련하다*
본인들이 어련히 알아서 잘하겠지.
관 자기 앞을 가리다*
이제 자기 앞을 가릴 나이가 됐어.
관 제 앞가림(을) 하다*
너 앞가림이나 좀 잘해.
척척*
어떻게 문제마다 척척 다 알아맞히지?
누가 말 안 해도 네 일은 혼자서 척척 해야지.
헤아리다*
제 마음을 헤아려 주셔서 감사합니다.

---

118) '생각'과 박자에 맞춰 치는 '박수'의 수어가 합쳐져 누가 시키지 않아도 본능적으로 알아서 척척 일을 해내는 것을 표현할 때 쓴다.

압류 | 압류되다 | 압류하다

자동차가 압류됐어.

압류된 집이라 이 가격이야.
가압류
빚을 못 갚아서 집에 가압류가 들어왔어.
관 **빨간 딱지(를) 붙이다**
집에 빨간 딱지 붙었다고 엄마가 막 우셔.
차압
은행에서 차압 통지서가 날아왔어.
보증 한번 잘못 서가지고 집에 차압이 붙었거든.

앞다투다

서로 앞다퉈 도와주겠다며 난리 났어.

학생들이 점심시간 되면 앞다투어 뛰어 가.
관 **경쟁(이) 치열하다**[*]
앞으로 두 후보의 경쟁이 치열해지겠다.
관 **앞서거니 뒤서거니**
서로 앞서거니 뒤서거니 보는 재미가 있네.
먼저 가려고 앞서거니 뒤서거니 하다가 넘어졌어.
엎치락뒤치락[*]
엎치락뒤치락 순위 싸움이 치열해지겠다.

앞당기다

생일선물 앞당겨서 사줘.

수술 날짜가 앞당겨져 내일 수술해.
날짜 앞당겨 달라고 전화하면 되잖아.
약속 생겨서 오늘로 모임을 앞당겼어.
개화 시기가 앞당겨져서 이번 주에 핀대.
당기다
여행 날짜를 이번 주로 당겼어.
생일 하루 당겨서 내일 지내기로 했어.
하루 정도 당기는 거 어려운 일 아니잖아.

앞서가다

내가 너무 앞서갔나?

나서다[*]
괜히 나섰다가 미운털 박힐라.
쓸데없이 나서서 좀 사고 치지 마.
선두 주자
오늘은 네가 선두로 앞장서.
마라톤에서 선두 주자가 계속 뒤를 돌아보다가 넘어졌다.
앞장서다
연장자가 앞장서주면 편하겠는데.

넌 앞을 내다보는 능력이라도 있나 봐.

내다보다＊
미래를 내다보는 능력을 주소서.
비전＊
비전 좋은 직업은 아닌 거 같아.
전망 | 전망하다＊
수어 강사도 전망은 괜찮을 듯해.
혜안＊
초능력자야? 미래가 보이는 혜안이라도 지녔나 봐.

야근 | 야근하다

이놈의 야근, 정말 싫다.

야근 수당이 주간보다 1.5배나 더 많아.
5주 들어간 달은 주간 2번 야근 3번 들어가.
수당 때문에 야근을 자청했다는 얘기가 있어.
잔업
네 회사 잔업 수당 세잖아.
오늘은 잔업 두 시간 더 해야 돼.
신랑 잔업 마다하지 않고 열심히 일했거든.
평일 내내 잔업 하느라 입술이 다 부르텄네.

야하다

영화가 너무 야해서 극장에서 보기 민망했어.

성
중학생이 되더니 성에 대해 호기심이 많아졌어.
섹스＊
섹스는 상대방의 동의가 꼭 있어야 해.
음란 | 음란하다
여학교 앞에서 음란한 행위를 하다 체포됐어.
포르노
포르노 배우도 엄연한 직업이야.

약속 | 약속되다 | 약속하다

약속 시간에 늦지 마.

어미 **~리라고**
네가 꼭 잘 해내리라고 믿어.
기약 | 기약하다
다음 달에 또 만날 것을 기약하고 해산했어.
꼭＊
꼭 말로 안 해도 눈치로 알 수 있어.
어딜 가도 꼭 저렇게 기 센 사람들 있다니까.

---

119) 비전(vision)의 미국 수어에서 첫 자를 따낸 것으로, 일반적으로 앞날을 멀리 내다볼 때 쓴다.

반드시*
반드시 해피엔딩으로 만들 거야.
관 손가락(을) 걸다
못 믿겠어? 그럼, 손가락 걸고 약속해.
으레*
자기 전에 으레 스트레칭하고 자.
필수ㅣ필수적
해양스포츠는 구명조끼 필수라 꼭 입어야 해.

관 약속(을) 깨다 | 또 약속 깨면 너하고는 끝이야.

거르다*
아무리 바빠도 아침은 절대 거르지 않거든.
연애 시절에 하루도 거르지 않고 매일 만났어.
거스르다*
부모 말을 거스르는 법이 한 번도 없었는데.
어기다
약속 어겼으니 내일 밥 사.
운전 중에 교통 법규를 어기면 범칙금이 날라와.

약하다 | 나 또 마음 약해지려고 해.

술이 약해서 많이는 못 마셔.
고단하다
오늘도 고단한 하루가 되겠네.
나른하다
오후 되면 몸이 나른해져서 아무것도 하기 싫다.
나약하다
의지가 나약해서 문제야.
부실하다
허리가 부실하다 보니 오래 서 있기도 힘들어.
여리여리하다
몸이 여리여리해서 바람만 불면 훅 날아갈 거 같아.
지치다
울다 지쳐 잠들었어.
피곤하다*
오늘따라 많이 피곤해 보여.
피로ㅣ피로하다*
박카스 한 번씩 마셔주면 피로가 확 가시고 좋아.
취약하다
지하실은 습기에 취약해서 곰팡이가 잘 생겨.
허하다
몸이 허해서 한약 지어 먹고 있어.

얇다[*]

입술이 얇아서 늘 콤플렉스였어.

가늘다[*]
팔다리가 너무 가늘어서 허수아비 같아.
모발이 너무 가늘어서 파마해도 잘 안 나와.
납작하다
신랑은 왕만두, 나는 납작만두 따로 시켰어.
얄팍하다
저렴한 것이 살이 얄팍해서 맛도 없어.
좀 더 얄팍하게 썰어줘야 애들 씹기 편하지.

양념 | 양념하다[*]

고기는 양념한 게 더 맛있어.

양념이 너무 맵지 않으면 먹을 수 있어.
김장하고 남은 양념장으로 버무려 봐요.
가미 | 가미하다[*]
거짓말이라기보단 상상력을 가미했다고나 할까.
무슨 양념이 가미됐는지 맛만 봐도 맞출 수 있어.
곁들이다
고기에 양념장 곁들이니 더 맛있네.
치즈랑 소스랑 곁들여 먹으면 더 맛있어.

관 양다리(를) 걸치다

너 양다리 걸쳤던 거 다 알아.

양다리 걸친 주제에 때리기까지 하고 진짜 최악이네.
관 두 다리를 걸치다
두 다리 아니라 세 다리나 걸치고 있었다고.
어장
그동안 어장 관리한다고 힘들었는데 다 뽀록났네.
어장관리
어장 관리하다 들켜서 엄청 혼쭐났나 봐.
네 남자 친구 어장 관리한다는 소문 있던데?

얕보다

혼자 산다고 얕보는 거 아니냐?

경시하다[*]
수어를 못하면 경시하는 경향이 좀 있더라.
깔보다[*]
너 지금 나 여자라고 깔보는 거야?
낮잡다[*]
넌 신입을 낮잡아 대하는 경향이 있어.
비하 | 비하하다[*]
장애인을 비하하는 발언 조심해.

업신여기다[*]

사람 못 배웠다고 업신여기지 마.

애주가[*]

시아버님이 술이라면 가리지 않는 애주가세요.

술고래
내 남편 부끄럽지만 술고래야.
술꾼
외갓집이 술꾼 집안이거든.
관 술독에 빠지다
한동안 술독에 빠져 지냈더니 살이 많이 쪘어.
관 술(을) 좋아하다[*]
남편이 술을 좋아하는데 과음하면 개처럼 왈왈 짖어.
술주정
술주정할까 봐 얼른 자라고 했다.
술주정 받아주다 싸움이 날 뻔했어.
알콜 중독[*]
알콜 중독되면 건강 망치는 거 한순간이야.
주정쟁이
주정쟁이들 한겨울에 길에서 동사하는 경우가 꽤 있지.

애착 | 애착하다¹²⁰⁾

어릴 때부터 애착 인형이라 절대 못 버려.

아기들 보면 애착 인형이 있어서 안고 자더라.
관 끔찍이 사랑하다 | 좋아하다[*]
선배가 끔찍이 사랑했다는 사람, 저 여자야?
친자식은 아니었지만, 끔찍이 아끼고 좋아했어.
애지중지(愛之重之) | 애지중지되다 | 애지중지하다[*]
엄마가 애지중지한 건데, 너 이제 죽었다.
결혼하고 20년 만에 낳은 늦둥이라 애지중지하며 키
우셨어.

관 어깨를 견주다

어깨를 견줄 수 있는 상대가 못 돼.

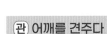

너하고 어깨를 견줄 만한 사람은 없어.
대등 | 대등하다[*]
학력 따지지 말고 대등하게 대화해야지.
모두 실력이 대등하니 우열 가리기가 쉽지 않겠네.
동급[*]
내가 쟤랑 동급으로 보여?
너랑 비슷한 동급으로 안 보이는데.

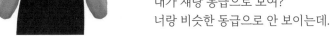
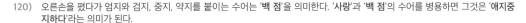

120) 오른손을 폈다가 엄지와 검지, 중지, 약지를 붙이는 수어는 '백 점'을 의미한다. '사랑'과 '백 점'의 수어를 병용하면 그것은 '애지중
지하다'라는 의미가 된다.

동등 | 동등하다
모두에게 동등한 권리를 보장해야지.
남녀를 차별하지 않고 동등한 대우를 해야지.

관 **어디 두고 보자**[*]

감히 네가 날 비웃어? 어디 두고 보자.

눈여겨보다
내가 눈여겨본 데가 있어서 추천했어.
떠보다
친구한테 살짝 떠봤는데 결혼 생각 아직 없대.
벼르다[*]
오랫동안 벼르더니 드디어 낚았네.
보여주다[*]
남자 친구 사진 좀 보여줘 봐.
관 **어깨너머로 배우다**[*]
주방보조 일하면서 어깨너머로 배웠어.
관 **어디 한번 보자**
누가 더 잘하나, 어디 한번 보자.
엿보다
엿보는 게 취미야? 그거 범죄거든.
관 **하는 거 봐서**
글쎄. 너 하는 거 봐서.
호시탐탐(虎視眈眈) | 호시탐탐하다[*]
호시탐탐 기회를 노렸는데 다른 사람이 채갔네.

관 **어떡하다**[121]

어떡하면 좋을까.

방법[*]
방법이 있기는 한데, 된다는 보장은 없어.
안절부절못하다
거짓말이 들통날까 봐 안절부절못하고 있어.
관 **어떻게**[*]
이건 어떻게 하는 거야?
관 **어쩔 줄 모르다**
나 지금 어떡해. 정말 어쩔 줄 모르겠어.
관 **어찌하다**
이걸 어찌할까요?
어찌하다 보니 되었네?
좌불안석(坐不安席) | 좌불안석하다[*]
선생님도 참 얼마나 좌불안석이겠어요.
쩔쩔매다
뭘 잘못했어? 왜 저 사람에게 쩔쩔매고 있어?

---

121) 어떤 일이 뜻대로 되지 않아 마음이 초조하여 어쩔 줄 모르는 모습을 형상화한 것으로, **방법**의 수어와 동시에 당황스러운 표정을 지으면 '**어떡하다**'라는 의미가 된다.

관 어떻게 되다

그래서 어떻게 됐어?

친구 일은 어떻게 됐어?
어떻게 된 일인지 모두 궁금해해.
그러면 저는 나중에 어떻게 돼요?
어떻게 된 일인가 하면, 형이 자수했대.
과정이 어떻게 됐든 결과만 잘 나오면 됐어.
경찰관님! 이게 도대체 어떻게 된 일인가요?
두 사람 싸운 거 어떻게 됐나 다들 궁금하대.
어떻게 된 일이냐고 물어보니 둘이 재결합했대.

어른

어른답게 행동해.

어른이라고 크게 다를 거 없어. 다 똑같아.
철없는 부모 만나 어른스러운 아이들이 많아.
성숙하다
사람은 성숙할수록 겸손해야 한다.
성인
이제 성인인데, 지 앞가림은 알아서 잘하겠지.
조숙하다
일찍 부모를 여읜 탓인지 얘가 많이 조숙해.

어리다

나이보다 많이 어려 보여.

아이 | 애
아이처럼 좋아하네.
관 **아이(와) 같다**
하는 짓이 아이와 같네. 언제 철들래? 쯧.
앳되다
너무 앳돼서 대학생이라고 해도 믿겠다.
얼굴이 앳돼 보여서 나보다 한참 어린 줄 알았어.
어린아이 | 어린애
몸만 컸지. 한참 어린애야.

어리석다

내가 어리석었어.

참 어리석은 짓이었어.
얼마나 어리석은 생각인데.
어리석게도 그 말을 믿은 내가 바보였어.
미련 | 미련스럽다 | 미련하다[*]
이제 미련 따위 버려.
미련스럽게 왜 그랬어?
아팠을 텐데, 그렇게 미련하게 참았어?
집착일까? 미련일까? 사랑일까? 아, 모르겠다.

이번에는 어림없을걸?

어림 반푼 어치도 없다.
다음엔 진짜 어림도 없어.
그게 어림없는 일이라고 생각해?
관 그럴 생각(이) 없다*
내가 왜? 난 들어줄 생각 없거든!
왜 나보고 하래? 그럴 생각 전혀 없어.
내가 왜 그래야 하는데? 그럴 생각 없어.
내가 왜 수발들어 줘야 돼? 그럴 생각 없어.

그렇게 입으니까 어색해 보여.

갈등
고부 갈등 때문에 조만간 분가할 계획이야.
거리낌 | 거리끼다*
난 뭐 크게 거리낄 게 없어.
거북하다*
듣기 거북한데 그만해.
누구 뒷담화 들으면 거북하고 불쾌하지.
까칠하다
까칠한 소재라 입으면 불편해.
표면이 살짝 까칠한 느낌 있는데.
껄끄럽다
분이 안 풀려서 얼굴 보기가 껄끄러워.

잡곡밥은 먹기엔 좀 껄끄러워도 몸에 좋아.
마찰
상사랑 마찰이 싫어서 이직 신청했어.
불협화음(不協和音)
불협화음의 조짐이 보이는데 넌 뭐 들은 거 있어?
삐걱대다*
몇 달째 삐걱대잖아.
서먹하다 | 서먹서먹하다
왠지 서먹해질 것 같아. 부담된다.
알고 지낸 지 한 달인데 아직은 서먹서먹해.
아니다*
이게 아닌데.
관 자연스럽지 않다*
코 수술한 게 자연스럽지 않아서 다시 하려고.
트러블*
자녀 교육 때문에 늘 트러블이 있었어.
서로 생각이 달라서 자주 트러블이 생겨.

어울리다

굉장히 잘 어울리네?

아우러지다
자연과 문화가 잘 아우러진 마을 같아.
조화 | 조화되다 | 조화하다
새로운 직장에서는 팀원들과 잘 조화되면 좋겠어.
조화롭다
스테이크와 소스가 너무 조화로워서 맛있었어.
관 **합(이) 맞다 | 좋다**[*]
합이 좋아서 순조롭게 잘 마쳤어.

관 어쩔 수 없다[122]

어쩔 수 없지 뭐.

어미 **~는 수밖에 없다**
다들 바쁘다고 하니 내가 가는 수밖에.
관 **대책(이) 안 서다 | 없다**
별 방법을 다 생각해 봤는데 진짜 대책이 없어.
관 **무슨 뾰족한 수 있나**
뭔 뾰족한 수가 있겠나.
관 **방도(가) 없다**
달리 해결할 방도가 없어.
별수 없다[*]
서운해도 별수 없어.
속수무책(束手無策)[*]
속수무책으로 당하고만 있을 수 없잖아.
속절없이
속절없이 나이만 먹는구나.
관 **어찌할 수 없다**
나도 어찌할 수가 없네.
여지없다[*]
유죄 판정이 나왔으니 여지없는 일이야. 받아들여.

억울하다

이대로는 억울해서 못 살아.

너는 아무 상관도 없는데 억울할 게 뭐 있어.
억울하면 기자회견 열어서 해명해 보시든가.
속 **개가 웃을 일이다**
개가 웃을 일이지.
기막히다
나 원 참 기막혀.
더 기가 막힌 건 뭔 줄 알아?
기차다
기가 차서 말이 안 나올 지경이야.

---

122) '**방법**'과 '**없다**'의 변이형 수어를 합친 관용표현으로, 달리 어찌할 방법이나 가능성이 없을 때 쓴다.

관 **숨이 막히다**

그 생각만 하면 숨이 턱턱 막혀.

어이없다

내가 생각해도 어이가 없긴 해.

그 어이없다는 표정은 뭐야? 기분 나쁘네.

어처구니없다

어처구니없는 일이지.

언짢다[123]

언짢은 일이라도 있어?

거북하다*

초면에 반말하는 게 솔직히 거북했어.

관 **기분(이) 상하다***

문자 보고 기분 확 상했어.

기분 상하게 했다면 미안하다.

불쾌 | 불쾌하다*

이러다 불쾌지수 폭발하겠어.

언짢아하다

자기하고 다른 말이 나오면 언짢아해.

솔직히 말하는데 언짢아하지 말고 잘 들어.

얻어먹다*

얻어먹기만 하고 돈을 안 내.

오늘도 또 얻어먹을 심산이야?

언제까지 계속 얻어먹을 수는 없잖아.

돈도 없을 텐데 어디서 얻어먹고 다니는지?

매번 얻어먹기만 하니까 미안해서 오늘은 빠질게.

받아먹다*

뒷돈 받아먹은 것 같아.

뇌물을 받아먹은 사실이 없다는데.

평생 부정한 돈 받아먹은 적이 없어.

관 **얼굴(을) 고치다**

또 얼굴 고쳤어?

성형 | 성형하다

너 성형하려면 견적 많이 나오겠다.

성형해서 이 정도로 예뻐질 수만 있다면 난 빚져서라도

다 뜯어고치고 싶어.

관 **얼굴에 손대다**

얼굴에 손 안 댔다니까.

얼굴 딱 한 군데만 손댔어.

얼굴에 손대는 거 난 결사반대야!

---

123) '기분', '뜸을 들이다', '언짢다'의 수어는 동일하지만 표정, 속도에 따라서 다양한 의미로 풀이될 수 있으므로 대화 장면에 맞게 주의하여 써야 한다.

| 관 얼굴(이) 팔리다 | 가족까지 얼굴 다 팔렸는데. |

얼굴 팔려서 밖에 못 나가겠어.
얼굴까지 다 팔려서 회사 관둬야 해.
내 얼굴이 팔릴 만큼 팔려서 사기 치기도 틀렸네.

신상 털기
신상 털기에 영혼까지 탈탈 털렸어.

관 **신상(이) 털리다**
이미 신상이 다 털렸어.
신상 털리고 여기저기서 욕 먹고 최악이네.

| **얼버무리다** | 바른대로 말해. 얼버무리지 말고. |

꼼수
또 꼼수 쓰려고? 난 안 속아.

꿍꿍이
뭔 꿍꿍이가 또 있겠지.

관 **누가 볼세라**
누가 볼세라 입을 막았어.

몰래[*]
남편 몰래 버렸어.

무마|무마되다|무마하다[*]
돈으로 사건 무마했을 거야.

바람피우다[*]
둘이 눈이 맞아 바람피웠대.

불륜[*]
불륜 저지른 사람도 얼마나 많은데.

비밀리[*]
비밀리에 합의해서 잘 마무리됐어.

관 **수작(을) 부리다**[*]
너 무슨 수작 부리려고?

슬쩍[*]
슬쩍 한번 가서 보고 싶은데 무리일까?

관 **아무도 눈치 못 채게**
아무도 눈치 못 채게 하면 되잖아.

어물쩍|어물쩍거리다|어물쩍대다|어물쩍하다
어물쩍 넘어갈 수 있을 줄 알았어? 어림없지.

얼렁뚱땅|얼렁뚱땅하다
일을 이딴 식으로 얼렁뚱땅 하는거야?

은근슬쩍
은근슬쩍 어딜 만져?

은밀하다[*]
은밀하게 뒷거래하면서 돈 주고받고 많이들 해.

관 쥐도 새도 모르게*
쥐도 새도 모르게 처리했어.

엄지척하다

맛있다고 엄지척할 때가 제일 뿌듯해.

관 기대 이상이다
기대 이상이었어.
따봉 | 따따봉
완전 따봉이었어.
관 죽인다
맛이 진짜 죽인다.
관 짱 좋다
깜짝 이벤트 짱 좋았어!
최고*
지금까지 먹어본 것 중에 최고였어.

엉뚱하다

사람이 많이 엉뚱해.

개소리
이게 뭔 개소리야?
그따위
왜 그따위로 통역을 해.
난잡하다
옷이 그게 뭐야? 왜 그렇게 난잡하게 입었어?
관 닥치는 대로*
자기 돈 아니라고 닥치는 대로 막 사들여.
돌팔이
저 사람, 돌팔이 아니야?
관 되지도 않는 소리
되지도 않은 소리 작작 해라.

뚱딴지같다
뚱딴지같은 소리 하네.
뜬구름
뜬구름 잡는 강의가 아니어서 많이 공감되고 좋았어.
관 말 같지 않다
무슨 말 같지도 않은 소리야?
관 말(이) 안되다*
이건 정말 말이 안 되지.
관 소설(을) 쓰다*
아주 소설을 쓰고 있네.
쓸데없다 | 쓸데없이*
또 쓸데없이 돈 쓰지 말고 저축이라도 해.

아무거나*
문제 읽을 시간도 없어. 그냥 아무거나 막 찍어.
어불성설(語不成說)
본인이 사표를 내놓고 해고를 당했다니 어불성설
아니야?
관 **얼어 죽을**
무슨 얼어 죽을 결혼 타령이야.
얼토당토않다
얼토당토않은 소리 그만해!
엉터리*
번역기 완전히 엉터리야.
허무맹랑(虛無孟浪) | 허무맹랑하다
그런 허무맹랑한 이야기에 넘어가는 사람이 있어?
허튼소리
허튼소리 그만해.
헛소리 | 헛소리하다
헛소리 집어치워.
횡설수설(橫說竪說) | 횡설수설하다*
술에 취하면 횡설수설하는 버릇이 있어.

| **여의찮다** | 교통편이 여의찮은데 출퇴근 많이 힘들겠다. |

관 **되지 않다***
인생은 제 뜻대로 되지 않아.
관 **순탄치 않다**
노산이다 보니 임신 과정이 순탄치 않았어.
안되다*
내 뜻대로 착착 안 되네.
파행 | 파행하다*
파행 조짐이 보이는데.

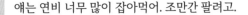

| 관 **연비(를) 잡아먹다** | 얘는 연비 너무 많이 잡아먹어. 조만간 팔려고. |

연비 많이 잡아먹는 치명적인 단점이 있지만 승차감
좋고 가격은 말해 뭐해.
관 **기름(을) 많이 먹다**
차가 무겁고 기름도 많이 먹어.
관 **연비(가) 많이 드다**
연비가 많이 들어서 전기차로 바꾸려고.
트렁크에 짐 가득 싣고 다니면 연비 많이 들고 기름도
더 많이 들지.

열받다	나라도 열 받지.

생각할수록 열 받아.
열불나다
정말 열불나서 못 참겠어.
관 **천불이 나다**
속에서 천불이 나.
진짜 열불 아니라 천불이 난다.
관 **킹(king)받다**
킹받네.

관 영문도 모르다[124]	영문도 모르고 따라 웃었을 뿐이야.

어리둥절하다
어리둥절하면서도 내심 좋아하네.
어리벙벙하다
처음이라 아직은 어리벙벙해.
관 **어안이 벙벙하다**
무슨 일인지 어안이 벙벙해.
얼떨떨하다
난 아직 얼떨떨해.

영점	리더십은 뛰어나지만 인성은 영점이야.

빵점
나는 빵점짜리 엄마 같아.
아예*
품절돼서 이제 아예 없다니까.
제로
너 공감 능력 진짜 제로야.
관 **한 번도 ~ㄴ 적이 없다***
올해는 한 번도 쉬어본 적이 없어.

관 영향을 미치다	영향을 안 미칠 수 없어.

여파
코로나 여파로 문 닫은 곳도 많아.
아무래도 연휴의 여파로 생산량이 줄었어.
관 **영향(을) 끼치다**
자녀 교육에 영향을 끼칠까 봐 별거 결정했어.
파급 | 파급되다 | 파급하다
파급 효과를 기대했는데, 아직까지는 미미해.
금연 캠페인 파급 효과가 생각보다 엄청났어.

---

124) 두 손을 펴서 당황하는 모습에서 유래한 '초보'의 수어가 한 손만 사용하는 것으로 변이된 것으로 추정된다. 상황 파악이 안 되어 어안이 벙벙한 경우에 한정적으로 쓴다.

파문
협회 파문이 이제 좀 잠잠해진 거 같아.
비공개 문서가 유출돼서 큰 파문이 일었어.
파장
이렇게 파장이 클 줄 몰랐지.
이번 파장은 아주 오래갈 것 같아.

예약|예약되다|예약하다

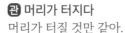

당일 예약은 안 받는다는데 어쩌지?

예약했는데 취소 연락 없이 나타나지 않는 그런 행위
를 '노쇼'라고 해.
계약|계약하다
계약 때는 너도 같이 와서 해.
계약서 내용이 조작된 거 같아.
맺다[*]
일 처리는 맺고 끊는 것이 명확해야 해.
예매|예매하다
현장 예매보다 온라인 예매가 더 저렴해.
몇 시에 끝날지 몰라서 내려가는 거 예매 안 했어.
체결|체결되다|체결하다
오랫동안 공들여 온 계약이 체결되었어.

관 오 마이 갓[*]

오 마이 갓, 지금 얘가 뒷좌석에서 토해.

관 머리가 터지다
머리가 터질 것만 같아.
관 멘붕 오다[*]
멘붕이 왔나 봐. 얼굴이 하얗게 질렸네.
큰일나다[*]
큰일 났다! 지갑을 집에 두고 왔네.
관 하느님 맙소사[*]
하느님 맙소사, 돈 봉투인 줄 모르고 버렸네!

관 오라 가라 하다[125)]

네가 뭔데 날 오라 가라 해?

오라 가라 자꾸 하면 민원 넣는다?
왜 그렇게 사람을 오라 가라 하는지.
사람 오라 가라 하지 말고 너나 잘해.
나도 바빠. 자꾸만 오라 가라 하지 마.
그렇게 막 오라 가라 하면 너 욕 먹는다.
높은 자리에 있다고 막 사람 오라 가라 하네.
툭하면 사람 막 오라 가라 하고 맘대로 자르고 아주
제멋대로네.

---

125) 사람을 의미하는 엄지 등을 향하여 '오다'와 '가다'의 수어를 반복하면 그것은 '오라 가라 하다'의 의미가 된다.

오래가다*

과연 오래 갈 수 있을까?

무궁무진(無窮無盡) | 무궁무진하다
활용 방법이 무궁무진하잖아.
반영구 | 반영구적*
반영구로 하면 한 십 년은 유지될 듯해.
관 **수명(이) 길다***
이거 생각보다 수명 참 기네.
영원 | 영원하다*
우리 청춘이 영원할 줄 알았어.
유지 | 유지되다 | 유지하다*
얼마 동안 유지가 가능할까?
저렇게 광택 유지하려면 얼마나 닦아야 할까?
화수분*
우리 집에도 화수분 하나 있었으면 좋겠다.

오래되다*

이건 좀 오래됐어.

길다*
얘기하자면 길어.
길어지다
글이 길어지면 잘 읽히지 않아.
두고두고
밀봉해서 보관하면 두고두고 쓸 수 있어.
오래
건강하게 오래 사세요.
둘이 이번에는 오래 못 갈 것 같아.
오래도록
이사 다니지 않고 여기에 오래도록 정착하고 싶어.
재다*
너무 재다가 다 놓친다.

오만상*

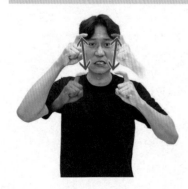

오만상 좀 하지 마.

관 **눈살(을) 찌푸리다***
아까부터 눈살 찌푸리고 있던데 뭔 일 있었나.
관 **오만상을 짓다***
오만상 짓고 왜 그래?
관 **오만상을 찌푸리다***
아까부터 오만상 찌푸리면서 혼자 뭐라 그래.
관 **인상(을) 쓰다***
인상 쓰지 말고 좀 웃어.
갑자기 인상 쓰길래 나도 모르게 욱했어.

일그러지다[*]
얼굴이 점점 일그러지더니 갑자기 울더라고.
찡그리다[*]
예쁜 얼굴 찡그리지 말고 웃어.

완벽하다[*]

완벽한 사람은 이 세상에 없어.

사람이 너무 완벽하면 재미없어.
이견의 여지 없이 완벽한 솜씨였어.
관 **물샐틈없다**
물샐틈없는 철통 보안이었어.
관 **빈구석이 보이지 않다**
어디에도 빈구석이 보이지 않아.
관 **빈구석이 없다**
빈구석 하나도 없이 완벽한 사람이네.
관 **빈틈없다**
넌 빈틈이 어떻게 하나도 없을 수 있어?
관 **없는 것 빼고 다 있다**
없는 것 빼고 다 있네?
관 **없는 것이 없다**
이 집은 없는 게 없네.
완벽주의 | 완벽주의자[*]
얘가 완벽주의자인데, 덜렁이하곤 안 맞지.
완벽주의 성향이라 조금만 실수해도 불같이 화내.
완전무결(完全無缺) | 완전무결하다
완전무결한 사람 어디 있어.
용의주도(用意周到)하다
생각보다 아주 용의주도한 사람이야.
주도면밀(周到綿密)하다
네가 그렇게 주도면밀한 사람이었어?
철두철미(徹頭徹尾) | 철두철미하다[*]
내일 회의할 거 철두철미하게 준비해.

완성 | 완성되다 | 완성하다

아직 완성이 덜 됐는데 하루만 시간 주세요.

갖추다
인품도 좋은데 지성미까지 다 갖췄네.
완료 | 완료되다 | 완료하다
주중에 작업 완료했으니 주말에 제대로 쉬어야지.
완벽하다[*]
완벽한 계획인 줄 알았는데.
완수 | 완수되다 | 완수하다
임무를 기한 내에 완수해 주시리라 믿습니다.

왕래 | 왕래되다 | 왕래하다

왕래 안 한 지 오래됐어.

언제부턴가 왕래가 뜸해졌어.
5년 동안 왕래가 단 한 번도 없었어.
명절 때 크게 다투고 난 후 왕래가 끊어졌어.
편하게 왕래할 수 있으면 좋은데 집이 너무 멀어.
오고가다
오고가다 우연히 들르게 됐어.
오고가다 가끔씩 봐서 조금 알아.
창밖을 보니 수많은 사람들이 거리를 오고간다.

왜곡 | 왜곡되다 | 왜곡하다[126]

사실을 왜곡하지 마.

곡해 | 곡해되다 | 곡해하다
내 말을 곡해한 것 같아.
날조 | 날조되다 | 날조하다
기사가 날조됐어.
와전 | 와전되다 | 외전하다
이야기가 왜 그렇게 심하게 와전됐어?
지어내다*
없는 이야기 지어내지 마세요.

외길 인생

라면 외길 인생!

외골수
너무 외골수라 가끔씩 말이 안 통해.
일편단심(一片丹心)
네 일편단심은 누구도 따라갈 수 없어.
관 한 길을 고집하다*
이 사람은 한길만 고집해 왔어.
관 한 우물(을) 파다
십 년간 한 우물만 판 것을 보상받은 기분이야.

외롭다

사람은 원래 외로운 존재야.

고독 | 고독하다
연고 없는 이웃 할아버지가 고독사로 가셨어.
쓸쓸하다
마음 한구석이 허전하면서 쓸쓸하다.
외톨이
외톨이로 늙기 싫으면 노력해 봐!
적막하다
처음에 시골살이가 적막했는데 이제 익숙해졌어.

---

126) 본질의 안과 겉을 뒤바꾸는 모습에서 유래한 것으로 추정된다. 비슷한 표현으로는 **곡해하다, 날조하다, 와전하다, 지어내다** 등의 다의어로 쓸 수 있다.

외면 | 외면되다 | 외면하다

그게 바로 외면하고 싶었던 이유야.

너마저 외면하면 난 어떻게 살아가라고.

관 못 본 체하다*
보고도 못 본 체하고 지나갔어.
복도를 가다가 딱 마주쳤는데 못 본 체하더라.

관 얼굴(을) 돌리다*
마주치기 싫어서 일부러 얼굴을 돌려 피했지.

피하다*
만나자니까 계속 피하기만 하더라.

요새

요새 입맛 없어.

근래
근래에 없던 사건이야.

근황
혹시 언니 근황 알아?

요즈음 | 요즘
요즘 부쩍 외출이 잦아 하루는 뒤를 쫓아가 봤어.

최근
최근 뭐 들은 거 있어?

요약 | 요약되다 | 요약하다

대충 요약만 해줘.

간추리다
시간 없으니까 필요한 내용만 간추려 말해.

개괄 | 개괄하다
개괄적으로 정리해서 십 분 내에 발표 끝내.

요점
뜸 들이지 말고 요점만 말해.

종합 | 종합하다
의견을 종합해 보면 반대가 더 많아.

욕하다

앞에선 웃어도 뒤에선 저리 욕할 수 있겠구나.

별명
나 학창 시절 별명이 뭐였는 줄 알아?

비꼬다*
그렇게 비꼬아서 말하지 말고.

비난 | 비난하다
무조건 비난하지 말고 객관적으로 판단을 해.

비방 | 비방하다
저런 사람들이 모르면서 비방이나 하고 다니지.

손가락질 | 손가락질하다[*]
전국적으로 손가락질받는 거 부끄럽지도 않아?
욕설 | 욕설하다
그 사람 입에서 나오는 말은 거의 욕설이야.
SNS에 계정 바꿔가며 욕설 도배하던 놈이야?
흉
뒤에서 내 흉보고 다니는 거 다 알아.
흉보다
그렇게 흉보고 다니면 자기 얼굴에 침 뱉기야.
힐난 | 힐난하다
힐난 받아도 억울할 거 없지.

용기[*]

연락할 용기 안 났어.

과감하다
과감해서 좋은데?
대담하다
표현이 아주 대담해.
한두 번 좀도둑질에 성공하자 점점 대담해졌다.
대범하다
어린 게 아주 대범해.
배짱부리다
뭘 믿고 그렇게 배짱을 부리는지 어이가 없네.
용감무쌍 | 용감무쌍하다
용감무쌍하게 잘 싸웠다.
용감하다
무식하면 용감하대.
패기
무슨 남자가 그렇게 패기가 없어?
관 통(이) 크다[*]
통이 크네.

관 우리만 알고 있자[127)]

우리만 알고 있어야 해.

우리만 알고 있는 거야. 알겠지?
비밀이야. 이건 우리 둘만 알고 있자.
관 소문(을) 내면 안 되다[*]
소문내면 안 돼. 우리만의 비밀이야.
소문내면 안 된다더니 그새 소문이 쫙 다 퍼졌구먼.
관 우리끼리만 알고 있자
우리끼리만 알고 있자.
쉿, 우리끼리만 알고 있기!

---

127) 검지와 중지를 편 주먹은 '두 사람'을 의미하는 것인데, 거기에 '덮다'의 수어를 이어서 하면 '우리만 알고 있자'는 의미로 풀이된다.

우습다*	내가 그렇게 우스워?

웃기다*
웃기고 있네.
호박에 줄 그으면 수박 되나? 웃기네.
웃다
웃으면 복이 와요.
웃다가 방귀 뀌는 사람 많아.
웃음
지금 네 웃음 진짜 영혼 없어.

우연	다 우연이야.

우연인 척 만나보려고.
우연이라고 하기엔 타이밍이 너무 절묘해서 살짝 의
심이 들었어.
[어미] ~길래
좋다길래 바로 샀어.
우발적
우발적이든 계획적이든 그건 명백한 살인이잖아.
우연찮다*
우연찮게 들었어.
자동
울릉도 하면 네가 자동으로 떠오를 거 같아.
자생|자생하다*
산에서 자생하는 자연산 나물이야.

자연*
자연이 주는 혜택을 너무 당연하게 여기면 안 돼.
자연산
회는 자연산이 더 맛있지.
자연스럽다
아까 멘트가 너무 자연스러웠어.
아무 일 없었던 것처럼 자연스럽게 행동해.
저절로
감기 걸렸는데 약도 안 먹고 저절로 나았어.
절로
사진 보니 웃음이 절로 나네.
볼 때마다 감탄이 절로 나올 정도였어.
제풀에
나 안 밀었어. 제풀에 넘어진 거야.
천연
천연재료로 만든 거라 아토피에도 좋아.

혹시 운명을 믿어?

어쩌다가
한번은 협회에서 어쩌다가 마주쳤거든.

🈁 **우연의 일치**[*]
우연의 일치인가.

우연찮다[*]
가게 들렀는데 우연찮게 아는 후배 만났어.

운
난 운이 왜 안 따를까.
실력 아니라 운이 좋아서 붙은 것 같아요.

점괘
점괘 봤는데 올해는 결혼 운이 있대.

점치다
점칠 줄 알아? 그럼 올해 내 운수 좀 봐줘.

행운
죽을 고비 세 번 넘겼으면 기적이고 행운아지.

움직이기 싫은 날이다.

실천 | 실천되다 | 실천하다[*]
실천에 옮기는 거 말이 쉽지.

실행 | 실행되다 | 실행하다[*]
아직까지 실행을 못 했어.

쌩쌩하다[*]
난 아직 쌩쌩해!

왕성하다
우리도 혈기 왕성한 한때가 있었잖아.

처신 | 처신하다[*]
처신 똑바로 해.

팔팔하다
우리 아버지 팔순이 넘었는데 여전히 팔팔해.

행동 | 행동하다
그런 행동은 사람들에게 민폐라고요.

행위
행위예술 보면 나는 이해를 잘 못하겠던데.

활동 | 활동하다
요즘 활동이 뜸해진 것 같던데.

활발하다
성격이 활발하고 장난끼도 많아.

활약
활약 많이 기대했는데 갑자기 퇴출이라니.

| 원인 | 나도 원인 제공한 부분 있어. |

계기
딱히 특별한 계기는 없었어.
근원
스트레스가 만병의 근원이야.
동기
범행을 저지른 동기가 뭔가 석연치 않아.
말미암다
비로 말미암아 오늘 산행은 취소되었음을 알립니다.
빌미
네가 빌미를 제공했잖아!
유래
재미있는 우리말의 유래 하나 들어볼래?
인하다
구조 결함으로 인한 누수 문제라서 보상 못 받아.
탓[*]
모든 게 네 탓이야!
화근
화근이 될 만한 것들을 미리 없애는 것도 방법!

| 웬일[*] | 네가 여기 웬일이야? |

갑자기
갑자기 뭔 소리야?
갑작스럽다 | 갑작스레
연락도 없이 훅 들어오니 너무 갑작스러운데.
난데없이
난데없이 끼어들고 편들기야?
느닷없이
느닷없이 사랑한다고? 너 술 취했어?
관 **달밤에 체조하다**
달밤에 체조하니?
대뜸
들어보지도 않고 대뜸 화부터 내?
돌발
돌발상황 생길까 봐 걱정했는데 순조로웠어.
돌연
영아 돌연사 증후군으로 자식을 잃었대.
뚱딴지같다
무슨 뚱딴지같은 소리야?
뜬금없다
회식에서 첫사랑 얘긴 좀 뜬금없지 않나?

관 **무슨 바람이 불어서**
무슨 바람이 불었는지 신랑이 옷을 사준다네?

별안간
별안간 이게 왜 궁금해?

불쑥
불쑥 찾아오면 어떡해. 나도 사생활이 있는데.

관 **새삼스럽게 | 새삼스레**
새삼스럽게 왜 그래.

관 **서쪽에서 해가 뜨다**
내일은 해가 서쪽에서 뜨겠어.

관 **시도 때도 없이**[*]
이웃집 개가 시도 때도 없이 짖어.

관 **예고 없이**
예고 없는 큰비에 도로가 물바다가 되었다.

관 **졸지에**
졸지에 실업자 됐네.

유례없다[128]

이번 사건은 세계적으로도 유례없는 일이었다.

관 **오래 살고 볼 일이다**
아빠가 치웠다고? 진짜 오래 살고 볼 일이다.

이례적[*]
이례적으로 선거가 두 번이나 밀렸잖아.
명절에 차가 밀리지 않았다니 참 이례적이네.

관 **전례(가) 없다**
여태까지 그런 전례는 없었어.

초유[*]
학교 역사상 초유의 일이야.

토픽감
이거 해외토픽감인데.

유명하다

소문난 맛집으로 유명해.

이제 부산 영도는 흰여울마을이 더 유명하거든.

관 **명성(이) 자자하다**
이 집은 싸고 맛있기로 명성이 자자해.

관 **유명세(를) 달리다 | 떨치다 | 치르다 | 타다**
유명세 좀 탔다고 알아보는 사람 많아졌어.
유명세 타고 반짝하다가 순간 사라지기도 해.

관 **이름(을) 날리다**
뭐로 이름 날리고 싶은데?

---

128) '역사'와 '처음'의 수어가 합쳐진 관용표현으로, 직역하자면 '처음 있는 일이다'로 풀이된다. 한편 상식에 벗어난 특이한 일을 가리켜 쓰기도 한다.

| 유의하다 | 건강에 유의하시길 바랍니다. |

유념하다
불이익을 당하지 않도록 유념해 주시기 바랍니다.
조심스럽다 | 조심하다
뭔가 말하기 조심스러워.
맹견한테 물리지 않게 조심히 다녀.
주의하다
주의를 했어야지!
주의해야 할 게 많아. 이거 보고 모르겠으면 물어보고
해.

| 유인 | 유인되다 | 유인하다 | 내가 한번 유인해 볼까? |

끌어들이다＊
너까지 끌어들일 생각은 없어.
문맹 어르신들 끌어들여서 사기 치고.
유도 | 유도하다
이런 식으로 유도하면 안 돼.
너 지금 내 대답을 유도하는 거야?
포섭 | 포섭되다 | 포섭하다＊
회원들 포섭해서 자기편으로 만들어.

| 유치하다[129) | 유치하게 왜 그랬어? |

영화 내용이 너무 유치했어.
나이 먹어도 유치한 건 여전하구나.
관 **수준(이) 낮다**＊
수준이 낮은 것들하고는 안 놀아.

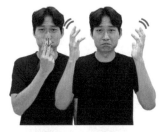

관 **유치 뽕짝**
둘이 하는 짓이 아주 유치뽕짝이다.
유치찬란(柚峙燦爛) | 유치찬란하다
이 드라마 유치찬란해서 못 보겠더라고.
관 **유치하기 짝이 없다**
유치하기 짝이 없다니까.
관 **젖내(가) 나다**
말하는 거 보면 젖내가 폴폴 난다.
나이가 몇인데 하는 짓이 아직 젖내가 난다.
치졸하다
치졸한 방법으로 이기니까 좋냐?
관 **하는 짓이 아이 같다**＊
하는 짓이 너무 애 같아. 언제쯤 철들래?

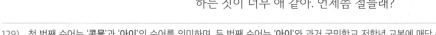

129) 첫 번째 수어는 '**콧물**'과 '**아이**'의 수어를 의미하며, 두 번째 수어는 '**아이**'와 과거 국민학교 저학년 교복에 매단 손수건을 형상화한
수어를 의미한다. 유치한 사람을 낮잡아 일컫는 표현이므로 주의해야 한다.

유행 | 유행되다 | 유행하다

이거 유행 지났어.

한창 유행할 때 나도 하나 샀거든.

성행 | 성행되다 | 성행하다

요새는 먹는 다이어트 알약이 성행하잖아.

한때는 기름기 없는 호떡 장사가 성행했어.

신드롬

오겜 신드롬은 계속된다.

트렌드

패션 트렌드 같은 거 일도 몰라.

관 유혹에 빠지다*

유혹에 빠지면 안 되는데.

유혹 | 유혹되다*

여름철에는 맥주의 유혹 못 참지.

관 유혹에 넘어가다

절대 유혹에 넘어가지 않을 거라며?

오늘도 치킨의 유혹에 넘어가면 안 되는데.

혹하다*

반값에 혹해서 샀는데 이월 상품인 거야.

사은품 준다는 광고에 혹해서 살 뻔했다.

위기

다행히 위기는 잘 넘겼어.

위기를 좋은 기회로 삼고 이제라도 바로잡자.

회사가 부도 위기인데 퇴사 권고받을지 몰라.

위험 | 위험하다

맨손으로 들고 가는 건 더 위험해.

그렇게까지 위험 감수할 필요 없어.

주식은 위험 부담을 안고 투자하는 거지.

혈압 수치가 고혈압까지는 아니지만 좀 위험하다고 했어.

의심 | 의심되다 | 의심하다

아동학대가 살짝 의심되긴 해.

제대로 청소를 한 건지 의심이 들어.

위뭉스럽다

사람이 좀 의뭉스럽달까.

의심스럽다

정 의심스러우면 직접 와서 보든가!

관 의심(이) 가다

의심은 가지만 물증이 없어.

의혹*

낙하산이라는 의혹이 있어.

관 의욕(이) 꺾이다[130]

의욕이 확 꺾였어.

꺾이다
의욕이 팍 꺾여서 아무것도 하기 싫다.

맥빠지다
멀리서 일부러 왔는데 휴업이라니 맥 빠지네.
일이 성사되기 직전에 매번 맥 빠지게 만들어.

관 의욕 상실
의욕이 상실돼서 아무것도 하기 싫다.
어제 의욕 상실이 잠시 왔는데 정신 차렸어.

관 의욕(이) 떨어지다
갑자기 의욕이 확 떨어지네.

관 제풀에 지치다*
제풀에 지쳐서 나가떨어지겠지.

관 지탱하지 못하다*
이제 지탱할 힘도 없어.

은폐 | 은폐되다 | 은폐하다＊

이랬다저랬다 말 바꾸면서 모든 걸 은폐하려고 해.

은닉 | 은닉되다 | 은닉하다＊
범인은 훔친 물건을 폐가에 은닉하고 도망갔어.
도둑이 장물을 은닉한 혐의로 조사받고 다음 날 구속됐어.

인멸 | 은멸되다 | 은멸하다＊
자동차에 불 지른 건 증거 인멸이라고 봐야지.
음주 운전으로 인명사고 내고 블랙박스 영상 인멸까지 했으니 형량이 무거울 걸.

흐리다
상관없는 말로 본질 흐리지 마.
일부러 흐려놓고 사람들 떠보니까 재밌냐?

응징 | 응징되다 | 응징하다

'눈에는 눈 이에는 이' 범죄자에게 응징이 필요해.

벌 | 벌하다
벌 받을까 봐 무서워 도망쳤어.

징계 | 징계하다
견책은 가벼운 징계지만 승진 제한이 있어.
사인을 그런 식으로 위조하면 징계받을 수 있어.

처단 | 처단되다 | 처단하다
성범죄자를 엄중히 처단할 필요 있어.

처벌 | 처벌되다 | 처벌하다
처벌 대상이 아니어서 풀려났다는데.
집행유예 중에 범죄를 저지르면 가중 처벌이야.

---

130) 의욕을 가지고 추진하던 중에 어떤 계기로 기가 꺾여 포기하거나 혹은 지쳐서 더 이상 일할 마음이 일어나지 않는 상태를 가리켜 쓴다.

판 이 핑계 저 핑계[*]

이 핑계 저 핑계 대며 언제까지 그럴래?

자기는 안 그랬다고 이런저런 핑계만 대.
증거 다 있는데도 끝까지 이 핑계 저 핑계 대네.
미안합니다, 말 한마디면 끝날 일인데, 끝까지 이 핑계 저 핑계 대네.

판 이리저리 돌려 말하다
이리저리 돌려 말하는 거 눈에 다 보이는데?

판 이리저리 핑계를 대다
이리저리 핑계 대지 말고 툭 까놓고 말해.

판 이가 갈리다

이가 갈릴 정도로 극도로 싫어해.

쟤한테 맞은 거 생각하면 지금도 이가 갈려.

이갈이
이갈이가 심한 사람끼리 같이 자면 되겠다.
아빠가 코골이랑 이갈이가 심해서 엄마랑 각방 쓴 지 십 년도 넘었어.

판 이를 갈다
잘 때 이를 갈아.
이 가는 소리가 어떻길래 저렇게 싫어할까.

판 이것이냐 저것이냐[*]

이것이냐 저것이냐 그것이 문제로다.

어미 ~까 말까 고민 중이다[*]
갈까 말까 고민 중이다.

판 둘 중에 하나를 택하라면[*]
둘 중에 하나 택하라면 바다를 택하겠어.

판 아직 생각 중이다[*]
난 아직도 생각 중이다.

양자택일(兩者擇一)
양자택일은 언제나 어렵다.

이끌다[*]

너 후배를 잘 이끌어 주잖아.

리드하다[*]
누가 리드해?
난 리드하는 사람한테 끌려.

주도ㅣ주도되다ㅣ주도하다[*]
주도권 싸움에서 누가 이길까.
네가 주장이니까 주도해서 경기를 이끌도록 해.

주동ㅣ주동하다[*]
시위를 주동한 사람 누군지 알아냈어.

관 이래라저래라[131]

왜 이래라저래라야?

남의 일엔 이래라저래라 하지 마.
너는 이래라저래라 할 입장 못 돼.
속 감 놔라 배 놔라 한다
어디서 감 놔라 배 놔라 혼자 난리야.
우리한테 감 놔라 배 놔라 하지 말고 너나 잘해.
아무것도 모르면서 감 놔라 배 놔라 하면 짜증 나지.
훈수 | 훈수질 | 훈수하다
왜 자꾸 남의 일에 훈수질이야?
내 인생에 이래라저래라 훈수 두지 마.

관 이럴 수도 있고 저럴 수도 있다[132]

괜찮아. 이럴 수도 저럴 수도 있지.

세상일은 이럴 수도 있고 저럴 수도 있는 거야.
이럴 수도 저럴 수도 있는 일인데 내가 굳이 누구 탓
할 수 있나.
양쪽 입장을 들어 보니까 이럴 수도 있고 저럴 수도
있겠다 싶기도 해.
이럴 수도 있고 저럴 수도 있다고, 양쪽 모두에 가능
성을 충분히 열어놓고 잘 지켜봐야 해.

이르다[*]

10시면 너무 이른가?

너무 이르다고 생각했어.
포기하기엔 아직 젊고 너무 일러.
11시는 좀 이르다 싶은데 12시 어때?
7시도 이르다 생각하는데 6시는 너무 이르지.
관 왜 이렇게 빨리 왔어?[*]
왜 이렇게 빨리 왔어? 3시간 뒤 시작하는데.
약속 시간 한참 남았는데 왜 이렇게 빨리 왔어?

관 이를 어째

이를 어째! 사이즈 잘못 보고 샀네.

관 낭패(를) 보다
큰맘 먹고 구매했는데 낭패 봤네.
관 아차 싶다[*]
아차 싶었어.
아차 싶으면 이미 늦은 거야.
큰일나다[*]
나 큰일 났어.
이게 뭐라고, 왜 큰일날 일이야?

---

131) 사람을 의미하는 엄지를 편 주먹과 '열중'과 '차려'의 수어를 합친 관용표현으로, 비슷한 속담으로는 '감 놔라 배 놔라 하다'가 있다.
132) '양쪽'을 의미하는 두 점과 '할 수 있다'의 수어가 합쳐진 관용표현으로, 상반된 양쪽 입장을 옹호하는 의사 표현에 한정적으로만 쓴다.

이름값

이름값 한다고 출연료도 비싸.

과연 이름값을 할지 어디 보자.
이름값 아니라 꼴값을 떨고 있네.
가격만큼이나 이름값을 하는지 궁금해.
관 **이름값(을) 하다**
정말 이름값 하더라.
가격 생각하면 이름값 못 하는 거지.
손흥민이 한 경기에서 세 골을 몰아치면서 이름값
했어.

관 이리 뛰고 저리 뛰다

혼자 이리 뛰고 저리 뛰면서 다 처리했어.

우리는 이리 뛰고 저리 뛰고 바쁘게 일하는데 반장은
혼자 느긋하게 놀고 있어.
관 **눈코 뜰 사이 없다**
행사 준비한다고 눈코 뜰 새 없이 바빴어.
동분서주(東奔西走) | 동분서주하다
아침도 못 먹고 동분서주한 보람이 있네.
관 **몸이 열 개라도 부족하다**
몸이 열 개라도 부족해.
분주하다*
아침부터 분주하던데 어디 가?

이모

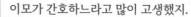

이모가 간호하느라고 많이 고생했지.

깐깐하다*
성격이 되게 깐깐해.
내가 한 깐깐하거든?
꼬치꼬치*
어우, 택배 내용이 뭔지 꼬치꼬치 다 물어봐.
따지다*
너 그렇게 따지면 나도 똑같이 따질 거야.
미주알고주알*
이미 지난 일 미주알고주알 얘기해서 뭐 해?
사사건건(事事件件)
사사건건 걸고넘어지니 다들 싫어하지.
관 **시시콜콜 따지다**
그렇게 시시콜콜 따지면 기분 나쁘지.
관 **앞뒤(를) 재다**
앞뒤를 재고 그럴 사람 아니야.
관 **여자(를) 밝히다***
그 집 남자들은 하나같이 여자를 밝혀.

외동딸
외동딸이 하나 있어.
캐묻다*
말하기 싫다는데 뭘 그렇게 캐물어?
홍일점(紅一點)
홍일점일 때가 좋았어.

이유

네가 그 말 들을 이유 없어.

근거
주장을 뒷받침할 수 있는 근거가 중요하죠.
뜻
뜻도 잘 모르면서 아는 척하는 사람 별로야.
명분
명분 없는 싸움에 직원들만 죽어나네.
사유
이런 것도 이혼 사유 돼.
의미
도전 자체가 의미 있는 일이야.
술 먹고 한 말이야. 너무 크게 의미 두지 마.

관 이제는 안 하다*

이젠 안 해.

연애 이젠 절대 안 해.
되지도 않는 다이어트 이젠 안 하고 싶어.
이젠 맞지 말아야지 했는데 난 약물 중독인가.
관 다시는 안 하다*
도박 다신 안 해.
다신 안 하겠다고 약속 받았어.
그때도 다신 안 할 거라고 말하지 않았어?
관 절대로 안 하다*
십 억을 준다고 해도 절대 안 해.

관 익숙지 않다[133]*

익숙지 않아 실패도 많이 했어.

아직 익숙지 않아서 매번 놓치고 그래.
근무 환경이 익숙지 않아 처음에 많이 힘들었거든.
몇 년째 하는 일인데 아직 익숙지 않고 서류 준비하는
것도 귀찮아.
관 몸에 배지 않다*
몸에 배지 않으면 더 힘들어지지.
아직 몸에 배지 않아서 더 어려워.
몸에 배지 않았는데 당연히 힘이 들지.

---

133) '냄새'와 '없다'의 변이형 한 손 수어를 합친 관용표현으로, 주로 어떤 일이 몸에 배지 않아 익숙지 않을 때 쓴다.

인상 | 인상되다 | 인상하다

가격 인상이 예고됐어.

기름값 내일부터 인상될 거래.
실손보험료가 내년부터 대폭 인상된다고 했어.
올라가다[*]
물가가 계속 올라가니까 올해는 차 못 사겠다.
올리다[*]
월급 올려달라고 해.
물가가 이렇게 오르는데 월급은 왜 안 올려주나.
이자[*]
이자 많이 쳐줄게.
이자 센 곳 어디 없나?
3개월 할부하면 무이자 결제는 안 된대.
그렇게 하면 원금과 이자가 별 차이가 없다는 거야.

인색하다[*]

돈도 잘 벌면서 왜 돈 쓰는 것에 인색할까?

각박하다
사람 인심이 점점 각박해지는 것 같아.
구두쇠
돈 많이 벌면 뭘 해. 구두쇠라 쓰지도 않는데.
야박하다
그렇게까지 야박하게 하면 손님이 들어오다가 나가겠다.
자린고비
남편 전생에 자린고비였나 봐.
짜다
그렇게 짠 사람은 살다 살다 처음 봤다.
짠돌이[*]
짠돌이 남편 때문에 정말 죽을 거 같아.
짠순이[*]
친구기 짠순이인데 밥 사는 길 본 직이 있어.

관 일거수일투족(을) 지켜보다[134)]

마치 일거수일투족을 지켜본 눈빛 같아.

감시 | 감시되다 | 감시하다[*]
감시당하는 거 같아서 기분이 왠지 찜찜하다.
관 스캔하다[*]
눈에 쌍심지 켜고 스캔하는 눈빛, 무서운데?
걔는 순식간에 사람의 옷차림을 스캔하는 재주가 있어.
주시 | 주시하다[*]
와, 계속 주시하고 있었네.
도망갈지 모르니 계속 잘 주시하고 있어.

---

134) 크고 작은 동작 하나하나를 이르는 일거수일투족을 감시하는 모습을 형상화한 것으로, 주로 상대방을 감시하여 공연히 조그마한 흠집을 잡아내어 문제 삼고자 하는 심리가 내포된다.

관 일도 없다[135]*

나는 사줄 생각 일도 없어.

관 눈곱만큼도 없다
재결합하고 싶은 마음 눈곱만큼도 없어.
무슨 소리야. 눈곱만큼의 미련 없다고 했어.
합치고 싶은 마음 지금은 눈곱만큼도 없어 보여.
관 추호도 없다
둘째 생각은 추호도 없어.
잘해보고 싶은 마음은 추호도 없어.
화해하고 다시 손잡을 생각은 추호도 없거든?

일어나다[136]

어차피 일어날 일이었어.

나다
마트에 불이 났어.
돋다 | 돋아나다
새순 돋은 것만 따면 돼.
언제부터 돋아나기 시작했어?
발생 | 발생되다 | 발생하다
부정맥이 발생하면 심장마비로 사망할 수 있어.
사건
요즘 무서운 사건이 많네.
사고
오늘따라 사고가 왜 이리 많은지.
생기다
문제 생기면 연락 줘.
몸에 마그네슘이 부족하면 눈 떨림 생길 수 있어.
싹트다
마음속 불신이 작년 말쯤 싹트기 시작한 거 같아.
움트다
새싹이 움트는 과정을 다 볼 수 있어.

일어서다

실패를 딛고 다시 일어설 거야.

기립 | 기립하다
기립박수 받을 정도면 최고의 찬사 아니야?
독립 | 독립하다
독립하기에는 나이가 아직 많이 어린데.
오뚝이 근성
얘는 오뚝이 근성이 있어.
자립 | 자립하다*
집만 구하면 자립할 거야.

---

135) '싶다'과 '불가능'의 수어를 합친 관용표현으로, 하고 싶은 마음이 눈곱만큼도 없거나 그럴 일이 조금도 없을 때 주로 쓴다.
136) 싹이 터 땅을 뚫고 오르는 모습을 형상화한 수어로, 주로 '사건', '사고' 등에 쓴다.

홀로서기

홀로서기가 이렇게 힘들 줄 알았으면 하지 말걸.

일일이*

일일이 말하면 내 입(손)만 아파.

각자

우리 각자 알아서 잘 살자.

개개인*

개개인마다 중요하게 생각하는 것이 다 달라.

낱낱이

낱낱이 파헤쳐 보면 뭔가 나오겠지.

저마다

실력이야 저마다 다르지.

제각각

모양이 제각각이라 골라 먹는 재미가 있어.

제각기

사람은 제각기 자기 생각만 하기에도 바빠.

하나씩

떡이 남으면 하나씩 비닐에 싸서 냉동하거든.

하나하나

문제를 하나하나 풀어봅시다.

잃다

얻는 게 있으면 잃는 것도 있는 법이지.

분실 | 분실되다 | 분실하다

카드 분실신고는 했어?

유실 | 유실하다

유실물센터에 연락하면 찾을 수 있지 않나.

잃어버리다

잃어버린 줄 알고 온갖 오두방정 다 떨었네.

흘리다

왜 이렇게 잘 흘리고 다녀.

입김[137]*

회장보다 부회장이 입김이 더 세다고 하더라.

관 물로 보다*

물로 보다간 다칠 수가 있다.

관 바람 불면 날아갈 듯

바람 불면 날아가겠다.

관 상대(가) 안 되다

넌 나한테 상대가 안 돼.

관 입김(을) 넣다

네가 인사과 가서 입김 좀 넣어주면 안 되니.

---

137) 입 앞에서 손바닥을 위로 하여 입김을 불면 주체가 상대방에게 영향력을 행사하는 의미가 된다. 반면 그 반대로 자신을 향해 입김을 불면 상대방이 자기를 하찮게 본다는 부정 의미가 된다.

입담*

입담은 진짜 탑이지 않아?

만담꾼*
만담꾼으로 소문났어.
관 말뿐이다*
넌 항상 말뿐이야.
관 말(을) 잘 하다*
와, 진짜 말 너무 잘한다.
관 입만 살다*
입만 살았어.

관 입만 아프다

말해봤자 네 입만 아프지.

너랑 말해야 내 입만 아프다.
다들 아는 얘기니까 말해봤자 입만 아파.
관 말해봐야 소용없다*
쟤아무리 말해봐야 소용없어.
관 말해봤자 소용없다*
쟤한테는 아무리 말해도 소용없어.
말해봤자 달라지는 것도 없는데 애쓰지 마.
뭐 하러 또 같은 소릴 또 해? 말해봤자 소용없다고.

관 입에 자물쇠를 채우다*

입에 자물쇠 채웠나? 말 한마디도 안 하고.

노코멘트*
저 노코멘트할게요.
관 무덤까지 가져가다*
우리 비밀, 무덤까지 가져가는 거다.
입단속 | 입단속하다*
너는 다 말해놓고 나한테 입단속을 부탁해?
친구가 알면 안 되니까 입단속 단단히 시켜.
관 입도 뻥긋 안 하다*
입도 뻥긋 안 할게.
누구 하나 입도 뻥긋 안 하는 거 보니 뭔가 있어.
관 입을 다물다*
제발 그 입 좀 다물고 있어.
우리만 입 잘 다물면 아무 일 없어.
관 입(을) 닥치다*
입 좀 닥쳐줄래?
입 좀 닥치고 있어.
관 입을 봉하다*
누가 입을 봉하기라도 했어? 왜 말이 없어?

관 입에 풀칠하다

하루하루 입에 풀칠하기도 바빠.

관 아껴 쓰다*
푼 돈 아껴 써봐야 비참하기만 하지.
연명 | 연명하다
회사에서 주는 빵으로 연명 중이야.
관 조금씩 아끼다
일주일치 분량이니까 조금씩 아껴 써.
관 최대한 아끼다*
요번 달 생활비, 최대한 아껴 써야 해.

관 입(을) 꿰매다

입을 확 꿰매고 싶다.

이놈의 입을 꿰매고 싶다.
나불대는 입 꿰매 버려야지!
누가 저 입이나 좀 꿰맸으면 좋겠다.
내가 왜 이럴까! 누가 내 입 좀 꿰매주세요.
입만 열면 떠벌리니까 꿰매 버렸으면 좋겠다.
말하지 말랬잖아. 너 입을 꿰매야 정신 차릴래?
저놈의 입을 꿰맬 수도 없고, 사람 만나지 말라고 할
수도 없고.

관 입(을) 다물다*

야, 입 다물랬다!

너만 입 다물면 돼.
입 좀 다물 수 없어?
너 당장 입 다물지 못해!
입을 다물고 생각이라는 걸 좀 해라.
관 입이 열 개라도 할 말이 없다
미안해. 입이 열 개라도 할 말이 없네.
죄송합니다. 입이 열 개라도 할 말이 없습니다.
입이 열 개라도 할 말이 없습니다, 이런 형식적인 사
과는 누구든지 할 수 있지.

관 입(을) 닦다

보너스 타면 입 싹 닦기 없기다.

거저먹다
거저먹을 생각은 없거든.
관 단물(을) 빨아먹다*
단물만 쪽쪽 빨아먹고 뒷일은 나 몰라라 해.
동침 | 동침하다*
처음 본 남자와 동침해 본 적 있어.

따먹다
'따먹다'는 말이 여자의 순결을 빼앗는 속된 표현이
니까 남자들 사이에서 은밀하게 주고받지.
불륜[*]
내가 하면 로맨스 남이 하면 불륜.
불륜 장면이 담긴 증거만 있으면 돼.
쓱싹 | 쓱싹하다
경리가 회사 공금 다 쓱싹했어?
우리는 안 나눠주고 자기만 쓱싹해 버렸어.

관 **입을 틀어막다**

네 입을 확 틀어막아 버리고 싶다.

입막음
이런 거 입막음용으로 효과 좋아.
입막음용으로 가방 좋은 거 하나 사줬어.
관 **입(을) 막다**
누가 저 입 좀 막아봐.
두 손으로 입을 막고 나갔어.
관 **입틀막**
갑자기 입틀막 이러니까 뭔 일 있나 했어.
마주친 남자가 너무 잘 생겨서 입틀막 했잖아.

관 **입(이) 거칠다**

넌 누굴 닮아서 입이 거칠어?

부모 없이 자라다 보니 입이 좀 거칠어.
막말 | 막말하다[*]
오늘은 또 뭔 막말을 하시려고?
손님이 막말하면 어떻게 대응해?
막하다[*]
상대가 만만하다 싶으면 아무 말이나 막해.
관 **입이 험하다**
얼굴은 참하게 생겼는데 입이 진짜 험해.

관 **입(이) 벌어지다**

보면 볼수록 입이 떡 벌어져.

눈앞에 펼쳐진 풍경이 입이 떡 벌어질 정도였어.
경악 | 경악스럽다 | 경악하다[*]
경악할 만했어.
관 **입을 다물지 못하다**
직접 보면 너도 입을 못 다물 거야.
관 **입(을) 벌리다**
나는 원래 입 벌리고 자.
얼마나 놀랐는지 입을 쩍 벌리더라.

관 입(이) 싸다

얘는 너무 입이 싸. 거리 두고 지내랬다.

원래 입이 싸잖아. 아는 척 안 하는 게 좋아.
관 입(이) 가볍다
얘는 입이 많이 가벼워.
유일한 흠이라면 입이 가볍다는 거야.
언니는 입이 가벼워서 비밀을 알려주면 큰일 나.
관 입(이) 헤프다
입이 헤프니까 사람들이 아는 척도 안 하잖아.
걔가 워낙 입이 헤퍼서 밖에서 다 흘리고 다녀.

잊어버리다1

나이 들어서 그런지 들은 거 자꾸 잊어버려.

까먹다[*]
작년엔 어떻게 했는지 다 까먹었어.
깜빡 | 깜빡깜빡 | 깜빡깜빡하다
요새 자꾸자꾸 깜빡깜빡해.
망각 | 망각되다 | 망각하다
인간은 망각의 동물이라고 했어.
잊다[*]
시간 지나면 아픈 기억을 다 잊을 수 있을까.

잊어버리다2

그까짓 놈, 잊어버려.

잊다[*]
그만 잊으래도 항상 저래.
잊히다
다 잊힐 거야. 걱정 마.
지나다[*]
지난 일은 잊고 빨리 털어버려.
털어버리다[*]
훌훌 털어버려.

어미 ~자 · 어미 ~자마자* · 어미 ~지 말다* · 자격 미달 · 자라다 · 자랑하다 · 관자리(를) 뜨다 · 관자리 (를) 잡다 · 자세하다 · 자유롭다 · 자존심 · 작정하다 · 관잔꾀(를) 피우다 · 잔병치레하다* · 잘나다* · 잘못하다1* · 잘못하다2* · 잘못하다3* · 잘하다1* · 잘하다2* · 잡다 · 잡아떼다* · 장난하다* · 관장난(이) 아니다* · 재고 하다 · 재미없다* · 재미있다* · 관재수가 옴 붙었다 · 재혼하다 · 저급하다 · 저렴하다 · 저물다 · 저하하다 · 적 극적 · 적당하다 · 적자 · 전문 · 전복하다* · 전염하다 · 전통 · 관전화통에 불이 나다 · 전후 · 절대로 · 관절대로 안 되다* · 젊다 · 점수 · 접다* · 정들다 · 정말 · 정상 · 관정신(을) 차리다 · 관정신(이) 나가다 · 관정신(이) 번 쩍 들다 · 제명하다 · 제발 · 제안하다 · 제일* · 관제정신(이) 아니다* · 관제지(를) 당하다 · 제휴하다 · 젠장 · 젬 병 · 조사하다 · 조용하다 · 족치다 · 존경하다 · 졸다 · 종일 · 관종게 봐주다* · 좋다* · 관좋다 말았다* · 좌천하 다 · 죄다 · 주고받다 · 주름지다 · 주목받다 · 주문하다* · 관주제 파악 · 주최하다 · 관죽기보다 싫다* · 죽다* · 죽다2* · 죽이다* · 죽치다 · 준비하다 · 관준비(가) 안 되다* · 줄다 · 중간 · 중얼거리다 · 중요하다 · 쥐 · 증가하 다 · 증거 · 지겹다 · 관지나가는 말로 · 지나가다* · 지름길 · 지켜보다* · 지키다 · 직접* · 진기하다 · 관진땀을 빼 다 · 진작 · 진행하다 · 질색하다* · 질투하다 · 관짚고 넘어가다 · 짜다1 · 짜다2 · 쪽팔리다* · 찜찜하다* · 찢기다

어미 ~자

이것만 하고 나가자.

으슥한 데로 가자며?
서둘러 영업 준비하자.
과연 그럴지 두고 보자.
우리 지나간 건 다 묻고 가자.
어미 ~고 보자
일단 질러 놓고 보자.
하자*
오빠가 하자고 하면 따를 거야?

어미 ~자마자*

보자마자 주문했어.

당장
당장 튀어와.
바로*
청소 그딴 거 하지 말고 바로 씻고 자.
그날 은신처로 바로 치고 들어갔어야 했는데.
어서*
위험해! 어서 나오라고!
즉각*
바르면 즉각 효과 나타나는 줄 알았어?
내시경에서 용종 하나 발견돼서 즉각 제거했어.
즉시*
보는 즉시 신고해.
즉시 대답 안 하면 한 거라고 생각한다?
관 지금 바로*
지금 바로 와.
관 지체 없이*
수상한 남자가 접근하면 지체 없이 신고해.

어미 ~지 말다*

위험하니까 만지지 마.

전화하지 말라고 몇 번을 얘기해.
그만하다*
좀 그만하라니까.
그만하라고 몇 번을 말해야 하나.
말다*
가위바위보 말고 손바닥 뒤집기로 결정하자.
관 하지 말다*
넌 하지 마.
아무것도 하지 말래.

자격 미달

너도 자격 미달이야.

부적격 | 부적격하다
청약에 당첨됐어도 부적격 판정 나면 취소될 수 있어.
실격 | 실격되다 | 실격하다
나이가 많다는 이유로 실격됐어.
말도 안 되는 실격 처리 때문에 열 받아!
관 자격(이) 없다[*]
난 엄마 자격이 없는 것 같아.
수어도 모르면서 논할 자격이 없어.

자라다

건강하게 잘 자랐구나.

식물아, 쑥쑥 잘 자라다오.
성장 | 성장하다
몰라볼 정도로 많이 성장했구나.
육성 | 육성되다 | 육성하다
전문가 육성을 위한 세미나가 열렸으면 좋겠어요.
크다[*]
많이 컸구나.
이만했는데 어느새 훌쩍 커버렸네.

자랑 | 자랑하다[138)]

뭐 크게 내세우고 자랑할 만한 게 없어.

자기 자랑 아니면 신세 한탄 둘 중 하나겠지.
만나면 남편 자랑, 자식 자랑, 지겨워 죽겠네.
과시 | 과시하다[*]
자기 부(富)를 과시하고 싶은가 봐.
뻐기다[*]
상 탔다고 무척 뻐기고 다닌다.
오늘따라 왜 저렇게 뻐기는 걸까.
뽐내다[*]
한껏 뽐내봐.
무대에 올라 저렇게까지 뽐내고 싶을까.
생색 | 생색나다 | 생색내다[*]
돈 좀 번다고 생색내지 마.
줄 때마다 꼭 생색내고 저래.
관 유세(를) 부리다
돈 좀 있다고 유세 부려?
자만 | 자만하다[*]
얼굴 하나 믿고 자만하지 마.
어디서 오는 자만심인지 더 오만해 보인다.

---

138) 훈장을 흔들어 보이는 모습을 형상화한 것으로, 자신의 어떤 능력을 자랑하거나 과시하고 싶을 때 주로 쓴다.

끝날 때까지 자리 뜨지 말고 있어.

나르다
이삿짐을 나르다가 엉덩방아 찧었어.
넘기다*
아직 경제권 안 넘겼대.
아무도 몰래 물건만 잘 넘기면 돼.
옮기다*
아이가 학교 옮기고 싶대.
앞이 잘 안 보이는데 저쪽으로 자리 옮길까?
운반 | 운반되다 | 운반하다*
승용차로는 운반이 안 된대.
운반 중에 떨어트린 것 같아.
이동 | 이동되다 | 이동하다*
저기 그늘진 데로 이동하자.
순간 이동이 현실적으로 가능하다고 생각해?
이전 | 이전되다 | 이전하다*
사무실 이전했다며?

관 자리(를) 잡다

일찍 가서 자리 잡아.

관 꽉 잡고 있다
이 바닥은 내가 꽉 잡고 있으니까.
독차지 | 독차지되다 | 독차지하다
자릴 독차지하고 양보할 생각은 안 해.
관 손아귀에 넣다
정권을 손아귀에 넣고 마음대로 주무르려고?
자리매김 | 자리매김되다 | 자리매김하다
최고로 자리매김하려면 시간이 좀 필요할 거야.
장악 | 장악되다 | 장악하다
협회가 장악돼서 우리는 이제 저항할 힘도 없는데.
점거 | 점거되다 | 점거하다
노조 위원들이 옥상에서 점거 농성을 벌이는 중이야.
점령 | 점령되다 | 점령하다
회원들이 아침부터 들이닥쳐 사무실을 점령했어.
점유 | 점유되다 | 점유하다
불법점유, 불법행위에 해당돼.
정착 | 정착되다 | 정착하다*
제도의 정착이 필요한 시점인 것 같아.
쥐다
네가 경제권을 쥐고 있어야지.
차지 | 차지하다*
무슨 수를 쓰든 차지해.

자세히 | 자세하다

나도 자세히는 잘 몰라.

구체적
어떤 걸 써야 할지 구체적으로 알려 줘.
깨
볶은 깨 냄새가 진동하네.
꼬치꼬치
뭘 그렇게 꼬치꼬치 캐물어?
꼼꼼하다
기왕 하는 거 꼼꼼하게 해야지.
따지다[*]
꼼꼼하게 따져보고 예약해.
미주알고주알[*]
미주알고주알 다 얘기 안 하는 편이야.
샅샅이
샅샅이 뒤져보면 나올 거야.
세세하다
세세한 부분까지 다 말할 필요 없어.
세심하다
세심한 배려에 감사드립니다.
정밀 | 정밀하다
이 작업은 고도의 정밀함이 필요해.
치밀 | 치밀하다
되게 치밀한 분이시구나.

자유 | 자유롭다

우리 회사는 출퇴근 시간이 자유롭거든.

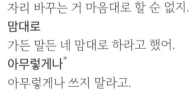

완전 패키지 말고, 자유일정 껴 있는 상품으로 가는
방법도 괜찮다.
되는대로[*]
옷 개지 않고 서랍에 되는대로 막 넣더라.
🈺 **될 대로 되라**[*]
에이, 될 대로 되라지 뭐.
마음껏
술은 많이 있으니까 마음껏 마셔.
마음대로
내 눈치 보지 말고 마음대로 써.
자리 바꾸는 거 마음대로 할 순 없지.
맘대로
가든 말든 네 맘대로 하라고 했어.
아무렇게나[*]
아무렇게나 쓰지 말라고.

자유분방 | 자유분방하다
남친 행동이 별나고 자유분방하긴 해.
자율화 | 자율화되다 | 자율화하다
마스크 자율화가 됐는데 벗기가 쉽지 않아.
제멋대로
제멋대로 하게 내버려 둬.
함부로*‌
내 허락 없이는 함부로 버리지 마.

| 자존심 | 너 자존심도 없나? |

자존심이 밥 먹여주나?
꼭 그렇게 자존심을 부릴 필요가 있을까?
내가 하지 말라고 해서 자존심이 상했나?
자존심이 강해서 누구한테 기대는 걸 싫어해.
자존심이고 뭐고 다 내려놓아야 만사형통인데!
프라이드
프라이드가 남다르구나.
프라이드 문제라 내가 어떻게 못해.

| 작정 | 작정하다 | 죽으려고 작정했나. |

작정하고 왕창 질러버렸어.
결심 | 결심하다
헤어질 결심 했어.
결정 | 결정되다 | 결정하다
감정적으로 결정할 문제 아니야.
다지다*‌
마음을 굳게 다져야 해.
다짐 | 다짐하다
술 끊겠다던 다짐, 그새 저버린 거야?
마음먹다
단단히 마음먹어야 해.
관 마음(을) 굳히다
내년에 퇴사하고 창업하기로 마음 굳혔대.
마음잡다*‌
다시 마음 잡았어. 오늘부터 운동 1일!
설정 | 설정되다 | 설정하다
무음으로 설정하고 싶은데 방법 알아?
정하다
따로 정한 건 없고, 마음 가는 대로 움직이려고.

관 **큰마음(을) 먹다**
큰맘 먹고 샀어.

관 **잔꾀(를) 피우다**

잔꾀 피우지 말고 일이나 해.

꾀부리다[*]
가기 싫어서 꾀부리는 것 같아.
관 **요령(을) 피우다**[*]
요령 좀 피우지 그랬어.
요령 피워가며 융통성 있게 해.
관 **잔머리(를) 굴리다**[*]
역시 잔머리 잘 굴리네.
잔머리 그만 굴리고 일이나 어서 해.

잔병치레│잔병치레하다[139][*]

애는 약골이다 보니 잔병치레가 좀 많아.

관 **골병 나다**
이러다 나만 골병 나서 죽을 것 같아.
관 **몸이 여기저기 아프다**
며칠째 모내기했더니 몸이 여기저기 아파.
부작용
부작용 없이 잘 지나가면 좋겠다.
어차피 부작용은 생길 거니까 잘 체크해.
쑤시다[*]
오늘따라 삭신이 쑤시네.
욱신거리다[*]
몸이 욱신거리고 칼로 찌르는 듯 아프네.
관 **종합병원**
내가 원래 움직이는 종합병원이야.
관 **칠칠맞지 못하다**
네 꼴이 이게 뭐야? 칠칠맞지 못하게.

잘나다[*]

아주 잘 나셨네.

그래. 너 잘 났다.
참 잘나서 좋겠어.
잘나신 그 분이야?
왜 갑자기 잘난 척을 해?
당신만 너무 잘 나면 나 곤란해.
그래. 넌 너무 잘나고 나는 못났어.
잘났다고 해서 다 좋은 의미는 아니야.
여자가 잘나면 못써. 이런 말도 성차별이야.

---

139) 온몸이 성한 데가 없이 여러 군데 아프고 힘든 모습을 형상화한 것으로, 몸이 쑤시고 몸에 병이나 탈이 많은 상태를 가리켜 쓴다. 이외에도 어떤 일에 일어나는 '**부작용**'이나 '**칠칠찮다**'라는 다른 의미로도 쓴다.

잘못하다1[140]*

내가 잘못했네.

맨손으로 수확하자고 한 거 잘못했어.
불찰*
개인 불찰이라며 사과하고 잘 끝났어.
중요한 파일인데 저장을 안 해놓은 게 내 불찰이지.
잘못*
말해준 게 잘못이야?
모든 게 내 잘못이야.
왜 전부 내 잘못인 것처럼 얘기했어?

잘못하다2[140]*

내가 전생에 잘못한 게 많은가 봐.

과실
누구 과실이 더 클까요?
과오
과오를 인정하고 반성할 줄 알아야 해.
그르치다
괜히 나섰다가 일 그르치지 마.
잘못
누구 잘못도 아니야.
둘이 얘기 안 됐는지 모르고 잘못 말했어.
누구 잘잘못 따질 때 아니라 한마음으로 모을 때야.
잘못되다
이번 일이 잘못되면 잘릴 수 있어.
착오|착오하다*
뭔가 착오가 있었을 거야.
허물*
사람은 누구나 허물이 있기 마련이야.

잘못하다3[140]*

나 그런 거 잘 못해.

너 아홉 잘하다가 하나 잘못했어.
아니, 말도 잘못하는데 어떻게 사회를 봐.
못하다*
왜 그렇게 못해?
못 한다 그러면서 뚝딱뚝딱 잘하네?
생긴 것과 달리 일은 더럽게 못 하네.
관 재주(가) 없다
재주도 없는데.
재주는 없으면서 말만 잘해.
손재주 없는 사람 왜 데려온 거야?

---

140) '잘못하다'에 다의어가 있듯이 수어에도 다의어가 있다. 대화 상황에 따라서 가슴 앞에서 검지로 '엑스' 모양을 그리거나, 오른 손 바닥으로 팔뚝을 스쳐 올리거나, 새끼손가락을 편 오른 주먹을 아래로 내리는 방식으로 다의어를 표현한다.

잘하다1*

너나 잘해.

친절하게 잘해줘.
얘는 뭐든 다 잘해.
야, 제대로 좀 잘해!
넌 그런 거 잘하잖아.
나 없을 때 네가 좀 잘해줘.
다음에 실수 안 하고 다시 잘하면 돼.
하나를 보면 열을 안다고, 뭐든 다 잘해.
오늘 가서 실수하지 말고 잘하라고. 파이팅!

잘하다2*

생각보다 잘하네?

이렇게 잘할 줄이야.
보기와 다르게 정말 잘하네?
이게 잘한 일이라고 생각해?
제법*
오, 제법인데?
어쭈, 제법 좀 하는데?
이제 혼자서도 제법 잘하네.
이제 다 컸네. 대답도 꼬박꼬박 잘하고. 제법이네.

잡다

아직 날짜 못 잡았어.

붙잡다
가는 사람 붙잡지 않고 오는 사람 막지도 않아.
잡히다
꼭 잡혔으면 좋겠어.
체포 | 체포되다 | 체포하다*
오늘 밤 널 체포하러 갈 거야.
포획 | 포획되다 | 포획하다
천연기념물은 법적으로 포획 금지인 거 모르는구나?

잡아떼다*

모른다고 무조건 잡아떼면 돼.

관 **그런 적 없다***
난 그런 적 없는데?
모르쇠*
난 모르는 일이다, 시종일관 모르쇠로 우기네.
발뺌 | 발뺌하다*
안 그랬다고 끝까지 발뺌해.
부인 | 부인되다 | 부인하다*
어제는 극구 부인하더니 이제야 인정하네.

관 시치미(를) 떼다*
시치미 떼면 누가 모를 줄 알아?

관 안 그랬다*
내가 안 그랬어!

우기다*
내가 한 거 아니라고 우겨 볼까?

펄쩍뛰다*
자기가 아니라며 막 펄쩍 뛰어.

장난ㅣ장난하다*

너 지금 장난하냐?

그냥 장난 좀 친 거야.

까불다
어른 앞에서 까불지 마.

코미디
코미디 내 취향이 아니야.

코믹ㅣ코믹하다
코믹하고 달콤한 멜로 영화 좋아해.

장난끼
장난끼 많고 활발하던 애가 어느덧 요조숙녀 됐네.

관 장난(이) 아니다*

와, 연기 장난 아니야.

장난 아냐. 나 진지해.
아기용품 장난 아니게 비싸.
아파트 시세가 장난 아니네.
후보끼리 물어뜯고 싸우고, 와 장난 아니었어.

관 빈말 아니다
난 빈말 아니거든?
내가 원래 빈말은 못 하는 성격이야.
그냥 빈말 아니고 진짜 죽을만큼 싫다고.

재고ㅣ재고되다ㅣ재고하다

다시 한번 재고해 주세요.

좀 더 재고해 보시는 건 어떻습니까?
정관 폐지에 대해 재고할 필요가 있어요.

관 다시 생각해 보다*
재결합 문제, 다시 생각해 봤는데.
같이 안 와도 되니까 다시 생각해 보래요.
다시 생각해 봤는데 네가 가는 게 더 어울려.
다시 잘 생각해 보시고 내일까지 확답 주세요.
다시 생각해 보니 어차피 한 번은 겪을 일이었어.

재미없다[141]*

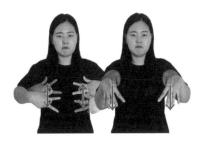

요즘 뭘 해도 재미없어.

드라마 재미도 없고 지루했어.
솔직히 재미가 하나도 없었어.
운동은 재미없어 안 한다고 해.
전편보다 재미없다는 평이 많았어.
돈 많이 들고 재미없는 걸 왜 배워?
기대하고 갔는데 생각보다 재미없었어.
이게 뭐가 재미있다고? 하나도 재미없는데.
재미가 없으면 아예 시작도 안 하는 게 맞지.

재미|재미있다*

너 말을 참 재미있게 해.

시끌벅적해도 재미있었어.
시작부터 재미있어 보이네.
영화가 점점 재미있어지네.

낙
이제 무슨 낙으로 살지.
유일한 낙이었는데, 벌써 우울해진다.

즐거움|즐겁다
뭐가 저렇게 좋을까? 난 하나도 안 즐거운데.
몸이 피곤해도 주말에 등산가는 즐거움이 있었는데.

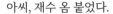

관 재수가 옴 붙었다[142]

아씨, 재수 옴 붙었다.

박복하다
인생이 박복해서 이번 생은 틀렸다 싶어.

운수
오늘 이러나저러나 운수 없는 날인가 봐.

관 운(이) 없다*
너는 지지리도 운이 없었던 거야.

관 일진(이) 사납다
차 박살 나고 딱지 떼고 오늘 참 일진 사납네.

징조
멀쩡하던 액자가 떨어졌어. 불길한 징조 아닐까?

징크스
징크스가 생기지 않을까 걱정도 돼.
징크스에 연연해지 말고 너 컨디션 조절 잘해.

팔자
그냥 팔자다, 생각하고 살아.
사람이 죽고 사는 건 다 팔자야.

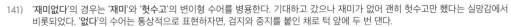

141) '재미없다'의 경우는 '재미'와 '헛수고'의 변이형 수어를 병용한다. 기대하고 갔으나 재미가 없어 괜히 헛수고만 했다는 실망감에서 비롯되었다. '없다'의 수어는 통상적으로 표현하자면, 검지와 중지를 붙인 채로 턱 앞에 두 번 댄다.
142) '운명'의 수어와 '8'의 지숫자가 합쳐진 관용표현으로, '8'의 지숫자는 한 사람의 타고난 운수를 의미하는 팔자(八字)에서 따온 것으로, 불길한 조짐이 보일 때 또는 재수나 운이 없는 날을 가리켜 쓴다.

재혼 | 재혼하다

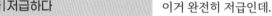

난 재혼이고 와이프는 초혼.

재혼하고 쌍둥이 낳아서 잘 살아.
재혼 생각은 없고, 친구라면 언제든지 환영해.

돌싱*
돌싱이고 아이는 하나 있어.
돌싱이라고, 왜 무슨 흠 있는 사람같이 취급해?

관 한 번 갔다 오다
나 한 번 갔다 왔어.
넌 한번 갔다 오지 않았나?

저급 | 저급하다

이거 완전히 저급인데.

볼품없다
비주얼은 볼품없어도 맛은 일품이다.

삼류
영화 주인공이 삼류 건달이었는데 매력 있었어.

관 싸 보이다
너 왜 싸 보이게 입었어?

열악하다*
사무실이 시설이 열악하네.

저질
저질 체력이라 한 시간만 걸어도 힘들어.

최악*
진짜 최악이었어.

하찮다*
정말 하찮고 별거 아니야.

형편없다*
음식 맛이 다 형편없어. 비싸기만 하고.

후지다
시설이 너무 후졌다.
차가 오래되고 후져서 신차 알아보고 있거든.

저렴하다

평당 삼만 원이면 저렴하지.

싸구려*
싸구려 티가 너무 나는데?
누가 이 싸구려 같은 걸 사겠어?

싸다
이 집은 싸고 맛있어.
싼 게 비지떡이라고, 사지 마.

헐하다
집을 시세보다 헐값에 팔아넘긴 게 후회된다.

저물다	지금 해가 저물고 있어.

해가 저무는 노을 너무 예쁘지 않나.
뉘엿뉘엿 저무는 해를 보고 있자니 아빠 생각난다.
관 해(가) 지다
해가 지는 거 보고 일어날까?
해가 곧 지겠다. 서둘러 가자.
곧 해가 질 텐데, 라면 먹고 갈래?
황혼
여기 황혼 풍경 진짜 예쁘거든.

저하 | 저하되다 | 저하하다	기억력이 점점 저하되는 것 같아.

감퇴 \| 감퇴되다 \| 감퇴하다
기억력 감퇴 예방에 좋대.
곤두박질 \| 곤두박질치다 \| 곤두박질하다
지지율이 완전히 곤두박질쳤지.
한창 잘 나가다가 갑자기 곤두박질하기 시작해.
관 기운(이) 딸리다
살 빠지니 좋긴 한데 기운이 딸리네.
내리막
인생에는 오르막과 내리막 다 있지.
내리막길[*]

눈길 운전하다가 내리막길에서 미끄러질 뻔했어.
떨어지다[*]
체력이 전보다 많이 떨어졌어요.
부진 \| 부진하다
매출이 부진해서 이제는 가게 유지가 힘들어.
비탈지다[*]
길이 비탈지고 구불구불해서 운전 위험해.
실추 \| 실추되다 \| 실추시키다 \| 실추하다[*]
실추된 이미지를 빠르게 회복하기는 쉽지 않지.
추락 \| 추락되다 \| 추락하다
이미지 좋았는데 한순간에 완전히 추락했어.
그 한마디 때문에 내 명예가 바닥으로 추락했어.
퇴보 \| 퇴보되다 \| 퇴보시키다 \| 퇴보하다[*]
오랫동안 쉬다 보니 실력이 많이 퇴보됐어.
퇴화 \| 퇴화되다 \| 퇴화시키다 \| 퇴화하다
안 쓰면 기능 퇴화한다는데.
하락 \| 하락되다 \| 하락하다
자신감이 하락할까 봐 계속 좋은 말만 해주고 있어.

적극 | 적극적[143]

되게 적극적으로 들이대네.

알면 적극적으로 좀 나서보지 그랬어.
능동 | 능동적
수동적으로 있지 말고 능동적으로 움직이라고.
낯가리던 얘였는데, 친구 사귀면서 능동적으로 변하
고 성격도 밝아졌어.
관 발 벗고 나서다
우리도 발 벗고 나서자.
관 소매를 걷다
소매를 걷고 적극적으로 나설 때입니다.
관 팔(을) 걷어붙이다
요즘 두 팔 걷어붙이고 도와주고 있어.

적당하다

적당히 마셔. 또 취할라.

만큼
할 수 있을 만큼 하면 돼.
나만큼 잘하니까 시키기만 해.
상당하다
일한 만큼 상당한 보수를 받아야지.
알맞다
불판이 알맞게 잘 달궈졌네.
두께가 딱 알맞고 겉은 바삭해서 맛있어.
적당히
넌 적당히가 없잖아.
양이 적당하고 맛있고 가격도 괜찮았어.
정도 | 정도껏[*]
거짓말도 정도껏 해라.
요 정도만 해도 괜찮아.

적자

이번 달도 적자야.

벌써 7개월 넘게 적자 보고 있어.
적자가 심해서 가게 영업 관둘까.
적자가 그만큼 쌓였는데 무슨 수로 갚아?
계속 이런 식이면 넌 적자에서 절대 못 벗어나.
이번 달도 적자여서 미련 없이 가게 접을 거야.
관 적자 나다
적자 난다고 부모한테 손 벌릴 생각 마라.
창업하고 지금까지도 계속 적자 나고 있어.
올해 말까지 적자가 지속되면 폐업 신고하자.

---

143) 소매를 걷어붙이는 모습을 형상화한 것으로, 양쪽 소매를 한 번씩 걷어붙인다.

전문*

피부병은 피부과 전문의에게 치료받는 게 좋아.

과
내가 보니까 너랑 같은 과인 거야.
전공*
전공은 아니고 취미로 하는 거야.
미술을 전공하고 싶었는데 형편이 안 돼서.
전문가*
이건 전문가의 손길을 거쳐야 해.
전문가가 아니면 괜히 손댔다가 망치는 수도 있어.

전복 | 전복되다 | 전복하다*

군함 전복 사건 배후가 과연 있을까.

여객선 전복 사고 뉴스 보고 가슴이 철렁했어.
낚싯배가 전복되고 세 시간 만에 전원 구조됐어.
좌초 | 좌초되다 | 좌초하다*
유람선이 좌초됐는데 전원 구조됐어.
타이타닉호가 빙하와 충돌해서 좌초되었잖아.
침몰 | 침몰되다 | 침몰시키다 | 침몰하다*
침몰 직전 바다에 뛰어들어 살아난 거야.
그렇게 큰 배가 순식간에 침몰했다는 게 안 믿어져.

전염 | 전염되다 | 전염하다

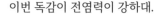

이번 독감이 전염력이 강하대.

감염 | 감염되다 | 감염하다
대상포진은 접촉하면 감염될 수 있어.
노인과 어린이는 감염에 취약한 고위험군이지.
덩달다*
덩달아 웃은 것뿐이야. 다른 의도 없었어.
도미노
잘못되면 한순간에 도미노처럼 다 무너질 수 있어.
속출 | 속출되다 | 속출하다
보이스피싱 피해자들이 속출하고 있어.
연달다
가족이 연달아 모두 확진됐어.
옮다
너까지 옮으면 안 되는데.
무좀은 옮을 수 있다잖아.
잇따르다
정체불명의 음료수 먹은 사람이 잇따라 다 죽었대.
줄줄이*
명절 앞두고 가격이 줄줄이 오르니 장보기 겁난다.

전통	이것도 일종의 전통과 같은 거야.

계속 | 계속되다 | 계속하다[*]
삼시 세끼 쌀밥만 계속 먹으면 안 질려?
내력
집안 내력이 위장이 좋지 않고 고혈압도 있어.
반복 | 반복되다 | 반복하다[*]
같은 반찬이 반복되니 밥맛 없어.
속설
청인(聽人) 연인이 덕수궁 돌담길 걸으면 헤어진다는
속설 있어.
식상하다[*]
배달은 메뉴가 식상하고 돈도 아깝다.
비벼 먹는 게 이제 식상해서 안 먹고 싶다.
유전
2세대에 걸쳐서 유전이 됐어.
너 피부가 이렇게 좋아? 유전이야?
전래
목화의 전래에 대해서 알고 있어?
전해오다
예로부터 전해오는 신화를 다룬 책 좋아해.

관 전화통에 불이 나다	어제는 전화통에 불이 날 정도로 전화 많이 왔어.

전화통에 불났다고 해서 난 진짜 불난 줄 알았거든.
울리다[*]
하루 종일 진동 울려. 짜증 나.
아침부터 전화가 계속 울리니까 전원을 꺼버렸어.
관 전화가 폭주하다[*]
아침부터 전화가 폭주해서 업무 마비될 정도였어.
오전에 예약 전화가 폭주하면 일찌감치 예약 마감이
될 수 있다고 해.

전후	추석 전후로 한번 날 잡아주세요.

숙취해소음료는 음주 전후 상관없어.
전후 사정을 모르니까 그렇게 말했겠지.
10일 전후로 빠질 텐데 그럼 잔고가 바닥이야.
전후 사진 봤는데 생각한 것과 완전 딴판이야.
관 비포 애프터
성형외과 비포 애프터 모델 한번 나가봐.
비포 애프터 사진 첨부하면 조회수가 올라갈걸.
인테리어 비포 애프터 후기 잘 살펴보고 결정해.

절대로

앞으로 내 말에 절대로 토 달지 마.

결코
결코 나쁜 사람 아니야.
결코 이대로 끝날 순 없어!
절대
엄마한테는 절대 얘기하지 마.
㉯ **죽었다 깨어나도**
죽었다 깨어나도 못 할 것 같아.
죽었다 깨어나도 안 먹을 테니까.

㉯ **절대(로) 안 되다**[*]

반품, 환불 절대 안 된대.

사진 도용 절대 안 되는 거 알지.
밥 먹고 바로 눕는 거 절대 안 돼.
이상한 링크 클릭하면 절대 안 돼!
㉯ **죽어도 안 되다**[*]
유학은 죽어도 안 돼.
죽어도 안 된다는데 난들 어쩌겠니.
난 죽어도 외박은 안 된다고 못 박았어.
집안에 동물은 절대 죽어도 안 된다고 했어.

젊다¹⁴⁴⁾

젊어서 고생하면 나이 들어 아프고 인생 힘들어.

영(young)하다
더 영해지셨어.
젊음
젊음은 한순간이야.
젊음은 이길 수 없어.
청춘
야, 너 매일 청춘일 줄 알아?
몸은 늙었어도 마음은 언제나 청춘이야.

점수

점수 몇 점 나왔어?

몇 점짜리인지 점수 매겨 볼까?
성적
열심히 공부해도 성적이 쉽게 오르지 않아.
실적
이번 실적이 저조한 것도 너 때문이야.
포인트
카드 포인트도 현금처럼 쓸 수 있어.
포인트 적립할 때마다 부자 되는 느낌이야.

---

144) 이마에 주름이 없는 젊음을 형상화한 수어이다. '영하다'는 말은 국어사전에 없는 비표준어로, 영어 'young'과 한국어 '하다'가 합쳐진 신조어이다.

접다*

난 이미 마음 접었어.

얘기 듣고 바로 접었어.
도시 생활 접고 자연인이 되고 싶다.
걷어치우다*
내 맘 같아선 다 걷어치우고 싶다.
장사 걷어치우고 시골 내려갈까 해.
집어치우다*
누구 맘대로 학교를 집어치워?
일 그따위로 할 거면 당장 집어치워.

정들다

이러다 정들겠다.

너무 정들면 헤어질 때 힘들어.
끈끈하다*
관계가 끈끈해질 때 됐잖아.
정
부부는 이제 정으로 사는 거지.
친밀하다
아주 친밀하게 지내는 사이 아니야.
친하다*
별로 안 친해.
점심 친구라도 같이 하면서 친해지라고.

정말

너 정말 끝까지 이럴래?

그렇다*
그렇다니까.
리얼*
표정이 리얼 그 자체였어.
맞다*
나랑은 뭔가 안 맞아.
맞고 틀리고의 문제가 아니야.
부정 못 하는 거 보니까 맞다는 얘기구나.
사실*
네 말이 사실이면 좋겠어.
옳다*
네 말이 다 옳아.
넌 항상 옳고 난 항상 틀리다?
정작*
남을 비난하면서 정작 본인 잘못은 몰라.
진실|진실되다|진실하다
진실이 은폐되면 우린 평생 누명 쓴 채 살아야 돼.

진심[*]

난 진심이었어.

진심이 안 닿았어.

진정성

진정성 있게 사과한다면 용서할게.

진짜

이번은 진짜야. 믿어줘.

진짠지 가짠지 내가 어떻게 알아?

참[*]

참 철없구나.

너도 같이 가준다면 참 좋을 것 같아.

정상¹⁴⁵⁾

혈압이 정상으로 돌아왔대.

딱[*]

너한테 딱인데!

딱 이 정도 좋아.

마땅하다[*]

마땅한 옷이 없어서 안 가려고.

시장 쪽에 점포 알아보는 중인데, 마땅한 데 없어.

멀쩡하다[*]

눈은 멀쩡해.

멀쩡한 사람이 일은 왜 안 해?

관 **손색(이) 없다**

가격이며 내용물이 명절 선물로 손색없어.

안성맞춤|안성맞춤하다

너한테 딱 안성맞춤인데.

겨울에는 딱 안성맞춤이야.

관 **이상 없다**[*]

여기도 이상 없어.

적격|적격자

선생님이 말발 좋으니까 사회자로는 적격이야.

적임|적임자

내가 볼 때 네가 적임자야.

제격

캠핑 술안주로 제격이네.

이런 일엔 네가 제격이지. 힘쓰는 일은 잘하잖아.

합당|합당되다|합당하다

합당한 이유도 없이 해고된 게 억울해.

---

145) 문서 검토나 인사 채용 등의 과정에서 하자 없음을 확인하여 도장을 찍어 결재하는 모습을 형상화한 것으로, 둘 이상의 물건이나 의견이 서로 꼭 들어맞거나 조건에 부합했을 때 쓰인다. 다른 의미로는 '**안성맞춤**', '**잘 어울리다**', '**제격이다**' 등이 있다.

관 정신(을) 차리다

제발 정신 좀 차렸으면 좋겠어.

속 냉수 먹고 속 차려라
냉수 먹고 속 차려.
다잡다
다시 마음을 다잡아서 열심히 해야겠어.
마음잡다*
오늘부터 다시 마음잡고 초심으로 돌아가자!
뒤늦게라도 마음잡고 착실하게 살려나 했는데.
관 정신(을) 붙들다
정신 바짝 붙들어 매!

관 정신(이) 나가다

아주 정신 나갔군.

관 넋(이) 나가다
왜 이렇게 넋이 나가 있어?
관 맛(이) 가다
완전히 맛이 간 거 같아.
관 멘탈(이) 나가다
목돈 다 말아먹고 지금 완전히 멘탈이 나간 것 같아.
관 정상(이) 아니다*
지금 상태가 정상 아니야.

관 정신(이) 번쩍 들다[146]

이제 정신 번쩍 들지?

정신이 번쩍 들 정도로 맛있었어.
가족들 생각하니 정신이 번쩍 났어.
정신 번쩍 들게 한마디 좀 해주세요.
냉수 마셔야 정신이 번쩍 들 것 같아서.
죽을 수 있다는 말에 정신이 번쩍 들었어.
피범벅이 된 얼굴 보니 정신 번쩍 들었지.
관 정신(을) 차리다*
정신 확 차릴 수 있게 좀 어떻게 해봐.

제명|제명되다|제명하다

왜 제명 처분했어?

제명 처리한 이유가 도대체 뭐야?
뇌물 받은 혐의를 인정했고 어제부로 제명됐어.
말소|말소되다|말소시키다|말소하다
살아있는 사람 말소시킨다는 게 말이 돼?
전세권 설정 말소하려면 별도로 비용 내야 해.
관 빼버리다*
너 호적에서 빼버릴 거야.

---

146) 머리카락이 곤두서는 모습을 형상화한 것으로, 어떤 충격으로 정신이 순간적으로 번쩍 들거나 어떤 잘못을 뉘우치고 정신을 다잡는 상황에 쓴다.

관 파버리다[*]

안 오면 호적 파 버린다.

제발

제발 부탁하는데 그만 나가줘.

네[*]
네, 명심할게요.
관 말을 안 하다[*]
더 이상 말 안 할게.
받아들이다[*]
다 받아들일 테니까 너 나 배신하지 마.
부디[*]
부디 날 버리지 마.
부탁 | 부탁드리다 | 부탁하다[*]
제발 부탁해.
승복 | 승복하다[*]
인정할 건 인정하고 결과에 승복해.
알다[*]
알았다니까.

제안 | 제안되다 | 제안하다

같이 동업하자고 제안해.

건의 | 건의되다 | 건의하다
건의한다고 다 들어주지는 않을 거 같아.
제기 | 제기되다 | 제기하다
누가 이의제기했는지 통지서 왔어.
제언 | 제언하다
뭐라고 제언했어?
제의 | 제의되다 | 제의하다
스카웃 제의가 왔다며?
좋은 제의 하나 들어왔어.

제일[*]

제일 좋아하는 음식 뭐야?

가장[*]
지금 가장 예민할 때야.
우선[*]
일단 치료가 우선이야.
우선순위[*]
우선순위를 정해두면 나중에 도움이 돼.
일급[*]
비주얼이 일급 호텔 같아.

일등[*]

나 일등 먹었어.

일등 항해사 연봉이 약 1억 넘는대.

일류[*]

딸이 일류 요리사 되고 싶대.

일인자[*]

저 분이 법정 통역 일인자셔.

첫[*]

나의 첫 남자가 돼주세요.

너 남편이 설마 첫사랑이야?

첫 번째[*]

내가 첫 번째야?

최고[*]

뭐니 뭐니 해도 건강이 최고지.

최우선[*]

네 가정이 최우선이 돼야지.

관 제정신(이) 아니다[147]

순간 제정신이 아니었나 봐.

그때 둘 다 제정신이 아니었지.

노망나다

노망이 났다는 소문이 파다해.

아랫집 할아버지 살짝 노망난 듯 해.

오락가락 | 오락가락하다[*]

감정이 계속 오락가락 하나 봐.

날씨가 너무 오락가락 안 했으면 좋겠다.

히스테리

히스테리 부리는 상사 눈치 보는 것도 고역이야.

관 제지를 당하다

입장하다가 나이 많다고 제지당했어.

음주자는 입장이 안 된다고 제지당했어.

친구가 나이트 입구에서 제지당하고 킹받아서 그날 술값만 백만 원 썼다는 후문 있었어.

관 못하게 하다

나만 왜 못 하게 해.

맨날 못 하게 하니까 의욕이 뚝 떨어지지.

관 저지당하다

그때 저지당한 굴욕감을 어찌 잊으리.

마스크 안 썼다고 입구에서 저지당했어.

---

147) 일본 일화 중에 아내를 죽인 남편이 피 묻은 손으로 이마에 난 혹을 움켜쥐고 비트는 장면에서 유래된 것으로, 주로 정상 범위를 벗어나는 행위 또는 상태를 가리켜 쓴다. 오른 손가락을 구부려 머리 쪽에서 한 바퀴 돌리면 '빡치다'는 의미가 되며, 여러 번 돌리면 '정신이 왔다갔다 하다', '제 정신이 아니었다' 등의 뜻으로 쓰인다.

제휴 | 제휴하다

제휴 업체라 믿고 구매해.

제휴카드 쓰면 할인 더 받을 수 있어.
제휴하고 싶었는데 조건이 깐깐해서 무산됐어.
결연 | 자매결연
결연아동 후원금 현황 보고드립니다.
일본 소도시 대안학교와 자매결연 맺었어.
관 손(을) 잡다
손잡자고 제의받았는데 단박에 거절했어.
좋은 사업 아이템 있는데, 나랑 손잡고 해볼래?

젠장[148]

젠장! 오늘따라 되는 일이 하나도 없네.

빌어먹을
빌어먹을! 오늘 되는 게 하나도 없어.
제기랄
후진하지 말걸. 제기랄.
원래대로 입고 나올걸. 제기랄.
제길
힘들게 왔는데 휴무라니. 제길!
하필 오늘같이 중요한 날에 차 펑크라니 제길.

젬병

글쓰기엔 젬병이지만 수어는 되게 잘해.

못하다*
진짜 공부는 못한다니까.
폄하 | 폄하되다 | 폄하하다
무학자라고 폄하하지 마.
폄훼 | 폄훼되다 | 폄훼하다
폄훼할 생각은 애초에 없었어.
형편없다*
네가 얼마나 형편없는 놈인지 다 까발릴 거야.

조사 | 조사되다 | 조사하다

조사에 불응하면 불이익 있어.

감사 | 감사하다
감사 걸리면 징계받을 수 있어.
건사하다
아이 하나도 건사하기도 힘든데 셋이라.
검사 | 검사되다 | 검사하다
그럼 어떤 검사를 받아봐야 할까요?
검색 | 검색되다 | 검색하다
스마트폰으로 검색하면 빨리 찾을 수 있다니까.

---

148) '스트레스'와 '지다'의 수어를 합친 것으로, 하던 일이 제 의도대로 되지 않거나 풀리지 않을 때 주로 혼잣말에 쓰인다.

검토 | 검토되다 | 검토하다
너무 바빠서 아직 검토하지 못했어요.

관리 | 관리되다 | 관리하다
피부는 젊었을 때부터 관리해야 해.

돌보다[*]
직장에서 일하는 게 아이 돌보는 것보다 덜 힘들지.

보살피다[*]
가족 보살펴야 할 의무 저버린 아버지 용서 못 하지.

살펴보다[*]
빠트린 부분 있는지 한번 살펴보세요.

점검 | 점검되다 | 점검하다
점검 다 했어?

조회 | 조회되다 | 조회하다
내가 조회해 볼게.

조용하다   죽으려면 혼자 조용히 곱게 죽을 것이지.

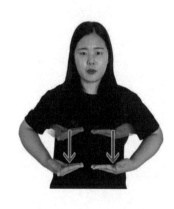

가라앉히다
일단 마음 좀 가라앉혀.
우선 감정을 가라앉히고, 이따 얘기해.

가만있다[*]
오늘따라 웬일로 가만있네?
왜 가만있는 사람 건드려서 싸움 붙여?

고요하다
여기 고요해서 좋다.

관 **무게(를) 잡다**
갑자기 무게 잡고 왜 그래?

잠잠하다
한동안 잠잠해서 완전히 끝난 줄 알았어.

진정 | 진정되다 | 진정하다
제발 진정해.
좀 진정됐어?
진정하란다고 진정될 일인가?

차분하다
얘가 되게 차분하고 결단력이 강해.
차분하면서 여성스러운 포인트에 반했어.

침착하다
그럴수록 침착해야 해.
왜 침착하지 않고 매번 감정적으로 굴어?

한적하다
한적하니 산책하기 너무 좋다.

족치다	뺑소니범 잡아 족치고 싶다.

내리누르다
힘으로 내리누르면 터지는 거 아니야?
눌리다
납작하게 눌리면 더 맛있을 거 같은데.
압착 | 압착되다 | 압착하다
국산 깨를 압착한 참기름이야.
압축 | 압축되다 | 압축하다
알루미늄 캔을 압축하면 이렇게 납작하게 되네.
유린 | 유린하다
인권 유린 행위로 간주될 수 있어!
짓누르다
잘 나가는 사람 끌어내려 막 짓누르니까 좋나?
짓밟다
얼마든지 짓밟아 줄 테니까. 각오해.
짓이기다
남의 가정을 짓이겨 놓으니 좋니?

존경스럽다	존경하다	모두 존경합니다.

님
선생님, 보고 싶었어요.
모시다*
누님 잘 모시겠습니다!
받들다*
내가 우리 딸 받들고 살아.
섬기다*
사이비 교주를 뭐 하러 섬겨?
존중 | 존중되다 | 존중하다
네 의견을 존중해 줄게.

졸다	깜빡 졸았어.

졸리다
졸리면 그만 나가도 돼.
진짜 졸려 죽는 줄 알았어.
잠을 많이 잤는데 계속 졸려.
졸음
졸음 방지 검색하면 아이템 많이 나와.
운전 중에 졸음 오면 쉼터에서 눈 좀 붙여.
쉼터에서 졸음 깨라고 얼음 생수 제공하고 있더라.

종일	종일 뭐 했어?

어제 캠핑장 가서 종일 불멍 때리고 왔어.
온종일
오늘은 온종일 집에서 TV만 보려고.
하루
오늘 하루 뭐 했어?
하루 종일
하루 종일 드라마 정주행했다.
오늘도 카페 오는가 싶어서 하루 종일 기다렸어.

관 좋게 봐주다^{149)*}	좋게 봐주면 어디가 덧나?

아이, 그냥 좀 좋게 봐주지.
관 똑바로 하다
너나 똑바로 해.
맞추다*
그 정도는 맞춰주지?
바르다
얼굴은 험상궂어도 매너가 바르고 엄청 착해.
올곧다
대나무들이 하늘을 향해 올곧게 뻗어있네.
점잖다
행동이 점잖고 성품은 온화해.
선보는 날인데 점잖게 입어야지.
사람이 너무 점잖으면 난 안 만나지.
정중하다
갑자기 정중하게 인사하니까 어색했어.
제발*
제발 좀!

좋다*	뭐든 다 좋으니까 네가 하고 싶은 거로 해.

밝히다*
공짜 너무 밝히지 마.
선호하다
아파트 선호하는 이유 뭐야?
절호
눈앞에서 절호의 기회를 놓치다니.
좋아하다
너 좋아한 내가 미쳤지.
넌 나 좋아하지도 않으면서.
없는 말 만들어 내기 좋아해.

---

149) 비수지 신호를 사용하지 않고 '바르다'의 수어를 사용하면 '똑바로', '점잖다', '정중하다'의 의미가 된다. 반면 미간을 찌푸리고 사용하면 상대방에게 부탁을 요청하거나 동의를 구하는 다른 의미가 된다.

관 좋다 말았다*

쳇, 좋다 말았네.

진짜 주는 줄 알고, 좋다 말았어.
나갈 생각에 들떴는데, 좋다 말았어.
이번에도 잘 될 줄 알았는데 좋다 말았다.
마음에 들었는데 나 안 준다니 좋다 말았네.
비상금 봉투 발견해서 보니 비었어. 좋다 말았네.
쿠폰 쓸 마음에 갔는데 기한 지났다니 좋다 말았어.

관 좋아라 했는데*

문자 받고 좋아라 했는데 광고에 또 낚였네.

좌천 | 좌천되다 | 좌천하다

형식상 이동됐다고 하지만 사실은 좌천된 거야.

성추행 사건에 패소해서 지방으로 좌천됐다던데.

강등 | 강등되다 | 강등하다

우리도 강등 대상이 될 수 있어.
비리 여부가 사실로 밝혀지면 직위가 강등될 수 있어.

격하 | 격하되다 | 격하하다

직급 격하 여부를 아직 논의 중이야.
조선시대의 마지막 황태자는 왕세자로 격하되고 일본
왕족과 결혼한 비극이 있었어.

죄다[150]

바지 너무 꽉 죄는데? 다른 사이즈 없나 한 번 봐.

끼다

틈새로 빠져나가려다 몸이 끼고 말았네.

빼곡하다

사람들이 빼곡한 공간은 공기가 나빠.

조여들다

서서히 조여드는 느낌이 무섭더라고.

조이다

허리 조이는 옷 입으면 숨도 잘못 쉬겠더라.

주고받다

지금도 가끔 연락 주고받고 있어.

이제 야한 농담도 주고받으면서 편하게 얘기하던데.

인수인계 | 인수인계되다 | 인수인계하다*

인수인계 과정이 복잡하고 소통도 잘 안됐어.
인수인계를 제대로 안 하면 처벌받을 수 있다고?

관 주거니 받거니

반찬도 만들어서 주거니 받거니 하는 사이야.
의미 없는 대화 한 시간째 주거니 받거니 하니 힘에
부치네.

---

150) 입는 옷이 너무 죄면 숨을 제대로 쉴 수 없는 모습을 형상화한 수어로, 정확한 전달을 위해 미간을 찌푸리는 표정을 지어야 한다.

주름지다

나이 드니 눈가에 주름졌네.

자글자글 | 자글자글하다
얼굴에 주름이 자글자글해.
백발에 주름이 자글자글해도 백년해로하며 살자.
주름 | 잔주름*
시술받고 주름 다 싹 펴졌대.
잔주름이 많고 깊어서 한 번에 쫙 펼 수 없어.
관 **주름(이) 많다**
주름이 전보다 더 많아진 것 같아.

주목받다

나 주목받는 거 되게 싫어.

관 **(사람명사)들이 쳐다보다**
지금 사람들이 우리 쳐다보는데.
애들이 갑자기 쳐다보길래 뒤돌아보니 오토바이가 전
속력으로 오고 있었어.
관 **이목(을) 끌다**
이목을 확 끌 수 있어야 해.
사람들의 이목을 끌 만했어.
어딜 가나 이목을 끄는 외모야.

주문 | 주문되다 | 주문하다*

주문이 밀려서 한 달을 기다려야 된대.

등록 | 등록되다 | 등록하다
등록했는데 인원이 적어서 자동 취소됐어.
민원*
구청에 민원 넣은 거 어떻게 됐어?
신청 | 신청되다 | 신청하다
신청한 지 일주일 지났는데 아직 연락 없어.
접수 | 접수되다 | 접수하다
갔는데 오전 접수만 받는다고 해서 못 보고 왔어.

관 주제 파악[151]

주제 파악도 못 하면서.

관 **네 주제를 알라**
네 주제를 좀 알라고!
돌아보다
돌아보니까 내 생각이 짧았어.
돌이켜보다*
이 부분에 대해 한 번쯤은 돌이켜 생각해 봤으면 좋겠
어.
되돌아보다

---

151) 자기도 같은 잘못이 있으면서 남의 잘못을 탓하는 상황을 일컬을 때 쓰는 관용표현으로, 다른 의미로는 '돌이켜보다', '자기 성찰'
등이 있다.

덕분에 자신을 되돌아보게 됐어.

관 분수를 알다
자기 분수를 알아야지.

속 사돈 남 말한다
사돈 남 말 하네.

주최 | 주최되다 | 주최하다[152]

누가 주최해?

올해 볼링대회는 부산시에서 주최해.
주최 측에 전화해서 일정 바꾸라고 해.
주최 지역이 부산인 줄 잘못 알고 헛걸음했어.
부산과 서울이 공동으로 행사를 주최하기로 했어.
주최 측에서 행사가 전면 취소되었다고 연락 왔어.
협회에서 행사를 주최한다고 하니 항의가 빗발쳤어.
시간은 주최 측 사정에 따라 변경될 수 있다고 하니
당일 문의해.

관 **죽기보다 싫다***

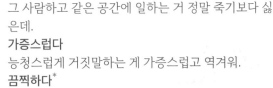

한 방에서 같이 자는 건 죽기보다 싫어.

그 사람하고 같은 공간에 일하는 거 정말 죽기보다 싫
은데.
가증스럽다
능청스럽게 거짓말하는 게 가증스럽고 역겨워.
끔찍하다*
그 생각만 해도 끔찍해.
징그럽다*
내 눈에는 정말 징그러운데.
징글징글 | 징글징글하다
징글징글해서 못 살겠어.
혐오스럽다*
사람 진짜 혐오스럽네.

죽다1*

너 이러다 죽어.

뒈지다*
심장마비 걸려 뒈져라.
먹통*
스마트폰 변기에 빠트려서 완전히 먹통이야.
안되다*
이번에도 또 안 되면 마음 깨끗이 접는다.
관 **죽을 맛이다***
이틀 밤샘 근무했더니 아주 죽을 맛이다.

---

152) '잊혀지다'의 수어와 비슷하므로 주의할 필요가 있다. '잊혀지다'의 경우 양 관자놀이에서 양어깨 뒤로 넘어가는 반면, '주최하다'는
양 가슴 앞에서 출발하며, 양 어깨 앞에서 멈춘다.

파팍하다[*]
사는 게 팍팍하고 힘들어.

죽다2

네가 죽는다고 누가 울어줄 거 같아?

(어미) ~아서 죽겠다[*]
이가 아파서 죽겠다.
사망 | 사망하다
사망 원인이 약물 과다복용이래.
(관) 숨을 거두다
할머니께서 오늘 새벽 숨을 거두셨어.
치사 | 치사하다
유기치사 혐의가 인정될까?

죽이다[*]

너 보면 죽일 거야.

(관) 사람(을) 잡다
이러다 사람 잡겠어.
생매장
너 이러면 생매장당한다.
(관) 생사람(을) 잡다[*]
너 생사람 잡지 마. 난 아니야!
죽여버리다
평소에 죽여버리겠다는 말도 자주 했었어.
해치다
널 해칠 생각 없어.
해코지 | 해코지하다
누가 널 해코지라도 할까 봐.
해하다
사람을 해하면 어떤 대가가 따르는지 알아야 해.

죽치다[153)]

집에서만 죽치지 말고 사람 좀 만나.

두문불출(杜門不出) | 두문불출하다
전화도 다 끊고 두문불출하는 모양이야.
방콕 | 방콕하다
나는 방콕이 좋은데 신랑은 돌아다니는 걸 좋아해.
죽돌이
죽돌이랑 죽순이랑 끼리끼리 잘 만난 것 같아.
죽순이
내가 죽순이거든?
(관) 집콕

---

153) 밖으로 나가지 않고 집에만 틀어박혀 있는 모습을 형상화한 수어로, 비슷한 말로는 '**두문불출**', '**칩거**' '**틀어박히다**' 등이 있다.

집콕 육아 생활, 빨리 벗어나고 싶다.

짱박히다

원래 집에 짱박혀 있는 거 좋아해.

처박히다

오늘 종일 집에 처박혀 있었어?

칩거 | 칩거하다

수개월째 칩거 중이야.

틀어박히다

집에만 틀어박혀 있으려니 답답하다.

| 준비 | 준비되다 | 준비하다 |

다 준비됐어?

마련 | 마련되다 | 마련하다

내가 수술비 마련해 볼게.

정돈 | 정돈되다 | 정돈하다

얘가 정리 정돈은 잘해.

정리 | 정리되다 | 정리하다

어떻게 해야 마음 정리가 한 번에 싹 될까?

준비성

준비성 하나는 철저해.

관 준비(가) 안 되다[154]*

난 마음의 준비가 안 됐는데.

오빠는 아직 준비가 안 됐다는데.

준비가 안 된 사람 왜 굳이 시키려고 해?

아무것도 준비가 안 됐어! 다른 사람 시켜.

왜 이제야 얘기해? 난 아직 준비가 안 됐어!

준비도 안 됐는데, 당장 시작하라니 뭔 경우야.

관 마음의 준비가 되지 않다*

마음의 준비가 되지 않았다고 몇 번을 얘기해도 자꾸

언제 할 건지 계속 물어봐.

줄다

세탁 후에 사이즈가 줄진 않았을까?

감경 | 감경되다 | 감경하다

사전 납부하면 20% 감경받을 수 있어.

감소 | 감소되다 | 감소하다

몸무게 아니라 체지방 감소가 더 중요해.

감축 | 감축되다 | 감축하다

인력 감축 때문에 잘렸어.

경감 | 경감되다 | 경감하다

차상위 대상이면 도시가스에 경감 신청할 수 있어.

---

154) 무슨 일에 대한 마음가짐이 준비가 안 됐을 때 들뜨는 모습에서 비롯된 관용표현으로, '나는 아직 준비가 안 됐다'라고 표현할 때 주로 쓴다. 양손을 펴서 아래로 내리는 '차분하다'의 수어와 반대 방향으로 표현된다.

덜다[*]
마음의 짐을 덜어서 홀가분하다.
줄어들다
수입이 작년에 비해 절반이나 줄어들었어.
줄이다
불 좀만 줄여.
축소|축소되다|축소하다
요즘에는 행사들이 거의 다 축소됐다고 해.

중간 | 중간쯤 가서 문자 할게.

(어미) **~는 중**
지금 가는 중이야.
가운데
저기 가운데 있는 사람이 친오빠야.
도중
도중에 관두면 돈 못 받을 줄 알아.
중도
처음부터 중도하차 예정이었어.
중심
중심을 잃으면 당연히 넘어지지.
중앙[*]
저 중앙에 걸면 보기에 예쁠 것 같아.
한가운데
나의 가슴 한가운데에는 네가 있다. 오글거려?
한복판
시내 한복판에서 총소리 났다고 했어.

중얼거리다 | 뭐라고 중얼거렸어?

곱씹다
곱씹어 보니까 내 잘못도 있어.
(관) **내 생각이다**[*]
이거 그냥 내 생각이야.
되뇌다
되뇌어 생각해 봤는데 취소하는 게 좋겠어.
(관) **별별 생각을 하다**
가는 내내 대체 무슨 일일까? 별별 생각을 다 했어.
(관) **속으로 생각하다**[*]
둘이 사귀나, 나도 속으로 그렇게 생각했어.
자문|자문하다[*]
그냥 자문해 봤어.

주절거리다
치매에 걸리셨는지 요새 같은 말만 계속 주절거려.
추측 | 추측되다 | 추측하다[*]
내일은 오겠지, 그냥 내 추측이야.
관 **추측건대**[*]
추측건대 바자회가 무산될 것 같아.
관 **혼자 생각하다**[*]
혼자 생각해 본 거야.
혼잣말 | 혼잣말하다[*]
그냥 혼잣말해 봤어.

중요하다

중요한 걸 빼먹었어.

살면서 중요한 것은 본인이 만들어 가는 거야.
소중하다
세상 하나뿐인 소중한 동생 늘 고마워.
요긴하다
요긴하게 잘 사용하겠습니다.
중대하다
잠시 뒤 중대한 발표가 있겠습니다.
중시 | 중시되다 | 중시하다
외모를 중시하는 풍조는 변화가 필요해.

쥐

시골집 창고에 쥐가 바글바글해.

간신하다 | 간신히
간신히 다시 모으는 중이야.
갉아먹다
쥐새끼가 나무도 갉아 먹어.
관 **감쪽같이 가리다**[*]
감쪽같이 가려져 있어 네가 있는 줄 몰랐어.
그레이
그레이 색상 많이들 쓰는 것 같아.
근근이[*]
기초연금으로 하루하루 근근이 살아가고 있대.
관 **미꾸라지처럼**[*]
미꾸라지처럼 잘도 피해 갔네.
악착같이[*]
악착같이 모을 거야.
야금야금[*]
야금야금 모아놓은 돈 있는데 얼마 안 돼.

관 조금씩*
조금씩 모아서 올해 안에 꼭 사자.
관 쥐(가) 나다
다리에 쥐 났어.
쥐도 새도 모르게*
몰래 접근해서 쥐도 새도 모르게 죽이고 유유히 사
라져.
관 쥐처럼
쥐처럼 숨어 있었네.
티끌 모아 태산
티끌 모아서 집 사고 성공했네.
회색
회색과 검은색으로 이렇게 매치하면 어때?

| 증가ㅣ증가되다ㅣ증가하다 | 근육이 증가하고 체지방은 감소했어. |

늘다
흰머리 많이 늘었네.
몸무게가 갑자기 확 늘어버려서 입을 옷 없어.
늘리다*
운동량 좀 늘려봐.
흰머리 많이 늘었네.
늘어나다
재산이 작년보다 세 배 늘어 났어.
늘어지다
이거 좀만 잡아당겨도 확 늘어지니 조심해.
점점*
나이 들수록 점점 무뎌지잖아.
점차*
건강이 점차 안 좋아지고 있어.

| 증거[155] | 증거 있으면 빨리 내놓으라고. |

불법 도청한 자료 증거로 채택될 수 없대.
보증ㅣ보증되다ㅣ보증하다
아무리 친한 친구라도 절대 보증 서주지 마라.
친구 보증 한번 잘못 서가지고 지금도 이렇게 고생하
잖아.
입증ㅣ입증되다ㅣ입증하다
오늘까지 입증 못 하면 너 감옥에 처넣을 거야.
단순한 업무 과실이었다는 점을 입증할 수 있어야 해.
증명ㅣ증명되다ㅣ증명하다

---

155) 어떤 사실을 증명할 수 있는 근거를 자신이 직접 두 눈으로 봤다는 모습을 형상화한 것이다.

증명해 보일 수 있으면 증명해 봐.

네가 얼마나 저질인지 세상에 증명하고 싶어.

| 지겹다 | 매번 들은 얘기 또 들으면 지겹잖아. |

따분하다

집에만 있자니 따분하고 심심해.

못하다[*]

도저히 더는 못 하겠어!

물리다

이제 햄버거 물려서 안 먹을래.

버겁다[*]

혼자서 다 하려니 버겁지.

벅차다[*]

그 많은 일을 혼자 감당하려면 당연히 벅차지.

성가시다[*]

놀러 오라는데 귀찮고 성가셔서 못 간다고 했어.

신물나다

거짓말도 신물 나.

싫증나다[*]

많이 해봐서 싫증 나서 안 하고 싶어.

관 **의욕(이) 꺾이다**[*]

의욕이 확 꺾여서 아무것도 안 하고 싶다.

지긋지긋하다

여기서 나고 자라서 지긋지긋해.

지루하다

지루할 틈이 없었어.

지루할 새 없이 복작거리는 집, 부러워.

진력나다

매번 싸우는 것도 이제 진력이 났다.

관 **진(이) 빠지다**

진이 다 빠져서 더 못하겠어.

진저리나다

이사라면 진저리나.

관 **진절머리나다**

냉파(**냉장고 파먹기**) 하는 것도 이제 진절머리나.

매번 이사 다녀야 하고 전세살이가 진절머리나.

질리다[*]

나 말 너무 많이 하니까 질려?

삼시세끼 쌀밥만 먹으면 질리지 않아?

관 지나가는 말로

지나가는 말로 잘했다고 했을 뿐인데?

지나가는 말로 한 거 가지고 왜 예민하게 그래?
관 그냥 한 말
진심 아니라 그냥 한 말이었대.
아무 생각 없이 그냥 한 말이야.
넌 왜 진심으로 받아들여? 그냥 한 말이야.
관 그냥 해본 말
그냥 해본 말이었어.
그냥 해본 말인 것 같은데 마음에 두지 마.

지나가다*

이것도 다 지나간다.

오늘도 무사히 잘 지나가리라.
제발 오늘만 조용히 지나가 주면 안 돼?
이 또한 지나가리라 하면서 같이 잘 버텨봅시다!
넘어가다*
나 그냥은 못 넘어가.
처음이라니까 이번만 그냥 넘어가.
이딴 식으로 얼렁뚱땅 넘어가려고?

지름길¹⁵⁶⁾

지름길로 가면 한 시간 내로 갈 수 있어.

국도가 많이 막히던데 어디로 가야 지름길인지?
지름길은 인적 없고 위험하니 아파트 쪽으로 돌아서
와야 해.
관 미꾸라지처럼*

법망을 미꾸라지처럼 잘 빠져나간다고 해서 '법꾸라
지'라고 별명 지었대.
빠져나가다
어딜 빠져나가려고?
아주 교묘하게 잘도 빠져나갔네.
샛길
혹시 좀 더 빠른 샛길 있어?
요리조리
요리조리 잘도 피해 다닌다.
이리저리
이리저리 빠져나가려고 용쓰던데.
질러가다
지름길로 질러가면 되잖아.

---

156) 민첩하고 약삭빠른 '쥐'와 '지름길'의 수어가 결합된 것으로, 지름길 이외에 요리조리 잘 빠져나가는 사람을 가리키기도 한다.

| 지켜보다[*] | 지켜보면 알아. |

감시|감시되다|감시하다[*]
딴짓 안 하는지 감시도 해야지.
눈썰미[*]
역시 고수의 눈썰미는 보통 아니지.
망보다
잘 망보고 있어.
주시|주시하다[*]
경찰이 아까부터 널 계속 주시하고 있어.

| 지키다 | 약속했으면 지켜. |

삼가다
남의 일에 훈수 드는 건 삼가야 해.
조신하다[*]
조신하게 앉아있길래 네가 아닌 줄 알았어.
조심|조심스럽다|조심하다
몸 안 상하게 조심해.
초면에 물어보기가 조심스러워서.
조심성
조심성이 너무 지나쳐.
넌 매사 왜 조심성이 없을까.
주의|주의하다[*]
주의를 몇 번 줬는데 또 우유를 엎어?
준수|준수되다|준수하다
방역 수칙 잘 준수해 주세요.

| 직접[157)*] | 직접 물어봤어? |

내가 직접 가서 산산조각 내 줄까?
네가 직접적으로 핵심만 말해줘야지.
몸소[*]
몸소 겪어봐야 알 수 있는 거야.
왜 좋은지 몸소 보여줘야 사람들이 믿지.
손수
반찬 손수 다 해서 아이들 먹였어.
할머니가 손주 입히라고 손수 떠주셨어요.
시어머니가 손수 만들어 주신 거라 물려줄 거야.
친히[*]
선생님께서 친히 찾아와 주셨어요.
사장이 친히 사진도 찍어 주시고 친절하셨어.

---

157) '만나다'와 '부딪치다'의 수어가 합쳐진 것으로, 타인의 힘을 빌리지 않고 제 손으로 직접 할 때 '**몸소**', '**손수**' 등으로 바꿔 쓸 수 있다.

진기하다[158]

진기한 경험을 많이 할 수 있어서 좋았어.

기묘하다
둘이 전생에 부부였나? 기묘하게도 엮였네.
말로 형용할 수 없을 정도로 기묘한 체험이었어.
기이하다
참 기이한 일도 다 있네.
묘하다
기분이 묘했어.
짝사랑이었던 오빠 오늘 봤는데 기분이 묘하더라고.
신기하다
척하면 척이네. 둘의 조합 신기하지 않나?
달걀 두 개 깼는데 연속으로 쌍란 나오니 신기하다.
야릇하다
모르는 남자랑 단둘이 10분 동안 엘베 안에 갇혀있었
는데 기분이 좀 야릇했어.
오묘하다
십 년만의 재회라서 그런지 기분이 오묘했어.
의아하다*
밥을 다 남기다니 참 의아한 일이네.
탈락이라고 나와서 난 좀 의아하더라고.
이상하다
오늘 무슨 이상한 일 없었어?
왜 나만 이상한 사람으로 몰아붙여?
이상한 링크가 떠도 절대 누르지 마.
희한하다*
너 같은 희한한 캐릭터는 처음이야.
그러게. 이 세상에 희한한 사람 많아.

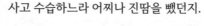 **진땀을 빼다**

사고 수습하느라 어찌나 진땀을 뺐던지.

간단해 보여서 나 한다고 했는데 의외로 진땀뺐어.
해킹 사기인 줄 알고 이리저리 전화해서 알아보느라
얼마나 진땀 뺐는지 몰라.
삐질삐질
나만 혼자 땀 삐질삐질 흘리고 왔어.
얼마나 당황했는지 진땀이 삐질삐질 났다니까.
식은땀
갑자기 식은땀이 나면서 온몸이 경직됐어.
내 이름이 호명될까 봐 얼마나 식은땀 흘렸는지.

---

158) 눈이 부실 만큼 신기해하는 모습을 형상화한 것으로, 이해할 수 없는 기상천외한 일을 두고 많이 쓴다.

진작

진작 좀 말해주지.

진작 바꿀 걸 그랬다.
진작 맞을걸. 독감에 걸려서 밤새 끙끙 앓았어.
관 ~ㄹ걸 그랬다
한 살이라도 더 젊을 때 배울 걸 그랬다.
진즉
진즉 말을 했어야지. 서로 못 만나게 할 수 있는데.
관 할 걸 그랬다
네 말대로 할 걸 그랬다.

진행 | 진행되다 | 진행하다

일이 착착 빠르게 진행됐어.

진척 | 진척되다 | 진척하다
생각보다 진척이 많이 안 되고 있어.
착착
일이 계획대로 착착 진행되고 있어.
추진 | 추진되다 | 추진하다[*]
추진하다가 주변에서 만류해서 무산됐어.
템포
템포가 너무 빨라.

질색하다[159]*

어려운 건 딱 질색이라 복잡한 물건은 안 사.

꺼리다[*]
이제야 합가를 꺼리는 이유를 알았어.
관 죽도록 싫다[*]
그가 정말 죽도록 싫어.
예전에는 죽도록 싫어하지 않았나?
혐오 | 혐오스럽다 | 혐오하다[*]
나 너 혐오해.
소름 끼치고 혐오스러워.

질투 | 질투하다

너 지금 질투하는구나.

관 배(가) 아프다[*]
남이 잘되면 배가 아프다잖아.
샘 | 샘나다 | 샘내다
샘나서 죽겠다.
잘나가는 친구 보면 배 아프고 샘나는걸.
시샘 | 시샘하다
시샘하는 게 다 눈에 보여.
워낙 시샘 많은 친구라 웬만하면 엮이지 않으려고.

---

159) 손바닥에 묻은 더러운 것을 밖으로 내치는 모습을 형상화한 것으로, 오늘날에는 혐오 대상을 피하고 싶거나 죽을 정도로 싫어한다
는 뜻으로 널리 쓴다.

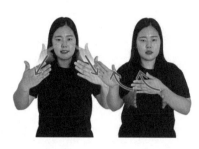

관 짚고 넘어가다

하나만 짚고 넘어가자.

궁금한 건 짚고 넘어가야 돼.
그때 짚고 넘어갔으면 좋았을걸.
네 말대로 한번 짚고 넘어가야겠다.
이 문제부터 먼저 짚고 넘어가야겠죠?
짚고 넘어갈지 그냥 넘어갈지 너무 궁금한데.
바로 짚고 넘어가지 않으면 너 나중에 후회한다.

관 확실하게 집고 넘어가다
이 문제는 확실하게 집고 넘어가야 할 것 같아.

짜다1

짜는 손맛이 얼마나 짜릿한데.

흉 진다고 손으로 짜지 말래도.
짜면 안 되는 여드름 따로 있어.
여드름은 면봉으로 짜는 게 안전해.

압출|압출하다
여드름 압출 잘하는 피부과 다니고 있어.
압출기로 짜면 별로 힘도 안 들고 흉도 덜 져.
비립종은 손으로 짜면 안 되고 레이저로 압출해야 되
는 거야.

짜다2

설마 둘이 짠 거야?

공모|공모하다
내부에 공모자는 없어.
맹세컨대 그들과 공모한 적 없어.
꾸미다
너희들이 꾸민 짓이지?
이번에는 또 무슨 일을 꾸미려고?
날조|날조되다|날조하다
누군가 유서를 날조한 것 같아.
관 말(을) 맞추다
미리 말을 맞췄는지 둘이 계속 같은 얘기만 해.
모의|모의하다
둘이 모의해서 내 돈을 가로채려고 그랬지.
사장이 청부업자랑 모의하다 경찰에 발각되어 불기소
처분됐어.
모함|모함하다
모함을 하려면 생각 있게 했어야지.
암호*
컴퓨터에 암호 걸어놓은 거 풀 수 있어?

조작 | 조작되다 | 조작하다
누가 조작한 것 같아.

중상모략(中傷謀略)
저 사람은 중상모략이 일상이야. 조심해야 해.

지어내다[*]
없는 말 지어내지 마.
누가 지어낸 얘기 같아.

관 **짜고 치는 고스톱**
짜고 치는 고스톱 맞네.

짜다[*]
둘이 짜고 아주 날로 먹으려 해.

쪽팔리다[*]

쪽팔려서 얼굴을 들 수가 없었어.

관 **모양 빠지다**
네가 끼어들면 나만 모양 빠져.

무안하다[*]
많이 무안했겠다.
사람 좀 무안하게 만들지 마.
무안함을 감추려고 애써 웃는 척하는 거 봐.

관 **스타일(을) 구기다**
너 때문에 스타일 구겼잖아.

실추 | 실추되다 | 실추하다[*]
너 이미지가 실추될까 봐 그것만 걱정되지?

찜찜하다[*]

계속 찜찜해서 안 되겠어.

꿉꿉하다
이불 덮고 있자니 꿉꿉하고 땀나는데.

끈끈하다
저 끈끈한 액체가 뭐야? 가래야?

눅눅하다
눅눅한 이 느낌은 뭐지?

습하다
종일 비 오면서 집이 너무 습해.

찜찜하다
어쩐지 찜찜하다 했어.

촉촉하다[*]
바르는 순간 촉촉하게 스며드는 거야. 사길 잘했다.

축축하다
땀이 식으면서 등줄기가 축축해.
베개에 침이 잔뜩 묻어 축축해졌는데.

찢기다

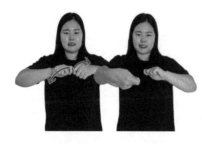

사지가 찢기는 고통과 맞먹는 정도야.

방에 들어가 보니 내 옷이 다 찢겨 있었어.

찢다

아이들이 색종이를 갈기갈기 찢어놨네.

상사가 화내면서 서류를 찢어 내 얼굴에 던졌어.

사장은 전화 붙들고 고래고래 고함 지르고 있고, 사무실 바닥에는 찢어진 종이 뭉치가 널려 있어.

찢어발기다

남의 인생을 그렇게 찢어발겨 놓고 혼자 잘 살아보겠다는 거야?

찢어지다[*]

파산 얘길 듣고 가슴이 찢어지게 아팠어.

미끄러져서 바짓가랑이가 찢어져 버렸네.

뱁새가 황새 따라가다 가랑이 찢어지는 건 아닌지 모르겠다.

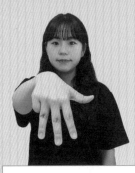

차려입다* · 차례* · 차이다* · 착각하다 · 착하다* · 참다 · 참석하다 · 찾다* · 찾아내다* · 챔피언 · 처먹다 · 관처음 보다* · 척척박사 · 천차만별* · 철두철미하다 · 철없다 · 관첫눈에 반하다 · 속첫술에 배부르랴 · 쳐들어가다 · 관초등생 같다 · 초보 · 촌스럽다 · 총살하다 · 총애하다 · 최연소* · 추가하다* · 추월하다* · 추진하다* · 추천하다 · 관축에도 못 끼다 · 축하하다* · 출소하다 · 출판하다 · 춥다 · 충고하다 · 취미 · 취소하다 · 취직하다* · 취하다* · 치고받다 · 치우다 · 침묵하다* · 관침(을) 뱉다 · 관침(을) 흘리다

차려입다*

이렇게 차려입으니까 다른 사람 같다.

빼입다
야, 이게 누구야. 양복 쫙 빼입었네?
수트양복|양장|정장
격조 있게 양복 차려입으면 더 좋지.
이 구두는 수트도 캐주얼도 다 잘 어울려.
결혼식 날 아이들은 양장 입고 우리는 한복 입어?
관 옷을 갖춰 입다
소개해 줄 사람 있어. 옷 좀 갖춰 입고 나와.

차례*

나 끝나면 다음 차례가 누구지?

네 차례가 되면 내가 통역해 줄게.
곧이어
끝나면 곧이어 뉴스 나올 거야.
다음*
다음에 또 봐.
그 다음엔 뭐 해?
다음 타자가 누구야?
오늘은 그만하고 다음에 마저 다해.

차이다*

내가 차였어.

차였을 때 기분이 어땠어?
남친한테 차인 트라우마 있어.
매번 차이는 이유가 있을 거야.
고백했더니 차여서 참 비참했어.
난 이성한테 차여본 적이 단 한 번도 없어.
연하한테 차였다며? 자존심 퍽이나 상했겠다.
까이다*
나 까인 거야?
나만 까인 거네.
까인 게 도대체 몇 번째야?
많이 까여봐서 그런지 아무렇지 않나 봐.
연하 남자한테 까였다는 게 자존심 상해.
차다*
누가 찼어?
그때 찼어야 했는데!
차고 싶으면 차 봐라.
내 맘 같아서는 당장 차고 싶다.
내가 먼저 차면 죄책감 들 것 같아.

착각 | 착각되다 | 착각하다

원래 착각이 심하잖아.

그림이랑 실물을 착각할 정도로 정교했어.
오산 | 오산하다
그렇게 생각한다면 큰 오산이야.
오인 | 오인되다 | 오인하다
여자 화장실에서 남자로 오인해서 신고할 뻔했어.
착오 | 착오하다
뭔가 착오가 있었을 거야.
혼동 | 혼동되다 | 혼동하다
가끔 언니를 동생으로 혼동한 적도 있어.

착하다*

너만 착하고 나는 속물이야?

바른대로*
잔머리 굴리지 말고 바른대로 말해.
선하다
선한 영향력이 긍정적인 변화를 일으키지.
솔직하다
이제부터 뭐든 솔직할게.
정직 | 정직하다
너무 정직하게 살아서 그래.
진솔하다
진솔한 사람 같지 않나.
진실하다*
언니 눈에 사람이 착하고 진실해 보여서 좋대.

참다

웬만하면 참아.

참고 좋은 쪽으로 생각하면 매사가 잘 풀려.
감당 | 감당하다*

뭐든 감당할 준비가 되어있어.
감당 못 할 거면 처음부터 하지 말았어야지.
감수 | 감수되다 | 감수하다*
잘못했으면 결과도 감수해!
감수할 자신 없으면 지금 얘기하고 나가든가.
견디다*
좀만 견뎌봐.
지금은 견딜 만해.
나보고 어떻게 견디라고.
무조건 견디는 게 능사는 아니야.
배기다*
시원한 맥주 한잔 안 마시고 배길 수 있나?

인내 | 인내하다
인내는 쓰고 열매는 달다.
인내가 한계치를 넘어섰어.
자제 | 자제되다 | 자제하다
넌 자제력이 부족해서 그렇지.
위내시경 할 때까지 기름진 음식 자제해.
참을성
넌 왜 그렇게 참을성이 없니.

참석 | 참석하다

내일 모임에 참석해도 끝까지는 못 있어.

들어가다[*]
저도 들어가요.
이따가 들어갈 테니까 먼저 들어가 계세요.
참가 | 참가하다
참가 의향 있으면 이 번호로 문자 주세요.
참여 | 참여하다
참여하고 싶으면 해. 난 안 말릴 테니까.
참여율[*]
여성의 사회 참여율이 계속 증가하는 추세이다.
출석 | 출석하다
재판에 2회 이상 불출석하면, 패소할 가능성이 높
아져.

찾다[*]

백 점짜리 여자를 찾으니까 여자가 없지.

둘러보다[*]
방마다 둘러봐도 없어.
가서 좀 둘러보고 올게.
여기저기 둘러보면서 살 만한 거 있나 한번 봐.
모색 | 모색되다 | 모색하다[*]
다른 방법을 모색해 보는 게 좋을 것 같아.
물색 | 물색하다[*]
체험활동 장소 물색하다 괜찮은 곳 하나 발견했어.
살펴보다[*]
구석구석 다 살펴 봤는데 없어.
빠트린 부분 있는지 한번 살펴보세요.
살피다[*]
제대로 살피지 못한 내 잘못이 있어.
추구 | 추구되다 | 추구하다
사람들은 누구나 행복을 추구하기 마련이다.

찾아내다*

드디어 찾아냈다!

어떻게 찾아냈지?
용케도 찾아냈네. 대단하시네.
지구 끝까지라도 뒤져서 찾아내고 말 거다!
발견 | 발견되다 | 발견하다*
우연히 발견해서 가져왔어.
🔲 **찾던 것이다***
내가 딱 찾던 거야.
애타게 찾던 거라 너무 좋아서 절로 눈물 났어.

챔피언

바리스타 챔피언이 돼서 카페 하나 차리고 싶어.

등극 | 등극되다 | 등극하다*
100대 1 경쟁률을 뚫고 정상에 등극했어.
세계 랭킹*
세계 랭킹 1위에 등극하고 싶다.
일인자*
그 분이 음성통역의 일인자라고 숱하게 들었어.
타이틀
바리스타 세계 챔피언 타이틀을 보유한 분이야.

처먹다

미운 상사가 밥을 처먹다가 체한 거지.

🔲 **게걸스럽게 먹다**
사람들이 다 쳐다보는데 게걸스럽게 먹어대.
우걱우걱 | 우걱우걱하다
두 손으로 빵을 집어 우걱우걱 먹기 시작했어.
퍼먹다
배고파서 미친 듯이 밥을 퍼먹다가 체했어.
폭식 | 폭식하다
이거 맛있어서 먹다 보면 자꾸 폭식하게 돼.

🔲 처음 보다160)*

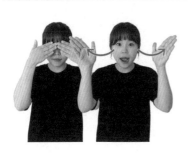

이런 건 처음 봐.

뭐야. 처음 보는 건데?
태어나서 이런 거 처음 봐.
신세계*
살다 보니 이런 신세계를 만나네.
이 음식물쓰레기 처리기, 정말 신세계야.
🔲 **신세계가 펼쳐지다**
이 문을 열면 신세계가 펼쳐진다.
듣도 보도 못한 신세계가 곧 펼쳐질 거다.

---

160) 눈가리개를 벗겨내면 신세계가 펼쳐지는 모습을 형상화한 것으로, 주로 처음으로 겪어보는 상황을 가리켜 쓴다.

척척박사

모르는 게 하나도 없는 척척박사네.

관 걸어다니는 백과사전*
걸어 다니는 백과사전이야. 모르는 게 없어.
관 눈썰미가 보통(이) 아니다*
언니는 눈썰미가 보통 아니네?
도사*
컴퓨터 도사라고 아는 사람 있는데 소개해 줄까.
족집게*
너 뭐야, 족집게야? 왜 이렇게 잘 맞춰?

천차만별(千差萬別)*

가격이 왜 이렇게 천차만별일까?

가지가지*
화단에 가지가지 피어있는 꽃이 아름답네.
가지각색*
프로그램이 가지각색이어서 배우는 재미가 있어.
각양각색*
디자인이 각양각색이라 못 고르겠어.
갖가지*
갖가지 벌레가 눈에 띄는데 무슨 약 뿌려야 할까?
다양하다*
종류가 다양해서 뭘 골라야 할지 모르겠어.
분분하다*
의견이 분분해서 결정하기 어려웠어.

철두철미하다

철두철미한 스타일이라 매사 피곤해.

까다롭다*
원래 입이 까다로워서 바로 한 것만 먹어.
깐깐하다*
요즘 통장 만드는 게 많이 깐깐해졌어.
소금
소금 어떤 걸 골라야 하지.
엄격하다
심의 절차가 이렇게까지 엄격한 줄 몰랐어.
엄하다
어릴 때 엄마가 나를 엄하게 키우셨어.
철저하다
철저한 준비성이 제일 마음에 들었어.
철통같다
감시가 철통같아서 쉽게 못 빠져나와.

철없다[161]*

너 참 철없구나. 나이가 몇인데.

철없고 풋풋했던 20대 시절 있었잖아.
나는 엄마 앞에서 여전히 철없는 딸인가 봐.
마흔 넘은 아빠가 철없는 어린애마냥 왜 이러실까.
관 철딱서니(가) 없다
철딱서니 없는 아들놈 때문에 너 고생 많지.
이 나이 되도록 엄마 속 썩이고, 참 철딱서니 없어.
철모르다
철모르고 흥청망청 놀았던 시절 누구나 있지.

관 첫눈에 반하다

우연히 만났는데 첫눈에 반했어.

반하다*
왜 반했는지 알겠어.
관 점(을) 찍다
며칠 전부터 점 찍어놨어.
찜하다
내가 먼저 찜했으니까 넌 다른 거 해.
관 호감(이) 가다
서로 호감 가서 사귀었는데 얼마 전에 깨졌어.

속 첫술에 배부르랴[162]

어찌 첫술에 배부를까?

첫술에 배부를 수 있겠어?
첫술에 배부르는 법은 없어.
어디 첫술에 배부를 수 있어?
첫술에 배부르려고? 그럼 안되지.
첫술에 배부를 순 없으니까 낙담하지 말고.
첫술에 배부를 수 없으니 좋은 경험이라고 생각해.
관 처음부터 잘하는 사람은 없다*
처음부터 잘하는 사람은 없지.

쳐들어가다

안 나오면 쳐들어간다.

기습|기습하다
기습공격이라니, 비겁하다.
오늘 기습 시위에 연루된 사람을 강제 연행했어.
난입|난입하다*
채권자들이 난입해서 살림살이 막 집어 던져.
스포츠 경기중에 난입한 관중에게 벌금이 크게 부과
될 수 있어.

---

161) 쇠로 만든 '철'과 '없다'의 수어를 병용한 것으로, 국어의 의미와 관계없이 생성된 관용표현이다.
162) '처음', '백 점', '어렵다'의 수어가 합쳐진 관용표현으로, 그것이 어떤 일이든지 처음부터 단번에 원하는 결과를 얻을 수 없다는 의미로 쓰인다.

돌입 | 돌입하다
드라마에서 테러범이 건물 안으로 돌입하는 거까지
봤는데 그다음에 어떻게 됐는데?
들이닥치다
연락도 없이 갑자기 들이닥쳐서 당황스러웠어.
경찰들이 들이닥치니 불법도박장은 순간 아수라장이
되었어.
관 치고 들어가다
아, 그날 먼저 치고 들어갔어야 했는데!

관 초등생 같다[163] 너 하는 짓이 마치 초등생 같다.

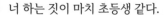

관 나이(를) 처먹다
나이를 어디로 처먹은 거야?
관 아이처럼 굴다
애처럼 굴지 마.
관 애같다*
나이 먹었어도 아직 애 같다.
유치하다*
둘 다 유치해 못 봐주겠다.
관 젖내(가) 나다*
성인인데도 하는 짓이 젖내 나는 아이 같다.

초보 초보 운전이라고 붙였으니 우리가 이해해야지.

미숙 | 미숙하다
제가 수어가 좀 미숙해서요. 죄송해요.
생소하다*
안 해본 일이라 생소하지만 열심히 배우고 있어.
서투르다 | 서툴다
수어가 많이 서툴러요.
누구나 처음에는 서투르잖아.
서툴러도 괜찮으니 천천히 해.
섣부르다
잘 알아보지 않고 섣부르게 판단한 것 같아.
신출내기
신출내기라 많이 가르쳐줘.
아마추어*
아마추어같이 왜 이래.
누가 봐도 프로가 아니라 아마추어가 찍은 듯했어.
어리바리 | 어리바리하다

---

163) 나이는 먹어도 하는 짓이 어린애같이 유치한 사람을 가리키는 관용표현으로, 사람을 멸시하는 표현이므로 가려서 써야 한다.

애는 어릴 때부터 어리바리했는데 아직도 그러네.
어설프다
신랑 시키면 뭔가 어설프고 찝찝해서 내가 다 해.
초짜
초짜라 아직은 잘 몰라.
풋내기
풋내기처럼 행동하지 마.
허둥거리다 | 허둥대다
처음이고 익숙지 않아서 온종일 허둥댔어.

촌스럽다

오늘 패션이 이게 뭐야? 왜 촌스럽게 입었어?

시골
시골 안 살아봐서 귀농 관심 없어.
시골에서 자라다 보니 야생화에 대해 아는 게 많아.
촌뜨기
이렇게 입으면 촌뜨기처럼 보일까?
촌사람
저 할아버지 촌사람처럼 보여도 엄청 부자래.
촌티[*]
비싸고 좋은 옷 사서 촌티 싹 벗겨주고 싶어.

총살 | 총살되다 | 총살하다

아직도 총살로 사형을 집행하는 나라가 많아.

겨누다
킬러가 인질을 향해 총을 겨누고 있어.
저격 | 저격하다
저 발언 누군가 저격해서 하는 말 같은데?
관 총(을) 쏘다
총 쏘는 시늉은 누구에게도 하면 안 돼.
총질 | 총질하다
단합해도 모자랄 판에 툭하면 내부 총질이야.

총애하다

회장이 총애하는 사람인데 아부만 뛰어난 듯 해.

예뻐하다[*]
유독 애를 많이 예뻐하셔.
관 예쁨(을) 받다
얘는 성격이 좋아서 어디 가도 예쁨 받을 거야.
착하다[*]
사람이 착하다고 다 좋은 건 아니야.
관 총애(를) 받다
사장에게 총애받으려고 별짓 다 한다.

최연소*

최연소 참가자가 우승하다니 대단하다.

첫째가 수어 경연 대회 나가서 최연소상 받았어.
관 나이(가) 어리다*
나이가 제일 어려 보여.
아직 나이 어려서 뭘 잘 모르지.
막내*
막내라 고생 많네.
얼굴 딱 보니까 막내상이네.
막내니까 사랑을 많이 받았을 것 같아.

추가|추가되다|추가하다*

옵션 여러 가지 하면 비용이 많이 추가될 텐데.

가미|가미하다*
당연히 재미를 위해서 양념을 가미하는 거지.
더하다*
고기에 반찬값까지 더하면 한 십만 원은 넘어.
보충|보충되다|보충하다
단백질을 보충하려면 뭘 먹는 게 좋아?
보태다*
너 설득하려고 거짓말 좀 보탰어.

추월|추월하다[164]*

남아공이 미국을 추월했어.

능가하다*
애가 너 나이 되면 널 능가할 듯싶어.
앞서다*
제발 앞서지 마.
앞지르다
우리나라 GDP가 일본을 앞지른 거 알아?
관 앞질러 가다*
뒷차가 내 차를 앞질러 가려다 전복됐어.

추진|추진되다|추진하다*

동의해 준다면 언제라도 추진할 수 있어.

끈기*
성공의 가장 중요한 덕목은 끈기와 인내라고 봐.
관 소신껏 일하다
소신껏 일하면 언젠가 알아주는 사람이 있겠지.
일관|일관되다|일관하다*
물어보면 무조건 모르쇠로 일관해.
추진력*
다른 건 몰라도 추진력 하나는 끝내줘.

---

164) 검지를 편 양주먹 등이 위로 하여 어긋나게 놓고 오른 주먹을 왼 주먹 앞으로 내민다. 자동차의 경우 앞차를 추월할 때 양손을 다 펴서 사용한다.

추천 | 추천되다 | 추천하다

이 음식점은 별로 추천하고 싶지 않아.

감수자 찾고 있다면서? 내가 추천해 줄 수 있어.

추켜세우다

필요 이상으로 추켜세우는 거 진짜 별로야.

추켜올리다

회장 추켜올리는 사람들은 왜 대부분 멍청하지?

칭찬 | 칭찬하다

그 점만 칭찬해 주자.

누구에게나 칭찬은 필요해.

관 축에도 못 끼다

나 정도는 당연히 잘하는 축에도 못 껴.

저 사람 수어 실력, 우리는 축에도 못 끼지.

관 따라잡을 수 없다

넌 나를 따라잡을 수 없어.

지금 출발해서는 따라잡기 힘들걸?

관 발끝도 못 따라가다

아무리 잘하려 해도 너는 저 사람 발끝도 못 따라가.

관 발뒤꿈치도 못 따라가다

고수 발뒤꿈치도 못 따라가면서 잘난 척만 해.

축하 | 축하하다*

생일 축하해.

영전을 축하드립니다.

이벤트

이벤트에 당첨돼서 받은 거야.

깜짝 이벤트 선물 받았어. 진짜 생각도 못 했거든!

잔치

돌잔치 잘 마쳤어?

축복 | 축복되다 | 축복하다

우리 서로의 앞날을 축복하고 헤어지자.

서로 축복해 주면서 뒤끝 없이 헤어졌어.

축제

우리 과는 학교 축제에서 주점을 하기로 했어.

파티

이런 파티도 다 와보고 진기한 경험이었어.

페스티벌

페스티벌 자원봉사자 지원했어.

행사 | 행사하다

1+1 행사하길래 유통기한도 안 보고 담았어.

알아보니까 오늘까지만 20% 할인 행사한다는데?

출소 | 출소되다 | 출소하다

출소하자마자 감옥 가려고 범죄 저지른 사람도 많아.

벗어나다[*]
깡촌에서 벗어나니 살 것 같아.
석방 | 석방되다 | 석방하다[*]
범인이 형기를 마치고 석방되었어.
출옥 | 출옥하다
출옥하면 사회에서 어떻게 생활할 거야?
풀려나다[*]
보석으로 감옥에서 풀려났대.

출판 | 출판되다 | 출판하다

요즘 개정판 출판 준비에 여념 없어.

발행 | 발행되다 | 발행하다
개정판 발행일을 수어의 날(2.3)로 정하려고.
출간 | 출간되다 | 출간하다
책 출간하는 과정이 쉽지는 않았어.
초판, 2쇄 완판되면 개정판 출간할 예정이야.
오늘 출간한다는데 아직 서점에 입고가 안 됐어.
펴내다
문맹 농인을 위한 책을 펴내고 싶다더니 드디어 이루어
졌네.

춥다

날이 진짜 춥긴 춥구나.

냉랭하다
오늘따라 집안 공기가 왜 이렇게 냉랭해?
두 사람 냉랭한 기운이 도는 거 너도 느껴져?
냉정하다
이럴수록 더 냉정해져야 해!
넌 맺고 끊는 것이 정확해서 가끔 냉정해 보여.
떨다
왜 몸을 벌벌 떨어?
몸서리치다
너도 그때 보고 몸서리쳤잖아.
무섭다[*]
이러지 마. 무섭잖아!
쌀쌀맞다
왜 이렇게 쌀쌀맞게 말해?
성격이 원래 저렇게 쌀쌀맞아?
쌀쌀하다
내일은 쌀쌀하니까 따뜻하게 입고 와.

오들거리다 | 오들오들 | 오들오들하다
유독 오들오들 떨고 있길래 담요 걸쳐줬어.
오한
오한 증상 언제부터 있었어?
차갑다
차갑게 먹어야 더 맛있어.
찬물에 여러 번 헹궈야 색이 잘 나와.
추워지다
갑자기 추워져서 집안에만 있었어.
추위
내가 원래 추위를 잘 안 타.

| 충고 | 충고하다 | 네가 뭔데 나한테 충고야? |

일침
학창 시절 선생님의 일침이 큰 가르침이 되었어.
 일침(을) 가하다
정신 차리라고 일침 가했지만 모르는 거 같았어.
자문 | 자문하다
법률사무소 가서 자문 한 번 받아봐.
이런 건 전문가에게 자문을 구해야 해.
조언 | 조언하다
조언해 주는 척하면서 접근했대.
비슷한 경험 있었던 분, 조언 좀 부탁드릴게요.
피드백*
빠른 피드백 감사합니다.
피드백을 주고받아야 진도가 나가지.

| 취미 | 엿보는 게 취미야? |

 밥 먹듯이*
쟤는 거짓말을 밥 먹듯이 해.
버릇하다*
계속 택시 타 버릇하면 택시비 감당 안 돼.
일삼다
국회의원들은 국민은 안중에 없고 정치 공세만 일삼
고 있어.
즐기다*
낚시를 즐기는 스타일은 아니야.
취향
나랑 취향과 생각이 거의 비슷해.
개인 취향대로 각자 좋아하는 맛 골라 먹어.

취소 | 취소되다 | 취소하다

난 한번 뱉은 말 취소 안 해.

철회 | 철회되다 | 철회하다
누구 맘대로 철회해?
취하 | 취하되다 | 취하하다
고소 취하를 해도 조사는 한다네.
해제 | 해제되다 | 해제하다
계약이 해제되면 손해 배상할 수 있어.
해체 | 해체되다 | 해체하다***
후원금이 끊겨서 야구팀 해체 위기에 처했어.

취직 | 취직되다 | 취직하다

50대는 취직이 좀 힘들겠지?

스무 살 되고 바로 취직했고 첫 월급 때 부모님 용돈
도 드렸어.
입사 | 입사하다
입사한 지 한 달 남짓 됐는데 아직은 미숙해.
취업 | 취업하다
어디 취업할 만한 곳 없어?
취업 안 되면 그냥 가게나 차릴까.
하늘의 별 따기보다 어려운 게 취업인 것 같아.

취하다*

약에 취한 얼굴 같아.

혼자 마시는 술은 빨리 취한다잖아.
부장이 주는 술 족족 마시니 금방 취했어.
몽롱하다
약 먹은 것처럼 몽롱하고 정신 못 차리겠어.
마취에서 깨어났는데도 정신이 계속 몽롱해.
주정 | 주정하다***
더 이상 네 주정 받아주기 싫다.
쟤는 주정이 심하니까 더 이상 술 권하지 마.

치고받다

치고받아봤자 끝이 없어.

친구끼리 이렇게 치고받으면 되겠어?
난투 | 난투하다
곧 난투극이 벌어질 거 같아.
그 영화 난투극 장면이 실감 나던데.
맞싸우다
맞싸우면 장기전으로 갈 수 있어.
관 물고 뜯다
지금도 여전히 서로 물고 뜯고 싸우잖아.

싸우다[*]
우리 허구한 날 싸우는데.
싸우고 하루 넘긴 적 없어?
우리는 싸워도 하루를 안 가.
싸움 | 싸움하다[*]
이러다 싸움 나겠어. 그만들 해.
싸움 잘 한다고 거들먹거리지 마.
주먹다짐 | 주먹다짐하다
서로 주먹다짐하다가 한 사람이 크게 다쳤어.
서로 밥값 내겠다고 옥신각신하다 주먹다짐까지 갔다
고 그러던데?

치우다	**이렇게 두고 가면 누구보고 치우라는 건가.**

자기가 먹은 거 자기가 알아서 치울 수 있을 텐데.
빗질하다
나는 빗질할 테니까 너 걸레질 해.
쓸다
오늘은 네가 앞마당 좀 쓸어.
청소 | 청소하다[*]
내가 무슨 청소부야?
미리 청소했어야 하는 건데.
내일 청소하는 날이니까 다들 지각하지 마.

**침묵	침묵하다**[*]	**그땐 왜 침묵했어?**

단둘이 남게 되자 어색한 침묵이 흘렀다.
묵묵부답(黙黙不答)
아직도 묵묵부답인데 어떡해야 할까?
묵비 | 묵비하다
나 끝까지 묵비권 행사할 거야.
묵언 | 묵언하다
오늘도 묵언 수행이야?
스님들 묵언 수행하는 모습 보면 경외감이 들어.
묵인 | 묵인되다 | 묵인하다
동승자도 음주 사실을 알고도 묵인하면 처벌받아.
관 입(을) 다물다[*]
너 입 좀 다물고 있어.
그냥 입 다물고 있으면 돼?
함구 | 함구하다
우리는 그 일에 대해 함구하기로 약속했어.

관 침(을) 뱉다

담배 피우고 침을 뱉고 싶었지만 참았어.

가래
목이 따끔거리더니 가래가 껴. 목감기인가 봐.
기침[*]
일주일 내내 기침하니 목소리가 안 나와.
내뱉다
정색하고 내뱉었는데 아무도 모르더라.
뱉다
웃는 낯에 침 뱉으랴.
내 입으로 뱉은 말은 끝까지 지킨다니까.
퉤퉤
아이씨. 퉤퉤. 더러워.

관 침(을) 흘리다

내 새 가방에 침 흘리지 마.

나도 가끔 침 흘리고 자긴 해.
점심시간에 자다가 침 흘렸어.
맛있는 냄새만 맡아도 침 흘려.
얼마나 침을 많이 흘렸으면 베개 커버가 노래졌네.
관 변태 같다[*]
변태같이 왜 그래.
나 변태 같아? 너 좋아서 이러는 건데.
윙크 날리고 뭐 하는 짓이야. 꼭 변태 같다.

카드 결제* · 칼같다 · 캄캄하다 · 컨트롤하다* · 관코가 꿰이다 · 관코빼기도 안 보이다 · 관콧방귀를 뀌
다 · 쾌척하다 · 관쿨쿨 자다* · 크다 · 큰소리치다 · 큰코다치다 · 키우다 · 킥킥

카드 결제*

카드 결제는 안 됩니다. 현금만 받습니다.

카드 결제일 원하는대로 정할 수 있으니까 너 좋은 날로 설정하면 돼.
관 **카드(로) 결제하다**
계산은 어떻게? 카드로 결제할 거지?
관 **카드(를) 긁다**
누가 내 카드 긁었어?
어디 가서 카드 또 긁기만 해봐라.
야, 남의 카드나 훔쳐 긁고 뭔 짓이야.

칼같다

성격이 참 칼 같아. 이러니까 주변에 사람이 없지.

관 **강단(이) 있다***
이렇게 강단 있고 주관 있는 성격일 줄 몰랐어.
끝장내다*
오늘 내로 끝장내자.
관 **끝장을 보다***
이왕 시작한 일은 끝장을 봐야 한다고, 그래야 후회가 없지.
단칼에*
아니다 싶으면 단칼에 거절해 버려.
관 **한다면 한다***
난 한다면 하는 성격이거든.

캄캄하다

여섯 시도 안 됐는데 지금 밖이 캄캄해.

깜깜하다
바깥이 너무 깜깜해서 무서워 못 나가겠어.
밤
밤에는 더 위험해.
요즘 생활이 밤낮이 바뀌었어.
작긴 하지만 밤길 다닐 때 유용하게 쓸 수 있어.
암흑
밖이 완전히 암흑 같다.
야간
요새 개인병원도 야간진료 하는 곳 많아.
야밤
야밤에 어딜 가려고?
야밤에 선글라스 끼고 돌아다니지 마.
어두컴컴하다
소나기가 내리더니 갑자기 사방이 어두컴컴해졌어.
어둑하다

밖이 아직 어둑해.
어둠
어둠에 약해서 늘 불을 켜고 자.
어둡다
날이 더 어두워지기 전에 빨리 들어가.
저녁
오늘 저녁 뭐 먹어?

컨트롤ㅣ컨트롤하다[*]

이럴 때는 마인드 컨트롤이 필요해.

감정 컨트롤 잘할 수 있는 방법을 알고 싶어.
요령ㅣ요령껏[*]
요령껏 적당히 했어야지.
융통성
얘는 원래 융통성이 좀 없어.
이렇게 융통성이 없어서 어떻게 사회생활 하겠어?
제어ㅣ제어되다ㅣ제어하다
홈쇼핑 보면 뭔가에 홀린 듯 진짜 제어가 안 돼.
조율ㅣ조율되다ㅣ조율하다[*]
내일 점심 일정 조율이 가능하다면 갈 수 있어.
조절ㅣ조절되다ㅣ조절하다[*]
시간 조절해 볼게.
조정ㅣ조정되다ㅣ조정하다[*]
인원 부족하면 수업 시간은 조정될 수 있어.
조종ㅣ조종되다ㅣ조종하다[*]
감정 가지고 사람 조종하는 거 네 주특기잖아.
탄력적
상황 봐서 탄력적으로 잘 조절하면 돼.
탄력적 근무가 가능한 곳이면 좋겠어요.

관 **코가 꿰이다**

또 코 꿰였네.

관 **발목(을) 잡다**[*]
여러 가지 일들이 발목을 잡아 고향에는 여태껏 못 가
고 있었어.
관 **발목(을) 잡히다**[*]
남자 하나 잘못 만나 여태껏 이렇게 발목 잡히고 있을
줄이야.
관 **약점(이) 잡히다**[*]
뭔 약점 잡힌 게 있지?
약점 잡히면 너만 불리해져.

관 코빼기도 안 보이다

몇 년째 코빼기도 안 보이고 연락도 없어.

이민이라도 갔나? 요새 코빼기도 안 보이네.
요새 코빼기도 안 보이길래 직장 관뒀나 했어.
코빼기도 안 보이니까 무슨 큰일 난 줄 알았지.
관 코빼기(도) 안 비치다
코빼기도 안 비치고 전화도 한 통 없어.
그 사람은 돈 드는 일이면 코빼기도 안 비춰.
관 하나도 못 알아보다*
성형했구나. 진짜 하나도 못 알아보겠는데?

관 콧방귀를 뀌다

몇 번 얘기했는데도 콧방귀 뀌더라?

무시하다*
끝까지 무시하겠다 이거야?
관 받아들일 생각(이) 없다*
애초 받아들일 생각은 일도 없었거든?
생까다
그러지 말라고 하니까 또 생까네.
흥
흥, 내가 또 순순하게 수락할 줄 알고?

쾌척 | 쾌척하다

폐지로 모은 백만 원을 장학회에 쾌척했어.

관 기꺼이 내주다
소년 소녀 가장을 위해 후원금을 기꺼이 내주셔서 감사를 표합니다.
관 아낌없이 주다
반찬도 아낌없이 막 주더라.
퍼주다
이렇게 퍼주고 나면 남는 게 있을까.
난 퍼주는 스타일이고 너는 얻어먹는 스타일.

관 쿨쿨 자다[165]*

아주 두 다리 뻗고 쿨쿨 자네.

관 곤히 자다
신랑이 밤샘 근무해서 지금 곤히 자는 중이야.
곯아떨어지다
야근하고 오면 씻지도 않고 바로 곯아떨어지더라.
관 단잠에 빠지다*
잠시 단잠에 빠져서 일출 놓쳤어.
관 세상 모르고 자다
집에 불이 났는데 집사람이 세상모르고 자고 있어.

---

165) 벌렁거리는 콧구멍과 코 고는 소리를 형상화한 'Z'의 영문자를 차용한 것으로, 깊은 잠에 빠져 곯아떨어지는 상황에 쓴다.

크다

어른이라고 크게 다를 거 없어.

거대 | 거대하다
파도 높이가 집채만큼 거대하고 어마어마했어.

굉장히
타자 속도가 굉장히 빨랐어.

너무
리액션이 너무 과했나.
처음 만난 사이인데 대화가 너무 잘 통했어.

대단히
오늘만 도와주신다면 대단히 감사하겠습니다.

대폭
에어컨 가격 대폭 인하됐어!

대형
오다가 사거리에서 대형 사고 날 뻔했어.

된통
담배 피웠다고 아빠한테 된통 혼났어.

막대하다
수어사전 집필에 막대한 돈을 들였어.

매우
우리나라는 행복지수가 매우 낮대.

아주
첫 작업에 저 정도면 아주 잘한 거지.
이게 사람 가슴에 비수 꽂는 아주 나쁜 말이야.

엄청[*]
연휴 마지막 날이라 길이 엄청 막혔어.

워낙[*]
워낙 바빠서 주말에도 시간 낼 수 없었어.

크나크다
크나큰 행운인데! 놓치지 말아야지.

하도
말이 하도 많아서 도중하차하고 어디론가 잠적했어.

큰소리치다

여기가 어디라고 큰소리쳐?

고함치다
교양 없이 고함치지 말고 대화로써 풀자고.

부르짖다
위험하다고 몇 번을 부르짖었는데!

관 비명(을) 지르다
너무 놀라서 자기도 모르게 비명을 질렀나 봐.

소리치다
소리쳐봤자 아무도 쳐다보지도 않아.

외치다
목이 쉴 때까지 외치던데.

큰코다치다

섣불리 나섰다가 큰코다치는 수가 있어.

관 **무안(을) 당하다**
왜 사람 무안을 당하게 만들어?
관 **위신이 땅에 떨어지다**
그러니까 위신이 팍 땅에 떨어졌지.
관 **코가 납작해지다**
코가 납작해지게 어떻게든 해봐야지.
관 **코를 납작하게 만들다**
코를 납작하게 만들어줄 거야.

키우다

아이는 누가 키워?

아이를 키워보지 않는 사람은 몰라.
나처럼 되지 말라고 혹독하게 키웠어.
가꾸다
정원을 가꾸지 않으면 잡초가 우거지잖아.
여자는 평생 가꿔야 한다는 말, 이게 성차별 발언이라
고 생각해.
기르다
애완동물 길러본 적 있어?
우리 아들은 머리 길러서 땋고 다녀.
양성|양성하다
여성 인재 양성에 힘을 써야 할 때야.
양육|양육하다
아이 양육권을 내가 가져왔어.

킥킥[166]

왜 혼자 킥킥 웃고 있어?

키득거리다|키득하다
너희들끼리만 키득거리냐.
키득대다
키득대지 말고 얘기해.
키득키득
뭐가 재미있어 혼자 키득키득 웃고 있어?
킥킥거리다
시험 시간에 누가 킥킥거리는 거냐?

---

166) SNS(소셜 네트워크 서비스) 문화의 영향으로, 'ㅋ'의 초성을 따낸 지문자에서 의미가 확대되어 뭔가 웃긴다거나 재미있다거나 폭
    소를 자아내는 상황에 쓰는 표현으로 자리 잡았다.

타오르다 · 태어나다 · 턱걸이 · ㉼털끝 하나라도 건드리면 · ㉼토[를] 달다 · 토박이 · 토하다* · 통통하다 · 통

풍하다 · 투자하다* · 튀기다* · 트라우마* · 특별하다 · 티키타카

타오르다

장작불이 활활 타오르고 있어.

발화 | 발화되다 | 발화하다
발화지점이 산 중턱으로 추정되고 있어.

불
야산에 산불이 크게 났어.
소스 없어도 불맛 낼 수 있어.

소각 | 소각되다 | 소각하다[*]
폐기물 불법소각 현장 발견하는 즉시 112에 신고해.

점화 | 점화되다 | 점화하다
캠핑에서 쓰는 난로는 자동 점화식이 제일 안전해.

타다
냄비를 30분 끓였더니 바닥이 새까맣게 타버렸어.

타들다
누가 던진 담뱃불 때문에 논밭이 다 타들어 버렸어.

태우다
아침에 감자 삶다가 집 태울 뻔했다.
알밤 찌다가 깜빡해서 냄비를 까맣게 태워버렸어.

화재
아파트가 오래되면 누수 많이 생기니까 화재 보험 들어보라고 해.

태어나다

다시 태어난다면 뭘로 태어나고 싶어?

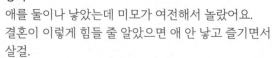

고향[*]
너도 6시 내 고향 애청자였어?
훗날 정년퇴직하면 고향으로 돌아가려고.

나다
나는 부산에서 나서 쭉 자랐고 스무 살에 결혼해서 서울로 왔어.

낳다
애를 둘이나 낳았는데 미모가 여전해서 놀랐어요.
결혼이 이렇게 힘들 줄 알았으면 애 안 낳고 즐기면서 살걸.

생일[*]
원래 생일인 사람이 밥 사는 거야.

출산[*]
네가 출산의 고통을 알아?
우리나라 저출산 문제가 아주 심각하지.

출생
30일 내로 출생신고를 해야 과태료 안 내지.

탄생
탄생을 축하하는 의미에서 영상 하나 만들었어.

탄신[*]

석가탄신일에 절에 갈 거야?

턱걸이

한 달이나 공부했는데 61점 받아 턱걸이로 합격했어.

겨우 턱걸이로 합격했는데 등록금 내는 거 깜빡해가지
고 입학 취소됐어.

겨우겨우[*]

지원금으로 겨우겨우 생계를 꾸려가고 있어.

밤샘해서 겨우겨우 마쳤는데, 네가 다 망쳤어!

근근이[*]

검정고시로 근근이 고등학교까지 마쳤어.

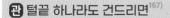

아등바등 | 아등바등하다

아등바등 살아야 하나.

나이도 있는데 좀 아등바등 살지 마.

일과 육아에 치여 나만 아등바등 바쁘게 살았나 보다.

관 **안간힘(을) 쓰다**

그렇게 안간힘 쓸 필요가 있을까?

안간힘 쓰듯 피어나는 꽃, 기특하다.

관 **털끝 하나라도 건드리면**¹⁶⁷⁾

털끝 하나도 건드리지 마.

머리 털끝 하나라도 건드리기만 해.

털끝 하나라도 건드렸다간 죽을 줄 알아.

털끝 하나 건드리지 말고 조용히 사라져 주시지?

관 **건드리기만 해라**[*]

누가 내 자식 건드리기만 해봐라.

건드리다 | 건들다[*]

오늘 기분 안 좋으니까 건들지 마.

관 **신경(을) 건드리다**

신경 건드리지 말고 나가.

관 **토(를) 달다**

내 말에 토 달면 죽을 줄 알아.

앞으로 내 말에 절대로 토 달지 마.

걔는 누가 말을 할 때마다 토를 달아.

어른들 하는 말에 토를 다는 거 아니야.

절대 토를 달지 말라고 누누이 얘기했는데.

관 **말(을) 거들다**[*]

말 한마디 거들지 못하게 만드네.

아무 말도 거들지 말고 조용히 나가주시죠.

말만 거들지 말고 가서 밭일이나 거들어 주라고.

---

167) '네가 감히 날 건드려?', '건드렸다간 어찌될 수 있다' 등 일종의 경고 메시지로 자주 쓰이는 말로, '털끝 하나라도 까딱하면'이라는
　　관용표현과 일맥상통한다.

토박이

전주 토박이가 아니라 잘 모르겠어.

토박이 친구가 추천해 줘서 맛은 100% 보장해.
부산 토박이 친구인데 부산 맛집은 웬만하면 다 알아.
관 **여기서 나고 자라다**
내 나이 오십인데 여기서 나고 자랐어.
여기서 나고 자랐는데 그것도 모를까 봐?
여기서 나고 자란 사람 같지 않아. 수어로 봤을 때 서
울 사람 같아.
관 **쭉 자라다***
어릴 때부터 큰 어려움 없이 부유하게 쭉 자라왔어.

토하다*

토하고 나니 좀 나아졌어.

술 마시면 다음 날 아침 꼭 토하거든.
이렇게 피를 토할 정도면 죽을병에 걸린 거 아니야?
게우다*
하루 종일 먹고 게워 내고 자고, 그런 병이야.
구역질ㅣ구역질나다ㅣ구역질하다*
냄새만 맡아도 구역질 나고 먹으면 소화도 안 돼.
구토ㅣ구토하다*
한입 먹더니 우웩, 하고 구토하던데 임신인가.
역겹다*
보기 역겨우면 보지 말든가.
비린내가 역겨워서 다 내다 버렸어.
냄새가 역겨워 못 먹겠는데, 넌 정말 맛있어서 먹는
거야?
역류되다*
음식 먹으면 바로 식도로 역류되어 나와.

통통하다

약간 통통하고 귀엽게 생겼어.

살찌다
너 살 좀 찐 것 같은데?
살쪄서 못 입는 옷 어제 다 처분했어.
오동통하다
오동통한 볼살이 동안의 조건이기도 해.
토실하다
토실한 볼살이 네 매력이기도 해.
포동포동하다
아이고, 볼살 포동포동한 거 좀 봐.

통풍 | 통풍되다 | 통풍하다

통풍이 잘 안돼서 그런지 곰팡이 많이 폈네.

관 공기(가) 통하다[*]
바람이 잘 통하는 곳에서 말려.
공기가 통하지 않으면 방안이 습해져.
환기 | 환기시키다 | 환기하다
사람들이 환기의 필요성을 잘 모르는 것 같아.
창문 싹 열어놓고 한 시간 정도 환기해 주세요.
환기할 때는 마주 보는 창문을 열어서 바람길을 만들어줘야 해.

투자 | 투자되다 | 투자하다

백만 원 정도 수익이 났는데 빼서 다른데 투자할까.

있는 돈 없는 돈 다 끌어모아 투자했는데 지금은 다
날리고 땅거지야.
기부 | 기부하다
쓰던 아기용품 어디 기부할 데가 없을까?
익명으로 기부하신 분을 애타게 찾습니다.
기증 | 기증하다
가족 몰래 장기기증 신청을 했어.
아름다운 가게에 기증하면 연말정산 받을 수 있어.

튀기다[*]

생선에 밀가루를 입혀서 튀기면 더 바삭바삭해져.

관 고기(를) 굽다
오늘 월급 탔는데 이따 저녁에 고기 구워 먹을래?
바비큐
바비큐 재료 다 챙겼어?
불고기
불고기 김밥이 새로 출시됐는데 고소하고 맛있더라.
튀김
튀김이 눅눅해져서 다시 튀겨야겠다.

트라우마[*]

트라우마는 평생 안고 가야 해.

특정 숫자에 대한 트라우마가 생겼어.
평생 지울 수 없는 트라우마로 남았어.
사고 후 현재까지 트라우마를 호소하고 있어.
주사 트라우마가 있어 웬만하면 안 맞으려고 그래.
외상 후 스트레스 장애
병원에서 외상 후 스트레스 장애라고 진단받았어.
외상 사건 이후 재경험 같은 증상이 지속된다면 '외상
후 스트레스 장애'라고 할 수 있어.

특별하다

노래방은 원래 안 가지만 이번만 특별히 갈게.

각별하다
어릴 적부터 각별한 사이라 매일 연락 주고받아.
특수|특수하다
아주 드물고 특수상황이다 보니 당사자끼리 합의해서
좋게 끝났어.
특이하다
디자인이 특이해서 눈여겨봤는데 실용성은 별로일 것
같아.
특히
특히 비 오는 날에 조심히 걸어야겠다.

티키타카

우린 **티키타카**가 너무 좋아.

티키타카가 잘 맞는다고 해야 되나.
대화가 티키타카가 되는 느낌 있어.
난 후배하고는 티키타카가 더 잘 되는 것 같아.
흔히들 이야기하는 '티키타카' 잘되는 사람이면 더 좋
고.
관 **대화(가) 통하다**
우리 대화가 너무 잘 통해.
대화 이렇게 잘 통해서 기분 좋아.

㉿파리(를) 날리다* · 파악하다* · 파투나다 · 파헤치다* · 팍팍하다* · 패다* · 퍼뜨리다* · 퍼레이드 · 편견 · 편들다 · 편하다 · 평 · 평균 · 평생 · 평행선 · 포옹하다 · 포함하다 · 폭탄 · 표면 · ㉿푼푼이 모으다* · 풍기다 · ㉿풍(을) 맞다 · 풍전등화(風前燈火) · 프랜차이즈 · 프로 · 피하다* · ㉿필름(이) 끊기다 · 필요 없다 · 필요하다 · 핏줄 · 핑계하다

관 파리(를) 날리다*

가게에 손님은 없고 파리만 날리네.

요새 식당에 파리만 날리니까 의욕이 없어.
대박집만 잘되고 주변 가게는 파리만 날리네.
개시한 지 한 달 됐는데 정말 파리만 날리고 있어.
관 영업(이) 안 되다*
영업이 잘 안돼서 횟집으로 업종 바꿨어.
관 장사(가) 안 되다*
장사가 안 돼서 업종 변경을 고민하고 있어.
치킨집이 장사가 안돼 다음 달에 문 닫는대.

파악 | 파악되다 | 파악하다*

분위기 파악 안 돼?

꿰뚫다*
이 주술사는 사람 마음을 꿰뚫는 힘이 있어.
맞추다*
친구가 시험지를 정답과 맞추어 보고 울어버렸어.
맞히다*
이번만 맞히면 우리 자유다.
통찰 | 통찰되다 | 통찰하다*
허, 통찰력이 보통 아니구먼.

파투나다

원래 내일 모임이었는데 파투났어.

넘어지다*
100년 된 은행나무가 태풍에 넘어졌어.
관 많이 죽다*
닭이 조류 독감으로 많이 죽었어.
지연 | 지연되다 | 지연하다*
비행기 시간이 많이 지연돼서 일정 다 꼬여버렸다.
흐지부지 | 흐지부지되다 | 흐지부지하다*
사람들의 무관심으로 흐지부지 끝나버렸다.

파헤치다*

아무리 파헤쳐 봐도 아무것도 없어.

아무리 파헤쳐 봐라. 없는 게 나오나!
뒤지다*
샅샅이 뒤져서 뭐라도 가져와!
들추다*
지나간 과거 들춰봐야 서로 좋을 거 없잖아.
색출 | 색출되다 | 색출하다*
무슨 범인이라도 색출하는 거야? 살벌하네.
캐내다*
캐내봤자 아무런 소득 없을 게 뻔해.

캐다[*]

계속해서 캐다 보면 뭔가 나오지 않을까?

파고들다[*]

상대방의 약점을 파고들어라.

파다[*]

무슨 일이든 한번 파기 시작하면 끝장을 보고 말아.

헤집다[*]

누가 의도적으로 헤집어 놓은 거 같아.

팍팍하다[*]

먹고살기 팍팍해서 사람이 점점 거칠어진다.

궁상 | 궁상떨다[*]

궁상떨면서 살지 말라고 한 말, 생각난다.

관 돈에 쪼들리다 | 쫓기다[*]

돈에 쫓겨 살고 싶지 않아.

돈에 쪼들려 그렇게 살기 싫다고.

관 돈(이) 궁하다[*]

전화 오는 거 보면 돈이 궁한가 보다.

내가 지금 돈이 좀 궁해. 너 돈 좀 있나?

돈이 궁하다고 남의 지갑에 손대면 안 되지.

관 박봉에 시달리다[*]

남편 외벌이에 박봉이라 둘이서도 먹고 살기가 빠 듯해.

관 살림(이) 쪼들리다[*]

살림이 쪼들려서 보험 깨는 사람도 많아.

관 수중에 돈(이) 없다[*]

수중에 돈 한 푼도 없어.

패다[*]

확 뒤지게 패줄까 보다.

갈기다[*]

마음 같아선 뒤통수 한 대 갈겨주고 싶다.

구타 | 구타하다[*]

집단구타 당해서 지금 의식이 없어.

관 마구 때리다[*]

경찰관이 제지해도 피해자를 사정없이 막 때려.

폭력 | 폭력적[*]

폭력으로 해결할 수 있는 일은 없어. 명심해.

아이가 폭력적으로 점점 변하는 것 같아 걱정이야.

폭행 | 폭행하다[*]

누구나 '묻지마' 폭행의 피해자가 될 수 있어.

후려갈기다
누군가 내 등짝을 후려갈기고 도망갔어.
후려치다
그렇게까지 진짜 후려칠 줄 몰랐어.

퍼뜨리다[*]

네가 일부러 퍼뜨렸지?

⊙ **가지를 치다**[*]
소문이 계속 가지를 치고 있어.
나가다
내 얘기가 뉴스에 나갔는데 이를 어떻게 수습하지.
만연 | 만연하다
음주운전이 아직도 만연한 것 같아 처벌 기준이 더
강화될 필요 있어.
번식 | 번식되다 | 번식하다
젖은 신발 방치하면 세균 번식하기 쉬워.
출산을 번식에 비유하다니, 참 듣기 거슬려.
번지다
더 번지기 전에 빨리 치료받아.
건조한 날씨에는 자그만 불씨도 큰 화재로 번져.
유포 | 유포되다 | 유포하다
불법 촬영물 유포하면 범죄야.
인터넷에 사진이 유포되면서 나 알아보는 사람 많아
졌어.
일파만파(一波萬波)
농학교, 농사회까지 일파만파로 다 번졌는데 어떻게
수습할 거야?
전이 | 전이되다 | 전이하다[*]
이미 폐까지 전이돼서 더는 손쓸 수 없대.
튀다[*]
이런, 기름이 사방으로 다 튀었네.
파급 | 파급되다 | 파급하다[*]
나비효과처럼 파급이 빠르지 않을까 싶어.
파다하다
얼마 전부터 소문이 파다해서 우리도 다 알아.
퍼지다
약 기운이 온몸으로 퍼져서 나른하다.
반나체 사진이 퍼지면 내가 어떻게 회사 다녀.
해산 | 해산되다 | 해산하다
몇 시 해산이야?
새벽 세 시에 집결하고 저녁 다섯 시쯤 해산했나?

확산 | 확산되다 | 확산하다
전쟁이 확산되어 피해가 점점 커지고 있다.
흩어지다
뭉치면 살고 흩어지면 죽는다.

퍼레이드

내일 퀴어 퍼레이드 열린대.

브라질 삼바 퍼레이드 갔다가 성추행범으로 몰린 적
있어.
행군 | 행군하다
군인들이 행군 도중 무더위로 여럿 쓰러졌다.
행렬 | 행렬하다
저녁에 잠깐 연등 행렬 보는 것도 재미있겠다.
행진 | 행진하다
거리 행진에 친구랑 합류하려고 가고 있어.

편견

이제 편견을 좀 버려야 되지 않니?

고정관념
이런 것도 고정관념이야.
고정관념을 한 번에 뒤집기는 어렵지.
색안경
색안경을 끼고 사람에게 벽을 치는 건 나쁘지.
선입견
선입견을 버리고 사람을 대하는 태도를 가져.
케케묵다*
그런 케케묵은 사고방식으로는 대화가 안 돼.

편들다

편드는 거 보니까 수상하다.

관심*
관심 끌려고 아픈 척한 것 같아.
이세 와서 관심 있는 처하지 말라고.
두둔 | 두둔하다*
두둔하는 거 절대 아니야!
편
약자의 편에 서야지.
누구 편을 들고 싶지도 않아.
포섭 | 포섭되다 | 포섭하다*
누구라도 더 포섭해서 우리 편 많이 만들어야 돼.
한패*
언제부터 후배랑 한패인 거야?

편하다

모르는 게 속 편해.

네가 편한 대로 해.

판 마음(을) 놓다
마음 놓고 다녀오세요.
판 마음(이) 놓이다
다친 데 없다고 하니 마음 놓이네.
맘놓다
맘놓고 집을 비울 수가 없어.
안도|안도하다
태풍이 비껴갔다고 해서 안도했어.
안심하다
아직 안심하긴 아직 일러.
모든 재료가 국산이니 안심하고 드세요.
안정|안정되다|안정하다
뼈가 아직 다 붙지 않았으니 절대 안정을 취하래요.
편안하다
KTX 특실은 좌석이 넓어서 편안하다.
평안하다
평안한 저녁 보내세요.
평온하다
오늘따라 평온해 보인다.

평

어림잡아 150평 이상은 돼 보이는데.

강남 아파트는 평당 가격이 도대체 얼마예요?
이 근처에서 평당 오백만 원이면 거거나 다름없지.

평수
혼자 살기에 딱 적당한 평수인데.
평수는 상관없고 월세만 맞추면 돼?
넓은 평수로 이사하려고 돈을 모으고 있어.
건축물대장을 보면 실평수 그런 거 다 나와.
베란다 확장돼서 그런지 평수에 비해 넓어 보여.

평균

한 달 지출이 평균 백만 원 정도인 것 같아.

나누기
수입을 반으로 나누기로 했어.
일반적*
내가 아는 일반적인 방법하고 다른데?
평균적*
평균적으로 봤을 때 가격이 높은 것 같아.
평균치*
혈압이 성인 남성의 평균치를 넘어섰어.

평생

평생 이렇게 밑바닥 인생으로 살고 싶어?

평생 잘해줄 것처럼 굴더니 벌써 마음 변했어?
인생
이런 게 인생이겠거니 했어.
돌아보니 그리 나쁘지 않은 인생이었어.
정말 한 치 앞을 알 수 없는 게 인생이구나.
일생
넌 지금 일생일대 기회를 놓친 거야.
종신
종신보험 하나 든 거 있는데 해지할까, 생각 중이야.
평생토록
평생토록 이 고마움, 간직할게.

평행선

우리 관계는 계속 평행선만 달릴 거 같아.

비등비등하다*
두 사람 실력이 비등비등해서 우열을 가릴 수 없어.
팽팽하다
서로 양보 없이 끝까지 팽팽하네.
승부가 처음부터 끝까지 팽팽해서 재미있네.
관 평행선을 달리다
평행선을 달리는 양측의 주장, 정말 지친다.
부부싸움 아직도 계속 평행선을 달리고 있어.
합의가 되지 않아서 아직도 평행선을 달리고 있어.

포옹|포옹하다

가볍게 포옹한 것 가지고 화낼 일이야?

감싸다*
감싸주지는 못할망정 혼내기만 해.
껴안다
만나거든 꼭 껴안고 사랑한다고 해줘요.
안다
부탁인데 나 한 번만 안아줘.
아기를 안고 들어보니까 꽤 무겁네.
관 안아주다
만나면 뜨겁게 안아주고 싶다.
과거의 나를 만난다면 안아주고 싶다.
얼싸안다
서로 얼싸안으며 한참을 울었어.
품
마치 엄마 품에 안기는 기분이었어.

품다
서로 사랑으로 품고 살아.

포함 | 포함되다 | 포함하다
이런 것도 다 포함이 되는 줄 알았어.

내포 | 내포되다 | 내포하다
수어 하나에 여러 가지 의미가 내포된 게 많아.
망라 | 망라되다 | 망라하다
이 책에 네가 원하는 정보가 다 망라되어 있어.
총망라 | 총망라되다 | 총망라하다
10대부터 60대까지 총망라해서 모델 선발하자.
포괄 | 포괄되다 | 포괄하다
포괄적인 개념이라 딱 집어 말하기는 어렵지.
함유 | 함유되다 | 함유하다
녹차도 카페인 성분이 함유돼 있어.

폭탄
어린애한테 폭탄 조끼를 입혀서 테러를 시키다니.

폭발 | 폭발되다 | 폭발하다
너 요즘 인기 폭발이라면서?
감정이 나도 모르게 폭발해서 울고 말았어.
폭파 | 폭파되다 | 폭파하다
비행기가 공중에서 폭파됐어.
터지다
어차피 한 번은 터질 일이었어.
불만이 쌓여서 결국은 터지고 말았네.
터트리다
물집 터트리면 흉 져. 놔두면 저절로 아물어.

표면
표면이 울퉁불퉁해.

겉 | 겉면 | 겉쪽
사람 겉만 보고는 모르지.
겉으로 봤을 때는 아무런 이상 없어.
바깥쪽*
네가 창문 바깥쪽을 닦아. 내가 안쪽을 맡을게.
외적*
외적으로 잘 생겼는데, 이성적 끌림은 없어.
외형 | 외형적
자동차 외형 복원 잘하는 데 없을까?
형식 | 형식적
너무 형식적으로 성의 없이 하면 서운할 수 있지.

관 푼푼이 모으다[168]*

그동안 힘들게 푼푼이 모은 돈인데.

관 겨우 벌다 | 벌어먹다
오늘은 겨우 이만 원 벌었어.
막노동하면서 겨우 벌어 먹고살아.
속 티끌 모아 태산
티끌 모아 태산.
관 푼돈(을) 모으다
푼돈을 모아 종잣돈을 만들었다.
생활비 아껴서 푼돈이라도 조금씩 모아보려고.

풍기다

향수 냄새 강하게 풍기면 민폐잖아.

뭐랄까, 그 사람만이 풍기는 아우라 있잖아.
좋은 향이 솔솔 풍겨서 누구인가 했는데 너였구나.
냄새나다*
지금 네 몸에서 안 씻은 냄새 나는데?
주변에서 무슨 고약한 냄새가 나는 것 같은데?
발산 | 발산되다 | 발산하다
네가 가진 매력 마음껏 발산해 봐.
감정을 발산하는 게 스트레스 해소에 좋아.

관 풍(을) 맞다[169]

전에 풍을 맞으셔서 거동이 많이 불편하셔.

작년에 풍이 와서 지금껏 요양원에 계시거든.
중풍
우리 나이에 중풍은 이르지.
뇌혈관이 막혀 중풍까지 왔다더라.
중풍이 와서 얼굴 한쪽이 마비됐어.
중풍으로 쓰러지고 난 후 말수가 많이 줄었어.
관 한쪽(이) 마비되다
얼굴 한쪽이 마비돼서 그쪽 눈은 못 떠.

풍전등화(風前燈火)

삼촌 회사가 풍전등화의 위기에 처해 있다고.

고비*
오늘 밤이 고비인 듯해.
고비 잘 넘어가야 할 텐데.
누구나 살면서 몇 번씩 고비를 겪어.
관 목숨이 왔다 갔다 하다*
목숨이 왔다 갔다 하는데 넌 어떻게 웃음이 나와.

---

168) 쥐가 야금야금 먹이를 갉아 모으는 모습을 형상화한 것으로, 돈을 한 푼씩 악착같이 벌어 모으는 것을 가리켜 '쥐'와 '벌다'의 수어
를 병용한다.

169) 중풍을 맞으면 한쪽이 틀어지는 모습에서 비롯된 관용표현으로, 오른손 끝을 얼굴 쪽에서 시작해서 아래로 내리고 오른 손목을
꺾어 좌우로 흔든다.

속 바람 앞의 등불
지금 우리나라가 바람 앞의 등불처럼 위태로워.
관 사경(을) 넘나들다 | 헤매다
일주일째 중환자실에서 사경을 헤매고 계셔.
보름 동안 사경을 넘나들다 가까스로 깨어났어.
사활
우리에게는 사활이 걸린 문제야.
관 생사가 걸린 문제
생사가 걸린 문제야.
관 위기가 닥칠지도 모르다*
또 큰 위기가 닥칠지도 몰라.
관 죽을 수도 있다*
응급실에서 죽을 수도 있다고 하니 마음 준비하고 있
으래.
휘청휘청하다
코로나 터지고 몇 번이고 사업이 휘청휘청했어.
부도나고 휘청휘청했는데 선후배들이 도와줘서 위기
잘 넘겼어.

프랜차이즈

프랜차이즈 창업 쪽으로 마음이 기운 거야?

가맹점
가맹점마다 할인율이 다르거든.
지부
지부장에게 지급하는 판공비가 지부마다 다 달라.
수어사전이 출간되고 전국 시도별 지회에 기증했어.
체인점
체인점 확장했다가 코피 맞았어.
퇴직금 받아서 치킨 체인점 하나 하려고.

프로170)

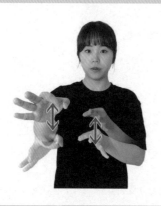

프로답게 행동해.

프로만큼은 잘 못하겠지만 최선을 다해볼게.
성과금 | 성과급*
성과급 150만 원 정도 포함해서 월급이 400만 원도
넘어.
증감 | 증감되다 | 증감하다*
성과에 따라 보너스를 증감해서 지급하거든.
차등적*
이 회사는 경력에 따라 급여를 차등적으로 책정해.
프리랜서*
직업이 프리랜서라 수입이 불규칙해.

170) 돈의 증감을 형상화한 것으로, 전문가를 의미하는 프로페셔널, 실적에 따라 지급하는 성과급, 가격을 책정하는 경우에 다양하게
쓴다.

피하다[171]*

이제 아주 대놓고 피하네.

기피 | 기피되다 | 기피하다[*]
네가 기피 대상 1호인 거 정말 몰랐어?
대피 | 대피하다[*]
화재 경보가 울리자 사람들은 옥상으로 대피했다.
도망가다 | 도망치다[*]
아무것도 하기 싫고 그냥 도망가고 싶어.
누가 차를 긁고 도망쳤어. 차 뽑은 지 한 달도 안 됐는데!
관 몸을 돌리다
몸을 돌려서 쌩하고 뛰쳐나가갔어.
튀다[*]
왠지 우리 버리고 혼자 튈 것 같아.
피신 | 피신하다[*]
주말에 친정집으로 피신 가고 싶다.
회피 | 회피되다 | 회피하다[*]
미안하다 한마디만 하면 끝날 일인데, 끝까지 책임 회피하고 그러네.

관 필름(이) 끊기다

필름 자주 끊기면 안 좋은 거야.

소주 한 잔만 마셔도 필름이 끊겨.
내가 술 먹고 필름 끊긴 날, 넌 어디 있었어?
블랙아웃[*]
블랙아웃 반복되면 알코올성 치매로 진행될 수 있어.
인사불성(人事不省)
술 먹고 인사불성이 돼서 경찰에 신고한 적 있어.
관 정신(을) 잃다
술을 조금이라도 마시기만 하면 바로 정신 잃어.

필요 없다

세세하게 말할 필요 없어.

소용없다
후회해 봤자 소용없어.
아무리 어르고 구슬려도 소용없어.
쓸데없다 | 쓸데없이[*]
홈쇼핑에 쓸데없는 물건 많이 팔아.
관 쓸모(가) 없다
이제 쓸모 없어.
나 쓸모가 없는 사람처럼 느껴져.
쓸모 없으면 버리고 내가 무슨 휴지야?

---

171) '피하다'는 수어는 사람마다 표현이 달라 논쟁의 여지가 있으므로 참고하기 바란다. 가슴 앞에서 양주먹 등을 밖으로 향하게 쥐고 동시에 오른쪽으로 돌리거나, 양주먹의 손바닥과 등을 엇갈리게 쥐고 동시에 오른쪽으로 돌린다.

필요하다

뭐가 더 필요해?

다른 이유가 더 필요해?
소용
우리가 걱정한들 무슨 소용이 있겠어?
사람이 죽었는데 보상금이 뭔 소용이야?
관 **쓸 데**
어디 쓸 데 있어?
쓸 데가 있으면 전부 가져가도 돼.
필요
애쓸 필요 없어.
필요에 따라 다르게 배치하면 돼.

핏줄

꼭 핏줄이어야만 해?

핏줄의 정이 무섭다.
피붙이
저 친구는 피붙이는 아니지만, 가족과 다름없어.
하나밖에 없는 피붙이였는데 영영 내 곁을 떠났어.
혈육
유일한 혈육은 이제 동생밖에 없어.
혈육 관계가 아니지만 가족처럼 지내고 있어.

핑계 | 핑계하다

핑계 없는 무덤은 없어.

아무거나 빨리 핑계 대고 나가라고.
바쁘다는 핑계로 만나지 못하고 있어.
변명 | 변명하다
변명이 조잡해.
변명처럼 들리겠지만 진심이야.
사과를 하든 변명을 하든 뭐라도 하지 그랬어.
빙자하다
결국 혼인빙자 간음죄로 교도소 갔네.

하나같이·하이힐·⚟한 건 하다·⚟한 푼도 못 주다·⚟한숨(을) 돌리다·⚟한참 기다리다·⚟한턱 (을) 내다*·한하다·⚟할 수 없다*·할부하다·합의하다·해결하다·행세하다·허기지다*·허용하다·⚟허 풍(을) 떨다·헤매다*·혁신하다·협박하다·호불호*·⚟호흡(이) 맞다·혹시·혼나다·혼자·혼자되다·화 나다*·화려하다·화장하다·확대하다*·환불하다·황홀하다·회상하다·회생하다·획득하다·효과·효도하 다*·후원하다*·후회하다*·훈련하다·훌륭하다·휴가·흉내내다·흔들리다·흔하다·⚟흥미(가) 없다*·흥 정하다·희망·힘*·힘내다*·힘들다·⚟힘(을) 합치다*

하나같이

질문이 하나같이 왜 똑같아?

다들 약속한 것처럼 하나같이 인사를 안 해.
똑같다[*]
둘이 하는 짓이 똑같아.
이렇게 다 똑같을 수가 있어?
아니, 매일 똑같을 수는 없을 텐데.
일괄
전부 다 사면 일괄 만 원으로 쳐 드릴게.
획일적
우리나라 아파트는 성냥갑같이 획일적이잖아.

하이힐

하이힐 신으면 왠지 자존감이 높아지고 기분 좋아져.

하이힐 신고 뛰다가 돌부리 걸려 앞으로 고꾸라지는
바람에 얼굴 깼대.
구두
구두 신고 뛰다가 굽 하나가 부러졌어.
관 굽(이) 높다
너 굽 높은 거 신지 마. 걷는 게 어정쩡하고 이상해.
굽이 높아서 다리가 파르르 떨리는 것 같아. 난 안 볼
래.
킬 힐
킬 힐 신고 워킹하다 넘어진 모델 많았잖아.

관 한 건 하다

드디어 한 건 했구나.

낚다[*]
제발 한 마리만이라도 낚았으면!
워낙 말발이 좋아서 사람을 잘 낚아.
낚아채다
마지막 사이즈를 집으려는 순간 아저씨가 날쌔게 낚
아채 갔어.
관 대어(를) 낚다
대어를 낚고선 뛸 듯이 기뻐했어.
득템 | 득템하다
구하기 어려운 모델인데 득템해서 기분 좋아.
따내다[*]
좋은 배역 하나 따냈어!
이번 프로젝트 누가 따낼 거 같아?
관 한몫 잡다[*]
나도 껴 줘. 같이 한몫 잡자고.

관 한 푼도 못|안 주다[172]

당첨돼도 한 푼도 안 줄 거야.

한 푼도 못 준다고 확실하게 얘기해.
사위는 돈 몇 푼 주고 아들놈은 한 푼도 안 줄 거야.
집 처분해서 불우이웃 돕기에 전액 기부하고 아들놈
은 한 푼도 안 줬지.
관 한 푼도 못 받다
넌 어차피 한 푼도 못 받아.
애초 한 푼 받을 기대도 하지 마.
한 푼도 못 받을 게 분명한데 거길 왜 가?

관 한숨(을) 돌리다

덕분에 한숨 돌렸네요.

이제 한숨 좀 돌리는가 싶었는데, 역시 농사일은 끝이
없네.
관 숨(을) 돌리다
이제 숨 좀 돌리자.
관 한숨(이) 놓이다
휴, 이제야 한숨이 놓이네요.
관 한숨(이) 트이다
한숨 트인 표정이었어.

관 한참 기다리다[173]

한참 기다렸잖아!

한참 기다려 봤는데 끝내 오지 않았어.
한참 기다리게 해놓고선 미안하다고 하면 다야?
관 많이 기다리다
많이 기다렸지?
많이 기다린 보람이 있네.
관 얼마나 기다리다
이른 새벽에 나와서 얼마나 기다렸는데, 느닷없이 행
사 취소라니, 열 받아.

관 한턱(을) 내다*

다음에 크게 한턱내.

계산|계산하다*
내가 계산할게.
관 돈(을) 내다
우리 밥값까지 내고 갔어.
관 선심(을) 쓰다
고기 먹고 싶다고 해서 내가 선심 좀 썼다.
관 인심(을) 쓰다
인심 한번 후하게 썼다.

---

172) 일 원짜리 동전이 귀하던 때에는 널리 쓰였던 말로, 한 푼도 줄 수 없음을 표현하며, 오늘날에 자주 쓰는 표현은 아니다.
173) 오만상에 턱을 괴는 손을 살짝만 돌리거나 흔들면 '많이', '오래', '한참' 등 상당한 시간을 두고 기다렸다는 의미로 풀이될 수 있다.

지불 | 지불되다 | 지불하다
회식비 어디서 지불했어?
(관) **한턱(을) 쓰다**[*]
다음 주 시간 비워놔. 한턱 쓰게.

한하다

회원에 한하여 예약 주문받나 봐.

국한 | 국한되다 | 국한하다
수급자에만 국한되는 게 아니야.
제약 | 제약되다 | 제약하다
시간적 제약 없이 맘껏 이용할 수 있어.
제한 | 제한되다 | 제한하다
사용 시간을 10분으로 제한하면 어떨까?
컴퓨터 시간제한 설정을 어떻게 하는 건데?
한계[*]
봐주는 데도 한계가 있다고.
한도[*]
카드 이용 한도 상향조정 신청하면 돼.
한정 | 한정되다 | 한정하다
가입 자격을 왜 남자로 한정했어?

(관) **할 수 없다**[*]

할 수 없지 뭐.

나도 어떻게 할 수가 없어.
싫다고 하면 할 수 없어. 달리 방법 있나.
별수 없다[*]
다 끝났는데 별수 있겠나.
울고불고 징징대봐야 별수 없을 텐데.
(관) **할 수 없이**[*]
너무 더워서 할 수 없이 냄새나는 에어컨 켰어.
제가 할 수 없이 울며 겨자 먹기로 하게 됐습니다.

할부 | 할부하다

길게 할부해서 사면 되잖아.

매달 빠져나가는 할부금만 백만 원이 넘어.
무이자 할부에 혹해서 이것저것 많이 샀어.
분납 | 분납하다[*]
등록금 분납 가능한지 좀 물어봐.
관할세무서에 신청하면 분납이 될 수도 있어.
분할 | 분할되다 | 분할하다[*]
3개월로 분할해서 갚으면 안 될까?
매달 얼마씩 분할해서 이자랑 같이 받고 있어.

| 합의 | 합의되다 | 합의하다 | 합의 말고 딱히 방법이 없어. |

합의 | 합의되다 | 합의하다

합의 말고 딱히 방법이 없어.

피해자와 합의가 잘되면 구속 면할 수 있대.
분쟁이 반복되다 보니 합의점을 찾을 수 없었어.
들어맞다*
봤지? 내 예상이 완전히 들어맞았지?
예상이 그대로 들어맞아서 소름 끼쳤어.
맞아떨어지다*
계산이 딱 맞아떨어져.
㉑ **아귀(가) 맞다***
문이 아귀가 안 맞아서 바람 불면 덜컹거려.
㉑ **앞뒤(가) 맞다***
얘기 들어보니 앞뒤가 다 맞네.
일치 | 일치되다 | 일치하다*
일치하면 다음 단계로 진행해도 된다고 했어요.
절충 | 절충되다 | 절충하다*
노사의 의견이 잘 절충되어 회사가 정상화돼야지.
㉑ **죽이 맞다***
우린 어쩜 이렇게 죽이 잘 맞지?

해결 | 해결되다 | 해결하다[174]

둘이 해결하게 놔둬.

낫다*
이러면 기분이 좀 나아?
녹다
아이스크림이 녹아서 줄줄 흐른다.
녹이다
다 녹이고 나서 한 모금 마셔봐.
수습 | 수습되다 | 수습하다
일 생기면 수습해 준다며?
처리 | 처리되다 | 처리하다
매번 중요한 일을 왜 남 시켜서 처리해?
청산 | 청산되다 | 청산하다*
올해 안에 빚을 다 청산하고 싶어.
풀다
당사자끼리 알아서 풀게 모른 척 좀 하지.
풀리다*
마음 다 풀릴 때까지 실컷 울어.
난 배부를 때까지 먹어야 적성 풀려.
㉑ **풀어나가다**
서로 잘 풀어나갔으면 좋겠어.

174) 복잡한 문제가 풀리는 모습을 형상화한 것으로, '녹다', '풀다', '해결하다' 등의 다의어로 바꿔 쓸 수 있다.

풀이 | 풀이하다
문제 풀이 다 했어?
해소 | 해소되다 | 해소하다
칡즙이 숙취 해소에도 좋대.
화해 | 화해되다 | 화해하다
그때 싸운 뒤로 아직 화해하지 않았나 봐.

행세 | 행세하다[175]

자기가 뭐 대단한 사람같이 행세하고 쯧.

거들먹거리다
센터장 됐다고 거들먹거리고, 아주 잘나셨어.
막하다*
행동을 막하다간 내 꼴 난다.
설치다
설치지 말고 가만히 있어.
추태
나이 먹고 무슨 추태인지.
제발 추태 부리지 말고 좀 가만히 계세요.
행패
어디서 술 먹고 행패를 부려?

허기지다*

너무 허기져서 지금 아무것도 못 하겠어.

굶주리다*
안 그래도 굶주렸는데 감사히 잘 먹을게!
배고프다*
넌 배고프면 약간 짜증을 내더라?
배곯다
배곯지 말고 알아서 잘 챙겨 먹어.
허기
간단하게라도 허기를 면하니까 이제 살 것 같아.

허용 | 허용되다 | 허용하다

박물관 내 사진 촬영은 허용이 안 될 텐데.

수락 | 수락되다 | 수락하다
모르는 사람에게 친구 수락하지 마.
승낙 | 승낙되다 | 승낙하다
흔쾌히 승낙해 주셔서 감사합니다.
용납 | 용납되다 | 용납하다*
편법 행위는 더 이상 용납할 수 없어.
응하다
설문에 응하면 소정의 사은품 준다고 했거든?

---

175) '행동'의 수어가 변이되어 본인인 양 두 활개를 치며 다니는 모습에서 비롯된 것으로 본다.

허가 | 허가되다 | 허가하다
촬영해도 된다고 허가 났어.
허락 | 허락되다 | 허락하다
저희 결혼하게 허락해 주세요.
아무 말 없으면 허락한 걸로 생각할게.

관 허풍(을) 떨다[176]

물 위를 걷는다고 허풍을 여러 번 떨었잖아.

공수표(空手票)
공수표 남발하지 마.
공염불(空念佛)
공약이 당선되고는 공염불로 끝나고 말겠지.
남발 | 남발되다 | 남발하다
지키지도 못할 약속을 왜 남발하고 다니니?
대포쟁이
설마 대포쟁이 말 믿는 건 아니지?
관 말로 때우다[*]
말로 때우지 말고 할지 말지 이것만 대답해.
관 말만 앞세우다
말만 앞세우는 거 이제 안 속아.
관 말만 하다
말만 하지 말고 행동으로 보여줘.
뻥치다[*]
또 뻥치지 마.
관 입만 살다[*]
어휴, 입만 살아가지고.
관 허풍(을) 치다[*]
너 허풍 치는 거 이제 아무도 안 믿어.

헤매다[*]

입구를 잘못 찾아서 한참 헤맸어.

관 계속 찾다
계속 찾아봐도 없어.
물색하다[*]
범행 대상을 물색하고 다니다 꼬리가 잡혔다.
수소문 | 수소문하다
가출한 아들의 행방을 수소문했지만 별 성과가 없
었어.
관 애타게 찾다
어떤 남자분이 너 애타게 찾으시던데.
관 한참 찾다
어디 갔어? 한참 찾았잖아!

---

176) 위에 언급한 '철없다'의 수어처럼 국어의 의미와 관계없이 '대포'의 수어를 사용하는 것으로, 실천이 따르지 않는 공염불과 관련된
상황에 쓰인다.

혁신 | 혁신되다 | 혁신하다[177]

구조적인 혁신 없이는 회생 불가야.

뒤집다*
가서 전부 다 뒤집어엎을 거야!

물갈이
정부는 이번 개각에서 대폭 물갈이를 하였다.

관 물(을) 갈다
고인 물을 갈 때가 됐다.

쇄신 | 쇄신되다 | 쇄신하다
분위기 쇄신 차원에서 인사이동이 있었어.

탈피하다
모범생 이미지를 탈피할 필요가 있어.

관 판을 뒤집다
신제품 출시로 판을 뒤집었다.

협박 | 협박하다

돈을 내놓으라고 자꾸 협박해.

가두다
말썽 좀 피웠다고 가두는 것은 너무하지.

감금 | 감금되다 | 감금하다
이런, 한 달 넘게 지하실에 감금됐다니.

강압 | 강압되다 | 강압하다
선배의 강압에 못 이겨 같이 하게 됐어.

견제 | 견제되다 | 견제하다
견제하고 싶어서 그러는 거겠지.

공갈 | 공갈하다
누가 그렇게 어설픈 공갈에 넘어가냐?

압도 | 압도되다 | 압도하다
관중을 압도하는 저 카리스마, 멋지다.

관 압력(을) 넣다
윗선에서 압력 넣은 것 같아.

억누르다
아이 호기심을 억누르는 건 좋은 교육이 아니야.

억류 | 억류되다 | 억류하다
중국에 억류된 탈북민들 모두 풀려났대요.

억압 | 억압되다 | 억압하다
억압하면 오히려 더 하고 싶은 게 사람 마음이지.

위협 | 위협하다
또 위협을 할지 모르니까 잘 경계하고 있어.

---

177) 판을 뒤집는 모습을 형상화한 것으로, **물갈이하다, 쇄신하다, 쇄신하다, 판을 뒤집다** 등으로 바꿔 쓸 수 있다.

(관) **으름장(을) 놓다**

갚지 않으면 소문내겠다고 으름장 놓고 갔어.

윽박지르다

보는 눈도 많은데 너무 윽박지르지 마.

제압 | 제압되다 | 제압하다

이번에 확실히 기선 제압해야지.

진압 | 진압되다 | 진압하다

과잉 진압 자체가 잘못됐어.

탄압 | 탄압되다 | 탄압하다

정부가 언론탄압 하다 민심을 잃었지.

통제 | 통제되다 | 통제하다

감정 통제가 안 되면 본심이 나와.

호불호[178]*

장어탕은 호불호가 심하잖아.

호불호 없이 누구나 좋아할 맛이야.

찬반*

협회 구조조정 문제를 두고 찬반 의견이 분분해.

(관) **할지 말지***

그때 보고 할지 말지 결정할게.

(관) **호불호(가) 갈리다***

호불호가 갈리긴 하겠지만, 일단 지켜보자.

호불호가 갈린다는 말이 있으니 가서 보고 결정해.

(관) **호흡(이) 맞다**

둘이 호흡이 척척 맞아.

(관) **궁합(이) 맞다**

우리 궁합 잘 맞는지 궁금해.

명콤비

둘은 명콤비야.

(관) **손발(이) 맞다**

이제 손발이 제법 척척 맞아서 일하기도 편해.

(관) **장단(이) 맞다**

장단이 잘 맞으니까 하는 일마다 술술 잘 풀려.

(관) **죽(이) 맞다**

너희는 어릴 때부터 죽이 잘 맞더니 여전하네.

찰떡궁합

찰떡궁합이라 소문났어.

둘이 찰떡궁합이었는데 어쩌다 남남이 됐어?

케미

영화에서 남녀 주연배우의 케미가 장난 아니네.

---

178) 엄지를 위로 치켜세우면 '**최고**', 엄지를 아래로 내리면 '**최악**'이라는 반대개념을 가진 수어이다. 엄지를 세웠다 내렸다 반복하면 할 것인지 말 것인지에 대한 고민이나 결정을 보류할 때 널리 쓰인다.

관 **합(이) 맞다 | 좋다***

무슨 쌍둥이같이 둘이 너무 합이 잘 맞아.

혹시

혹시 어제 일 기억 못 해?

혹시나 해서 내가 마지막 한 방은 남겨뒀어.

관 **만일(에) | 만일(을) | 대비하다***

만일을 대비해야지.

행여

행여 여기에 아는 사람이 있지 않을까 해서.

혹

혹 만나면 보고 싶다고 안부 좀 전해줘.

관 **혹시 몰라서**

혹시 몰라서 네 친구한테도 미리 얘기해 놨어.

혹여

혹여라도 실수한 게 있다면 마음 풀어.

혼나다

다른 애들은 다 보내고 나만 혼났어.

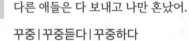

꾸중 | 꾸중듣다 | 꾸중하다

며칠 전 카톡으로 꾸중 들은 게 자꾸 생각나.

꾸지람

시댁 가서 어른들한테 꾸지람 들었다며?

꾸짖다

꾸짖기보다는 부드럽게 타이르는 게 좋아.

나무라다

사람 있는 데서 나무라지 말라고.

매도 | 매도되다 | 매도하다

작은 실수 하나 했다고 그렇게 매도하면 안 돼.

문책 | 문책되다 | 문책하다

사실 여부가 확인되면 공개적으로 문책하겠대.

야단맞다 | 야단치다

내가 야단치면 아내는 애들 데리고 휙 나가버려.

관 **엄포(를) 놓다**

그만하라고 엄포 놓는데도 소용이 없네.

질책 | 질책하다

이럴 때 질책보다 응원의 한마디가 더 좋을 수 있어.

질타 | 질타하다

선생님의 질타를 견디기 힘들었어.

책망 | 책망하다

너무 스스로 책망하지 마. 어쩔 수 없는 일이야.

책잡다[*]
어디 책잡을 데 없나 기회만 노리고 있잖아.
탓|탓하다[*]
남 탓하지 말고 자기 탓을 하라고.
호통|호통치다|호통하다
잘못한 사람이 오히려 호통치더라.
혼쭐나다|혼쭐내다
혼쭐나고 싶어? 좋은 말 할 때 방 치워놔.

혼자

혼자 있고 싶어.

단독|단독적[*]
단독사진 왜 하나도 없어?
독자
독자적인 결정이었어.
스스로
자기 일은 남에게 맡기지 말고 스스로 해.
자신
너 자신을 알라.
자진|자진하다
일 크게 벌여 놓고 갑자기 자진 사퇴라니.
홀로
홀로서기를 해야 할 텐데 준비가 아직 안 됐어.

혼자되다[179)]

혼자된 지 몇 년 됐어?

마흔 살에 혼자되어 재혼 안 했어.
올해 초 남편 떠나보내고 혼자됐어.
배우자를 먼저 보내고 혼자 된다는 거 힘들지.
삼십 년 전 혼자된 어머님 포함해 부양가족이 다섯 명
이야.
과부
과부보다 미망인이란 표현을 많이 쓰는 것 같아.
결혼하자마자 남편을 잃고 지금껏 과부로 살아오셨어.
미망인
남편과 사별한 젊은 미망인을 다룬 다큐 영화야.
미망인의 원뜻은 남편을 따라 죽지 않는 과부였어.
홀아비

너 홀아비 냄새난다.
위층 사는 총각인데, 홀아비 냄새가 많이 나.
방에서 홀아비 냄새가 얼마나 진동을 하던지.

---

179) 남자를 의미하는 엄지와 여자를 의미하는 새끼손가락을 맞대면 그것은 '**결혼**'을 의미한다. 엄지 혹은 새끼손가락이 앞으로 내리면
서 펴는 경우 '**남편 혹은 아내와 사별하였다**'는 해석이 된다.

화나다*

화내봤자 너만 손해야.

자꾸 나를 화나게 하지 마.
노여움
아버지, 노여움 푸세요.
노하다
내가 아버지를 노하게 했어요.
발끈하다*
뭘 그리 발끈해?
성나다
성난 얼굴 짓지 마.
성내다
방귀 뀐 놈이 성내는 격이구먼.
성질나다ㅣ성질내다
답장 늦게 한다고 성질내니까 더는 대화가 안 돼.
관 약(이) 오르다*
약이 오르는 게 얼굴에 다 나타나.
관 화를 돋우다*
가만히 있으면 될 걸 왜 화를 돋우고 그래?

화려하다

옷이 화려하네.

겉은 화려해 보여도 어딘가 행복해 보이지 않아.
번화스럽다ㅣ번화하다
한적한 시골보다 번화한 도시에 살고 싶지.
빛나다*
네가 여기서 제일 빛나.
현란하다
춤이 현란했어.
말(수어)은 현란하게 잘해.
호화롭다ㅣ호화스럽다*
하루만이라도 저렇게 호화롭게 살아보고 싶다.

화장ㅣ화장하다

화장하니까 다른 사람 같아.

난 반나절 지나면 화장이 다 날아가.
화장해도 맨얼굴이랑 크게 다르지 않아.
메이크업
여자는 원래 메이크업 전후가 많이 달라.
메이크업에 관심 없고 꾸미는 것도 안 좋아해.
처바르다*
뭐야, 얼굴에 덕지덕지 처발랐구먼.
이렇게 처바르니 무슨 미친 광대 같다.

확대 | 확대되다 | 확대하다*

창을 확대해서 봐.

e-book 구매하면 PC로 보기가 가능하고 PC 화면에서 수어 이미지 확대해서 볼 수 있거든.

늘리다*

좀만 늘려봐.

조금씩 늘려 보고 딱 맞다 싶으면 얘기해.

키우다*

사진이 잘 보이게 여기까지 키우자.

글자가 잘 안 보이는데 좀 더 키워봐.

환불 | 환불하다

환불 처리 언제 했어?

환불 안 되면 그냥 입어.

영수증 없으면 환불 안 되지.

개봉했으면 당연히 환불할 수 없지.

한번 입고 환불하러 오는 사람들 꽤 많대.

어제 산 바지 환불하러 갔더니 택 없어서 안 된대.

환율*

와, 스위스 환율 진짜 미쳤어.

환율이 작년 대비 두 배로 올랐어.

황홀하다

너무 황홀함 그 자체 아닌가?

짜릿하다

역전 홈런은 언제나 짜릿하지.

그렇게 되는 상상만 해도 짜릿해.

환상적

불꽃놀이 정말 환상적이야.

소스에 찍어 먹으니 맛이 환상적이네.

흥분 | 흥분되다 | 흥분하다*

혼자 막 흥분하고 킥킥 웃어대고 미친 거 같아.

회상 | 회상되다 | 회상하다

지난 일을 회상해 보니 내가 참 못되게 굴었구나.

거스르다*

마치 거리가 과거로 거슬러 간 느낌이야.

조선시대로 거슬러 가보면 훈장님 있잖아. 딱 너야.

⑪ **옛날 옛적에**

아주 옛날 옛적 얘기인데 아는 사람 많지 않아.

⑪ **추억(을) 소환하다***

앨범 뒤져보면서 추억을 소환하며 한잔했어.

회고 | 회고되다 | 회고하다

모교를 찾아 학창 시절을 회고하였다.

| 회생\|회생되다\|회생하다 | 애석하게도 회생 가능성은 아주 희박합니다. |

기사회생(起死回生)
겨우 기사회생했는데 앞으로는 더 걱정이야.
부활\|부활되다\|부활하다
사라진 교복이 다시 부활할 수도 있어.
살리다[*]
죽었는데 무슨 수로 살리려고?
한번은 친구가 날 살려준 일이 있었어.
살아나다[*]
숙취 때문에 죽다 살아났어.
소생\|소생되다\|소생하다
소생 가능성이 없어 보이는데. 다 말라 죽었잖아.
회복\|회복되다\|회복하다[*]
이거 기력 회복에 좋대.

| 획득\|획득되다\|획득하다 | 드디어 아이템 획득했다! |

박탈\|박탈되다\|박탈하다[*]
서류 조작한 게 입증되면 후보 자격 박탈될 수 있어.
압수\|압수되다\|압수하다
너 오늘 스마트폰 압수야.
얻다[*]
고급 정보 얻어서 남보다 먼저 준비했어.
쟁취\|쟁취하다[*]
사랑은 쟁취하는 거야.
차지\|차지하다[*]
무슨 수를 쓰든 좋은 자리 차지해!
취득\|취득되다\|취득하다
저 운전면허증 취득했어요.
파리
파리 맨손으로 잡을 수 있어?

| 효과 | 어때? 효과 있지? |

실속
가격만 비싸고 실속 없잖아.
알짜
꼭 필요한 알짜만 잘 뽑았네?
유리\|유리하다

네가 더 유리하지.

유익 | 유익하다

참 유익한 강의였습니다.

유익한 정보 있으면 같이 공유하자.

이득

지난 얘기 곱씹어봐야 무슨 이득이 있겠어?

이익

뭐가 이익인지 잘 생각해 봐.

이익 보면 좋겠지만 손해 봤다면 공부했다고 쳐.

플러스[*]

네가 온 것만 해도 큰 플러스가 됐어.

효도 | 효도하다[*]

살아계실 때 효도해야지.

신봉 | 신봉되다 | 신봉하다[*]

무슨 사이비 종교 신봉하는 사람 같아.

추앙 | 추앙되다 | 추앙하다[*]

그렇게 추앙하니까 꼭 현대판 노예 같아.

교주처럼 그렇게 추앙하는 거 이상해 보여.

추종 | 추종하다[*]

뭐 추종까지는 아니고 그냥 관심 있는 정도야.

충성 | 충성하다[*]

충성을 다할 것처럼 굴면서 뒤에서는 막 욕해.

회사에 충성하면서 단 하루도 결근한 적 없어.

곧 떠날 몸인데 회사에 그렇게까지 충성할 필요 없어.

효녀 | 효자

심청이 못지않은 효녀네.

얼마나 효자인지 어머니를 업고 다닌다는데.

효성

효성이 참 지극해.

후원 | 후원하다[*]

후원해 주신 분들께 감사드립니다.

잠시 뒤 후원금 전달식이 있겠습니다.

후원금 배돌리고 사기까지 쳤으니까 형량이 최소한
10년은 될걸.

모금 | 모금하다[*]

지금까지 모금한 돈이 천만 원 조금 넘어.

찬조 | 찬조하다[*]

다짜고짜 찬조금부터 내라고 말하면 안 돼.

찬조금 좀 낸다고 하니까 갑자기 잘해주던데.

후회 | 후회되다 | 후회하다*

너 다시 만나고 후회했어.

뉘우치다*
깊이 뉘우치고 있다고 하더라도 난 용서가 안 돼.
반성 | 반성되다 | 반성하다
반성은 안 하고 변명하기에만 급급해.
성찰하다*
무엇을 잘못했는지 성찰하는 시간을 좀 가져.
후회스럽다
너와 함께 보낸 시간들이 죽도록 후회스럽다.

훈련 | 훈련되다 | 훈련하다

훈련돼서 사람 물지 않아.

갈고닦다*
그동안 갈고닦은 실력을 잘 발휘하기 바라.
단련 | 단련되다 | 단련하다
체력 단련을 위해 매일 한 시간씩 달리기할까?
수습 | 수습하다
1년 수습사원으로 채용됐어.
실습 | 실습하다
다음 달부터 실습을 나가야 해.

훌륭하다

이 정도면 훌륭해.

뛰어나다*
사람이 너무 뛰어나면 오히려 미움도 받는단 말이야.
비범하다*
비범한 능력을 선물 받을 수 있다면 넌 뭘 받고 싶어?
출중하다*
능력이 출중하니까 뽑았겠지.
특출하다*
아무리 특출해도 경력 없으면 못 뽑아.

휴가

휴가는 어제로 끝났어.

쉬다
좀 쉬다 나갈까?
오프
오프날 우리 한번 뭉쳐.
휴무*
나 내일부터 이틀 휴무야.
휴식
오전과 오후에 휴식 시간 10분씩 있어.

휴직*

다음 달 말에 육아휴직이 끝나.

흉내 | 흉내내다

그냥 좀 흉내내 봤어.

흉내 좀 하지 말라니까!
따라 하다*
괜히 따라 하다 가랑이 찢어질 수 있어.
모방 | 모방되다 | 모방하다
모방은 창조를 낳는다고 하잖아.
모범
명색이 모범 음식점인데 맛은 무슨 싸구려 같아.
범생이
쟤는 좀 놀겠다 이랬는데, 범생이라니 의외야.
본받다*
대인배 같은 너그러운 성품을 본받고 싶어.

흔들리다

겨우 말 몇 마디에 쉽게 흔들려?

어지간한 일로는 크게 흔들리지 않아.
그렇게 마음이 계속 흔들린 적은 한 번도 없었는데.
갈팡질팡 | 갈팡질팡하다
며칠째 마음이 계속 갈팡질팡해.
왜 이렇게 갈팡질팡인지 나도 모르겠다.
동요 | 동요되다 | 동요하다
소문에 동요되지 말고 소신껏 해.
동요하지 말고 네 마음 가는 대로 결정해.
왔다갔다하다
마음이 자꾸만 왔다 갔다 해.
휘청 | 휘청거리다 | 휘청휘청 | 휘청휘청하다
바람이 어찌나 세게 불던지 나무들이 막 휘청거려.

흔하다

흔한 이름이지?

이 세상에서 얼마나 흔하게 벌어지는 일인데.
🔲 **널리고 널리다**
이런 건 널리고 널렸어.
많다*
세상을 살아보니 별의별 일이 많지.
생각 없이 말 뱉는 사람 얼마나 많아.
비일비재(非一非再) | 비일비재하다*
우리 농사회에 뭐 이 정도 사건은 비일비재해.

수두룩하다[*]
잘못하는 사람 수두룩해.

수많다[*]
수많은 인파를 어떻게 뚫고 왔어?

관 쌔고 쌨다[*]
그런 카페 쌔고 쌨는데, 왜 굳이 거길 가려고?

관 지천에 널리다[*]
먹을거리가 지천에 널렸네.

관 한둘(이) 아니다[*]
사기당한 사람이 한둘 아니겠어?

허다하다[*]
소통이 안 돼서 회사 관둔 경우가 허다했어.
이보다 더한 일도 허다한데, 감사한 줄 알아.

관 흥미(가) 없다[*]

공부에 큰 흥미가 없는 것 같아.

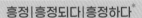

김빠지다[*]
궁금했는데 이유 들으니 김빠졌다.

김새다[*]
외출 준비 다 해놨는데, 아 김새네.

다운되다[*]
기분이 다운돼서 아무것도 하고 싶지 않아.

시들하다[*]
오래 하다 보니 좀 시들하더라고.
처음에는 열심히 배우더니 요즘 시들 하는 것 같아.

재미없다[*]
요즘 뭘 해도 재미없어.

재수없다
너 가끔 보면 재수 없어.
얼굴은 좀 재수 없어 보이지?

흥정|흥정되다|흥정하다[*]

흥정 잘하고 와.

흥정 같은 건 안 해.
최고가로 흥정해서 팔면 좋겠어.
물건값 흥정하다 주인이랑 싸움 날 뻔했어.
흥정에도 기술이 있어. 난 잘못하겠더라고.

협상|협상되다|협상하다
협상 잘하고 와.
가격 높게 불러서 협상해.
한가하게 협상할 시간 없어.

희망

아직 희망이 있으니까 기다려.

어미 ~더라면 ~ㄹ 것이다*
실수만 안 했더라면 일등 했을 거야.
진작 알았더라면 어땠을까, 하는 아쉬움 있었지.

어미 ~더라면 ~ㅆ을 테다*
후기 제대로 봤더라면 물건 안 샀을 텐데.

가망 | 가망성
난 이제 가망 없을까.
가망성 없다고 나도 그렇게 들었는데.
빼면 입어야지 했는데, 이제 가망 없네.
가망 없다는 식으로 말하니까 다른 데 알아보려고.

소망
작은 소망이 있다면 언제나 가족들의 건강입니다.

포부
한 번뿐인 인생인데, 포부를 크게 가져.

희망사항
내 희망 사항일 뿐. 소원은 따로 빌었어.

희망적
새해에는 희망적인 얘기만 듣고 싶어요.

힘*

단지 힘이 돼주고 싶었어.

강적*
강적이 나타났다!

강하다*
나 네가 생각하는 만큼 강하지 못해.

막강하다*
전쟁에서 승리한 나라가 막강한 권력을 쥐겠지.

우세하다
네가 볼 때 어느 팀이 더 우세할 것 같아?

위력
태풍의 위력이 그 정도로 대단하구나.

장사
힘이 아주 장사야.

파워
파워 대단했어.

힘세다*
힘이 서서 상대도 안 될걸.
웃긴 간판 하나 봤는데, 불끈힘센장어 이거 좀 웃기지
않아?

힘차다*
새해에도 힘차게 나아가자.

힘내다[*]

힘내세요! 저희가 있잖아요.

건강하다
네가 건강해야 아이를 키우지.

관 기운내다
약 먹고 얼른 기운 내!

쌩쌩하다[*]
하나도 안 지치고 아주 쌩쌩하네?

에너지
여기저기 쓸데없이 에너지 막 쓰지 말고.

컨디션[*]
오늘 컨디션 아주 최상이야.

튼튼하다[*]
너무 저렴한 거만 찾지 말고 튼튼한 걸로 하자.

활력|활력소
새로운 도전을 하면 활력을 찾을 수 있을 것 같아서.

힘나다
잘 도와준 덕분에 조금 힘 나네.

관 힘(이) 되다
여러모로 많이 힘이 되었어요.

힘차다[*]
오늘도 힘차게 달려 볼까?
오늘 하루도 힘차게 보내세요!

힘들다

앞으로 봐주기 힘들 거야.

고단하다
과정은 고단했지만, 결과는 만족해.
아무리 일이 고단하고 힘들어도 아이들 앞에선 티 내
지 말았어야지.

고달프다
왜 삶은 이렇고 고달프고 힘들까.

고되다
몸은 고되고 정말 힘든 하루였어.

피곤하다[*]
너 이러면 나 진짜 피곤해.
한 시간 더 자면 개운할까 싶었는데 더 피곤해지네.

피로|피로하다[*]
전신 마사지 받으면 피로가 다 풀릴까?

힘들어지다
그럼 너만 힘들어져.

관 힘(을) 합치다[180]*

힘을 합치면 뭐든 이룰 수 있어.

단합하다
어떻게든 단합을 해서 이 고비를 넘겨야 해.

뭉치다
다시 힘을 내서 뭉쳐 보자!

상부상조(相扶相助) | 상부상조하다*
가족끼리 당연히 상부상조하는 거지.

한마음
우리 모두 한마음으로 뭉쳐서 극복합시다!

협동 | 협동하다*
너희가 협동심을 배워야 해.

협력 | 협력하다*
서로 잘못 탓할 게 아니라 다 같이 협력할 때야.

협조 | 협조하다*
협조해 주셔서 감사합니다.

---

180) 옆구리를 찌르는 수어는 '**마음**'을 의미하며, '**양심이 찔린다**'라는 관용 표현으로도 쓸 수 있다. 가슴 앞에서 반쯤 구부린 양손을 모으는 동작을 취하면 '**모으다**', '**합하다**', '**합치다**' 등의 의미가 된다. 옆구리를 찔렀다가 양손을 마주하면 '**힘을 합치다**'는 관용표현이 될 수 있다.

찾아보기

446

하나의 수어에 다의어가 포함된
수어국어사전

ⓒ 김영미, 2024

초판 1쇄 발행 2024년 4월 20일
    2쇄 발행 2024년 5월 23일
개정판 1쇄 발행 2025년 2월 3일

지은이   김영미
펴낸이   이기봉
편집   좋은땅 편집팀
펴낸곳   도서출판 좋은땅
주소   서울특별시 마포구 양화로12길 26 지월드빌딩 (서교동 395-7)
전화   02)374-8616~7
팩스   02)374-8614
이메일   gworldbook@naver.com
홈페이지 www.g-world.co.kr

ISBN   979-11-388-3930-3 (03700)